[제3판]

평생학습사회 실현을 위한

성인학습 및 상담

권두승 · 조아미 공저

교육과학사

| 제3판 머리말 |

이 책의 초판이 나온 지 15년이 지났지만, 여전히 대학가에서 많은 교수님들이 교재로 많이들 채택하고 계시다는 이야기를 출판사로부터 듣고 오랜 시간 동안 이 책에 대한 전면개정을 하고자 하였으나 게으른 품성 탓에 차일피일하다가 이제야 겨우 제3판의 수정을 마무리 하게 되었다.

이 책은 초판의 서문에서도 밝힌 바와 같이, '그간 성인학습과 관련하여 출판된 대부분의 저서들이 성인의 학습활동을 지원 · 조성 · 촉진하기 위한 구체적인 행동전략이라든가 기법을 제시하기보다는 성인교육 현장에서 활용할 수 있는 일반적인 교육방법을 소개하는 데 치중되었다'는 데 착안하여 집필하였다.

그리고 그 동안 교재중심으로 강의하면서 일부 내용을 수정하고 보완해야 할 부분을 중심으로 제3판에는 전체 2부 13장으로 구성하였으며, 그 중에서도 특히 제1부의 '성인학습의 기초' 편은 최신 연구결과를 추가하고 내용을 좀 더 체계화하여 읽기에 편한 내용으로 집필하여 보완하였다. 그리고 제2부 '성인학습 상담의 이해' 편은 성인학습 활성화를 위한 상담전략으로서 기존 교재에서 다루었던 내용 및 기 발표논문들을 중심으로 다시 편집정리하는 형식으로 대폭 수정하였다.

그리하여 이 개정3판은 전체 2부 13장으로 구성되었는데, 제1부는 성인학습의 기초와 관련한 개념 및 성인학습 관련 이론을, 그리고 제2부는 성인학습 상담을 촉진시키기 위한 제반 방법 등을 중심으로 구성하였다.

아무쪼록 이 개정 3판이 성인학습을 공부하는 자들이나 현장의 성인교육자들에게 성인학습이란 무엇이며, 성인학습 상담이 어떠한 의미를 가지며, 그것이 어떠한 과정을 거쳐 전개되어야만 보다 효과적으로 성인학습을 지원하고, 촉진함은 물론 성인학습활동을 활성화할 수 있을 것인가에 대한 교육학적 상상력은 물론 실천적 능력제고에 일조하였으면 하는 바람이 크다.

마지막으로, 어려운 여건임에도 불구하고, 이 책의 개정을 부단히 독려해 주신 교육과학사의 김동규 사장님과 관계자 여러분에게 깊은 감사를 드리고 싶다.

서울 남가좌동 연구실에서

2016. 4

대표 저자 권 두 승

| 개정판 머리말 |

이 책은 초판의 내용 가운데 일부를 수정하였다. 이 책은 초판의 서문에서도 밝힌 바와 같이, '그간 성인학습과 관련하여 출판된 대부분의 저서들이 성인의 학습활동을 지원 · 조성 · 촉진하기 위한 구체적인 행동전략이라든가 기법을 제시하기보다는 성인교육 현장에서 활용할 수 있는 일반적인 교육방법을 소개하는 데 치중되었다'는 데 착안하여 이 책을 집필하였다. 그러나 그동안 교재를 통해 강의를 하다 보니, 학습상담 부분이 상당히 미흡한 것으로 인식되어 기존의 5부 15장으로 구성된 내용을 수정하여, 상담부분의 내용을 보완하는 것으로 개정판을 마련하였다. 말하자면, 11장의 성인학습 상담의 내용, 12장의 성인학습 상담의 방법, 그리고 13장의 성인학습 상담 방법으로서의 멘토링 부분을 수정하거나 새롭게 집필하여 보완하였다.

그리하여 이 개정판은 전체 4부 15장으로 구성되었다. 제1부는 성인학습의 기초편, 제2부는 성인학습의 이론적 기초와 관련된 내용, 제3부에서는 성인학습지도 및 상담의 실제편으로 성인학습 지도의 개념 및 원리를 제시하고, 성인학습지도의 과정을 준비단계, 실시단계, 그리고 정리단계의 3단계로 나누어 살펴보았으며, 성인학습 상담과 관련하여 성인학습 상담의 기초, 학습상담의 내용, 학습상담의 방법, 그리고 성인학습 상담자의 기술과 관련된 내용들에 대하여 언급하였다. 마지막으로 제4부에서는 성인학습을 활성화하기 위한 과제를 몇 가지 차원으로 나누어 제시하였다.

아무쪼록 이 개정판이 성인학습을 공부하는 자들이나 현장의 성인교육자들에게 성인학습이란 무엇이며, 어떠한 과정을 거쳐 전개되어야만 보다 효과적으로 성인학습을 지원하고, 촉진함은 물론 성인학습활동을 활성화할 수 있을 것인가에 대한 교육학적 상상력은 물론 실천적 능력제고에 일조하였으면 하는 바램이 크다.

마지막으로, 어려운 여건임에도 불구하고, 이 책의 개정판을 부단히 독려해 주신 교육과학사의 김동규 사장님과 관계자 여러분에게 깊은 감사를 드리고 싶다.

서울 남가좌동 연구실에서
2004. 2
대표 저자 권 두 승

| 머리말 |

이 책의 내용은 결코 새로운 것이 아니다. 솔직히 말하자면, 이 책의 상당 부분은 필자가 출간한 『성인학습 지도방법의 이론과 실제』에 실려 있다. 주지하다시피 기존 사회교육법의 전면개정 형태로 평생교육법이 제정되고 동법 시행령과 시행규정이 제정 · 공포됨에 따라 평생교육사 양성과정과 관련된 교과목이 대폭 변경되었다. 이에 따라 『성인학습 및 상담』이라는 교과목이 신설되어 기존의 『성인학습 지도방법의 이론과 실제』에 게재된 내용 가운데, 학습지도방법과 관련된 내용은 『평생교육방법론』에 중복되는 경향이 있어 이번 편집에서는 삭제하고 그 대신 성인학습의 주요 대상인 성인학습자의 이해와 관련된 부분과 학습상담에 관한 내용을 교육심리 및 상담전공의 공저자에게 의뢰하여 이 책의 내용으로 편성하였다. 말하자면, 이 책은 기존의 『성인학습 지도방법의 이론과 실제』를 일부 개정 · 보완하여, 평생교육사 양성교과목에 부합되도록 재편성한 책이라는 것이다.

원래 필자는 『성인학습지도의 이론과 실제』의 서문에서도 밝힌 바와 같이, '그간 평생교육 분야에서 성인학습과 관련된 저서가 상당히 많이 출판된 것이 사실이지만, 종래에 출판된 대부분의 저서들이 성인의 학습활동을 지원 · 조성 · 촉진하기 위한 구체적인 행동전략이라든가 기법을 제시하기보다는 성인교육 현장에서 활용할 수 있는 일반적인 교육방법을 소개하거나 프로그램을 개발하는 데 치중되었다'는 데 착안하여 집필하게 되었다.

이 책은 전체 5부 15장으로 구성되었다. 제1부에서는 성인학습의 기초편으로 성인학습의 의의와 필요성, 성인학습자의 이해, 그리고 성인의 발달특성을 살펴보고자 하였고, 제2부에서는 성인학습의 이론적 기초와 관련된 내용으로 학습이론, 성인기 발달이론, 앤드라고지론, 그리고 성인학습과정과 관련된 학습모형들에 대하여 언급하였다. 제3부에서는 성인학습지도의 실제편으로 성인학습 지도의 개념 및 원리를 제시하고, 성인학습의 과정을 준비단계, 실시단계, 그리고 정리단계의 3단계로 나누고 각 단계마다 취해야 할 구체적인 행동전략들에 대하여 살펴보았다. 그리고 제4부는 성인학습 상담의 이론과 실제편으로 성인학습 상담의 기초, 학습상담의 내용과 방법, 그리고 성인학습 상담자의 기술과 관련된 내용들에 대하여 언급하였다. 마지막으로 제5부에서는 성인학습을 활성화하기 위한 과제를 몇 가지 차원으로 나누어 제시하였다.

이 책은 Sharon B. Merriam과 Rosemary S. Caffarella가 쓴 「*Learning in Adulthood:A Comprehensive Guide*」(1999), Raymond J. Wlodkowski의 「*Enhancing Adult Motvation To Learn*」(1999), 그리고 Michael W. Galbraith(ed.)의 「*Adult Learning Methods:A Guide for Effective Instruction*」(1998) 등에서 나타난 성과를 기초로 하고, 한국 사회에서 전개되어 왔던 성인학습과 관련된 연구결과들을 중심으로 편성되었다.

이 책을 통하여 성인학습을 전공하는 자들이나 현장의 성인교육자들 및 장차 성인교육 분야에 종사하고자 하는 자들에게 성인학습 및 상담을 이해하고 지도하는 데 조금이나마 도움을 줄 수 있다면, 그것은 곧 필자의 기쁨이자 보람이라고 생각한다.

무엇보다도 필자는 이 책이 평생교육/성인교육과 관련된 학문의 발전에 기여할 수 있게 되기를 간절히 기원한다. 이 책이 성인학습 및 상담과 관련된 이론의 개발 및 실제적인 지도전략을 이해하는 데 필요한 전문적인 길잡이 역할을 하였으면 한다. 물론 필자는 이 책의 구성과 내용에 대해 부족한 점이 많다는 것을 자인하지 않을 수 없다. 이는 전적으로 필자의 부족함과 학문적 게으름에서 비롯된 것임은 말할 나위도 없다. 보다 나은 성인학습의 이해를 위해, 그리고 성인학습과 관련된 학문발전을 위해 그 어떤 질책이나 비판도 겸허하게 수용하겠음을 함께 밝혀두는 바이다.

이 책을 완성하기까지 필자는 수많은 분들로부터 도움을 받았다. 그 분들께 머리 숙여 감사를 드린다. 무엇보다도 고려대학교에서 정년을 마치시고 아주대학교 교육대학원 원장으로 계시는 정우현 선생님께 고마움의 뜻을 표하고 싶다. 그리고 언제나 힘이 들 때 위로를 아끼지 않으시는 안기성 선생님과 김형관 선생님께도 머리 숙여 감사의 말을 전하고자 한다. 그리고 광야

와도 같은 평생교육/성인교육 분야에서 새로운 길을 개척하여 오늘 우리들을 있게 해준 여러 선배 교수님들과 동학들에게도 감사의 마음을 전하고자 한다.

이와 함께 원고교정을 기꺼이 맡아준 고려대학교 사회교육원의 곽현신 연구원과 이희수 · 김미라 조교에게도 감사의 말을 전하고자 한다.

민들레꽃이 민들레의 소망이듯 학자의 소망은 논문과 저서에 있다는 것을 믿는다. 그리고 우리들에게 소망이 있고, 그 바램에 얽매이지 않는 한 우리들의 삶은 행복하다는 것을 믿는다. 이 책을 집필하면서 가졌던 작은 소망들이 하나씩 영글어 갈 수 있도록 끊임없이 나를 자유롭게 하고 아름답게 해준 시간들에게 감사드린다.

끝으로 어려운 여건임에도 불구하고, 이 책의 출간을 기꺼이 허락해 주신 교육과학사의 김동규 사장님과 관계자 여러분에게 깊은 감사를 드리고 싶다.

남가좌동 연구실에서
2001. 4
대표 저자 권 두 승

contents

제2부

성인학습 상담의 이해

제1부
성인학습의 이해

현대사회는 지식기반사회이자, 정보화사회이며, 평생직업사회이다. 이러한 관계로 평생학습은 사회적 필수과제가 된 지 이미 오래이다. 평생학습사회에 있어서 개개인은 어떠한 이유에서든지 계속적으로 학습활동을 하는 존재이다. 이에 따라 종전에 학습과정에서 잊혀졌거나 의도적으로 기피되어 왔던 성인의 학습활동이 강조되고 있으며, 이들을 대상으로 하는 학습 역시 과거 아동중심의 교육과는 다른 차원에서 접근해야 할 필요성이 증대되고 있다. 제1부에서는 이와 같은 맥락에서 성인학습의 기본개념과 필요성을 살펴본 다음 성인학습자의 일반적인 특성과 발달상의 특성을 고찰해봄으로써 성인학습을 체계적으로 이해할 수 있는 기초를 제공하고자 한다.

Chapter_ 1
왜 지금 성인학습인가?

1. 성인학습의 개념적 의의

성인학습이라는 말은 1980년대까지만 하더라도 노울즈(M. Knowles)의 표현과도 같이 '잊혀진 종(種)에 대한 학습'이라고들 인식되었으나,[1] 이제는 어디를 가더라도 성인학습이라는 말이 낯설지 않고 많은 사람들에 의하여 널리 회자되고 있다. 모든 교육이 그러하겠지만, 성인학습 또한 성인학습이 일어나는 사회적 맥락과 깊이 관련되어 있다는 점에서, 우리 사회에서 성인학습이 보편화되고 있는 것은 그만큼 성인들이 배워야 할 지식이 있고, 해결해야 할 인생의 불확실성이 있기 때문에 성인학습이 강조되고 있다고 볼 수 있다.

그런데 성인학습은 어떤 의미를 지니고 있는가? 시대적, 사회적으로 학습이라는 것이 그 형태와 양식을 달리하고 발전하여 왔다고 한다면 각 시대마다 그에 대한 개념규정이 다를 것이 분명하므로 이 시점에서 현재 성인학습이라는 것이 어떻게 받아들여지고 있는가를 살펴보는 것이 중요하다고 본다.

'성인학습'은 문자 그대로 성인들이 행하는 학습을 의미한다. 따라서 성인학습을 제대로 규정하기 위해서는 우선 '성인'이라는 용어와 '학습'이라는 용어의 어의(語義)를 탐색해 보는 것이 중요하다.

성인이라는 용어는 한편으로는 생물학적인 연령에 의한 구분, 즉 연령의 증가에 따른 역할 및 기능 변화라든가 심리적 성숙의 정도에 따라 정의할 수 있다. 그러나 한 개인이 성인인가의 여부를 결정하는 데 있어서 우리나라만 하더라도 각종 법률에 따라 다양하게 규정되고 있는 실정이고, 따라서 통일된 기준은 없는 것으로 나타나고 있다. 그러므로 실제적으로는 문제의 성격에 따라 여러 관점을 원용하여 규정하는 것이 불가피한 실정이다. 우리 나라의 경우 정치적으로는 법률에 의하여 20세 이상이 성인으로 인정되고 있다. 그러나 청소년보호법 등에 따르면 19세 미만의 자는 유흥 음식점 등 풍속 영업에의 출입이 금지되어 있다. 따라서 사회 통념상 19세 이상이 성인으로 취급되는 경우가 많다.

그런데 성인이라는 용어는 생물학적인 것뿐만 아니라 일반적으로 판단 능력이라든가 자율, 책임감, 성인생활의 역할, 사회적 · 심리적 성숙이라는 의미까지도 내포하고 있기 때문에 생물학적인 성숙이 필요조건이기는 하지만 충분조건은 아니다.[2)]

따라서 한 개인이 성인인지 아닌지를 구분함에 있어서 연령을 중심으로 구분하는 것은 지나치게 자의적인 것이라고 볼 수 있다. 대부분의 심리학자들이나 교육학자들은 성인기를 정의할 때 연령이나 특성으로 정의하는 것보다는 사회적 역할에 기초를 둔 기능적 구분을 하였다. 예를 들면 미국 사회에서 성인교육의 발전에 크게 공헌한 노울즈(M. Knowles)는 '성인의 역할을 수행하는 사람 및 자신을 성인으로 인식하는 사람 모두가 성인에 포함된다'라고 하여 심리학적 · 사회학적 차원에서 성인을 규정한 바 있다.[3)] 이와 같은 의미로 성인을 파악하는 것이 완전히 만족스럽다고는 볼 수 없지만, 사회적으로 생산적인 일을 수행하고 자신의 삶에 대해 기본적인 책임을 지닌 자를 성인으로 규정하는 것은 우리 사회에서 보는 일반적인 정의라고 할 수 있다.

성인이라는 용어와 마찬가지로 학습의 개념에 대한 정의도 해결되어야 할 많은 문제를 안고 있다.[4] 학습은 사전적인 의미로서는 연습이나 경험의 결과 일어나는 행동의 지속적인 변화로 이해되고 있으며,[5] 이러한 정의는 이제 교육학이나 심리학 분야에서 상식에 속할 정도가 되었다. 이와 같은 정의를 보다 구체적으로 설명하면 다음과 같다.[6]

먼저, 학습이라는 것은 좋은 방향이건 나쁜 방향이건 행동의 변화로 나타나는 것이다. 말하자면, 학습은 그 결과로써 행동의 변화를 일으킨다는 것이다. 그런데 여기서 '행동의 변화'와 관련하여 순수 심리학적 견해는 진보적 또는 퇴보적 행동의 변화를 모두 학습으로 간주하지만, 교육학적인 견해로는 바람직한, 진보적인 행동의 변화만을 학습으로 간주한다.[7]

둘째, 행동의 변화는 경험이나 훈련 또는 연습에 의해 나타나는 것이다. 따라서 성숙으로 인하여 자연적으로 일어나는 행동변화는 학습의 개념에서 제외된다.

셋째, 변화된 행동을 학습으로 간주하기 위해서는 그 효과가 비교적 오래 지속되어야 한다. 말하자면, 환경의 영향이라고 하더라도 질병이나 피로 또는 약물에 의하여 일어나는 일시적인 행동상의 변화는 학습이라고 하지 않는다.

넷째, 학습이 '행동의 변화'를 의미한다고 할 때 여기에서의 행동은 겉으로 드러나는 외형적 행동뿐만 아니라 가치 · 신념 · 태도 등과 같은 내면적 행동까지도 포함되며, '변화'라는 말은 어떤 행동의 습득이나 수정을 의미하는 것으로 이해된다. 이 점에서 학습은 실천과 구별된다.

학습의 형태도 그것이 일어나고 있는 장소 혹은 조직성의 정도에 따라서 학교교육 등과 같이 조직적이고 의도적인 과정을 통해 이루어지는 형식적 학습(formal learning), 학교교육 이외의 성인교육 기관 등을 통해서 이루어지는 비교적 조직적이고 의도적인 비형식적 학습(nonformal learning), 그리고 우발적이고 비조직적이며 매우 짧은 시간 내에서도 이루어질 수 있는 무형식적 학습(informal learning)으로 구분되기도 한다.[8] 이와 같이 조직적이고 체계성이 있느냐의 구분에 따라 학습을 구분하기도 하지만, 학습에 대하여 그 통제가 어디에 있느냐에 따라서도 학습을 구분할 수 있다.[9]

〈표 1-1〉 통제성향에 따른 학습의 유형

학습의 유형(types of learning)	통제성향(locus of control)
비의도적 학습(unintended learning)	통제없음
자기주도적 학습	학습자 통제
중재적 학습(mediated learning)	학습자와 외부권위자와의 통제 공유
타자주도적(권위주도적) 학습	(조직이나 개인)권위에 의한 통제

또한 학습의 개념은 행동주의로부터 더 광범위한 시각에 이르기까지 각양 각색으로 규정될 수 있기 때문에 아직까지 이에 대한 보편적인 합의가 이루어진 적은 없었다.[10] 따라서 자비스(Jarvis)가 '교육의 개념은 항상 상대적이며, 그 정의가 내려지는 시점의 사회적 상황을 반영하게 된다는 점을 인식해야 한다'고 강조한 것과 마찬가지로,[11] 학습에 대한 개념의 정의도 시대적, 사회적 배경에 따라 또는 학자의 관점에 따라 다양하게 규정될 수밖에 없다. 특히, 학습이라는 것은 자기주도적인 학습조차도 학습자가 살고 있는 사회적 맥락과 고립되어 존재하는 것이 아니고, 그 생활세계와 긴밀하게 관련을 맺으며 영향을 받게 마련이다.[12]

이상과 같은 논의가 '성인'이나 '학습'을 정의하는 데 나타나는 모든 문제나 특징을 포함하는 것은 아니지만, 이들 개별 용어들조차 구체적으로 정의

하기가 어렵다고 한다면, 이들 개념들의 합성어라고 볼 수 있는 '성인학습'이라는 용어 또한 엄격한 의미에서 정의하기가 매우 어렵다고 볼 수 있다. 이에 따라 성인학습론의 선구자로 불리고 있는 브룩필드(Brookfield)는 『세계성인교육 및 훈련 백과사전(제2판)』에서 '이제까지 성인학습에 관한 수많은 저널과 책이 출판되고, 연구회의가 개최되어 왔지만, 성인학습의 개념이라든가 이론에 대한 보편적인 이해를 추구할 수 있는 틀이 결여되어 있다'고 강조하고 있다.[13)]

그렇다면, 성인학습은 어떻게 정의될 수 있는가? 물론 모든 사람들이 수용할 수 있는 보편적인 정의란 있을 수 없다는 것이 전제되어야 할 것이다. 메리엄과 브로켓(Merriam & Brockett)은 성인학습을 '교수학습의 대응관계에 있어서 교육자가 수행하는 일에 대응하는 측면으로서 학습자의 내부에서 일어나는 인지적 과정'을 의미하는 것으로 정의한 바 있다.[14)] 그러나 이들은 성인학습의 개념을 성인교육에 대한 대칭적인 개념으로 파악하고 있으며 성인이라든가 학습이라는 용어가 지니고 있는 다양성을 고려하지 못하고 있는 한계가 있다.

따라서, 이 책에서는 마이어(Mayer)가 규정한 학습의 개념을 원용하여 성인학습을 '경험의 결과로 인하여 사회에서 성인이라고 간주되는 사람들의 지식, 태도, 그리고 행동이 비교적 지속적으로 변화되는 과정'이라고 개념화하고자 한다.[15)]

그런데, 이와 같은 정의는 매우 일반적인 개념만을 다루고 있어서 보다 구체적인 의미를 파악하기는 힘들다고 본다. 그러므로 성인학습이 실제적으로 이루어지고 있는 과정이라든가, 그러한 학습의 결과로 나타나는 모습에 의하여 성인학습이란 어떤 것인가를 살펴보는 것이 필요하다고 본다. 따라서 여기에서는 성인학습을 보다 구체적으로 이해하는 데 도움을 주기 위하여 성인학습이 지니는 의미를 몇 가지로 나누어 살펴보고자 한다.

첫째, 성인학습은 학습자들이 지니고 있는 제반 경험, 이를테면 이제까지 성인들의 직업경험, 생활경험, 학습경험 등에 근거하여 학습활동이 전개된다는 데 그 의의가 있다. 따라서 성인학습은 성인이 스스로 실제 생활로부터 필요하다고 느끼거나 요구된다고 인식하는 것들을 중심으로 학습활동이 전개된다는 점에서 그 특성이 있다.

말하자면, 성인학습은 실생활 가운데 당면하게 되는 현재의 과제를 해결하는 것에 중점을 두는 활동이라는 것이다. 학교교육을 통한 학습활동이 미래를 위한 준비로서의 성격이 강한 데 비하여 성인학습은 실생활에서 당면하게 되는 문제를 해결하고 개인의 요구를 충족시키기 위하여 실시되는 것이다. 이제까지 학교교육은 라이머(Reimer)의 지적과 같이 교육을 생활로부터 유리시켰다는 비판을 받고 있다. 그러나 성인학습은 실제 생활을 중심으로 학습자의 필요와 요구에 따라 실시되는 교육을 근간으로 한다. 따라서 성인학습을 위한 프로그램은 학교교육과는 달리 그 대상, 내용, 시기, 방법, 장소 등이 매우 다양하고 이질적으로 편성되기 마련이다. 이 점에서 성인학습은 부페식, 카페테리아식 교육과정(cafeteria style curriculum)을 필요로 한다고 볼 수 있다.[16)]

둘째, 성인학습에는 학습자가 학습활동의 계획이나 실천에 기본적인 책임을 지니고 있는 자기주도적 학습(self-directed learning)과 교육기관이라든가 교사나 지도자가 기본적으로 학습관리에 책임을 지고 있는 타자주도적 학습(other-directed learning) 모두가 포함된다. 이는 성인학습이 개인적인 차원에서 진행되는지 기관차원에서 진행되는지의 여부에 대해서는 상관이 없지만, 우발적이거나 비조직적으로 진행되는 학습활동은 성인학습의 개념 속에 포함시키지 않는 것을 원칙으로 한다는 것이다. 이는 교육의 개념에 있어서 의도성을 포함시키는 것과 같은 맥락이다. 따라서, 성인학습이라는 것을 교육현장에서 언급하고자 할 때, 그것은 그 개념상 의도적인 어떠한 행동의 결과로 이루어지는 학습행동만을 대상으로 한다는 것이다. 어떤 행동을 의도적으로 한다는 것은 몇 가지 개념적인 요소를 포함한다.[17)]

우선 여기에는 무엇을 이루고자 하는 동기가 내포되어 있으며, 그것을 이루려는 동기나 목표를 행위 주체자가 의식하고 있음을 의미한다. 그리고 자신의 행동이 그러한 동기나 목표를 실현해 나가기 위한 효율적 수단임을 믿으며, 그 수단적 행동의 선택과 수행을 타인의 강압에 의해서가 아니라, 자율적인 판단에 의해 선택하고 실행하고 있다는 것을 개념적으로 내포한다. '의도성'이란 말이 갖는 이러한 개념적 조건들을 고려할 때, 의도적 행동으로서의 '학습'이라는 말에는 학습을 하는 동기와 목적이 있으며, 그러한 동기나 목적을 실현시키기 위한 수단으로서의 적합성과 효율성에 대한 인식이 개념적으로 전제된다고 할 수 있다. 그리고 그 행위 주체자의 자율적인 판단과 의지에 따라 이루어진 행동인 만큼 그 결과에 대한 책임이 행위 주체자에게 부여될 수 있음이 함축되어 있다고 할 수 있다. 이와 같이 의도적 과정으로의 '학습'을 규정할 때, 자연발생적이거나 우연적인 것들은 일단 성인학습의 범주에 들어가지 않는다. 목적도 없이 맹목적으로 이루어지는 행위, 그리고 그 결과에 대하여 책임을 부여할 수 없는 행위에 대해서는 성인학습이라고 할 수 없다는 것이다. 따라서, 성인학습이라는 말은 분명한 의미를 갖는 용어로 사용해야 하며 그 대상을 명확히 한정하기 위해서는 일차적으로 '의도성'을 성인학습의 개념적 조건으로 포함시켜야 한다. 그러므로 학교 외에서 이루어지는 학습활동이라고 하더라도 그것이 의도적인가 의도적이지 않은가에 따라 성인학습 활동으로 또는 성인학습이 아닌 활동으로 구분될 수 있는 것이다. 다음으로, 성인학습은 조직적이라는 의미를 포함하고 있으며 이러한 조직적이라는 의미를 내포하고 있을 때 보다 효과적이라고 인식되고 있다. 여기서 '조직적'이라는 말은 '특정 목적을 달성하기 위한 제반 활동의 체계', 혹은 '목표달성을 위한 협력 체계'로 흔히 이해되고 있기 때문에 성인학습이 조직적이라는 말은 곧 성인의 학습을 지원하고, 촉진시키기 위한 일련의 이론과 실증의 뒷받침이 있는 계획과 과정으로 운영된다는 것을 의미한다고 볼 수 있다. 이렇게 보면, 결국 성인학습은 일정한 목적과 그것을 달성하기 위한 특정 계획과정으로 이루어지는 활동이라고 볼 수 있다.

셋째, 성인학습은 기본적으로 다양한 학습에 의해 자기실현을 가능하게 한다. 성인학습은 국민으로서, 시민으로서의 자각과 이해를 촉진하고, 자기의 능력 및 자질을 최대한으로 발휘하여 자기실현을 기하는 데 궁극적인 목적이 있는 것이다. 성인학습은 계속적인 학습활동을 통하여 성인기의 발달과업을 적절하게 달성하도록 하고, 나아가서 이 시기의 사회적 역할 수행에 따른 교육적 요구를 적절하게 충족시키는 데 근본적인 의의가 있다. 따라서 성인학습은 기본적으로는 매슬로우(Maslow)가 언급한 바 있는 인간의 제반 욕구를 충족시킬 수 있다는 것과 동시에 인간의 지속적인 성장에 기여할 수 있다는 데 그 특징이 있다.

이와 같은 성인학습의 의의는 기본적으로 제2차 세계대전 이후 유네스코 주최로 개최된 '제4차 세계 성인교육회의'에서 채택한 권고문을 통해서도 잘 알 수 있다.[18)]

> 성인교육의 목적은 각자가 속해 있는 사회가 정하는 기준에 따라 성인으로 간주되는 국민으로 하여금, ① 저마다 자신의 능력을 개발하게 하고, ② 기존의 지식을 더욱 풍부하게 만들며, ③ 이미 획득한 기술과 전문 직업자격을 새로운 상황하에서도 더욱 쓸모 있게 갱신할 수 있게 하며, ④ 지금까지의 태도나 행동양식을 바꾸게 하며, ⑤ 각 개인의 보다 완숙한 인성발달을 촉진하는 동시에, ⑥ 국민 한 사람 한 사람이 보다 균형적인 사회적, 경제적, 문화적 발전 과업에 참여할 수 있도록 돕는 데 있다.

이상과 같이 성인학습은 전체 평생학습 구조하에서 생애 주기별로는 성인으로 간주되는 자에 의한 학습활동이고, 그 의도성과 조직성을 기본 전제로 일반 사회의 다양한 장소에서 이루어지는 학습활동이며, 실생활 중심의 다양한 프로그램을 통해 이루어지는 학습활동으로서 사회적 적응은 물론 자아 실현을 이루기 위한 차원에서 전개되는 학습활동이다.

2. 현대사회와 성인학습의 필요성

학습은 결코 진공상태에서 일어나지 않는다. 우리가 학습을 요구하거나 필요로 하는 것은 우리가 살고 있는 사회적 환경과 밀접한 관련이 있다. 어느 시대에나 학습에 대한 수요가 있으며, 학습기회를 공급하는 측이 있었다. 이는 사회의 기본적인 특징이기도 하다. 오늘날의 사회를 평생학습사회라고 하는 것은 언제, 어디서나, 누구라도 원하는 것을 배울 수 있는 기회가 보장된 사회를 의미하는 것이기도 하지만, 이는 다른 말로 표현하면 언제라도, 어디서라도, 누구든지 배우지 아니하고서는 현대사회에서 올바르게 적응하면서 살아가는 것이 어렵다는 것을 의미한다. 그러므로 사회는 그 구성원들의 요구충족은 물론 그 사회의 발전을 위하여 여러 학습기회를 체계적으로 제공하기 위한 제반 노력을 강구하고 있는 것이다.

평생학습사회는 기본적으로 다양한 개인들의 평생학습을 축으로 형성된다. 평생학습은 문자 그대로 개인의 전 생애에 걸친 학습을 의미한다. 학습이라는 것이 원래 경험을 통하여 행동에 어떤 변화가 일어나는 것을 의미하는 것이므로 굳이 '평생'이라는 말을 학습이라는 용어 앞에 붙이지 아니하여도 학습 그 자체는 평생에 걸쳐 진행되는 것을 의미한다. 그럼에도 불구하고 학습이라는 용어 앞에 평생이라는 말을 덧붙이는 까닭은 종래의 학습이란 개념이 학교중심의 교육체제 즉, 공급자 중심의 교육구조하에서 교사가 일방적으로 주도하여 가르치고 학습자는 그냥 수동적으로 받아들이는 교육학습의 개념을 전면적으로 개편하고자 한다는 데 그 주된 의미가 있었기 때문이다. 바꾸어 말하면, 평생학습은 단지 학습의 기회를 평생에 걸쳐 확대한다는 데 그 의의가 있는 것이 아니라 종래의 교육학습이 간과하여 왔던 학습활동의 자발성과 계속성을 강조한다는 데 그 의의가 있는 것이다. 이를 가장 단적으로 잘 표현한 것이 바로 유네스코의 평생학습에 대한 개념규정이다. 이를 구체적으로 살펴보면 다음과 같다.[19)]

> 평생학습은 기존 교육체제의 재구조화와 교육체제 외부의 교육잠재력 개발을 목적으로 하는 전면계획을 강조한다. 이러한 계획 내에서 개인은 사고와 행동의 지속적인 상호작용을 통해서 자기교육의 대행자가 된다. 교육과 학습은 … 평생을 통해 확대되어야 하고 모든 기술과 지식을 포함해야 하며, 가능한 모든 수단을 사용하고, 모든 사람들의 완전한 인성개발이 가능할 수 있도록 기회를 제공해야 한다.

이와 같은 의미를 지니고 있는 평생학습은 포괄적인 교육 이론과 개혁안을 제시하고 있는 용어로써, 성인교육의 완전한 잠재성 실현을 위한 지적인 정당성과 행동계획을 제시하고 있다.[20)] 기존의 교육체제를 개편하기 위한 새로운 이념으로 대두된 평생학습이라는 용어는 한편으로는 기존의 교육체제를 전면적으로 개편할 것을 강조하면서, 다른 한편으로는 교육과 학습의 계속성을 강화하기 위한 차원에서 이제까지 교육의 현장에서 소외되어 왔던 계층인[21)] 성인의 학습활동을 체계적으로 재구조화할 것을 강조하고 있다는 데 그 의의가 있다.

그런데, 이제 성인의 학습활동이 일반인들에게 널리 회자되고 있고, 그 중요성이 부각됨에 따라 평생학습이라는 용어는 그 소임을 다한 듯 유럽의 일부 지역을 제외하고는 성인학습이라는 용어가 더 널리 사용되고 있는 것으로 나타나고 있다.[22)] 평생학습사회의 실현에 있어서는 무엇보다도 성인의 학습활동이 어떤 형태로든 강화되어야 한다는 것이 종래의 평생학습론 내지 평생교육론의 주요 골자라고 볼 수 있다.

성인학습은 1997년 독일 함부르크에서 열린 성인교육에 관한 세계 제5차 대회의 결의문에서도 나타나고 있는 바와 같이 '학습자 개인에게 자신의 정체성을 확인시켜 주는 수단이며, 삶의 의미를 일깨워 주는 도구'로서 개인의 전 생애를 통하여 학습할 수 있는 기회를 보장하는 데 있어서 필수적인 요소로 인식되고 있다.

현대사회에서 성인의 학습활동이 새롭게 부각된 이유로서는 여러 요인들을 지적할 수 있으나 여기에서는 성인 인구의 증대와 같은 인구통계학적 요인, 경제의 세계화, 테크놀로지의 변화, 조직활성화, 그리고 위험의 일상화 등과 같은 요인으로 나누어 제시하고자 한다.[23]

첫째, 성인 인구, 특히 성인후기 인구의 증가와 그에 따른 학습요구의 증대이다. 이제 대부분의 선진국들과 일부 개발도상국에 있어서는 아동, 청소년 인구보다도 성인 인구가 더 많은 것으로 나타나고 있으며, 우리 나라도 점차 성인후기 연령에 해당하는 자들의 비중이 증대되고 있는 경향을 나타내고 있다(그림 1-1 참조). 게다가 이들 증대된 성인 인구는 과거의 세대보다 훨씬 더 많은 교육을 받은 세대이기도 하다. 이전에 받은 교육정도(혹은 수준)가 성인의 학습활동에 대한 참여를 결정짓는 가장 중요한 요소라는 것을 감안한다면 성인 인구 그 자체가 증가하는 것과 그들의 교육수준이 높다는 것은 곧 성인학습에 대한 요구가 높아졌다는 것을 의미하는 중요한 사회적 요인이라고 할 수 있다.

특히, 2015년 이후 한국 인구 구조의 큰 변화가 도래하고 있다. 저출산 여파로 15~64세 생산가능인구 수는 2016년 3704만명으로 정점을 찍고 감소하게 된다. 그다음 해인 2017년에는 65세 이상 고령 인구가 총인구 대비 14%를 넘는 '고령사회'로 진입한다. 풍부한 인적 자본을 활용해 경제 성장을 이뤘던 '인구 보너스(bonus)' 시대를 마감하고, 고령화로 생산가능인구가 줄어들며 경제 성장이 지체되는 '인구 오너스(onus · 부담)' 시대로 접어드는 것이다.

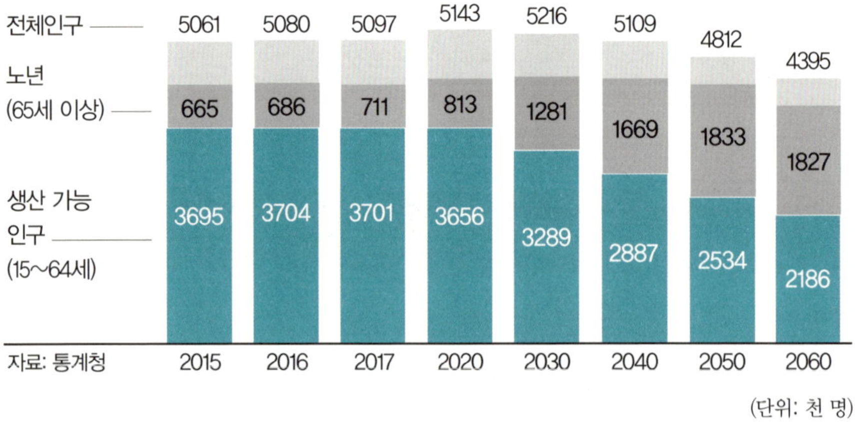

자료:통계청(2015), 장래인구추계

【그림 1-1】 한국의 인구구조 변화

둘째, 새롭게 변모된 경제구조이다. 이제 한국사회의 경제문제는 세계의 경제문제와 고립시켜서 논할 수 없는 시대가 되었다. 미연방은행의 금리문제, 뉴욕의 주식시장, 중동의 석유 파동, 그리스의 채무불이행, 일본 엔화의 강세 혹은 약세 등이 곧바로 한국의 주식시장은 물론 한국 경제에 커다란 영향을 미치는 것으로 나타나고 있다. 특히 자본의 세계화 과정에서 IMF 사태를 맞이한 한국의 경우는 더욱 더 세계 경제에 의존적일 수밖에 없는 상황에 처하게 되었다. 이와 같은 과정에서 한국의 사기업은 물론 공공 기관에서조차 구조조정이나 조직개편 등과 같은 명목 하에 대량 해고를 자행하기도 하였다. 이제 평생직장이라는 말은 먼 옛날의 이야기가 되어 버렸다. 따라서 경쟁사회에서 살아남기 위해서라도 성인들은 자신의 능력을 개발하지 않으면 안 되게 되었으며, 이것이 곧 성인학습을 촉진하는 요인으로 작용하고 있다.

셋째, 테크놀로지의 변화이다. 현대사회에서 금세기 동안 진전된 눈부신 과학기술의 발전은 일의 주체 세력을 산업노동자에서 서비스와 지식노동자로 바꾸어 놓았다. 일터에서의 신체적 기능발휘를 기본 중심으로 하던 일들이 이제는 대뇌의 기능발휘를 주축으로 하는 일들로 대체되기에 이르렀다. 말하자면, 금세기에 전개된 눈부신 과학기술의 발달은 결과적으로 한 사회의 인력구조를 변화시키고, 기술우위사회(technocracy)의 대두를 앞당기는 데 충분하였다. 기술우위사회에서의 시민들은 어떤 교육적인 틀에서 배우고 익힌 지식에 대하여 결코 만족하거나 안주할 수 없고 더 높은 수준의 전문지식을 배워야만 한다는 압박을 받게 된다. 이와 같은 요인들은 결과적으로 일터에서 요구하는 새로운 기술에 대한 습득요건을 제대로 충족시키지 못한 사람들에게 직업전환(job dislocation)을 하도록 만든다. 직업전환이 여의치 못한 경우에는 기술적인 실업(technological unemployment)으로 발전하게 된다. 산업 · 과학기술의 발전이 국가의 경제발전에 필수불가결한 일이기는 하지만, 그렇다고 해서 상승하는 산업기술의 발전을 제대로 쫓아오지 못하는 기술적 폐멸(technical obsolescence)로 인한 실업을 방치할 수는 없는 것이다.[24] 따라서 한 사회의 인적자원개발(HRD)은 그 사회발전을 위한 필수적인 과업으로 대두하게 되었다.[25] 그러므로 성인들은 오늘날과 같은 기술우위 시대에서 조직으로부터의 고용관계 형성과 유지를 위해서도 계속해서 학습하지 않으면 안 되는 사회가 되었다.

넷째, 급속한 변화를 특징으로 하는 현대사회의 발전은 모든 조직의 끊임없는 변화를 불러일으키고 있다. 조직의 기본 요소라고 할 수 있는 물적 자원, 재정적 자원, 그리고 인적 자원의 세 가지 가운데, 앞의 두 가지는 비교적 변화되지 않고 영속적인 상태로 그대로 존재하고 있다. 이러한 물적 · 재정적 자원의 한계성을 극복할 수 있는 최적의 돌파구는 인적 자원을 최대한으로 개발하는 길이라는 사고가 점차 보편화되어가고 있는 실정이다.

이에 따라 공 · 사립 기관이나 조직에 고용된 성인들은 조직의 목표달성을 위해 계획된 교육 프로그램에 노출되어 있다. 사적인 부문에서 조직적인 종업원 개발 프로그램들은 궁극적으로 보다 큰 이윤창출을 목표로 하고 있으며, 공적인 부문에서는 대중에 대한 서비스 향상을 목표로 하고 있다. 레프브레(Lefebvre)는 어떠한 조직이든지 '목표를 성취하기 위해서는 두 가지 자원인 인간과 돈이 필요하다. …인간 자원은 …아이디어와 기술적…전문적 능력 및 노하우를 위한 자원이며, 돈은 토지와 건물, 장비 및 필요한 물품을 구입하기 위한 자원이다'라고 지적하였다.[26] 따라서 조직은 조직의 목표를 효율적으로 달성하기 위한 목적으로 인적 자원을 개발하는 데 노력을 경주하지 않으면 안 되게 되었다. 이에 따라 학습활동을 강화하기 위한 조직의 노력이 학습조직(learning organization)으로 나타나고 있다. 조직에 속한 성인들은 자의든, 타의든 간에 조직을 통하여 일정량의 학습을 하지 않으면 안 되게 되었으며, 조직 그 자체가 학습을 해야만 하는 시대로 접어들게 된 것이다. 말하자면, 학습조직이 필요하게 된 것이다. 학습조직은 1980년대에 변화와 생존의 필요성으로부터 형성된 개념으로[27] '늘 새로운 학습을 일상적으로 되풀이함으로써 위기상황이든 아니든 관계없이 자기변화가 신속하고 효과적으로 일어날 수 있는 상태에까지 이른 조직'이라고 정의되기도 한다.[28]

학습조직론의 선구자인 셍게(Senge)는 일반 기업체 등과 같은 조직에서 학습조직이 필요한 이유로서 ① 탁월한 성과를 위하여, ② 품질향상을 위하여, ③ 고객만족을 위하여, ④ 경쟁우위를 위하여, ⑤ 활기차고 주인의식 있는 인력양성을 위하여, ⑥ 성공적인 변화를 위하여, ⑦ 진실을 위하여, ⑧ 시대가 요청하기 때문에, ⑨ 세계는 상호 연관되어 있기 때문에, ⑩ 학습하는 그 자체를 원하기 때문에 등과 같은 10가지 요인을 제시한 바 있다.[29]

마지막으로, 위험사회의 대두로부터 성인학습의 필요성이 더욱 더 증대되게 되었다. '위험사회'라는 말은 울리히 벡(Ulich Beck)이 1986년 독일에서 출간한 그의 저서 『위험사회』에서 규정한 바와 같이 성찰과 반성이 없이 근대화를 이룬 현대사회를 말한다.[30] 울리히 벡에 따르면 산업화와 근대화를 통한 과학기술의 발전이 현대인들에게 물질적 풍요를 가져다 주었지만 동시에 새로운 위험을 몰고 왔다는 것이다. 근대화 초기 단계에는 풍요를 확보하는 것이 중요했지만, 근대화 후기로 갈수록 위험요소는 더욱 커지게 됐다는 것이다. 즉, 위험은 성공적 근대가 초래한 딜레마며, 산업사회에서 경제가 발전할수록 위험요소도 증가하고, 후진국에서 발생하는 현상이 아니라 성공적으로 과학기술과 산업이 발달한 선진국에서 나타나며, 무엇보다 예외적 위험이 아니라 일상적 위험이라는 데 문제의 심각성이 존재한다.

이와 같은 차원에서 현대인들이 환경보호와 웰빙에 관심을 쏟고 각종 보험에 가입하는 행위도 결국 불확실성의 불안을 극복하려는 방안의 일환이다. 따라서 그는 근대화발전의 성공에 따른 경제적 풍요를 동반한 대형 사건、사고의 위험을 지적하면서, 지금껏 진행되어온 근대성의 한계를 극복하고 '새로운 근대' 또는 '제2의 근대'로 나아갈 것을 제안했다. 그리고 과학과 산업의 부정적 위험성을 감소시키고 궁극적으로 '성찰적 근대화'의 방향으로 사회를 재구성해야 한다고 강조한다. 위험사회론은 국가정책의 최우선 과제는 사회적 안전장치 마련에 맞춰져야 한다는 것으로 귀결된다. 이러한 위험사회의 특성으로서 젠센과 빈(Jansen & Veen, 1996)이 설명한 바를 제시하면 〈표 1-2〉와 같다.[31]

〈표 1-2〉 산업사회와 위험사회의 특성비교

특징	고전 산업 사회	위험 사회
주된 위험	삶의 기회와 재화에 대한 불평등한 분배	전반적인 삶의 불안
주된 요인	생산수단에 대한 불평등한 통제	기술적/과학적 혁신의 통제 불능
권력 투쟁 대상	생산과 분배 수단의 소유	정의(definition)와 정보에 대한 통제
주된 모순	노동-자본	전반적인 (무)책무성
지배적 가치	경제 성장	안전/생태계적 합리성
정치적 대안	복지 국가	새로운 정치 문화
사회 동인	공동의 정체성/흥미/경험	정체성/흥미/경험의 개별화
발현	빈곤/억압/계급투쟁/노동조합/ 중앙집권/사회 계급/가족/이웃	오염/파괴/전문관료주의(expertocracy)/ 사회운동의 단편화/자율성/익명 의존성

이러한 위험의 편재성과 위험 주체의 다양성을 기반으로 현대사회 위험 문제를 해결하기 위한 학습의 역할을 강조한 사례로서는 EC(European Commission)가 제시한 평생학습의 4대목적에서도 드러나고 있다. EC는 평생학습은 적극적 시민정신, 개인적 성취, 사회적 포용, 고용가능성과 같은 다양한 목적을 성취하기 위한 필수과정이라고 강조한 바 있으며, 자비스(Peter Jarvis)도 최근의 저서인 『글로벌화, 평생학습, 학습사회(2007)』을 통해서도 위험사회의 제반 문제를 해결하기 위해서 '학습으로 돌아가라(return to learning)'고 강조하고 있다.[32] 이러한 위험사회의 대두는 결과적으로 신사회운동(new social movement)의 태동을 야기하였고, 신사회운동으로서의 성인학습의 가치도 상승하기에 이르렀다.[33]

이상과 같은 현대사회가 처한 제반 요인으로부터 성인학습이 필요하게 되었으며, 이에 따라 전 세계적으로 성인의 학습 참여율이 과거에 비하여 월등히 증대되고 있다.

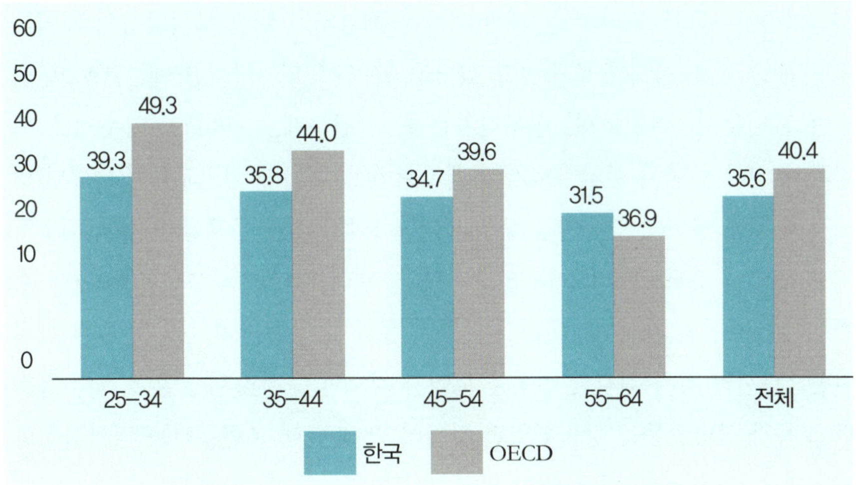

주: 1) 출처 : 2012년 OECD EAG 발표 자료 기준(조사 기준 2007년도, 27개국 대상)
2) 한국 데이터(평생학습 개인실태조사) 기준연도 : 2013년

【그림 1-2】 평생학습 참여율 국제비교

3. 기존 교육체제의 한계와 성인학습

아동 및 청소년의 학습이든 성인의 학습이든 학습은 그들이 속해 있는 사회로부터 영향을 받지 않을 수 없다. 말하자면, 학습은 그 활동이 일어나는 장을 둘러싸고 있는 정치적, 경제적, 사회적, 문화적 체제 등 다양한 세력들의 기대와 요구를 결코 외면할 수 없다는 것이다. 공식적인 학습의 장으로 인정받고 있는 학교도 이러한 사회적 맥락의 영향으로부터 자유롭지 못하지만, 사회 속에서 사회적 삶을 영위하면서 그 속에서 학습을 수행해야 하는 성인들의 경우에는 더욱 더 사회적 맥락에 민감할 수밖에 없다.[34]

따라서 사회 전체가 하나의 새로운 변혁을 꿈꾸고, 새로운 세상을 지향하고, 보다 나은 가정 · 직장 · 사회 · 국가를 건설해야 할 과업을 안고 있을 때,

성인학습은 사회로부터 이들 제반 과제를 해결하기 위한 목적달성의 일익을 담당해 줄 것을 강하게 요구받고 있다고 볼 수 있다. 이러한 예는 1960년대 초반 흑인문제, 인권문제, 빈부격차문제, 반전문제, 그리고 실업문제를 해결하기 위하여 당시 미국사회가 경제기회법(1964년)과 성인교육법(1966년)의 제정을 통해 성인의 학습활동을 장려함으로써 그러한 문제를 일거에 해소하고자 하였던 것으로부터도 잘 알 수 있다. 우리 나라의 경우도 1980년대 후반부터 청소년의 자살이라든가 학교폭력 등과 같은 문제가 학교는 물론 사회 일반으로까지 점차 심각한 현상을 보이자 청소년 문제의 해결을 위하여 청소년 교육과 상담활동을 강화했었던 것이며, 2000년대 초반부터는 지역활성화 차원에서 평생학습도시 사업이 국가적인 차원에서 전개되었고, 현재까지도 매우 활발하게 진행되고 있다.

비록 성인학습이 반드시 국가의 공교육(公敎育) 체제하에서 전개되는 것은 아니라 하더라도 성인교육(그 개념이 사회교육이나, 평생교육 또는 계속교육 등과 같은 다양한 이름으로 불린다고 하더라도)이 사회의 하위체제라는 것을 인정한다면, 그리고 그것이 성인학습을 지원하고 촉진하는 데 중요한 역할을 담당한다고 한다면, 성인학습은 순전히 개인적인 차원에만 그치는 것이 아니라 사회변화의 요구와 기대에 부응하지 않을 수 없게 된다. 성인학습이 순전히 개인적인 목적만을 위해 전개된다고 볼 수도 있지만, 개인이 한 사회 내에서 살아가는 존재라는 것을 인정한다면 성인의 학습활동 자체는 결국 사회적으로 구성되는 것이라고 볼 수 있다.

그러나 성인학습을 압력으로 해석하기 이전에 성인학습에 대한 사회의 본질적인 관심과 지원으로부터 그러한 기대와 요구가 나타난다고 본다면, 현대 한국 사회가 성인학습에 대하여 기대하고 요구하는 것은 무엇인가? 특히 학교가 그러한 요구를 제대로 충족시켜주지 못한다고 하였을 때 성인학습이 학교교육의 한계와 관련하여 떠맡아야 할 과제는 무엇인가? 물론 여기에 대한 완벽하고 포괄적인 논의란 지극히 어렵다는 것을 기본 전제로 하여 오늘날 학교교육의 한계와 관련하여 사회가 특히 조직적이고 의도적인 성인학습에 기대하는 것이 무엇인지를 몇 가지 차원으로 나누어 탐색해 보고자 한다.

첫째, 종래의 학교교육이 지나치게 학교라는 울타리 안에서 그들만의 교육과정을 통해 폐쇄적으로 가르치고 배우는 활동만을 경주하여 왔던 까닭에 스스로 사회로부터의 고립을 초래하게 되었다. 따라서 성인학습은 지역사회의 다양한 시설에서 상호학습이라든가 집단학습의 형태를 통하여 지역을 하나의 학습공동체(learning community)로 만드는 데 기여해야 할 필요가 있을 뿐만 아니라 그를 통해 평생학습사회를 건설하는 데 앞장설 것을 요청 받고 있다. 오늘날 급속도로 진전되는 문명화 속에서 인간들이 경험하게 되는 인간적, 교육적, 그리고 기술적 폐멸현상(obsolescence)의 위기를 벗어나기 위해서는 무엇보다도 배움을 통한 평생학습사회의 건설이 필요하다. 이를 위해서, 성인의 학습기회를 제공하는 성인교육 조직은 성인교육자와 학습자들이 학습을 통하여 사회적 연대를 배우는 친교의 장이 되어야 할 필요가 있다. 이것은 성인학습의 장을 지식주입의 압력으로부터 해방시키도록 함으로써 사회적 연대로서의 인간교육의 장으로 변화시켜야 한다는 것을 의미한다.

둘째, 포스트모던사회 · 탈산업사회 · 지식기반사회 등으로 대표되는 현대사회에서 학교교육이 암기식, 주입식 교육을 통해 편협한 지적 사고만을 강화하고 단편적이고 지엽적인 지식들로 가득 찬 머리만 큰 인간을 형성하는 데 중점을 두어 왔다고 한다면, 성인학습은 자율과 창의, 그리고 협동과 참여에 바탕을 둔 계발된 시민성을 함양하는 데 중점을 두어야 할 필요가 있다. 말하자면, 성인학습은 지 · 덕 · 체가 조화된, 교육학적 표현을 빌리면 인간의 제반 영역이라고 할 수 있는 인지적(cognitive), 정의적(affective), 그리고 운동 기능적(psychomotor) 영역이 제대로 겸비된 인간을 형성하는 데 기여하여야 한다는 것이다. 이를 위해서 성인학습은 무엇보다도 시민으로서의 기초적인 역량을 제고하는 데 중점을 두어야 할 필요가 있다. 이를 체계적으로 지원하기 위한 교육이 바로 성인기초교육(adult basic education)이다. 성인기초교육은 인간이 인간으로서 생존해 나가기 위한 기본적인 권리와 지식 · 능력을 겸비하기 위한 학습을 원조하는 데 그 기본 목표를 둔다. 그러나 여기에서 말하는 성인기초교육은 단순히 기본적인 생존을 위한 학습에만 머무르지 아니하고, 변동하는 현대사회에서 충분히 그 능력을 발휘해 가면서 살아갈 수 있어야 함과 동시에 개인 상호간에 그 권리를 옹호하고, 나아가서 인간의 존엄과 가치를 보다 제고하면서 살아가기 위한 학습을 원조하는 것을 포함한다. 이러한 과제의 특징은 이와 같은 학습활동을 할 것인가, 아니면 그만둘 것인가를 결정하는 것이 개인의 기호나 외부의 압력에 의해서 좌우되는 것이 아니라, 모든 인간이 그러한 학습활동에 참여하기를 희망하고, 따라서 그러한 학습기회가 보장되지 않으면 안 된다는 데 있다.

성인기초교육은 본래 일상생활에 필요 불가결한 기초적인 지식 및 능력의 육성을 목적으로 하는 교육으로써 대부분은 의무교육의 형태로 전개되어 왔다. 구체적으로는 일상생활에 필요한 읽기, 쓰기, 셈하기와 같은 3R's의 능력, 의식주 등의 일상에서의 기초적인 생활기술, 건강의 유지관리를 위한 지식 및 기술, 청결하고 안전한 생활환경을 유지하고 관리하는 데 필요한 지식 · 기술, 그리고 기본적인 직업지식 · 기술, 기본적인 사회구조 및 정치 · 경제구조에 관한 지식 등의 습득이 그 범주에 속한다. 또한 청소년기에 이와 같은 지식 · 기술을 어떠한 이유로 인하여 제대로 학습하지 못하였다고 한다면, 성인교육은 우선적으로 이러한 기능을 습득할 수 있는 학습기회를 제공하는 것이 필요하다. 미국 사회에서 1960년대 이래 전개된 성인기초교육, 독일의 민중대학에서 의무교육 미수료자를 위해 학교졸업 자격시험을 준비하는 과정, 개발도상국에서의 성인을 위한 기초적인 문해교육 및 직업기술교육 등이 여기에 해당된다.

셋째, 오늘날의 사회는 노동시간의 단축, 근무기간(정년)의 축소, 주5일제 근무 등으로 인하여 여가사회라고 일컬어질 만큼 과거에 비하여 개인의 여가 시간이 증대되고 있다. 따라서 증가된 여가시간을 적절하게 활용하도록 함으로써 개인적인 부(富)는 물론 국가적인 차원에서의 부를 창출하는 것이 필요하게 되었다. 여가라고 하는 개념은 원래 그리스어의 오팀(otim:아무 것도 하지 않는 상태)과 스콜레(scole: 한가한 시간을 이용하여 자기의 교양을 넓혀 나가는 상태)라는 두 가지의 의미를 포함하고 있다.[35] 여가를 노동으로부터 해방된 단순한 빈 시간으로 보는가, 아니면 학교의 어원이기도 한 스콜레와 같이 인간의 자유로운 정신활동을 전개하고자 하는 시간을 의미하는 것으로 파악하느냐에 따라서 여가의 의미 혹은 그 활용은 크게 달라지게 된다.

사회의 일반적인 가치관이 노동 및 근로만을 선하게 여기고, 여가는 노동을 위한 휴식 및 기분전환을 위한 시간이라고 파악하던 시대에 있어서 여가는 기본적으로 나쁜 것이며, 그 적극적 활용보다는 그 빈 시간을 선용하는 것이 문제가 되었다. 그러나 인간의 평균수명이 급격하게 신장되고, 노동시간이 단축되고, 직장의 근무기간(정년)이 줄어드는 등과 같은 상황이 전개되고 있는 오늘의 사회에 있어서 여가는 단순히 노동 후에 남는 시간이라고 볼 수 없다. 노동이 경제적 수단(수입)으로서, 사회적 수단(명예, 지위)으로서, 나아가서 자기실현 및 삶의 보람과 원동력으로서의 의미를 지닌 것과 마찬가지로 여가는 노동의 대가로서 주어지는 휴식 및 휴양만이 아니라 자기해방 및 주체적이고 자주적인 행동을 가능하게 하는 장으로, 또한 자기실현의 길로서 적극적인 의미를 지닌다. 프랑스의 여가사회학자라고 불리는 듀마즈디에(Dumazedier)는 여가를 '궁극의 목적으로서 자기실현을 지향하는' 시간과 규범적 가치를 지닌 것으로 규정하였는가 하면,[36] 평생교육의 원조라고 불리는 랭그랑(Lengrand)이 평생교육이 필요하게 된 배경의 하나로 여가시간의 증대를 지적한 것만 보더라도,[37] 여가는 단순히 무위적인 자유로운 시간이 아니라, 인간의 주체적인 의지에 기초하여 스스로의 적극적인 삶의 영위와 자기

실현에 없어서는 안 될 중요한 기회라는 생각이 지배적으로 통용되고 있다. 따라서 여가 시간의 학습 활동은 노동 및 일상 생활로부터 오는 한가함과 지루함을 메우는 것이거나 하나의 액세서리가 아니라, 자기 자신을 정신적으로나 물질적으로 풍부하게 하고 인생을 의미 있는 것으로 만드는 데 일익을 담당하기 때문에 여가에 적극적인 의미를 부여하고, 그 활용 및 학습을 원조하는 정책이 필요하게 되었다. 이와 같은 점에서 성인학습의 필요성이 부각된다고 볼 수 있다.

넷째, 기존의 학교교육은 특정 연령대의 전통적인 학습자들만 대상으로 하는 교육을 실시하여 옴으로써 비전통적인 학습자, 즉 성인의 학습요구를 제대로 충족시켜 주지 못하였다. 따라서 이제까지의 학교중심 교육체제가 직장인들의 다양한 직무능력을 개발하는 데 한계가 있었다는 것을 전제로 특정 조직 내에서 제공되는 학습기회를 통해 성인의 직무능력이 개발될 수 있기를 기대하고 있다.

오늘날의 사회를 직업사회라고 일컬을 정도로 대부분의 사람들은 일정한 직업을 가지고 생활하고 있다. 이제 직업은 단순히 생계유지만을 의미하는 것이 아닌 자아실현을 위한 과정으로, 나아가서 사회적 책무를 수행하는 것으로도 간주되고 있다. 따라서 직업상에 필요한 직업능력의 개발 혹은 육성은 개인에게 있어서나 국가에 있어서도 경제활동과 관련하여 매우 중요한 교육 · 학습과제로 간주되고 있다. 그런데 직접적으로 직업능력의 육성 · 개발을 목적으로 하는 학습기회는 학교교육에 있어서 직업준비교육을 제외하고는 우리 나라의 경우 대부분이 노동행정의 범주에서 다루어져 왔다. 이에 따라 일부 대학의 프로그램을 제외하고는 직업능력개발과 관련된 활동이 교육부 소관의 기관에서 실시되는 경우는 매우 드문 형편이었다. 현대사회에 있어서 급속한 과학기술의 변화가 가져온 기술혁신 및 산업구조의 변화는 개인들에게 직업적 지식, 기술의 재교육, 나아가 조직의 구조조정이라든가 배치

전환의 과정에서 살아남고 경쟁에서 우위를 점하기 위해서도 그에 필요한 새로운 직업기술 · 지식을 습득하는 것이 필요하게 되었다. 이에 따라 정부기관에서는 노동부뿐만 아니라 최근 교육부 차원에서도 이와 관련된 활동을 증대하기 위한 각종 노력들을 경주하고 있는 것으로 나타나고 있다.

직업능력의 개발 및 육성은 국가기관을 통해서만 이루어지는 것이 아니라 기업에 있어서도 그동안 활발하게 추진되어 왔다. 기업체 차원에서의 직업능력개발은 기업의 사활이 걸린 문제이지만, 개인에게 있어서도 승진 혹은 전직을 위해 하나의 중요한 핵심 과제가 되었으며, 이것은 각 기업 및 단체에서 기업 내 교육(혹은 인적자원개발, 연수), 민간 교육기관에의 위탁교육, 직능조직에서의 연수회 등의 형태로 실시되고 있다. 이와 같은 직업능력개발의 필요성은 전 세계적으로 인적자원개발(HRD: Human Resources Development)의 개념을 전파시켰으며, 이를 제대로 개발하고 촉진시키기 위해서는 우리 나라의 경우 최근에는 NCS(National Competency Standards)를 유행화시켰고, 현재 모든 교육체제 특히, 직업능력개발과 관련하여서는 NCS가 국가정책의 주요현안으로, 그리고 산업계에서는 인사관리, 교육훈련, 자격제도 등 다양한 분야에서 널리 강조되고 있다.[38]

다섯째, 휴먼 뉴딜 정책의 일환으로 성인학습의 중요성이 부각되고 있다. 휴먼뉴딜이란 각 생애주기마다 처할 수 있는 위험요인에 대처할 수 있는 역량을 키우고 개인의 상향발전을 도모하기 위한 선제적인 사회적 투자와 제도개선을 위한 사회정책을 말한다. 즉, 인적 자원투자를 통해 위기에 대한 대항력을 키우고 사회의 성장잠재력을 높여나가고자 하는 정책을 의미한다.[39]

뉴딜이 경제안정, 경제회복, 경제개혁을 위한 국가의 시장에 대한 적극적 개입을 의미한다면, 휴먼 뉴딜이란 인적자원 투자를 통해 위기에 대한 대항력을 키우고 특히 중산층 복원과 미래성장 잠재력 확충을 위해 국민의 역량개발을 지원하고 공정한 참여기회를 보장하는 사회분야 국정 운영의 기조를 말하는 것으로 이해되고 있다. 휴먼뉴딜의 핵심적 가치는 전체 사회구성원들의 인적 역량을 강화시켜 21세기 지식경제사회에 활발히 참여할 수 있는 기반을 마련함으로써 함께 성장하는 통합된 사회를 구현하는 것이다. 따라서, 휴먼뉴딜이 지향하는 사회는 사회안정과 균형발전의 기반인 중산층이 두터운 사회, 기회의 평등이 보장되고 상향적 사회이동성이 높은 사회, 지속 가능하고 폭넓은 성장이 가능한 사회라고 볼 수 있다. 이러한 휴먼뉴딜정책은 곧바로 성인들의 교육-복지-노동을 연계하여 빈곤층에 사후적인 보조나 보호위주의 정책에서 탈피하여 '사람에게 투자'하여 개인이 스스로 상향발전을 도모할 수 있는 인적 역량을 키울 수 있도록 지원하는 적극적이고 능동적인 사회정책을 의미한다. 이러한 견지에서 최근 국가나 지자체에서는 경력단절여성, 다문화가정, 탈북새터민 등에 대한 성인학습 지원정책을 강화하고 있으며 이를 통해 일자리와 연계하고자 하는 정책을 강화하고 있다. 이러한 점에서 휴먼뉴딜 확대정책은 곧바로 각 성인의 근로, 자립역량 강화 및 위험대처 능력의 확충을 통해 적극적인 인적자본과 사회자본 역량 강화 차원을 중심으로 이루어지고 있다.

미 주

1) 성인교육의 대부라고 볼 수 있는 M. S. Knowles는 성인을 Neglected Species라고 명명한 바 있다. M. S. Knowles, *Adult learner:An neglected species*(Houston:Gulf Publishing Company, 1983).

2) G. G. Darkenwald and S. B. Merriam, 백종억(역), 성인교육의 이론과 실제(덕성여자대학교 출판부, 1986), p.14.

3) M. S. Knowles, *The modern practice of adult education:From pedagogy to andragogy*(Cambridge:The Adult Education Company, 1980).

4) 학습이란 말의 어원을 찾아보면, 동양권에서 '학(學)'자는 배우는 것을 의미하는데 이 문자는 문턱에 선 아이를 표시하는 상징 위에 '지식을 쌓아 가는 것'을 의미하는 상징이 결합된 것이다. '습(習)'자는 '계속 연습하고 있는' 모습을 나타내기 위해 둥지를 떠나기 위해 날갯짓하는 어린 새를 그리고 있다. 이를 통해서 보았을 때 동양인에게 있어 학습이란 지속적으로 '배우고', '계속 익힌다'는 의미가 합해져서 '자기완성에 도달하는 것'을 의미한다. 학습에 관한 영어의 어원은 인도 · 유러피안어의 Ieis인데 이는 원래 '이랑(track)' 또는 '고랑(furrow)'이란 뜻이었다. 따라서 '배운다'는 것은 어떤 길(track)을 계속 따라서 아마도 평생토록 경험을 증대시킨다는 의미를 갖게 되었다.

5) 서울대학교 교육연구소 편, 교육학용어사전(서울:도서출판 하우, 1994), p.769.

6) 권낙원 외, 교수학습이론의 이해(서울:문음사, 2009).

7) 서울대학교 교육연구소 편, 전게서, p.769.

8) T. J. LaBelle, "평생학습에 대한 전체적인 전망", 권두승(편저), 평생교육론(서울:교육과학사, 1995), pp.129-153.

9) M. Knowles, Elwood F. Holton, Richard A.Swanson. *The adult learner*(New York:Elsevier Limited, 2005).

10) P. Jarvis, *The sociology of adult and continuing education*(London:Croom Helm, 1985), p.25.

11) *Ibid*, p.25.

12) P. Jarvis, *The adult learning in social context*(London:Croom Helm, 1987), p.11.

13) S. Brookfield, "Adult learning:Overview", In T. Husen (ed.), *International Encyclopedia of Education*, Vol 1, p.163.

14) S. B. Merriam and R. G. Brockett, *The profession and practice of adult education*(San

Francisco: Jossey-Bass).

15) R. Mayer, "Learning", In H. Mitzel(ed.), *Encyclopedia of educational research*(New York:John Wiley & Sons, 1982), pp.1040-1058.

16) 성인 학습자들이 실제적으로 성인학습을 통하여 경험하게 되는 학습의 내용은 주로 다음과 같은 몇 가지로 나누어 볼 수 있다. 즉, 사회인 및 지역주민으로서 필요한 내용(정치경제, 시사문제, 지역이해, 국제이해, 인권문제 등), 직업생활에 필요한 내용(직업에 관한 지식 · 기술 · 어학 · 외국어회화, 컴퓨터처리, 사회심리, 직장인의 인간이해, 직장예절 등), 가정생활에 필요한 내용(가정교육, 아동 및 청소년 심리, 육아, 요리 등), 여가활용과 자기실현을 위한 내용(교양, 취미 등), 건강의 유지 · 향상을 위한 내용(건강관리와 예방, 레크리에이션, 스포츠, 건강체조 등) 등과 같은 것들이 있다.

17) 이홍우 외, 교육학개론(서울:교육과학사, 2009), p.104.

18) 유네스코의 세계성인교육회의는 덴마크 엘시노르에서 1차 회의가 1949년에 개최된 것을 시작으로, 1960년에는 캐나다의 몬트리올에서 2차 회의, 1972년에는 일본의 동경에서 3차 회의, 1985년에는 프랑스의 파리에서 4차 회의, 그리고 1997년에는 독일의 함부르크에서 5차 회의가 개최되었다. UNESCO, *Fourth International Conference on Adult Education Documents*-The Developments of Adult Education:Aspects and Trends(Unesco, Paris, 1985), p.14.

19) G. G. Darkenwald and S. B. Merriam, 백종억(역), 전게서, pp.19-20.

20) 상게서, p.20.

21) 성인교육의 대부라고 볼 수 있는 M. S. Knowles는 성인을 Neglected Species라고 명명한 바 있다. M. S. Knowles, *Adult learner:An neglected species*(Houston:Gulf Publishing Company, 1983).

22) 일례로 미국의 성인계속교육협회(American Association for Adult and Continuing Education)는 기존에 발간해 오던 'Lifelong Learning'지를 'Adult Learning'지로 개명하여 발간하고 있으며, 유네스코도 종래의 평생교육, 평생학습에 대한 용어보다도 '성인학습'이라는 말을 중시하는 것으로 나타나고 있다(1997 UNESCO Hamburg Declaration on Adult Learning 참조).

23) S. B. Merriam and R. S. Caffarella, *Learning in adulthood*(2nd ed.)(San Francisco:Jossey-Bass, 1999).

24) 이성호 외, 산업체의 인력자원개발 효율화를 위한 교육전략, 연세교육과학, 1983, 24, pp.60-61.

25) Nadler는 인적자원개발을 '특정한 시간 내에 행해진, 그리고 행동변화를 일으키도록 계획되어진 일련의 조직화된 활동'이라고 정의한 바 있다. L. Nadler, *Developing human resources* (Houton:Gulf Publishers, 1970) 및 권대봉, 산업교육론(서울:문음사, 1998). 참조

26) G. G. Darkenwald and S. B. Merriam, 백종억(역), 전게서, p.79.

27) M. Tight, *Key concepts in Adult education and training*(London:Routledge, 1996), p.40.

28) 박광량, 학습조직의 측정과 구축에 관한 연구, 홍익대학교 경영연구소, 경영연구, 1992, 18, pp.63-89.

29) P. Senge, 박광량 외(역). 학습조직의 5가지 수련(서울:21세기 북스, 1996). pp.24-28.

30) Ulich Beck, U. Risikogesellschaft: auf dem weg in eine andere modern. 홍성태 역(1997). 위험사회: 새로운 근대(성)을 향하여(서울: 새물결, 1997). 울리히 벡교수는 위르겐 하버마스(Jurgen Habermas), 앤서니 기든스(Anthony Giddens)와 함께 유럽에서 가장 저명한 사회학자의 한 명으로 손꼽힌다. 우리나라에서는 성수대교와 삼풍백화점 붕괴 등의 대형사고가 발생한 1990년대 중반 이후부터 이 이론이 주목을 받았다.

31) Jansen, T., & Ruud van der Veen. (1996). Adult education in the light of the risk society. In P. Raggatt, R. Edwards & N. Smal 이희수 외(2013)에서 재인용.

32) P. Jarvis, Globalisation lifelong learning and the learning society: Sociological perspective(New York: Routledge, 2007).

33) 이희수 · 김영경 · 이소연 · 박지영 · 조윤정. 해방 후 평생학습의 전개과정 분석: 신사회운동 관점에서. 국가평생교육진흥원, 한국평생교육, 2013, 1(1), pp. 1-44.

34) 이와 같은 요청은 일본사회가 평생학습사회를 건설하기 위하여 1980년대부터 전개하여 왔던 '평생학습 마을 만들기', '평생학습 도시선언' 등과 같은 것을 토대로 '보다 정감나는 지역사회 만들기' 차원에서 성인학습운동을 강화하고자 한 것으로부터 알 수 있는 현상이기도 하다.

35) 권두승, 청소년과 여가, 한국평생교육기구(편), 평생교육과 청소년(서울:정민사, 1992). 참조

36) J. Dumazier, *Towards sociology of leisure*(NY:The Free Press, 1967).

37) P. Lengrand, *Introduction to lifelong education*(London:Croom Helm, 1970).

38) 최영렬 외. 국가직무능력표준(NCS)에 의한 자격제도 개편방안(서울:한국직업능력개발원, 2014). 참조

39) 변종임 외, 휴먼 뉴딜을 위한 대학평생학습 실태분석 및 개선방안 연구(서울: 한국교육개발원 연구보고서).

Chapter_ 2

성인학습자의 이해

1. 성인학습자의 교육참여 특성

'왜 성인들은 학습하는가?' 잠시 이 질문을 돌이켜 보면, 적어도 그것이 갖는 두 가지 의미가 명백해질 것이다. 첫째, 학습할 필요의 존재와 이유에 대한 질문을 의미한다. 즉, 왜 성인들이 학습에 관심을 갖는가? 학습에 대한 그들의 태도는 어떠한가? 그들은 학습이 무엇을 성취하도록 해준다고 믿는가? 둘째로 이 질문은 어떤 성인들이 형식적인 혹은 더 비형식적인 교육에 참여하는가? 왜 어떤 사람들은 전혀 학습하지 않는가? 등의 질문에 대한 검토를 의미한다. 성인교육 참여에 대한 이론들은 이와 같은 두 가지의 질문에 대해 대답할 수 있을 것이다. 이와 관련하여 다양한 성인교육 참여이론들이 있는데, 크게 동기지향 모형과 의사결정 모형의 두 가지를 지적할 수 있다. 이들에 대하여 간단하게 살펴보면 다음과 같다.

1) 성인학습자의 교육참여 동기지향 모형

동기지향성과 관련된 연구는 1961년 호울(Houle)이 성인의 교육참여 동기유형을 발표한 이후부터 집중적으로 나타나고 있다. 말하자면, 성인의 학습동기에 관한 체계적인 지식을 제공한 자가 바로 호울이라는 것이다. 호울은 성인교육에 대한 참여 의식과 가치 및 신념에 초점을 두고 교육에 참여하는 자들의 근본적인 동기를 밝히고자 22명의 특별히 능동적인 계속 학습자들을 대상으로 심층적인 면담을 실시하였다. 그 결과 그는 성인학습자들의 참여 동기를 '목표지향성', '활동지향성', 그리고 '학습지향성'의 세 가지로 유형화 하였다.[1)]

첫째, 목표 지향적인 사람들(the goal-oriented)은 교육을 상당히 명백한 목표달성의 수단으로써 사용한다. 이들은 특별한 목적을 달성하기 위해 학습 활동에 참여한다. 호울에 의하면 목표 지향적인 학습은 요구(need)로부터 출발한다. 이러한 학습자들은 그들의 학습 활동을 어떤 한 기관이나 방법에 한정시키지 않고 그들의 목적 –가령, 과정을 진행하고, 그룹에 참가하고, 독서를 하고, 여행을 간다든지 하는– 을 잘 달성할 수 있는 프로그램에 참석하게 된다.

둘째, 활동 지향적인 사람들(the activity-oriented)은 특정 목표를 획득하거나 어떤 과목을 배우기보다는 오히려 우선적으로 활동 그 자체를 위해 참가한다. 그들은 외로움이나 지루함 또는 불행한 가정 생활 또는 직업 상황에서 탈피하기 위해, 배우자를 찾기 위해, 신용을 쌓거나 학위를 취득하기 위해 학습활동에 참가한다.

셋째, 학습 지향적인 사람들(the learning-oriented)은 지식 그 자체를 추구한다. 즉, 학습 자체를 추구하는 사람들을 말한다. 그들은 학습을 통하여 알고 성장하려는 근본적인 바람을 지니고 있으며, 그들의 활동은 지속적이고 평생을 간다.

이와 같은 호울의 유형 제시 이후 수많은 연구들이 이 유형론을 입증하거나 반박하기 위하여 수행되었다. 그 결과 이들 연구들로부터 다음과 같은 일반화된 사실들을 도출할 수 있게 되었다. 그것은 첫째, 몇 가지 예외가 있거나 때때로 그 유형에 자의적으로 짜 맞춘 것이 있기는 하지만, 동기지향성을 연구한 자들이 발견한 요인들의 대부분은 호울이 처음에 제시한 유형의 구조를 입증하는 것으로 나타났다. 둘째, 호울 이후의 모든 연구자들은 호울이 제시한 세 가지 요인보다 더 많은 요인이 있다는 것을 밝혔다. 그러나 아무도 호울의 유형론을 반박하거나 그것이 잘못되었다고 하는 사람은 없었다. 셋째, 어떤 요인들을 추가하거나 제거하거나 하는 것은 이 요인들을 명명하는 데 사용된 척도와 어느 이론에 의거하였느냐에 달려 있다는 것이다.[2)]

이와 관련하여 가장 대표적인 연구로 지적할 수 있는 것이 몰스테인과 스마트(Morstain & Smart)의 연구이다. 이들은 보셔(Boshier)가 개발한 교육참여척도(Educational Participation Scale: EPS)를 토대로 요인분석을 통해 여섯 가지의 교육참여 요인들을 추출했다. 그들이 제시한 요인들을 호울의 것과 비교하여 제시하면 다음의 〈표 2-1〉과 같다.

〈표 2-1〉 Houle과 Morstein & Smart의 참여동기 유형비교

Houle의 유형	Morstein & Smart의 유형
목표지향형 동기	외부적 기대 • 다른 사람의 지시에 따르기 위해 • 형식적 권위를 지닌 사람의 기대사항들을 수행하기 위해 • 다른 권위자가 추천하는 것을 수행하기 위해
	직업적 진보(전문성 향상) • 직업에서 더 높은 지위를 차지하기 위해 • 직업적 진보를 보장하기 위해 • 경쟁에서 뒤떨어지지 않기 위해
활동지향형 동기	사회적 관계 • 개인적 교제와 우정에 관한 요구를 충족시키기 위해 • 새로운 친구를 사귀기 위해 • 이성 회원을 만나기 위해

Houle의 유형	Morstein & Smart의 유형
활동지향형 동기	도피/자극 · 지루함으로부터 벗어나기 위해 · 가정이나 일로부터 휴식을 취하기 위해 · 남은 생애에서는 뚜렷한 차이를 내기 위해
	사회적 복지 · 인류에 봉사할 수 있는 능력향상을 위해 · 공동체에 대한 봉사를 준비하기 위해 · 공동체 작업에 참여할 수 있는 능력을 향상시키기 위해
학습지향형 동기	인지적 흥미 · 단지 학습 자체를 위해 · 자신을 위하여 지식을 추구하기 위해 · 알고 싶어하는 마음을 충족시키기 위해

위의 표를 통해서도 알 수 있는 바와 같이 몰스테인과 스마트의 6개 요인에서도 호울의 3개 요인을 쉽게 발견할 수 있다. 직업적 진보요인과 외부적 기대요인 모두는 매우 목표 지향적인 것으로 보인다. 그런 이유로, 호울의 목표 지향적인 학습자들은 두 유형으로 나누어질 수 있을 것 같다. 즉, ①목표직업 성취, 개인적 향상, 또는 무엇이든지를 달성하려는 개인적 욕구로 인하여 목표를 수립하고 그것을 추구하려는 자기동기화된 개인과, ②다른 사람, 즉 대부분은 직업과 관련된 학습을 제안하거나 요구하는 기업주의 요구를 교육참여 목표로 삼고 이를 추구하려는 개인이 바로 그 두 유형이다.

이와 마찬가지로, 몰스테인과 스마트의 도피/자극과 사회적 관계의 요인들은 호울의 활동 지향적인 유형과 의도 면에서 비슷한 것으로 보인다.[3)] 즉, 지루하고 재미없는 무언가로부터 탈출하기 위해 학습 활동에 참여하는 사람들과 사회적 관계를 찾기 위한 보다 긍정적인 이유들로 참여하는 사람들이 그 두 유형이다.

몰스테인과 스마트가 구분한 인지적 요인은 호울의 학습 지향적인 성인에 대한 기술과 매우 흡사하게 보인다. 그러나, 사회 복지적 요인은 호울이 제시한 세 가지 유형과는 직접적인 관련이 없는 것 같지만, 이것은 사회적 관계와 인지적 흥미 두 가지 차원에 걸쳐서 관련이 있음을 보여 준다. 이러한 맥락에서, 우리는 사회적이고 인도주의적 개혁에 대한 지적이고 이념적인 견해를 공유하는 사람들이 학습집단을 조직하여 그러한 일에 관심을 가지는 매우 교양 있고 지적인 사회적 활동가들을 상정할 수 있다.[4] 호울의 유형론에서 얻을 수 있는 시사점은 사람들이 평생에 걸쳐 학습에 대한 특징적인 지향점에 의해 일관적으로 동기화된다는 것인 데 비해, 몰스테인과 스마트의 접근은 같은 개인이라도 복합적인 이유들이 존재하고 동기요인들이 때때로 변한다는 여지를 던져 주고 있다. 하여튼 호울의 연구는 1960년대 초에 행해졌음에도 불구하고, 그가 제시한 세 가지 유형의 참여동기 성향은 오늘날 성인의 교육참여 동기에 관한 연구 중에서 가장 영향력 있는 것으로 여겨지고 있다.

한편, 호울의 참여동기 유형과 관련하여 우리 나라 성인교육 참여자들의 참여동기를 최초로 체계적으로 분석한 연구는 최운실(1986)의 연구이며, 성인학습자의 학습 참여 동기 유형에 관한 연구는 수십 년간 진행되어왔다. 국내에서 2000년부터 2011년까지 학술진흥재단의 등재지에 발표된 연구 편수만도 102편에 달하는 것으로 나타나고 있다.[5]

이 가운데 2011년 이후 성인교육 참여자들의 참여동기 유형에 대한 순위를 연구한 것을 신덕상(2013)은 〈표 2-2〉와 같이 제시하였다. 참여 동기 유형 세 가지 가운데 가장 높은 값을 보이는 유형을 1순위로, 두 번째 높은 값을 보이는 것을 2순위로, 세 번째 값을 3순위로 표시할 경우에 10편의 선행연구 가운데 6편이 학습지향형 동기가 1순위로 조사되었다. 학습지향형 동기가 1순위로 나타난 6개 연구 중 3편은 활동지향형이 2순위였고 나머지 3편은 목표지향형이 2순위였다. 목표지향형이 1순위로 조사된 것은 3편이며, 이 중 2편은 학습지향형이 2순위였고 1편은 활동지향형이 2순위였다. 한편 활동지향형이 1순위로 조사된 것은 1편이었다. 이와 같은 결과는 선행연구 전체를 분석하지 못하였지만 프로그램 유형, 연구대상의 성별, 연령, 학력, 직업 등에 따라 참여 동기가 다양함을 보여준다.[6]

〈표 2-2〉 성인학습 참여동기 유형별 우선순위에 대한 선행연구

구분	1순위	2순위	3순위	대상(남, 여)
박나연(2011)	학습지향형	활동지향형	목표지향형	600(79,521)
송은주(2011)	학습지향형	활동지향형	목표지향형	294(0,294)
이경화(2014)	학습지향형	활동지향형	목표지향형	476(70,406)
이응주(2012)	학습지향형	목표지향형	활동지향형	193(2,191)
전명수(2013)	학습지향형	목표지향형	활동지향형	314(134,280)
조금순(2014)	학습지향형	목표지향형	활동지향형	295(54,241)
권정은(2012)	목표지향형	학습지향형	활동지향형	271(106,165)
김지연(2013)	목표지향형	학습지향형	활동지향형	326(80,246)
이영아(2012)	목표지향형	활동지향형	학습지향형	269(18,251)
장성미(2011)	활동지향형	학습지향형	목표지향형	195(0,195)

성인들이 다양한 종류의 교육 활동에 참가하는 이유는 이제까지 수행된 어느 연구를 통해서도 명백하게 밝혀지지 않았으나 각각의 연구를 통해 전체적으로 볼 때 다음의 결론을 도출할 수 있다.

첫째, 성인학습자들의 학습참여에 대해 호울의 세 가지 가설이 제기되며, 경험적 연구들에 의해 뒷받침되지는 않았지만 그것은 직업에 종사하는 사람들의 학습에 대한 개인적인 동기를 고려할 수 있는 계기를 제공하고 있다.

둘째, 대부분의 성인들은 학습참여에 대해 실제적이고 실용적인 이유를 지적하고 있는 것으로 나타나고 있다.

셋째, 삶에서 한 사람의 지위를 개선시키는데 있어 학습이 중요한 역할을 담당한다는 것이다.

따라서, 성인들이 학습활동에 참여하는 이유를 묻는 질문에 대한 답은 결코 어떤 간단한 공식으로도 답해지지 않을 것이다. 동기는 학습자 집단에 따라 다르게 나타나고 삶의 다른 환경에서도 그러하다. 그리고 대부분의 개인들은 학습에 있어서 하나가 아닌 다수의 이유들을 가지고 있다는 점에서 더욱 더 그러하다.

2) 성인학습자의 교육참여 의사결정 모형

성인학습자의 교육참여 동기를 설명하고자 하는 대표적인 것으로는 동기성향에 대한 연구와 의사결정 모형이 있다. 의사결정 모형은 참여행위를 지배하는 조건들을 다른 요소들, 즉 인성적인 것과 심리적인 것, 사회적인 것으로 분리시키는 데 중점을 두고 있다. 여기서의 초점은 동기보다는 참여행동을 이끄는 의사결정에 있다. 이 분야의 모든 이론들은 학습욕구의 기원보다는 행위에 영향을 미치는 상황들에 더 관심을 기울인다. 물론 두 가지를 다 설명하려는 시도도 있었다. 인성요인들이 이 모형에서 중요한 역할을 하지만 그들이 반드시 우세한 요인은 아니다. 왜냐하면 사회적 구조와 환경적인 요소들 또한 중요한 역할을 할 것으로 기대되기 때문이다.

이러한 접근을 시도한 연구들로서는 밀러(Miller)의 힘장 모형, 루벤슨(Rubenson)의 기대유인가 모형, 보셔(Boshier)의 자아환경 일치 모형, 크로스(Cross)의 반응연쇄 모형 등을 대표적인 것으로 지적할 수 있다.[7]

이들 모형을 간단히 설명하면 다음과 같다.

(1) 밀러의 힘장 모형(force–field model)

밀러(Miller)에 따르면, 개인의 욕구는 진공상태에서 작동하지 않으며, 그것은 그것의 표현을 결정하고 공유하는 사회구조 내에 잠재되어 있다. 밀러는 어떻게 학습욕구가 일어나는지를 설명하기 위해 매슬로우(Maslow)의 욕구위계론을 이용하여 그것을 생애 단계들에 연결시켰다. 이 모형의 기본적인 가정은 생애초기 단계에서 물리적인 생존, 안전 및 애정의 기본 욕구를 만족시키는 데 관심을 둔다는 것이다. 인간은 나이가 들어감에 따라 학교와 직업세계를 중요시하게 되며, 중년 혹은 노년기에는 자아실현을 위해 노력한다. 매슬로우는 “나이 마흔이 되어서야 사람들은 자아감이나 삶의 의미에 대해 생각하기 시작한다”고 언급하고 있다. 밀러(Miller)의 설명은 특히, 심리학적 모형의 틀 내에 존재하는 사회학적인 개념을 적용하였다는 점에 그 특징이 있다.

한편, 이 모형의 대부분은 또한 레빈(Lewin)의 ‘동인(drive)’과 ‘억제력(restriction)’에 근거하고 있다. 성인교육 참여는 동인이 억제력을 이길 때 발생하며, 비참여는 반대 상황일 때 발생한다. 둘 다 낮은 경우에는 동인보다는 억제력이 발생하는데, 그 때에는 성인교육에 참여하는 유인가가 거의 없게 되어 성인교육 참여가 어렵게 된다는 것이다. 각각의 사회적 집단에서 ‘힘’은 그 집단의 교육 개입을 방해하거나 촉진한다(그림 2–1 참조).[8]

밀러의 모형이 시사하는 바는 매슬로우가 지적한 바와 같이, 높은 사회 계층들이 고도의 욕구를 만족시키기 위해 학습에 대한 욕구를 갖는 반면 낮은 사회계층의 욕구는 맹목적인 생존 욕구에 연계되어 있으며 그들에게 존재하는 교육 욕구는 직업과 노동시장에 연계되어 있다. 그러나 밀러의 모형은 이와 관련하여 중간계층의 성인교육 비참여 현상을 설명하는 데 필요한 뚜렷한 부정적인 힘을 제시하지 못하였다는 점에서 그한계가 있다.

〈직업기술 향상을 위한 교육:하하 계급 수준〉

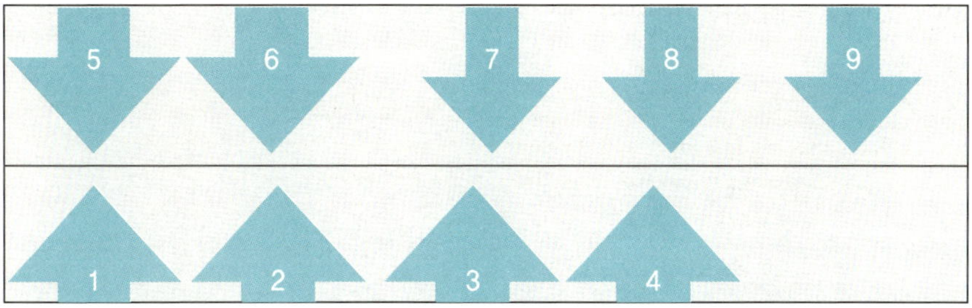

긍정적 힘	부정적 힘
1. 생존욕구	5. 남성문화의 행동열정 지향성
2. 테크놀로지의 변화	6. 교육 및 중간계급 목표지향에 대한 적개심
3. 여성문화의 안정욕구	7. 훈련을 마친 후 특정한 즉각적 직업기회의 상대적 부재
4. 정부의 기회구조 변화 노력	8. 조직적 위계를 통한 제한된 접근
	9. 취약한 가족구조

〈직업기술 향상을 위한 교육:상중 계급 수준〉

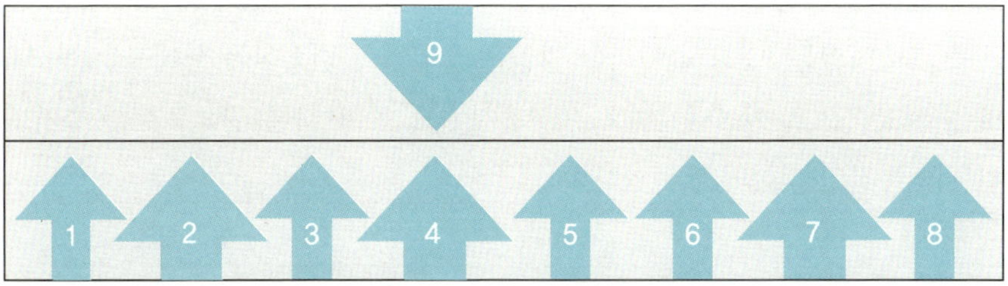

긍정적 힘	부정적 힘
1. 충족된 생존 및 안전욕구	9. 직업적 역할 규정 변화에 내포된 행정 집단에 대한 위험
2. 강한 지위욕구	
3. 강한 성취욕구	
4. 직업 및 산업체의 세력 변화	
5. 경제계에서 전문 · 행정직의 증가	
6. 교육과의 친숙성	
7. 중간계급 경력가치의 수용	
8. 강한 조직적 정체성	

[그림 2-1] Miller의 힘장 모형

게다가 이 모형이 중시하고 있는 중간 계층이 계몽을 원한다는 주장은 이 분야의 대부분의 다른 연구와 불일치하고 있다. 다음의 인용문이 이를 잘 설명하고 있다.[9)]

> 중간계층 사람들은 일반적으로 도구적으로 교육을 고려한다. 그들은 성인교육을 추구하는 아주 거대한 다수를 구성한다. 그들의 직업은 그들이 계속 교육받도록 한다. 읽고, 공부하고, 공식적이거나 비공식적인 교육의 도움으로 그들은 아이를 양육하고, 사업을 돌봐야 하고, 스스로 시민으로서의 책무를 수행해야 한다.

이 논의의 요점은 성인교육이 중간계층의 목표와 가치의 증진을 위한 아주 중요한 도구가 된다는 것으로, 이는 밀러가 미처 설명하지 못한 점이다.

밀러는 참여를 결정하는 데 영향을 주는 학습 욕구와 조건들의 원인을 설명하는 모형을 만들었다. 게다가 동인과 억제력 간의 균형의 기능으로서 교육을 기술하였는데, 특히 이러한 힘들은 끊임없이 변화하는 형태를 띠며, 때로는 일방적으로 어느 한 편으로 작용하기도 하고 다른 편으로 작용하기도 하는 역동적인 것이라고 하였다.

(2) 루벤슨의 기대유인가 모형(expectancy-valence model)

루벤슨(Rubenson)의 기대유인가 모형에서는 교육참여가 기본적으로 기대(expectancy)와 유인가(valence) 간의 상호작용의 결과로 결정되며, 여기서 기대와 유인가는 '현재의 요구'와 환경에 대한 '지각'에 영향을 받는다는 것에 초점을 두고 있다. '기대'란 교육이 이익을 가져올 것이라는 사람의 기대와 그가 프로그램에 참여할 수 있고 완수할 수 있다는 기대의 결합을 말한다. '유인가'는 교육의 가치에 대하여 개인이 갖는 감정이다. 기대는 '지각과 환경의 상호작용'에 의해 결정되고, 환경의 실제적인 속성뿐만 아니라 참여를 촉진하거나 금지하려는 기관적인 정책을 통해 형성되는 세계에서 자신의 위치에 대한 더 심화되고 일반화된 감각(위계구조의 정도와 구성원 및 준거집단 양쪽의 가치)을 의미한다. 환경에 대한 지각은 또한 '능동적 준비성'에 의해서뿐만 아니라 개별적인 요구에 의해 영향을 받는다. 이는 부분적으로 개인의 잠정적이고 통제 불가능한 기질 및 생물학적 조건에 의해 결정된다. 요구에 대한 경험은 개인의 교육에 대한 가치를 결정한다. 요구에 대한 경험과 '기대'가 참여행위를 결정하는 힘인 것이다.

만일 요구에 대한 경험이 참여하고자 하는 동기를 결정하는 데 중요한 작용을 하는 요소라고 한다면, 루벤슨의 모형은 과거의 경험보다는 현재의 환경에 비중을 두어야 한다는 것을 강조한다. 말하자면, 루벤슨은 성인교육에의 참여를 과거의 사건이라기보다는 현재의 환경에서 비롯된 의사결정으로 보는 성인교육참여의 '탈 역사적'인 모형을 제시하고 있는 것이다. 간접적으로 그는 밀러가 언급한 '지위 그 자체'가 어떻게 변화하는가 하는 것에 관한 설명을 제공하고 있다. 이 이론은 만약 연구자들이 충분한 기간, 예를 들면 5년 정도를 거슬러 올라간다면, 교육에 참여한 상당수의 사람들이 전형적으로 비참여자로 판단된다고 한다. 즉, 오랫 동안, 대다수의 사람들은 몇 가지 조직화된 학습의 형태를 수행해 왔는데, 이는 장기간의 안정된 가치 혹은 심리적 행태라기보다는 사람들의 현재의 개인적이고 사회적인 지위로부터 참여행동을 예견하기 쉽다는 것이다. 이것은 또한 학습에 대한 기본적인 지향성이 성인교육참여를 설명하는 데 필수적이라는 로브(Love)의 가설과도 일치한다.

그러나 요구가 반드시 교육을 추구하지는 않는다. 실제적으로 살펴보면, 현재의 문제와 교육이 반드시 관련된다고는 볼 수 없다. 밀러는 요구를 창출하게 되는 생애주기의 변화하는 본질에 대해서도 언급하였지만, 왜 이러한 요구를 경험하는 것이 반드시 학습요구가 되는지를 설명하지 못하고 있다. 루벤슨은 이러한 구분을 그의 범주인 '요구의 지각'과 연관시켰지만, 기본적으로는 '기대'와 '유인가'의 균형으로부터 벗어나 '현재의 요구'와 탐색되지 않은 '지각' 간의 구분에 초점을 두고 있다(그림 2-2 참조).

초기 참여동기 이론과는 달리, 이 모형의 매력은 개인의 통제하에 있지 않는 잠재적인 동인의 결과로서보다는 합리성의 형태로서 성인교육참여 행위를 다루는 데 있다. 그러나 루벤슨의 모형에서는 후기 요인과 초기 요인이 결합하는 정확한 방법이 설명되지 않은 채로 남아있다. 예를 들면, 무엇이 경험의 '이전 경험'인가? 하는 것이다. 만일 이전 경험이 같은 시간 내의 다른 경험을 의미한다면, 이것은 실제로 이 모형의 중요한 장점이 될 수 있었을 것이다. 왜냐하면, 이것은 현재의 성인교육참여가 다른 어떤 심리학적인 요소보다 더 이전의 성인교육참여에 의해 강하게 예견된다는 것이기 때문이다.

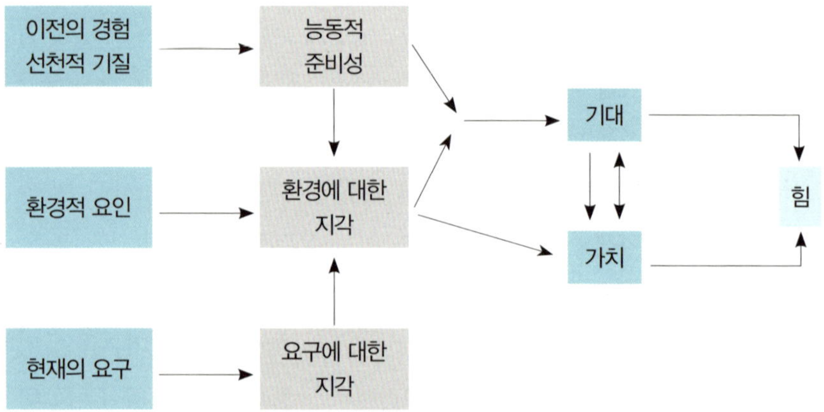

[그림 2-2] Rubenson의 기대유인가 모형

하여튼 루벤슨의 모형에서는 성인학습에의 참여동기가 개인적인 요인과 환경적인 요인의 총체적 영향력에 의해 결정되는 것이며, 이 두 요인에 대한 주관적 기대수준에 의해 참여가 결정된다고 본다. 그러므로 이 모형에 있어서는 참여의 동기형성과 그 강화가 외적인 환경요인의 촉진만으로는 이루어질 수 없으며 개인적 차원에서의 긍정적 인식과 상호작용을 통해 형성된다고 본다.

(3) 보셔의 자아환경 일치 모형(congruency model)

보셔(Boshier)의 자아환경 일치 모형(congruency model)은 성인교육에의 참여여부나 중도탈락의 여부가 학습자들이 자기 자신을 어떠한 존재로 파악하고 있는가와 교육환경(자아와 동료학습자, 자아와 교사, 자아와 제도적 환경 등)과의 일치/불일치의 여부에 따라 결정된다는 데 중점을 두고 있다.[10] 말하자면, 성인교육의 참여와 탈락현상은 참여자의 자아와 교육환경 사이의 불일치의 정도에 따라서 결정된다는 것이다. 자아와 교육환경 사이에 불일치의 정도가 크면 클수록 비참여와 중도탈락의 가능성이 높고 불일치의 정도가 적으면 적을수록 참여의 가능성이 높다고 설명하고 있다. 여기서 보셔는 자아와 교육환경 사이의 불일치의 정도가 학습자의 동기성향에 따라 결정된다고 보았다.

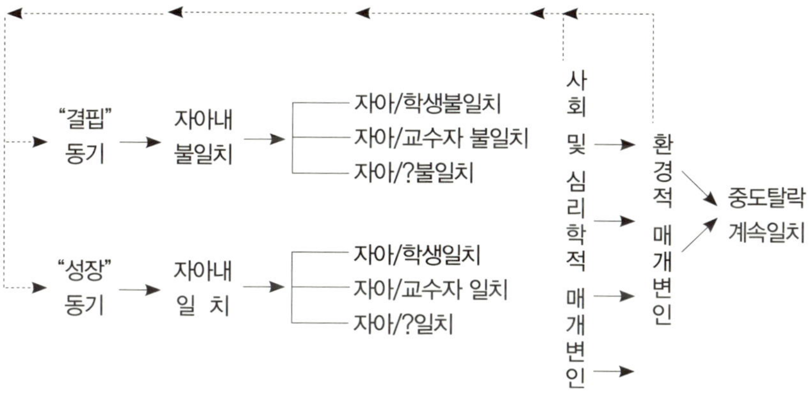

[그림 2-3] Boshier의 자아환경 일치 모형

그에 따르면 학습자 가운데에는 결핍충족 지향적 동기(deficiency-motivated)를 지니고 있는 자가 있는가 하면, 성장 지향적 동기(growth-motivated)를 가진 자도 있다. 결핍충족 지향적인 자는 보다 낮은 수준의 욕구를 충족시키기 위해 교육활동에 참여하며, 사회적 · 환경적 요인의 영향을 많이 받는다. 이와는 달리 성장 지향적인 자는 내재적이고, 자율적이며, 새로운 환경에 대한 개방과 자유를 지향하는 속성을 지니고 있다. 결핍충족 지향적인 자는 자기 자신의 내부는 물론 자기 자신과 외부 환경 간에 일치하는 정도가 매우 낮으며, 이에 따라 이들 요인들을 조화 · 충족시키기 위하여 교육활동에 참여하게 된다. 말하자면, 결핍충족 지향적인 자는 사회경제적 요인에 의해 교육활동에의 참여가 결정되며, 이에 따라 보다 낮은 단계의 욕구를 충족시키기 위한 수단으로 교육에 참여하게 된다는 것이다. 이와는 달리 성장 지향적인 자는 자신의 내부나 자신과 환경 간에 일치하는 정도가 높으며 이에 따라 계속적인 성장 지향적인 요구를 충족시키기 위하여 교육활동에 참여하게 된다는 것이다.

또한 그는 사회계층에 따른 교육참여율의 차이를 설명함에 있어서 자아환경 일치론적 접근을 통하여 낮은 계층일수록 성인교육 참여율이 낮은 이유가 자신의 소속계층과 교육 간의 불일치를 높은 계층에 비하여 훨씬 더 많이 가지고 있기 때문이라고 보았다. 이를 통해 보았을 때 보셔의 모형은 교육환경을 성인학습자에게 적절히 조화 · 일치시키도록 하는 것이 중요하다는 것을 시사하고 있다.

보셔의 자아환경 일치론적 접근은 미시적인 관점을 취하고 있으므로 사회구조적 요인이나 거시적인 환경적 요인을 직접적으로 분석의 대상으로 삼고 있지는 않으나 개인과 환경 간의 관계에서 발생하는 심리적 일치도와 불일치도를 통해 참여와 비참여, 중도탈락 현상을 설명하고 있다는 데 그 의의가 있다.[11)]

이들 밀러(Miller), 루벤슨(Rubenson), 보셔(Boshier)의 모형이 지니고 있는 기본적인 특성을 크로스(Cross)가 분석한 바에 따르면 다음과 같다.[12)]

① 그들 모두는 참여가 개인과 환경 간 상호작용의 분석을 통해 이해될 수 있다고 확신하고 있는 상호작용주의자들이다.

② 그들 모두는 레빈(Lewin)의 장이론 분석(field-force analysis)을 사용하고 있으며 또한 성인교육에 참여하려는 동기의 강도는 '상황에서의 긍정적 그리고 부정적 영향력에 대한 개인의 인식의 결과' 라는 개념을 이용한다.

③ 그들 모두는 모든 개인이 자신의 운명을 얼마간 통제할 수 있다고 믿는다는 의미에서 '인지주의론자'라고 일컬을 수 있다. 그들은 인간이란 무의식적인 힘에 사로잡혀 있다고 보는 프로이트식의 관점이나 인간을 자극과 반응의 관계로 파악하고자 하는 스키너식의 관점을 모두 거부한다.

④ 루벤슨과 보셔는 어떤 유형의 성격은 낮은 자아존중감으로 인해 교육에 관심을 갖는 데 어려움이 있을 것이라는 가설을 분명히 하고 있다. 낮은 자아존중감을 가진 사람들이 성취지향적인 교육적 상황에서 좋은 결과를 나타낼 수 없다는 가설은 다년간 심리학적 동기이론들의 중요 요소가 되어 왔다. 이 가설은 낮은 성취동기가 사회경제적 지위가 낮은 계층의 참여를 방해하는 것으로 간주하고 있는 밀러의 사회계층 분석에서도 암시되어 있다.

⑤ 그들 모두는 준거집단 이론을 어느 정도 이용하고 있다. 밀러와 루벤슨은 교육정도가 낮은 성인들에게는 '시장전략'을 사용할 것이 아니라 회원집단을 통해 모집하는 것이 보다 적절하다는 것을 암시하고 있다.

⑥ 그들 모두는 불일치와 부조화의 개념을 어느 정도 이용하고 있다. 보셔는 그의 연구를 '일치' 모형이라고 부르고 있고, 밀러의 분석은 교육체계에 대한 가치관을 지니고 있는 다양한 사회계층간의 가치관에 있어서의 일치에 그 기초를 두고 있으며, 루벤슨에게 있어 기대와 유인(개인 · 행위 등이 갖는 끌어당기는 힘)의 개념들은 참여와 예상되는 성과 사이의 관계를 나타낸다.

⑦ 그들 모두는 매슬로우의 욕구의 위계를 강도 있게 이용하고 있다. 그들

모두 낮은 단계의 생리적, 안전 욕구가 충족되어야 비로소 높은 단계의 자아실현 욕구가 실현될 수 있다는 매슬로우의 기본 전제를 받아들이고 있다.

⑧ 루벤슨은 다른 두 이론가들보다 교육참여 결정에 있어서 '기대'의 역할을 강조하였다. 그러나 이들 모두는 보상에 대한 개인의 기대가 성인학습 동기에 있어서 중요한 변인이라고 가정하고 있다.

(4) 크로스의 반응연쇄 모형(COR:chain of response model)

밀러(Miller), 루벤슨(Rubenson), 보셔(Boshier) 등이 교육참여의 결정을 여러 힘들의 합성의 결과인 단일 행위로 보고 있는 반면, 크로스(Cross)는 교육참여에 영향을 미치는 일련의 요인들에 대한 반응의 결과 혹은 연쇄적 반응으로서 성인교육 참여현상을 설명하고 있다.[13]

그의 모형을 제시하면 다음의 [그림 2-4]와 같다.

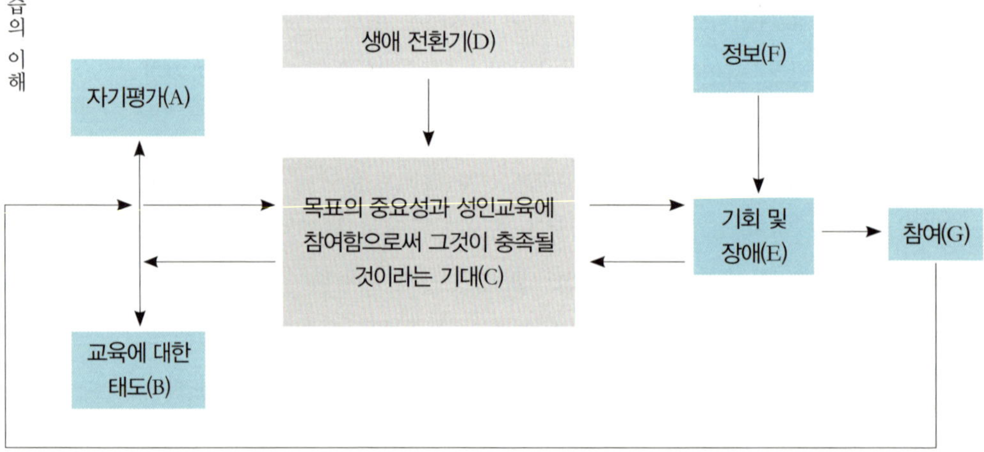

[그림 2-4] Cross의 반응연쇄(COR) 모형

크로스의 모형은 [그림 2-4]에서와 같이 자기 자신에 대한 평가, 교육에 대한 태도, 생애 전환기, 프로그램 목표의 중요성과 기대, 정보, 기회와 장애요인 등과 같은 일련의 상호작용하는 요소들에 의하여 성인의 교육참여가 결정된다고 설명하고 있다. 말하자면 크로스는 이전까지 제시된 각종 성인교육 참여 모형들에 대한 분석을 통하여, 기존의 연구자들이 이루어 놓은 업적의 토대 하에서 그들이 교육참여 현상을 설명하기 위하여 차용한 각종 개념들을 원용하여 성인교육 참여를 일련의 과정으로 설명하고 있다.

크로스의 반응연쇄 모형은 교육참여와 관련된 변인들을 확인하고 그들의 상호관련성에 대한 가설을 세우고 개념적 틀을 제시하고 있다는 데 그 특징이 있다. 이 모형은 누가 어떤 성인교육 활동에 참여할 것인가를 예측하는 데 사용될 수 있는 이론과는 여전히 거리감이 있기는 하지만, 성인교육의 참여와 관련된 현존하는 여러 지식을 조직화했다는 점에서 유용하다고 볼 수 있다.

크로스의 반응연쇄 모형에 대한 체계적인 이해를 통하여 성인학습지도를 효과적으로 진행해 나가는 데 중요한 시사점을 얻을 수 있으리라고 보고 이 모형에 대하여 보다 구체적으로 언급하면 다음과 같다.

[그림 2-4]에 제시되어 있는 각 요인들의 연속체는 성인학습 활동에 참여하게 하는 힘이 개인에게서 시작되어 점차 외부 조건들에게로 옮겨감을 지적하고 있다. 궁극적으로, 성인학습에의 참여는 자아 인식과 교육에 대한 태도에 변화를 가져온다. 각 요인들을 간략하게 언급하면 다음과 같다.

자기 평가(A)에 관한 기존의 연구들은 비교적 안정적인 어떤 성격특성이 성취를 위한 동기화에서 중요한 역할을 한다고 보고하고 있다. 교육, 특히 어떤 형태의 경쟁적인 교육은 성취동기적인 것으로 여겨지고 있기 때문에, 이러한 심리학적 연구들은 성인학습의 자발적인 참여에 관한 어떤 이론에 대해서도 상당한 관련성을 갖고 있다. 특히, 이 연구들은 자신감이 결여되어 있는(이는 실패에 위협을 느낀다거나 학습활동 그 자체를 두려워하는 것으로도 흔히 표현된다) 사람들은 시험을 꺼리며 자아존중감에 위협을 줄 수도 있는 학습에 자발적이지 않는 경향이 있다고 제언하고 있다. 비록 상황이 크로스의 모형에서 제시하는 것처럼 선형적(linear)인 것은 아니라 하더라도, 자기 평가는 참여에 이르는 연쇄반응의 출발점이다.

교육에 대한 태도(B)는 직접적으로는 학습자 자신의 과거 경험으로부터, 간접적으로는 동료집단과 '의미 있는 타자들(significant others)'의 태도와 경험에 의해 나타난다. 성공적인 수행 없이 계속 경쟁적인 상황에 처해 있었던 것이 부분적인 이유가 되어 어릴 때 학교를 싫어했던 성인들은 이전의 교육상황에 자진해서 돌아올 것 같지 않다. 또한 교육에 대한 태도는 준거집단과 소속집단의 태도를 통해서 간접적으로 나타난다. 예를 들어, 공사장 인부들이 교육적 혜택을 이용하는 데 소극적인 것은 성인교육에 대하여 동료들이 갖고 있는 무관심과 부정적인 태도에 흔히 기인한다고 볼 수 있다.

[그림 2-4]의 A와 B를 연결시켰을 때, 어떤 사람들은 그들의 익숙해진 사고 또는 행동 방식에 대한 도전을 회피하는 반면, 어떤 사람들은 성장을 위한 가능성을 가진 새로운 경험을 열심히 추구하도록 하는 학습에 대한 비교적 안정적이고 독특한 자세가 있는 것으로 보인다. 이 특성은 호울(Houle)의 학습 지향적 성인, 프롬(Fromm)의 생산 지향적인 사고, 그리고 매슬로우(Maslow)의 자아실현형의 인간과 연계될 수 있다. 이런 성격들은 학습을 통해 성장하기 위한 도전과 새로운 기회를 추구한다. [그림 2-4]에서 학습 지향적 성격은 근본적으로 과거의 경험과 학습으로부터 도출된 A와 B 사이의 상호작용에 의해 나타난다.

목표자체와 목표의 성취에 대한 기대의 중요성(C)은 레빈(Lewin), 브룸(Vroom), 그리고 루벤슨(Rubenson)의 연구로부터 도래되고 있는 기대유인가 이론(expectancy-valence theory)으로부터도 알 수 있다. 만약 개인에게 중요한 목표가 교육을 통해서 성취될 가능성이 있는 것이라면, C시점에서 동기화는 강해진다. 만약 그 목표가 특별히 중요한 것이 아니라든지 또는 성취가능성이 희박한 것이라면, 그에 따라 동기화도 약해진다.

자아존중감이 낮은 사람들이 그들의 성공가능성에 대해서 의문을 품는 반면에 높은 자아존중감을 가진 사람들은 자신이 성공할 것이라고 기대한다는 점에서 기대는 자아존중감과 연관되어 있다(그림에서 역방향의 화살표에 의해 표시됨). 최근에는 프로그램 목표의 중요성 및 기대(C)가 성인학습에 대한 태도(B)에 미치는 영향력에 대해서 상당한 주목을 받고 있다.

성인학습에 관한 최근의 문헌에서는, 인생주기의 새로운 단계에 대한 적응을 필요로 하는 변화기로서의 생의 전환기(D)에 상당한 관심을 두고 있다. 교육에 대한 잠재욕구를 실행으로 옮기는 계기가 될 수도 있는 이혼 또는 실업 등과 같은 갑작스럽고 극적인 변화도 생의 전환에 연관되어 있다. 생의 전환기를 학습을 위한 긍정적인 영향력으로 동일시하는 것은 성인의 발달 단계에 있어서의 현재의 관심과 헤비거스트(Havighurst)가 언급하고 있는 '가르칠 수 있는 시기(teachable moment)'와 관련되어 있다.

일단 한 개인이 어떤 형태의 학습활동에 참여하게끔 동기화되면, 장애와 성인학습을 위한 특별한 기회(E)가 중요한 역할을 하는 것으로 생각된다. 강한 참여욕구를 가지고 반응연쇄 모형의 이 시점까지 온 성인들은 그들의 동기화된 힘에 의해서 구체적인 기회들을 찾아내고 약한 장애를 극복하도록 고무될 것이다. 약하게 동기화된 성인들의 경우에는, 구체적인 새로운 기회에 대한 인식이 참여동기를 증강시킬 수 있는 반면 강한 장애는 참여를 방해할 수도 있다.

정확한 정보(F)는 교육정보센터와 교육상담센터의 창설에 있어서 현재 상당한 주목을 받고 있다. 정확한 정보는 크로스의 모형에서 동기화된 학습자를 적절한 기회로 연결시켜 주는 정보를 제공한다는 점에서 그 역할이 중대하다. 정확한 정보가 없으면 기회들은 발견되지 않고 장애들은 확대되어 나타나게 되어서 E지점이 약하게 된다.

크로스의 모형은 참여를 위한 그리고 참여에 대한 힘의 누적적 본질을 설명하기 위해서 의사결정의 선형성이 지나치게 강조되기는 하였지만, 이 모형에 포함되어 있는 변인들의 순서에는 중요한 암시가 있다. 학습활동에 성인들의 관심을 끌기 위한 대부분의 노력은 부정적인 영향력을 감소시키거나 긍정적인 영향력을 증대시키려는 시도를 하면서 E지점에서 시작된다. 본래의 긍정적인 영향력을 유지하면서 E지점에 도달한 사람에게는 그러한 행동들이 참여를 잘 조장할 수 있다. 그러나 그들의 약한 긍정적인 참여력이 E지점에 이르기 전에 부정적인 영향력의 강도에 의해 제거된 사람에게는 외부적 장애를 제거하는 것이 아무런 소용이 없을 것이다. E에서 C로 향하는 역방향의 화살표에 의해 나타나듯이, 새 기회들의 창출(E)은 참여를 성공적으로 할 것이라는 개인의 기대에 첨가되고 따라서 동기의 강도를 문턱 수준 위로 끌어올릴 수도 있다. 그러나 대부분의 경우, 외부적 장애의 제거가 어떤 효과를 보이기 전에 사람들은 성인교육을 위해서 어느 정도 동기화되어 있어야 한다. G지점에서 A와 B로 향하는 화살표는 성인교육에 참여해 온 사람들이 그 참여에 의해서 자아존중감이 향상되었고 교육에 대하여 긍정적인 태도를 갖게 되었으며, 성공에 대한 기대가 높아지는 등의 경험을 했을 가능성이 있으므로 미래에 있어서도 더욱 그러할 가능성이 있다는 잘 알려진 연구 결과를 수용한 것이다.

크로스의 모형은 그것이 성인의 교육참여에 대한 인식의 폭을 넓히고, 새로운 연구의 방향을 제시하였던 것에 비해서 성인의 교육참여를 제대로 설명하거나 예측하지는 못하고 있다. 이 모형의 일반적인 유용성은 기존의 연구들을 수용하는, 더 중요하게는 새로운 연구를 자극하고 궁극적으로 실제를 개선하는 능력에 의해 판단될 것이다.

2. 성인학습자의 심리·사회적 특성

앞에서 살펴본 바와 같이, 성인학습자의 학습활동 참여동기 성향이라든가 그 참여과정에 미치는 요인들은 매우 다양할 뿐만 아니라 그 과정 또한 복잡하다. 따라서 이와 같은 성인학습자들을 일반적이고 획일적인 존재로 간주하고 학습활동을 지도하는 것은 상당한 문제가 있다는 것을 예견할 수 있다. 그러므로 성인학습자들을 대상으로 하는 경우, 참여동기 혹은 성향에 비추어서 적절하게 지도할 수 있는 방안을 모색하는 것이 필요하다.

다음에서는 성인학습자들의 학습목표 유형별로 그들의 사회·심리적 특성을 제시하고 그에 비추어서 학습 지도 시에 유의해야 할 점을 제시하고자 한다.

성인들이 학습목표에 대하여 나타내는 심리적, 사회적 특성을 분류해 보면, 대체적으로 학습활동에 대하여 아무런 목표가 없는 자, 사교적이고 활동지향적인 학습자, 적절한 자극을 선호하고 새로운 것을 탐구하고자 하는 학습자, 직업 지향적인 학습자, 생활변혁 지향적인 학습자, 그리고 학습에 대해서 무관심하거나 심지어는 그를 거부하는 학습자 등으로 나누어 볼 수 있다. 이를 구체적으로 설명하면 다음과 같다.[14)]

1) 무목표 학습자

이 유형에 속하는 자는 학습활동에 대하여 구체적인 목표가 드러나지 않는 것이 특징이다. 이들은 학습에 대해 이러한 것을 추구해야 한다던가 그렇게 하고 싶은 마음이 없이 그저 무료한 시간을 보내기 위하여 학습에 참가하는 자들이다. 이들의 특징을 열거하면 다음과 같다.

① 특정한 학습목표를 지니고 있지 않기 때문에 일반적으로 참가 의욕이 적고, 학습태도 역시 적극성이 결여된 경향을 보인다.
② 학습에 대한 지식이 적고, 학습방법도 잘 모르는 상태이다.
③ 집단학습활동에서는 전체의 사기에 영향을 미칠 수 있는 존재이다. 사기를 저하시키는 원인을 제공할 위험성이 높으며, 학습활동에 보다 적극성을 나타낼 수 있도록 새로운 목표를 세운다던가 학습의욕을 고취시킬 수 있도록 전문가에 의한 상담 및 조언이 필요하다.
④ 이런 유형의 사람에게 있어서 학습의 즐거움이라든가 그 효용가치의 발견여부는 순전히 지도자(혹은 교사)의 수완에 달려있다. 구체적 목표의 제시, 학습하는 방법의 점진적인 습득, 성인학습자로서 자존심을 상하지 않게 하는 배려 등과 같은 주의가 필요하다.

2) 사교적(활동지향적) 학습자

이 유형에 속하는 자는 학습활동을 통해 인간으로서의 존재감과 그 기초가 되는 타자와의 교류를 넓히는 데 주된 목적이 있다. 따라서 이들 유형의 학습자는 학습의 과정에서 나타나는 인간관계 및 사회적 교류가 학습참가의 최대 이유가 된다. 이들이 학습활동을 통해 추구하고자 하는 사회적 교류의 촉진은 경우에 따라서는 학습의 내용과는 전혀 관계가 없는 경우도 있다. 이런 유형의 학습자들은 대체적으로 학력이 낮다든지 교육정도가 낮은 자들에게서 많이 나타난다. 한마디로 말하자면, 이 유형에 속하는 학습자들은 사람들을 만나기 위하여 학습에 참가하며, 따라서 학습은 하나의 수단에 불과한 것이라고 본다. 사교적 학습자의 특징을 열거하면 다음과 같다.

① 학습의 직접적인 성과 이상으로 학습 분위기 및 동료와의 교류기회를 중시하는 경향이 있다.

② 설정된 학습시간 이외의 교류의 장과 기회제공이 중요하다.
③ 소집단에서의 학습활동은 학습과 교류라고 하는 두 가지 문제를 동시에 촉진하는 것이 보다 효과적이다.
④ 학습활동의 평가를 사회적 교류의 관점에서 행하는 경향이 있다는 점을 유념해야 할 필요가 있다.

3) 자극탐구적인 학습자

이 유형에 속하는 학습자는 생활에 변화를 줄 수 있는 학습활동을 중시한다. 즉, 이들 유형은 일상생활로부터 오는 지루함이나 단조로움을 극복하기 위하여 학습활동에 참가한다. 이들은 학습활동을 통해 가급적이면 적절한 자극을 받고 싶어하고, 때로는 학습을 미지의 세계에 대한 모험으로 간주하기도 한다. 이들 유형의 특징을 살펴보면 다음과 같다.

① 호기심·탐구심이 높으며, 설정된 학습활동의 틀을 훨씬 뛰어넘어가는 경향이 있다. 정보자료의 소개, 학습방법의 제시, 학습의 방향에 대한 조언이라든가 지도자의 사기진작에 고무되는 경우가 많다. 따라서 학습활동에 대한 용기를 불어 넣어주고, 측면을 지원하는 조산원과 같은 원조가 필요하다.
② 이 유형의 학습자는 자율적인 경향이 강하며, 방치해 두어도 스스로 학습을 하고자 한다. 도서관의 참고문헌 서비스, 동질집단에 의한 자주적인 집단의 편성, 상담기회 및 학습장소의 제공 등 학습환경의 정비가 필요하다.

4) 직업 지향적인 학습자

이 유형에 속하는 학습자는 직업생활의 차원에서 당면하는 문제를 해결하기 위하여 학습하는 경향이 강하다. 따라서 이 유형의 학습자는 학습을 하나의 수단이자 도구로 간주한다. 학습에 따라서 일의 성과가 제고되지 아니하면, 학습의 성과도 인정하지 않는 것이 보통이다. 이들 학습자들은 학습의 즉시적 효과성, 응용 가능성을 중요시하고 있으며, 이에 따라 학습을 통해 구체적이고 현실적인 문제를 해결하고자 한다는 점에서 매우 현실 지향적이다. 이들 유형의 특징을 살펴보면 다음과 같다.

① 학습성과가 구체적이고 응용 가능한 것을 필요로 한다.
② 이 유형에는 직업상의 문제로 인하여 특정의 지식 및 기술을 습득하지 않으면 안 된다는 강박감을 가지고 열심히 학습하는 자가 많다.
③ 이들 학습자는 일반적으로 계속적인 학습을 필요로 하는 자들이 아니기 때문에 학습과정을 통해 학습방법 등을 습득할 수 있도록 적절한 배려를 하게 되면, 이후의 다른 학습 프로그램에 대해서도 자율적인 참가를 유도할 수 있는 특징이 있다.

5) 생활변혁 지향적인 학습자

이 유형에 속하는 학습자는 학습을 일종의 자기수양과 같은 과정으로 파악한다. 이들은 학습에 의해 자기향상을 기하고, 그를 통해 생활의 변혁을 도모하는 데 강한 애착을 가지고 있다. 어떠한 영역에의 향상과 발전을 기하고자 하는가는 사람에 따라 다르지만, 대체적으로 일이라든가, 교양, 사교, 생활의 여러 영역에 걸친 과제들을 중요시한다. 이들 유형에 속하는 자들의 특징을 살펴보면 다음과 같다.

① 자기발전이라든가 향상이 이들 개개인의 학습동기이다.
② 생활향상을 위하여 학습에 의한 구체적이고 즉시적으로 응용 가능한 성과를 기대한다는 점에서는 직업지향형의 학습자와 동일하다.

③ 이 유형에 속하는 자들은 학습목표를 원대한 것에 두고, 현재 참가하고 있는 학습활동은 그 최종 목표를 달성하기 위한 하나의 과정이라고 간주한다. 따라서 학습활동에 지속성이 있다. 자기주도적 학습자가 여기에 속한다.

6) 학습에 대한 무관심거부형의 학습자

사람에 따라서 어떤 사람들은 학습활동에 적극적인 자가 있는 반면 또 어떤 사람들은 학습에 대해서 거의 무관심하거나 그것이 왜 필요한지도 모르는 자들이 있다. 또한 학습 그 자체에 대하여 적대감을 갖고 있는 경우도 있으며, 학습의 효과를 거의 믿지 않는 자들도 있다. 미국의 경우 조사 보고에 의하면, 학습활동에 대하여 참가를 지지하는 자와 학습활동에 대하여 무관심하거나 거부하는 자의 비율은 대체적으로 7:3인 것으로 나타났다.[15] 이들 유형에 속하는 자들의 특징을 살펴보면 다음과 같다.

① 학습에 대한 별다른 생각을 지니고 있지 못하거나 매우 거부적인 태도를 지니고 있다.
② 일반적인 학습활동에 대해서는 무관심하거나 혐오감을 나타내고 있다. 학습으로부터 혜택이라든가 이익을 받은 경험이 거의 없다. 물론 아동, 청소년기의 학교에서의 좋지 못했던 경험이 이와 같은 평가의 기조가 되어 있다.
③ 학습활동은 일상생활과 거리가 멀다고 여긴다.
④ 소위 '공부'라든가 '교육'이라는 말만 들어도 머리가 아프며, 학습활동에 대한 평가도 매우 저조하다.
⑤ 학습활동으로부터 장기간 유리되어 있었기 때문에 학습활동이 전혀 몸에 익숙하지 않은 경향이 강하다.

3. 성인학습의 원리

이제까지의 학습심리 및 교육심리 연구로부터 학습효과를 극대화시킬 수 있는 학습의 일반적인 원리가 다양한 차원에서 탐구되고 적절한 형태로 제시되어 왔다. 또한 이제까지 성인의 발달특성이나 학습자들의 특성으로부터 성인학습만이 지니고 있는 어떠한 특성이 여러 차원에서 학자들에 따라 다소 그 정도의 차이는 있지만 논의되어 왔다. 이에 따라 성인학습자들이 처해 있는 여러 상황에 따라 성인학습을 효과적으로 전개할 수 있도록 도와주거나 지원할 수 있는 어떤 원리도 도출될 수 있으리라고 본다. 특히 성인의 발달특성을 전제로, 그리고 성인들의 성인교육 참여특성을 감안하여 성인학습자의 학습과정상의 특성을 단계별로 제시하면 다음과 같다.

- 요구(need): 목표달성을 위해서 어떤 학습이 필요한지를 결정한다.
- 창조(create): 학습목표를 달성하기 위한 전략 및 자원을 창출한다.
- 실행(implement): 학습전략을 실행하고 자원을 활용한다.
- 평가(evaluate): 학습목표 성취도와 그 과정을 스스로 평가한다.

이들 4단계는 성인학습 과정에 대한 일종의 범주나 관점 역할을 하면서 성인의 학습과정을 통제하려는 학습자들에 관한 여러 사실들을 확인하기 위하여 사용되기도 한다. 이를 도표화하여 제시하면 다음 [그림 2-5]와 같다.[16)]

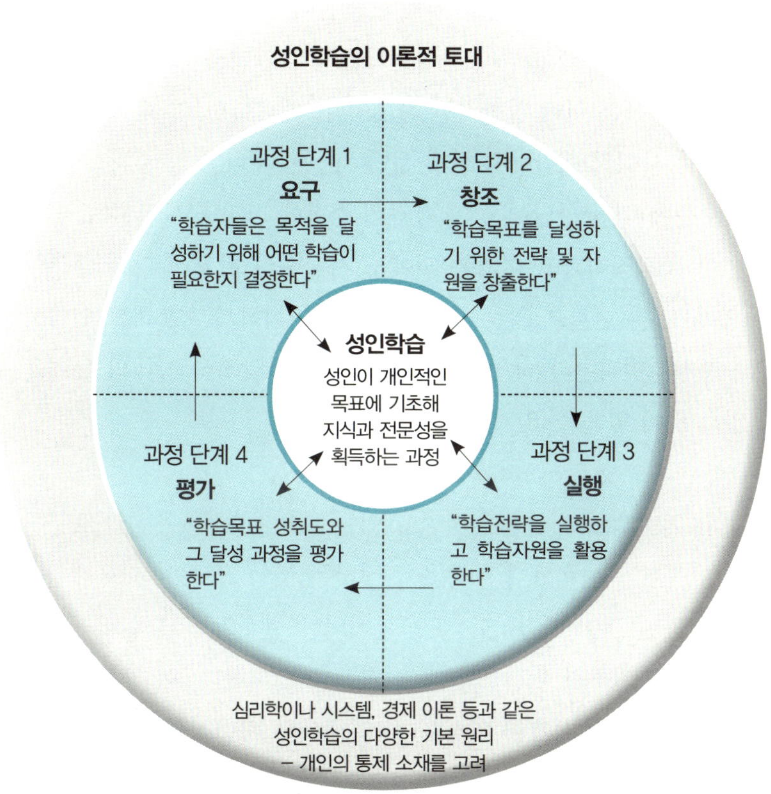

[그림 2-5] 자신의 학습과정을 통제하는 성인학습자의 특성

1) 제1 요구단계: 성인은 어떤 학습이 필요한지를 자신의 요구에 따라 결정한다.

일반적으로 학습요구(learning needs)란 '주제나 기술에 대한 현재의 이해나 인지 수준을 바람직한 또는 요구되는 이해수준과 비교했을 때 확인된 학습적 불일치'를 의미한다. 말하자면, 요구란 현재의 상태와 바람직한 상태와의 차이를 의미하는 것이고 학습요구란 바로 학습에 대한 현재의 상태와 바람직한 상태 간의 학습차원의 불일치 현상을 의미한다는 것이다. 이러한 점에서 성인의 학습요구는 새로운 학습을 설계하고 참여하기 위한 출발점이 된다.

그런데, 성인이라고 하더라도 성인학습자가 판단하는 학습요구가 언제나 타당하지는 않다는 것이 일반적인 견해이다. 왜냐하면, 현재 성인이 처해 있는 상황이나 사회적 맥락에서 현재 성인 자신이 지니고 있는 지식수준이라든가 능력수준에 대한 판단이 성인 각자의 성향에 따라 달라질 수도 있는 것처럼 성인이 바람직하다고 여기는 것에도 사람마다 완전히 다른 수준이 있을 수 있으며, 다른 한편으로는 성인이 완전히 인식하지는 못하고 있다고 하더라도 노동시장이라든가 작업환경에서 그러한 바람직한 상태의 능력을 규정하고 있는 것이 있을 수 있기 때문이다.

그러나, 일반적으로 성인이 지니고 있는 교육필요성(wants)과 요구를 분석하고 이를 통해 학습목표나 내용을 설정하는 것이 그 동안 교육계의 관행으로 지켜져 왔던 것이 사실이다. 요구분석이란 현재의 상태와 바람직한 상태와의 차이를 발견하기 위한 모든 분석활동을 의미한다. 이 점에서 요구분석이란 교육 프로그램 설계를 위하여 현재 상태와 바람직한 상태 간의 차이를 결정하고 그 본질과 원인을 찾고 우선순위를 결정하는 체계적인 행위라고 이해된다.

이러한 점에서 성인들은 스스로의 자각이나 그동안의 학습경험, 그리고 자신의 필요 등에 의하여 자신이 현재 지니고 있는 지식과 기술의 현재 수준과, 자신이 원하는 지위라든가 직책이 요구하는 바의 직무능력이라든가 자신이 바람직하다고 규정하는 바람직한 상태와의 차이를 인식할 수 있는 존재라고 여겨진다. 성인을 이와 같이 학습요구를 스스로 진단하고 그 요구에 따라 학습과정에 참여하고 그 결과를 평가할 수 있는 존재라고 파악하게 되면, 소위 말하는 성인학습 전문가라든가 교육과정개발자들은 그 성격이 전략적이라기보다는 대응적(reactive)이라고 볼 수 있다. 학습요구에 대한 통제권한이 성인학습자 자신에게 있고 학습전문가는 그러한 학습요구에 대응한다는 것이다. 여기에서 가정하고 있는 것은 성인학습자가 1) 자신의 요구를 확실하게 알고 있고, 2) 필요한 학습을 정확하게 측정할 수 있으며, 3) 어떤 학습이든 참여할 만큼 충분한 동기부여가 되어 있고, 4) 위험성이 있는 학습이라고 하더라도 기꺼이 참여할 만큼 동기부여가 되어 있다는 것이다.[17)]

그런데 일반적으로 성인은 자신의 학습요구를 적절하게 분석할 만한 전문지식이나 정보, 혹은 시간이 없기 때문에 자신이 무엇을 필요로 하는지 단순히 추측만 할 뿐이어서 그 요구가 정확하지 않을 수 있다는 것이 문제점으로 지적된다. 이 점에서 학습전문가가 일방적으로 요구분석을 통하여 학습요구를 진단하는 것에도 한계가 있다고 볼 수 있다. 따라서, 오늘날에는 특정한 직무라든가 작업수행상에 필요한 요구를 분석하기 위해서는 공동 기획이 필요하며, 가끔 외부 분석가의 도움이 필요하기도 하다. 이 점에서 성인들이 학습요구에 대한 완벽한 통제권을 가지기란 그리 쉬운 것이 아니라고 볼 수 있다.

그런데 여기에서 성인은 어떤 학습이 필요한지를 자신의 요구에 따라 결정한다고 하더라도, 그러한 요구를 성인 스스로 인식하고 기꺼이 성인학습에 참여하고자 하는 의지가 필요하다. 이 점에서 위대한 교육자인 성 이그나티우스 로욜라(Saint Ignatius Loyola)의 “우리는 배울 준비가 되었을 때만 배운다”는 말이 주는 함의가 여기에도 적용된다 할 것이다. 배울 준비와 관련하여 세계적인 작가이자 리더십 지도자인 존 맥스웰(John C. Maxwell, 2014)은 『어떻게 배울 것인가』라는 저서에서 다음과 같은 11가지가 성인의 학습에 있어서 중요한 의미를 지니고 있다고 강조하고 있다.[18)]

① 겸손: 배움의 정신
② 현실: 배움의 토대

③ 책임감: 배움의 첫 단계
④ 향상: 배움의 핵심
⑤ 희망: 배움의 동기
⑥ 학습능력: 배움의 길
⑦ 역경: 배움의 기폭제
⑧ 문제: 배움의 기회
⑨ 나쁜 경험들: 배움을 위한 균형 잡힌 관점
⑩ 변화: 배움의 대가
⑪ 성장: 배움의 가치

2) 제2 창조단계: 성인은 학습목표를 달성하기 위한 전략과 자원을 창출할 수 있는 존재이다.

크로스(Cross)의 연쇄반응(COR) 모형에서도 나타나고 있는 바와 같이 성인들은 교육프로그램이 지니고 있는 목표의 중요성을 인식하고 이러한 목표를 달성할 수 있다고 하는 기대가 있는 한 성인학습에 기꺼이 참여하고자 한다는 것을 알 수 있다. 말하자면 성인은 무엇이 중요한 목표인지, 어떻게 하면 그러한 목표를 성취할 수 있는지를 알게 되면 기꺼이 학습과정에 참여하게 된다는 것이다. 따라서 성인은 충분히 동기화되어 있다든지, 학습결과에 대한 기대(expectation)가 있다면, 기꺼이 학습정보를 찾아나설 것이고, 학습에 필요한 자원을 동원할 수 있으며, 지속적으로 학습과정에 참여하기 위한 전략을 구사할 수 있다는 것이다. 이 점에서 교육전문가들이라든가 프로그램개발자들은 성인들에게 학습동기를 부여하고, 커뮤니티를 형성하며, 학습경험과 학습자료의 효과성을 알리기 위하여 잠재적 학습자들을 창조단계에 개입시키는 것도 중요한 의미를 지닌다고 볼 수 있다.

성인학습자들이 학습과정을 통하여 달성하고자 하는 중요한 기대사항으로서는 다음과 같은 것들을 제시할 수 있다.

① 효과성: 기대되는 학습성과
② 효율성: 주어진 학습여건(학습자의 조건, 예산, 시설 · 설비의 조건, 학습시기, 학습단계 등)하에서 최소의 노력으로 최대의 효과 제고
③ 적시성: 학습자의 능력이나 경험에 적절한 내용
④ 긴급성: 사회적 상황이나 지역적 과제에 따른 우선 순위
⑤ 중요성: 학습자의 요구에 관계없이 취급될 가치가 있는 내용
⑥ 요구성: 학습자가 요구하는 내용

3) 제3 실행단계: 성인은 학습전략을 실행하고 학습자원을 활용한다.

성인은 일단 학습과정에 참여하고 나서도 그 학습프로그램에 대한 지속적인 참여 여부를 평가하게 마련이다. 만일, 당초 기대했던 바와 학습내용이 다르다거나, 학습요구와 차이가 있다거나 혹은 개인적인 여러 사정 등으로 인하여 중도탈락할 수도 있으며, 이러한 중도탈락 여부 등도 순전히 자아와 환경과의 불일치 등과 같은 요소들에 의하여 성인 자신이 결정하기 마련이다.

따라서, 개인적인 차원과는 별도로 학습경험과 학습효과를 지속적으로 인식하도록 도와주도록 함으로써 학습활동의 성과를 제고할 수 있기도 하다. 여기에는 형성평가, 팀학습, 동료교수(peer instruction) 등과 같은 다양한 방법들이 있다. 다양한 연구결과들을 토대로 성인학습자들이 자신의 학습전략을 실행하고 학습자원을 활용하는 데 영향을 미치는 중요한 요소들로 토우(A. Tough) 등이 제시한 요소들은 다음과 같다.[19]

① 학습활동의 계획, 실시, 평가에 관한 기초적 지식과 능력
② 자기 자신의 학습목표를 확인할 수 있는 능력
③ 적절한 계획, 전략과 계획 전문가를 선정할 수 있는 능력
④ 행위의 과정들이 적절한 경우 자신의 계획을 주도할 수 있는 능력
⑤ 학습활동의 환경과 시간관리를 적절하게 결정할 수 있는 능력
⑥ 이용 가능한 자원으로부터 지식이라든가 기술을 획득할 수 있는 능력
⑦ 학습에 대한 개인적, 상황적 장애를 간파하고 그에 대처할 수 있는 능력
⑧ 동기를 갱신할 수 있는 능력
⑨ 학습의 상황을 평가하고, 그를 피드백할 수 있는 능력

4) 제4 평가단계: 성인은 자신의 학습성과를 평가한다.

일반적으로 평가란 '원하는 변화가 일어나고 있는지를 판단하기 위한 증거들의 체계적인 수집으로 정의'된다. 이러한 의미에서 평가는 학습과정 도중에 행하는 형성평가(formative evaluation)라든가 학습결과의 성과를 평가하는 총괄평가(summative evaluation)로 구분되기도 하지만 성인학습자들은 이들 평가가 어떤 단계에서 일어나든지 간에 이를 평가하게 된다. 여기서 형성평가는 학습과정에 대한 체계적인 진단을 통하여 학습과정이 보다 체계적으로 효과적으로 진행되도록 함으로써 학습성과를 향상시키기 위하여 행하는 평가이다. 따라서, 단순히 학습결과가 어떠하였는가 혹은 원하는 변화가 이루어졌느냐의 여부를 결정하는 것이 아니다. 말하자면, 형성평가는 학습과정에 대한 다양한 학습단계 사이의 피드백이라고 볼 수 있다.

이와는 달리 총괄평가는 학습결과에 대한 평가이며, 흔히 당초 목표했던 바의 성취여부를 평가하는 것을 말한다. 그런데 성인학습자가 학습결과에 대한 그 성과여부를 판단하고자 하는 경우 간접적으로는 그러한 학습과정에 대한 스스로의 만족여부를 판단하는 것이 대부분이다. 이러한 간접적인 자

기평가는 신뢰할 만하여 일관성은 있다고 하더라도, 그 평가가 정확하고 타당하다고 보기에는 한계가 있는 것으로 지적되고 있다.

왜냐하면, 학습결과에 대한 지식의 획득이나 전문적인 수행능력의 향상 등과 같은 학습결과를 평가하기 위해서는 전문적이며 직접적인 평가를 해야 하고, 단순히 학습자가 감정에 의존해서 평가하는 것과 같은 것은 한계가 있기 마련이기 때문이다. 여기에서 학습과정이나 학습결과에 대한 평가의 타당한 준거를 얻기 위해 외부 평가자료가 필요하다.[20)]

일반적으로 성인학습자가 자신의 학습과정을 외부의 도움이나 통제없이 평가하여 왔다고 한다면, 성인학습자들은 다음과 같은 질문을 하게 마련이다. "내가 원하는 변화가 이루어졌는지 여부를 알기 위해서는 어떤 증거들을 체계적으로 수집해야 하는가?", 그리고 "수집된 증거에 근거하여 변화가 어느 정도까지 이루어졌는가?"라는 질문 등이 그것이다. 이러한 학습결과에 대한 평가에 있어서는 각종 시험이라든가 전문가의 도움을 받는 것이 일반적이다.[21)]

그런데 교육프로그램이 본래 계획하고 의도했던 교육목적이나 목표를 어느 정도 달성했는지를 기준으로 학습자가 인식하는 참여성과를 측정하는 방식이 있는가 하면 본래 의도했던 목적이나 목표와 관계없이 학습자들이 교육을 받음으로 인해 결과적으로 나타난 최종산출물을 놓고 참여성과를 판단하는 방식 등이 있을 수 있다.

전자를 '당위적 성과'라고 한다면 후자를 '실제적인 성과'라고 할 수 있다. 이에 대해 분(Boone, 1985)은 참여성과를 학습참여자가 얻는 이점이나 혜택(participant benefits)으로 정의하고 ① 의도된 성과들(intended outcomes: 교육경험의 결과 발생하는 모든 성과들과 이득들을 포함), ② 의도되지 않은 성과들

(unintended outcomes: 프로그램을 제작한 사람이 예상하지 못한 모든 성과들과 이득), ③ 명백한 성과들(manifest outcomes: 프로그램 진행 도중, 프로그램이 종결될 때, 또는 프로그램 종결된 직후 발생하는 모든 성과들과 이득), ④ 잠재적 성과들(latent outcomes: 프로그램에 의해 계속해서 일어날 수 있는 모든 성과들과 이득들을 망라한 것) 등을 제시하고 있다. 이때 잠재적인 혜택은 향상된 지식 · 기술, 능력감(a sense of empowerment), 새롭고 건강한 조망, 이로운 행동변화, 향상된 삶의 질, 프로그램 그 자체로부터 얻는 즐거움 등으로 지적하고 있다.[22)]

이와 같이 학습성과에 대한 성인학습자 개인의 평가는 그 개념적 중층성과 다양성, 복합성, 그리고 영향을 미치는 매개변수들로 인해 실제로 평가하기에 매우 어려운 것으로 지적되고 있다.

미 주

1) C. O. Houle, *Inquiring mind*(Madison:University of Wisconsin Press, 1961).
2) S. Courtney, *Why adults learn:Towards a theory of participation in adult education*(London: Routledge, 1992), p.76.
3) B. R. Morstein and J. C. Smart, Factor analysis at large:A critical review of the motivational orientation literature. *Adult Education*, 27(1), 1976, pp.83-98.
4) S. Courtney, Op. Cit.
5) 김영석. 성인학습자의 교육참여 및 학습동기 연구동향분석: 2000년부터 2011년까지 등재지 학술논문을 중심으로. Andragogy Today, 2012, 15(1), 31-62. 그리고, 이정의, 대학사회교육 참여동기에 관한 연구, 고려대학교 대학원 석사학위논문(미간행, 1997). 차윤지, 여성의 평생교육 참여동기 유형에 따른 자기효능감과 자기주도학습 준비도 차이, 중앙대학교 교육대학원 석사학위 논문(미간행, 2011). 이부일, 노인 평생교육시설 프로그램 참여동기와 비참여요인(중앙대학교 대학원 석사학위논문(미간행, 2010) 참조
6) 신덕상, 성인의 학습 참여 동기 유형과 학습 메타포의 관계, 국가평생교육진흥원, 한국평생교육연구, 2013, 2(1), 101-119.
7) 이들에 관한 구체적인 언급은 S. Courtney, *Op. Cit.*, pp.57-70.; K. P. Cross, *Adult as learners*(San Francisco:Jossey-Bass, 1981). 참조
8) H. L. Miller, *Participation of adults on adults education*(Boston:Boston University, 1967).
9) R. J. Havighurst, *Developmental tasks and education*(3rd ed.)(New York:McKay, 1972).
10) R. Boshier, "Motivational orientation re-visited:Life-space motives and the education participation scale." *Adult Education*, 1977, 27(2), pp.89-115.
11) 최운실, 성인교육기관 유형별 성인교육 참여자의 특성분석. 이화여자대학교 대학원 박사학위논문(미간행, 1984).
12) K. P. Cross, *Op. Cit.*, pp.23-25.
13) *Ibid*, p.24.
14) 三浦清一郎, 成人の發達と生涯學習(ぎょうせい, 1982), pp.115-117.
15) *Ibid*, pp.124-125.
16) M. Knowles, Elwood F. Holton Ⅲ, Richard A. Swanson. *The adult learner*(NY:Elsvier, 2005). 최은수 역. 성인학습자. (서울: 아카데미 프레스, 2010). p.189.
17) *Ibid*, pp.190-197.
18) *Ibid*, pp.194.
19) 존 맥스웰 저, 박찬호 역, 어떻게 배울 것인가(서울: 비즈니스 북스, 2014). p.50
20) 권두승 편저, 평생교육론(서울: 교육과학사, 2000). p.336.

21) M. Knowles, Elwood F. Holton Ⅲ, Richard A. Swanson. 전게서. p.194.
22) 김애련, 대학 평생교육원 성인학습자의 학습성과 인식연구. 단국대학교 대학원 박사학위논문. 2009.

Chapter_ 3

전통적 주요 학습이론

1. 학습이론의 의의

인간행동의 핵심적 과정의 하나인 학습은 지난 수세기 동안 철학자, 심리학자, 교육자, 그리고 정치학자 등으로부터 많은 관심을 받아 왔다. 사람들이 어떻게 학습하는가를 밝히고자 한 연구들은 19세기 후반부터 체계적으로 시작되었다. 그로부터 이제까지 수많은 학습에 관한 이론들이 형성되어 왔다.

학습이론을 이해하기 위해서는 먼저 이론이란 무엇이며, 학습이란 무엇인가를 우선적으로 파악해야 한다. 우선적으로 학습은 다음과 같은 2가지 의미를 지니고 있는 것으로 이해되고 있다. 하나는 학습을 인간 행동의 결과로 나타나는 지속적인 변화로 가정하고 있는 것이고, 다른 하나는 행동의 변화가 반드시 학습자와 환경과의 상호작용에 따른 결과이어야 한다는 것이다. 이와 함께 이론(theory)이란 일반적으로 1) 일련의 사실들이 다른 것들과 맺는 관계성 분석, 2) 일련의 사실, 과학, 예술의 일반적 또는 추상적 원리, 3) 현상을 설명하는 데 있어서 타당하거나 과학적으로 받아들일 수 있는 일반적 원리 혹은 원리의 집합체, 4) 논쟁이나 조사를 위해 추정된 가설, 5) 추상적인 생각 등을 의미하는 것으로 정의되고 있다.[1)]

이와 같은 것들을 종합하여 보면, 학습이론이란 학습의 과정, 결과, 현상,

사실 및 원리를 설명하는 이론을 의미한다. 학습을 '경험에서 비롯되는 비교적 지속적인 행동 혹은 행동잠재력의 변화'이며 '개인의 지식, 기술, 가치, 세계관을 획득하고, 강화하고, 변화시키기 위한 인지적, 감정적, 환경적 영향과 경험을 통합시키는 과정'으로 이해하게 되면, 학습을 통해 나타난 행동의 변화를 일으키게 한 과정 혹은 기제가 무엇인지를 설명하고 해석하는 이론체계를 일컬어 학습이론이라고 한다. 학습이론은 학습이 어떻게 이루어지는가를 설명하고자 하는 시도로써 우리가 관찰하는 학습 사례를 기술할 수 있는 용어와 개념적 틀을 제공해 주며, 특정 문제를 해결하기 위한 방법을 제시해 줄 수 있다.

다음에서 제시되는 여러 유형의 학습이론이 결과, 수단, 투입의 세 요소를 어떻게 설명하고 있는가를 파악하는 것은 제 학습이론의 특성과 관점을 이해하고 비교 · 고찰하는 데 도움을 줄 수 있을 것이다.

이 장에서는 이들 이론 가운데 성인학습과 특히 관련이 있는 것으로 생각되는 몇 가지만을 살펴보고자 한다. 학습이론의 형태로 이제까지 나타난 이론들이 수없이 많은 것이 사실이지만, 이것을 다양한 학습이론들을 포괄할 수 있는 몇몇 이론들로 나누어 볼 수 있다. 여기에서는 학습이론을 그 중심경향에 따라 분류하고 성인학습에 통찰력을 제공하기 위하여 행동주의, 인지주의, 인본주의, 사회학습이론, 그리고 구성주의 학습이론을 중심으로 살펴보고자 한다.

이들 다섯 가지 학습이론들은 학습의 본질을 서로 다른 차원에서 규정하고 있으며, 이에 따라 학습을 진작시킬 수 있는 전략도 그들의 중심 경향성에 따라 상이하게 나타나고 있다. 이들을 구체적으로 살펴보면 다음과 같다.

2. 주요 학습이론

학습이론은 기본적으로 여러 차원으로 나누어 제시될 수 있다. 여기에서는 메리엄과 카파렐라(Merriam & Caffarella)의 구분 방법에 따라 다음과 같은 다섯 가지로 구분하여 설명하고자 한다.[2)]

1) 행동주의

행동주의는 20세기 초 왓슨(Watson)에 의해서 발전된 것으로 다른 학파보다 학습에 관해 다양한 이론을 제시하고 있다. 왓슨 이후로는 손다이크(Thorndike), 톨만(Tolman), 파블로프(Pavlov), 거스리(Guthrie), 헐(Hull), 스키너(Skinner) 등과 같은 학자들이 행동주의를 계속해서 발달시켰는데, 그중에서도 특히 손다이크와 스키너의 공헌이 크다고 할 수 있다.

손다이크는 왓슨이 '금세기 최고의 학습이론가'라고 칭할 정도로 뛰어난 학자로 수많은 연구를 남겼고, 다른 행동주의 학자들에게도 영향을 미쳤다. 손다이크의 이론은 시행착오설(trial-and-error theory)이라고 불리는데, 그것은 학습이 시행착오의 과정을 통해 일어난다고 주장했기 때문이다. 시행착오설은 결합설(connectionism)이라 불리기도 한다. 손다이크는 동물실험에서 자극과 반응 사이의 결합이 반복되는 시행착오적 학습을 통하여 강해지거나 약해진다는 것을 발견했다. 그는 일련의 실험을 통하여 중요한 세 가지의 학습법칙을 발견했다. 그것은 효과의 법칙(law of effect), 연습의 법칙(law of exercise), 그리고 준비성의 법칙(law of readiness)이다. 효과의 법칙이란 만족을 주는 반응들은 학습되고 불만족을 가져오는 반응들은 제거되는 경향이 있다는 것이다. 즉, 학습의 과정이나 결과가 만족스러울 때는 결합이 더욱 강해지고 불만족스러울 때는 결합이 약해진다는 것이다. 연습의 법칙은 연습을 많이 할수록 결합이 강화되고 연습 횟수가 적거나 그것을 사용하지 않을 때는 결합이 약화된다는 것이다. 마지막으로 준비성의 법칙은 유기체가 결합에 대해 준비가 되어 있으면 학습이 일어나지만 그렇지 않으면 억제된다는 것이다. 손다이크의 학습이론이 성인학습에 시사하는 바로는 성인학습자들이 학습에 대해 만족감을 느끼도록 해야 한다는 것이다. 성인학습에 있어서 학습에 대한 만족도가 중요한 것은 성인학습이 아동학습과는 다르기 때문이다. 즉 아동은 자신의 학습에 대해 불만족한다고 하더라도 배우기를 거부하거나 그만둘 수 없는 경우가 대부분이다. 하지만 성인의 경우 학습과정이나 결과에 만족하지 않는다면 더 이상 학습에 흥미를 느끼지 못하고 학습을 포기할 수도 있다.

손다이크: 시행착오 학습(자극반응 연합이론)		
• 쥐의 미로 실험 ⇨ 학습은 시행착오에 의해 이루어지는 행동의 변화이다.		
학습원리	연습의 법칙	빈도, 반복의 법칙: 연습을 하면 자극과 반응의 결합이 강화됨
	효과의 법칙	만족, 보상의 법칙: 학습 결과가 만족스러운 것일 때 자극과 반응의 결합이 강화됨
	준비의 법칙	학습태세의 준비에 의해 자극과 반응의 결합이 강화됨 • 유전론적 입장: 생리적 성숙에 의한 학습 준비도의 중요성 • 환경론적 입장: 학습에 있어 동기 부여의 중요성을 의미

러시아의 생리학자였던 파블로프(Pavlov)는 개의 소화과정을 연구하던 중 우연히 조건화로 불리는 학습현상을 발견하였다. 그의 학습이론은 고전적 조건화(classical conditioning)라고 불린다. 고전적 조건화를 간단히 설명하면 조건 자극에 대한 조건반응의 결합이라고 할 수 있다. 즉 무조건 반응을 일으키는 무조건 자극이 중성자극과 같이 제시되면 처음에는 무조건 자극에 대한 무조건 반응을 보이던 유기체가 나중에는 중성자극에 대해서도 무조건 자극에 대해서 보였던 것과 같은 반응을 보인다는 것이다. 그리고 이 때 보이

는 반응은 이전의 무조건 반응이 아니라 조건반응이고, 이전의 중성자극은 조건자극이 되는 것이다. 파블로프의 실험을 예로 들면, 처음에는 개에게 종소리라는 중성자극을 음식이라는 무조건 자극과 같이 제시하여 침분비라는 무조건 반응을 일으키게 한다. 이와 같이 종소리와 음식을 짝지어서 여러 번 제시하면 개는 종소리라는 중성자극에도 침을 흘리는 반응을 보이게 된다. 이 실험으로 파블로프는 침분비와 같은 생리적 행동이 학습될 수 있다는 가능성을 보여주었다. 뿐만 아니라 왓슨은 고전적 조건형성에서 공포와 같은 정서까지도 학습할 수 있다는 것을 보여주었다.

<table>
<tr><th colspan="3">파블로프: 고전적 조건 형성</th></tr>
<tr><td colspan="3">• 개의 타액 분비 실험 ⇨ 학습은 조건자극에 대한 기계적, 단순한 조건 반응의 형성
① S–R연합 ② 조건화의 과정: 자극의 연합, 반복 연습, 습관화</td></tr>
<tr><td rowspan="4">학습원리</td><td>시간의 원리</td><td>조건 자극(종소리)이 무조건 자극(먹이)을 제시하기 전 조금 앞서서 주어져야 함</td></tr>
<tr><td>강도의 원리</td><td>무조건 자극(먹이)는 조건 자극(종소리)보다 그 강도가 강하거나 동일해야 함</td></tr>
<tr><td>일관성의 원리</td><td>조건 자극은 일관된 자극물이어야 함(자극이 질적으로 같은 것일 때 효과적)</td></tr>
<tr><td>계속성의 원리</td><td>자극과 반응의 결합 관계가 반복되는 횟수가 많을수록 조건화가 잘 성립됨</td></tr>
</table>

고전적 조건형성은 왜 성인들이 자발적으로 학습에 참여하는 것을 꺼리는지를 잘 설명해 준다. 대부분의 학교에서는 학교성적에 의해서 학생들을 평가한다. 그러다 보니 소수의 학생들만이 학교에서 인정을 받게 된다. 학교에서 제대로 인정받지 못하고 관심을 받지 못하는 많은 학생들은 학교라는 곳이 그다지 유쾌한 기억으로 남아있지 않다. 학교(중성자극)와 그 곳에서의 불쾌한 기억(무조건 자극)이 같이 떠오르기 때문에 많은 성인들은 학습에 대해

서 흥미를 느끼지 못하는 경우가 많이 있다. 그러므로 이러한 성인들이 학습에 참여하도록 하기 위해서는 학습에 대해 재학습을 시키는 것이 필요하다. 즉 학습이라는 중성자극에 대해서 만족감, 보람, 칭찬 등과 같은 무조건 자극을 같이 경험하게 하여 학습이 불쾌하고 모욕적인 경험이 아니라 유쾌하고 즐거운 경험이 되도록 만드는 것이다.

행동주의 학습이론을 가장 많이 발전시킨 스키너의 학습이론은 조작적 조건화(operant conditioning)라고 불리는데 스키너의 입장은 파블로프의 고전적 조건화와는 구별된다. 스키너의 관심은 자극에 의해 유발된 반응보다는 유기체에 의해 스스로 방출되는 반응에 있었다. 이러한 방출된 반응 혹은 조작적 행동은 더욱 적극적이고 능동적이며 의도적인 성격을 지니게 된다. 그리고 조작적 조건화에서는 특정행동이나 반응의 확률이나 빈도를 증가시키는 강화의 개념이 매우 중요하게 작용한다. 강화(reinforcement)는 반응을 일으키는 자극 혹은 보상이라고 한다. 강화에는 음식, 공기, 물과 같이 선천적인 욕구를 만족시키는 일차적 강화와 원래는 중성자극이었으나 일차적 강화 또는 다른 이차적 강화와 연합하여 학습된 강화인 이차적 강화가 있다. 이차적 강화에는 돈, 사회적 인정, 칭찬, 지위 등을 예로 들 수 있다. 같은 행동주의 이론이라 하더라도 고전적 조건화와 조작적 조건화에서 설명하는 학습과정에는 차이가 있다. 즉 어떤 행동이 학습되는 과정을 파블로프는 중성 자극이 무조건 자극과 같이 제시되기 때문에 조건 반응을 일으키는 것이라고 주장하고, 스키너는 우연히 발생한 반응이 강화를 받기 때문에 나타나는 것이라고 한다.

<table>
<tr><th colspan="4">스키너: 조작적 조건화</th></tr>
<tr><td colspan="4">• 비둘기 실험 ⇨ 인간은 스스로 어떤 행동을 하고 그 행동이 보상을 받으면 강화가 일어나 그 행동의 발생 빈도가 높아짐
⇨ 보상 체계를 이용함으로써 특정 행동을 강화하거나 감소시키는 학습 원리</td></tr>
<tr><td rowspan="15">조건 형성의 원리</td><td rowspan="3">강화</td><td colspan="2">• 어떤 행동이 나타났을 때 보상이 주어지면 그 행동의 발생률이 점점 증가한다.</td></tr>
<tr><td>정적 강화</td><td>쾌자극을 제공하여 행동의 발생빈도를 높인다.</td></tr>
<tr><td>부적 강화</td><td>불쾌자극을 제거하여 행동의 발생빈도를 높인다.</td></tr>
<tr><td rowspan="5">벌</td><td colspan="2">• 행동의 발생 빈도를 줄인다.</td></tr>
<tr><td>정적 처벌</td><td>불쾌자극을 제공하여 행동의 발생빈도를 감소시킨다.</td></tr>
<tr><td>부적 처벌</td><td>쾌자극을 박탈하여 행동의 발생빈도를 감소시킨다.</td></tr>
<tr><td>문제점</td><td>벌은 그 자체만으로 바람직한 행동을 학습시킬 수 없음
벌의 강도가 지나칠 경우 공포 반응의 학습과 같은 부작용을 나타냄</td></tr>
<tr><td>효과적인 벌의 조건</td><td>– 벌 자극의 강도는 적절해야 함 – 일관성을 가지고 시행할 것
– 처벌 뒤에 보상을 제공하지 않음 – 잘못된 행동 뒤에 즉시 처벌함
– 긍정적인 행동의 대안을 제공할 것</td></tr>
<tr><td>소거</td><td colspan="2">• 조건 자극만 반복하고 무조건자극을 제시하지 않을 때, 조건자극으로 형성된 조건반응이 감소되는 것</td></tr>
<tr><td>일반화</td><td colspan="2">• 원래의 자극과 유사한 조건자극에 대하여 조건반응을 하는 것</td></tr>
<tr><td>변별</td><td colspan="2">• 한 자극이 다른 자극과 구분되는 것</td></tr>
<tr><td>자발적 회복</td><td colspan="2">• 일단 소거되었던 조건반응이 다시 나타나는 현상</td></tr>
</table>

위에서 언급한 이론가 이외에도 행동주의 학습이론가들로는 거스리, 톨만, 헐과 같은 학자들이 있다. 거스리는 어떤 자극이 주어지면 그것과 시간적으로 매우 근접해 있는(동시적인) 반응이 일어나고 이들 자극과 반응 사이에 바로 결합이 일어난다는 근접설을 제안했는데, 그는 반응을 일으키는 자극을 선택하는 데 있어서 학습자의 역할을 강조했다. 톨만은 학습은 목적이 있어야 일어난다고 했다. 물론 목적은 유기체적 개념이다. 톨만은 학습이 특

정한 자극에 대한 특정한 반응의 연합이라는 주장에 대해 반대한다. 연합주의자와 달리 톨만은 유기체의 경우 단서와 목적 간의 관계를 학습하고 인식할 수 있는 능력이 있다고 믿었다. 헐은 체계적 행동주의 이론을 주장했는데 그는 강화를 학습에 있어서 필수적인 요소로 간주했다. 그는 자극이 시작되면 그에 따라 어떤 반응이 일어날지에 영향을 미치는 매개변인을 중요하게 여기는 이론을 발달시켰다. 헐에 의하면 반응은 습관, 장점, 충동, 그리고 동기와 같은 요인에 달려있다고 한다.

행동주의 이론은 실제 교육현장에 많은 영향을 주었다. 행동주의는 1) 인간의 모든 행동은 학습된 것이라고 보았다는 점, 2) 인간행동의 원인은 우리 내부에 있는 것이 아니라 바깥 세상에 있으며, 3) 행동은 그 행동이나 나타나는 맥락(context) 속에서만 의미를 지닌다는 점에서 더욱 더 그러하다. 이런 점에서 행동주의는 교육현장에서 체계적 수업 디자인, 행동주의적 교육목표, 프로그램 학습, 컴퓨터 보조학습 등에 많은 영향을 미쳤다. 성인의 직업과 기술훈련도 학습과제를 작은 과제나 부분으로 나누는 것에서 볼 수 있는 것처럼 행동주의의 영향을 받았고, 인간자원개발(HRD)에서 이루어지는 기술훈련도 이와 마찬가지이다. 비교적 새로운 분야인 인간자원개발은 조직체 특히 산업체에서의 성인학습에 초점을 두고 있다. 고용인들은 객관적이고 양적으로 측정되는 수행의 향상을 위해 교육활동에 참가한다. 학습에 대한 행동주의적 경향은 우리의 교육체계에 중대한 영향을 주었지만 인지주의와 인본주의에 의해 도전을 받고 있기도 하다.

2) 인지주의

'학습'이 일어나는 현상을 설명하는 방식을 학습이론이라고 한다면, 이러한 방식의 양대 진영은 행동주의 학습이론과 인지주의 학습이론으로 구분되어 탐구되어 왔다. 이 두 학습이론은 인간 학습현상을 부분적으로 설명하는 이론으로 인정되고 있다. 인지주의 학습이론은, 학습이란 학습자가 기억 속에서 학습사태에서 일어나는 여러 가지 사상에 관한 정보를 보존하고 조직하는 인지구조(cognitive structure)를 형성함으로써 일어난다고 주장한다. 인지주의 학습이론의 배경이 되는 기본 가정은, 인간의 감각을 통하여 받아들이는 외부자극 요소들이 함유하고 있는 뜻을 추출해 내는 인지 혹은 사고과정을 통하여 사고 내용이 형성되고, 이들 사고 내용이 행동을 유발하는 원인이 된다는 것이다.[3] 인지주의 학습이론의 중심 주제는 개념 형성, 사고과정, 지식의 획득 등이며, 인간의 지각, 인식, 의미, 이해, 그리고 이와 유사한 의식적 경험 등이 학습을 결정하는 중심개념이라고 간주한다.

인지주의 학습이론의 주요 내용을 살펴보면 다음과 같다.[4]

첫째, 인지주의에 따르면 학습은 자극과 반응의 단순한 연합이 아닌 정신구조의 변화이다. 인간의 행동을 자극과 반응의 단순 연합으로 바라보는 행동주의에 대한 반발의 일환으로 제기된 인지주의는 인간의 내적 인지기능에 초점을 두어 인간의 행동을 설명하고 있다. 이러한 입장에서 학습은 개인의 정신구조의 변화로 설명된다. 구체적으로 살펴보면, 인지이론에서 바라보는 학습은 학습자가 기억에 관한 인지구조를 형성하면서 발생한다. 이 때 인간은 외부의 자극이 함축하는 의미를 밝히는 과정을 통해 사고를 형성하며, 이러한 사고에 의해 특정 행동이 유발되는 것을 기본 가정으로 하고 있다.

둘째, 외현적인 행동상의 변화가 관찰되지 않더라도 학습은 일어날 수 있다는 것이다. 개인의 정신구조의 변화를 학습이라고 보는 인지주의 학습이론에 따르면 외적인 자극이 없어도, 행동상에 변화가 나타나지 않아도 학습이 일어날 수 있다. 이러한 개인의 정신구조는 개인의 내면에 자리 잡은 여러 가지 인지적 요인들을 통칭하며 도식(schema)이나 신념, 기대, 목표 등이 포함된다.

〈표 3-1〉 인지주의 학습이론 특성

인지주의 원리	인지주의의 주요내용
학습자의 적극성	인간은 환경에 영향을 받지만 세상을 이해하고자 노력하는 능동적인 목표지향적 존재임
사전 지식의존성	이미 소유한 지식 혹은 신념에 크게 의존하여 정보를 새롭게 해석함
지식의 재구성	정보를 있는 그대로 받아들이는 것이 아니라 사전 지식과의 연관성을 토대로 새롭게 재구성하여 받아들임
학습에 대한 정의	행동변화가 아닌 정신구조의 변화
행동잠재력의 변화로서의 학습	학습은 시행착오를 통한 가시적인 행동변화가 아니라, 이러한 직접적인 경험을 넘어선 행동 잠재력의 변화를 의미

인지주의 학습이론은 크게 세 그룹으로 나누어 설명할 수 있다. 첫 번째는 부분보다는 전체에, 그리고 독립된 사건보다는 패턴에 관심을 둔 게스탈트 심리학이다. 여기에는 레빈(Lewin), 쾰러(Khler), 코프카(Kofka) 등이 속하는데 이들의 학습이론이 인지주의에 공헌한 것은 지각, 통찰, 그리고 의미이다. 이 중에서 통찰에 관한 것을 살펴보면 다음과 같다. 쾰러는 침팬지를 대상으로 학습행동을 연구했다. 쾰러는 한 실험에서 침팬지가 천정에 매달려 있는 바나나를 따먹기 위해 방 안에 널려 있던 몇 개의 상자들을 포개놓고 올라가서 바나나를 따먹는 것을 보았다. 이 과정을 관찰한 그는 침팬지가 스키너의 쥐나 손다이크의 고양이와 같이 시행착오식으로 문제를 해결하는 것이 아니라 잠시 상황에 대하여 생각하는 듯 보인 후 통찰에 의해 즉각적으로 문제를 해결하는 것을 알았다. 통찰은 '해결전'에서 '해결'로 갑자기 일어나며 또한 그것은 완전한 것이기 때문에 우리는 대개 '아하 경험(aha experience)'을 가지게 된다.

두 번째로는 내적 인지과정에 관심을 가진 인지심리학자인 피아제(Piaget)이다. 피아제의 이론에서 인간의 지적 능력은 개인이 주어진 환경에 효과적으로 적응할 수 있는 능력을 의미한다. 피아제는 생물체가 환경에 순응하기 위하여 자신의 신체구조를 바꾸어가듯이 인간도 환경 내의 여러 사상들을 수동적으로 받아들이는 것이 아니라 능동적인 활동을 통해 끊임없이 자신의 인지구조를 재구성해 나가는 것으로 생각한다. 이것을 성인학습과 관련시켜 생각해 보면, 학습에 있어서 학습자는 주어지는 정보를 수동적으로만 받아들이는 것이 아니라 능동적으로 그 정보를 재조직하고 재구성하여 자신에게 알맞게 받아들이는 것으로 해석할 수 있다. 또 피아제는 인간의 인지발달이 이루어지는 데에는 생득적 요인인 성숙과 환경적 요인의 영향을 받는다고 했는데 이것은 학습에 시사하는 바가 많이 있는 것이라고 할 수 있다.

마지막으로 학습에서의 정신적 과정에 초점을 둔 입장이 있다. 여기에는 정보처리이론, 기억, 초인지, 컴퓨터 시뮬레이션, 인공지능이 있다. 이 중에서 기억연구가 학습에 공헌한 예를 들면 PQRST란 기억증진법이 있다. 이 방법은 학습자들이 교과서와 같은 학습물을 이해하고 기억하는 능력을 향상시키는 데 목적이 있다. PQRST란 공부의 다섯 단계(preview, question, read, self-recitation, test)의 앞 자를 따서 만든 용어이다. 다섯 단계를 각각 살펴보면 다음과 같다. 첫째 단계인 예비검토에서는 그 장(章)의 주요 주제가 무엇인지를 미리 대강 살펴보는 것으로서, 이를테면 처음에 나오는 개요를 읽어보고 목차를 살펴보면서 끝 부분의 요약을 읽어보는 것이다. 둘째에서 넷째 단계(질문, 독서, 자기암송)는 공부할 장의 각 주요 절(section)에 적용할 수 있다. 즉 대부분 한 개의 장은 대여섯 개의 주요 절들로 되어 있는데 학습자들은 각 절에 대해 질문, 독서, 자기암송을 한 후 다음 절로 넘어가야 한다는 것이다. 마지막 단계인 검사단계는 한 장 전체를 끝낸 후(한 장 내의 모든 절에 대해 각각 질문, 독서 및 자기암송을 모두 끝낸 후)에 학생 스스로 그 장의 주요 내용을 회상하고 여러 사실(내용)들이 서로 어떻게 연결되어 있는지 자신에게 물어보고 답해 보는 것이다.

인지주의와 관련해서 언급할 분야는 교수이론이다. 교수이론은 학습에 관해 알려진 것과 학습을 촉진시키는 방법을 결합시키려는 시도이다. 오즈벨(Ausubel), 브루너(Bruner), 가네(Gagne)는 정신과정의 이해를 어떻게 학습에 연결시킬 수 있는가에 관한 좋은 예를 제공해 준다.

오즈벨은 의미 있는 학습(meaningful learning)과 기계적 학습(rote learning)을 구별했다. 그는 학습이 의미 있기 위해서 개인의 인지구조에 이미 존재해 있는 개념과 새로 학습하는 것이 관련되어 있어야 한다고 했다. 기계적 학습은 개인의 인지구조와 연결이 되어 있지 않기 때문에 쉽게 잊혀진다. 그는 새로운 학습을 하기 위해서 선행 조직자(advanced organizer)를 사용할 것을 제안했다. 오즈벨은 새로운 학습에 있어서 학습자의 인지구조의 중요성을 강조했다. 오즈벨과 반대되는 의견을 가진 브루너는 발견을 통한 학습을 강조했다. 노울즈(Knowles)에 의하면, 브루너의 교수이론은 다음과 같은 세 개의 과정을 포함하는 학습활동에 관한 이론이라고 한다. 첫째는 새로운 지식의 습득, 둘째는 새로운 과제를 그것에 맞도록 지식을 조작하거나 변형하는 과정, 셋째는 우리가 지식을 조작한 방법이 그 과제에 적합했는가를 검토 혹은 평가하는 과정이다. 지식의 획득과 그 과정을 교수에 연결시킨 교수이론가들 중에서 가장 중요한 사람은 가네(Gagne)이다. 그는 지식에는 신호학습, 자극반응, 운동훈련, 언어적 연합, 차별학습, 개념학습, 규칙학습, 그리고 문제해결의 여덟 가지 유형이 있다고 했다. 그리고 이들에는 각각 적절한 교수절차가 있다고 했다.

3) 인본주의

인본주의 이론가들은 학습을 성장에 대한 인간의 잠재력으로 보는 입장을 취하고 있다. 학습을 인지적인 차원뿐만 아니라 정서적인 차원으로 파악한 것은 인간행동에 대한 프로이트(Freud)의 정신분석학적 접근법에 부분적으로 기인하고 있다. 프로이트를 학습이론가로 보는 사람은 별로 없지만 그의 심리학에서 전의식이 행동에 미치는 영향이라든가 불안, 억압, 방어기제, 추동, 그리고 전이와 같은 개념은 학습이론으로 간주될 수 있다.

제3의 심리학이라고 불리는 인본주의 심리학은 인간의 행동이 환경이나 개인의 전의식에 의해서 미리 결정되었다는 생각을 수용하지 않는다. 오히려 인간은 자신의 운명을 개척할 수 있고, 인간은 선천적으로 선하고, 보다 나은 세상을 위해 투쟁할 의지가 있고, 행동은 인간이 선택한 결과이며, 인간은 성장과 발달에 대한 무한한 가능성을 가지고 있다고 본다. 학습이론의 관점에서 보면 인본주의는 개인의 가능성을 발휘할 수 있는 자유와 책임감뿐만 아니라 지각이 경험의 중심에 있다는 것을 강조한다. 인본주의는 성인의 자기주도성과 학습과정에서 일어나는 경험의 가치를 강조하는 많은 성인 학습이론의 근거가 되고 있다. 이러한 입장에서 학습에 대해 공헌한 두 명의 학자로 매슬로우(Maslow)와 로저스(Rogers)가 있다.

매슬로우는 인본주의 심리학의 창시자로 여겨진다. 그는 욕구의 위계에 기초한 인간의 동기이론을 제안했다. 위계의 가장 낮은 수준은 배고픔이나 목마름과 같은 생리적 욕구로 인간이 안전에 대한 욕구를 다루기 전에 충족되어야 하는 것이다. 그 다음은 소속감과 사랑, 자아존중감에 대한 욕구의 순이고, 마지막은 자아실현에 대한 욕구이다. 이 마지막 욕구는 자신이 할 수 있는 데까지 성장하기를 바라는 것이라고 할 수 있다. 학습하려는 동기는 내적인 것이고 이것은 학습자로부터 오는 것이다. 매슬로우는 자아실현이 학습의 목적이고 교육자들은 이것을 이끌어내려고 노력해야만 한다고 보았다. 자아실현이 궁극적인 목적이기는 하지만 아래와 같은 다른 목적도 있다.[5)]

① 직업의 발견
② 지식 혹은 가치의 획득
③ 삶을 소중한 것으로 인식하는 것
④ 절정 경험의 획득
⑤ 성취감
⑥ 심리적 욕구의 만족
⑦ 미와 삶의 경이로움에 대한 자각
⑧ 충동의 통제
⑨ 인생의 중요한 문제를 파악하는 것
⑩ 식별력 있게 선택하는 것을 학습하는 것

학습에 대한 인본주의적 관점을 논하는 데 있어서 또 다른 중요한 사람은 로저스이다. 그는 『80년대를 위한 학습의 자유』라는 책에서 자신의 학습이론을 제시했다. 학습에 관한 로저스의 입장은 심리치료가 학습과정이라는 것이다. 그리고 로저스는 이러한 관점에서 성격이론에 대한 19개의 명제를 발달시켰고 이것을 교육에 응용하려고 모색하였다. 이러한 과정은 그로 하여금 내담자중심 치료와 같은 선상에서 학습자중심 교수를 개념화하도록 했다. 학습자중심 접근에서는 다섯 개의 기본적인 가정(hypothesis)을 교육에 적용하도록 하고 있다. 로저스가 주장하는 다섯 개의 가정은 다음과 같다.

① 인간은 다른 인간을 가르칠 수 없다. 단지 그의 학습을 촉진시킬 수 있을 뿐이다. 이것은 교육에 있어서 교사가 무엇을 하는가로부터 학습자에게 어떤 일이 벌어지고 있는가로 관심의 초점이 옮겨져야 한다는 것을 의미한다.
② 인간은 어떤 것이 자아의 구조, 유지, 향상과 관련된 것으로 지각될 때에만 학습한다. 이것은 학습자가 자신에게 중요하다고 생각해야만 학

습이 일어난다는 것을 강조하는 것으로서 이러한 관점에서 보면 필수 과목이나 강요에 의한 학습에 대해 의문을 던져볼 필요가 있다는 것을 알 수 있다.

③ 자아에 변화를 가져온 경험은 상징의 왜곡이나 부인에도 달라지지 않는 경향이 있다.

④ 위협이 없을 때 자아의 구조와 조직은 더 강건해지고 그 안에서 이완하는 듯이 보인다. 자아와 불일치하는 것으로 지각된 경험은 자아의 현 조직이 이완되고 그것을 포함하도록 확장될 때만 동화된다. 이것은 개인에게 의미 있는 학습이 되도록 하기 위해서 수용적이고 지지적인 분위기를 제공하는 것이 중요하다는 것을 강조하는 것이다.

⑤ 의미 있는 학습을 가장 효과적으로 촉진할 수 있는 교육적 상황은 학습자의 자아를 위협하는 요소가 최소한으로 존재하고 장에 대한 분화된 지각이 촉진되는 것이다. 여기에서 분화된 지각이란 자아가 위협받지 않는 것을 의미한다.

로저스는 학습을 전적으로 학습자에 의해서 통제되는 내적 과정이며 학습자가 전체적으로 자신이 지각하는 대로 자신의 환경과 상호작용하는 것으로 보았다. 교육과 심리치료에서 로저스는 개인의 성장과 발전으로 이끄는 학습에 관심을 가졌다. 로저스에 의하면 그와 같은 학습에서 다음과 같은 특징이 있다.[6)]

① 개인의 참여: 개인의 정서적 측면과 인지적 측면이 학습에 포함되어야 한다.

② 자기주도적: 발견감은 자신으로부터 와야 한다.

③ 설득적: 학습은 행동, 태도, 그리고 학습자의 성격조차도 변화를 일으키는 것이다.

④ 학습자에 의한 평가: 학습자가 자신이 한 경험이 욕구와 맞는지의 여부를 가장 잘 평가할 수 있다.

⑤ 의미의 중요성: 경험학습이 일어나면 그것의 의미가 학습자의 전체 경험에 통합된다.

로저스의 학습원칙과 매슬로우의 견해는 많은 성인학습에 응용된다. 성인학습자에 관한 노울즈의 앤드라고지 이론의 가정과 자기주도적 학습론은 인본주의적 학습이론에 근거하고 있다. 자기주도적 학습에서 볼 수 있듯이 학습의 초점은 개인과 자기발달에 있으며, 학습자는 자신의 학습에 일차적인 책임이 있다. 학습자의 욕구에 기초한 학습과정은 내용보다 더 중요하게 여겨진다. 그러므로 교육자가 학습과정에 참여할 때, 그들의 가장 중요한 역할은 촉진자 혹은 지도자로서 활동하는 것이다. 더욱이 인본주의 이론가들은 사람들이 학습하려는 경향이 있고, 만일 학습을 장려하는 환경이 주어지면 학습이 왕성하게 일어나기 때문에 진정한 학습사회를 설계하는 잠재력을 가진다고 한다.

4) 사회학습이론

이 학습이론은 행동주의와 인지주의의 영향을 받은 것으로 다른 사람을 관찰함으로써 사람들이 학습한다는 입장이다. 이와 같은 관찰이 사회적 맥락에서 일어나기 때문에 이것을 사회학습이라고 한다. 밀러(Miller)와 돌라드(Dollard)는 개인이 관찰을 통하여 어떻게 학습하는가를 탐색한 첫 번째 학자였지만, 그들은 행동주의적 경향이 강했다. 사회학습이론이 행동주의적 색채에서 완전히 벗어난 것은 1960년대 반두라(Bandura)의 등장 이후부터라고 할 수 있다.

행동주의가 주류이던 당시 대부분의 학습연구는 자극-반응 관계로서 직접 학습과 환경이 행동에 일방적으로 영향을 준다는 생각이 주를 이루고 있었다. 그러나 반두라는 모든 학습이 자극–반응 관계만으로 설명될 수 없다고 생각하였다. 그는 그의 대표적인 연구인 보보인형 실험을 통해 직접경험이 아닌 관찰을 통해서도 학습이 가능함을 밝혔으며, 기대 · 자기효능감과 같은 인지적 기능이 학습의 중요한 기재임을 강조하였다. 또한 환경이 행동에 미치는 영향뿐만 아니라 개인과 행동, 환경이 서로 영향을 미칠 수 있다는 상보적 인과관계(reciprocal causation)를 주장하기도 하였다.[7)]

반두라는 결과로 나타난 행동보다 관찰에 포함된 인지과정에 더 초점을 맞추었다. 그의 이론에서 핵심이 되는 것은 모방행동으로부터 관찰을 분리한 것이다. 개인은 관찰한 것을 모방하지 않고도 학습할 수 있다고 한다. 실제로 학습은 대리적일 수 있다. 직접 경험으로부터 오는 모든 학습현상은 다른 사람의 행동을 관찰하고 그 결과를 통해서 대리적으로 일어날 수 있다. 반두라의 관찰학습은 인지적이고 대리적인 것과 더불어 자기규제의 개념이 특징이라고 할 수 있다. 개인은 자신의 행동으로 나타나는 결과를 가시화함으로써 어느 정도 자신의 행동을 통제할 수 있다고 주장한다.

관찰학습은 주의, 기억보존, 행동연습, 그리고 동기의 네 과정에 의하여 영향을 받는다. 우선 어떤 것을 학습하기 전에 주의를 기울일 모델이 있어야 한다. 유능하고 파워가 있고 매력적인 모델은 다른 모델보다 더 주의를 끈다. 그 다음 관찰로부터 얻은 정보를 미래에 사용하기 위해서는 그것이 저장되어야 한다. 그리고 연습하는 과정에서는 자신의 행동을 자신이 관찰하고 모델이 보여주었던 것과 비교한다. 마지막으로 이러한 행동은 동기가 유발될 때까지 저장된 채로 남아있다. 즉, 모델링의 과정을 통해 학습이 일어나며 다음의 4가지 하위단계를 통해 관찰학습이 이루어진다는 것이다.

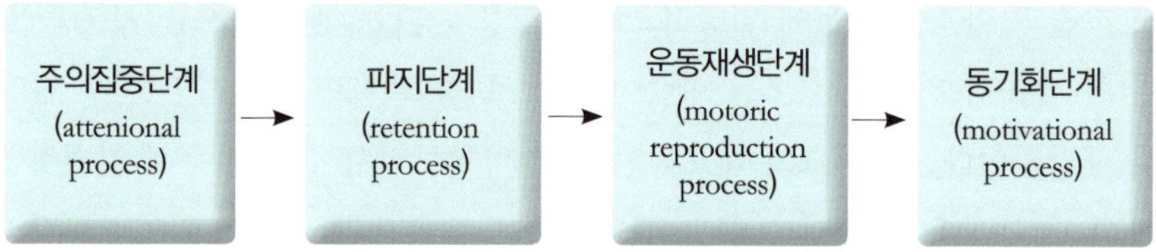

[그림 3-1] 반두라(Bandura)의 관찰학습 4단계

이와 같은 반두라의 이론으로부터 학습에 대한 두 가지 시사점을 도출해 볼 수 있다. 하나는 교수자가 의도하지 않아도 교수자는 모델이 되어 학습자로 하여금 교수자의 사고나 행동을 학습하도록 할 수 있다는 것이다. 그러므로 교수자는 모든 면에 있어서 학습자에게 모범이 될 수 있도록 행동하는 것이 바람직하다. 다른 하나는 모델링이나 관찰을 하나의 학습방법으로 이용해 보라는 것이다. 모든 학습에서 다 적용되는 것이겠지만 성인학습에서 최적의 효과를 얻기 위해서는 다양한 학습방법이 수업에서 활용되어야 한다. 사실 이제까지 사회학습이론의 주요 개념인 모델링이나 관찰이 하나의 학습방법으로 이용되는 경우는 드물었다. 그러나 이러한 방법을 제대로 활용하면 학습효과를 극대화할 수 있다. 즉 그룹토의를 할 때 모델링이나 관찰 후에 토의를 하도록 하면 훨씬 더 효과적일 수 있다는 것이다. 예를 들면, 환경오염에 대해서 토의를 할 때, '자, 이제 우리 서울의 환경오염 실태에 대해서 말해봅시다'라고 하는 것보다 실제로 서울의 환경오염 실태를 관찰하도록 하고 이에 대해 토의하는 것이 여러 학습자들을 토의에 참가시키는 데 효과적일 수 있다는 것이다.

최근에 반두라는 자기효능감에 관심을 가지고 있는데, 이것은 자신이 특정 환경에서 얼마나 잘 할 수 있는지에 대한 자신의 평가이다. 이러한 자기평가는 우리가 다른 사람이나 환경에 얼마나 효과적으로 상호작용하는가에 영향을 준다. 뿐만 아니라 자기효능감은 개인이 과제를 선택하거나 장애가 있을 때, 그 과제를 얼마나 오랫동안 수행하려고 하느냐를 결정한다. 자기효능감이 높은 사람은 도전적인 과제를 선택하고 장애가 있더라도 그 과제를 끝까지 수행하려고 노력하는 경향이 있다. 그러나 자기효능감이 낮은 사람은 자신의 능력에 비해 너무 쉽거나 너무 어려운 과제를 선택하고 장애가 생기면 쉽게 포기하는 경향을 보인다.

반두라의 이론은 학습과 환경을 모두 설명한다는 점에서 성인학습과 특별히 더 관계가 있다. 행동은 개인과 환경이 상호작용한 결과이다. 이것은 개인이 환경에 영향을 미치고, 환경은 다시 그가 행동하는 방식에 영향을 미친다는 점에서 상호적인 개념이다. 이러한 삼자 상호작용론(triadic trciprocality)은 반두라에 의해서 삼각형으로 표시되었다. 이것을 보면, 학습은 사회적 맥락 안에서 견고히 이루어진다는 것을 알 수 있다.

사회적 환경의 중요성은 행동주의, 인지주의, 그리고 성격이론의 영향을 받은 로터(Rotter)의 이론에서 더 중요시된다. 로터의 이론은 행동, 성격, 경험, 그리고 환경의 개념들 사이의 관계를 묘사하는 일곱 개의 명제와 그에 수반되는 추론들에 의해서 형성되었다. 로터의 이론에서는 많은 인간의 행동이 의미 있는 환경에서 일어나고 다른 사람들과의 사회적 상호작용을 통하여 획득된다고 한다. 이미 획득된 행동이 주어진 상황에서 일어날 것인가는 기대와 강화의 개념으로 설명된다. 기대는 특정행동의 결과로 특정 강화가 일어날 것 같은 것을 의미한다. 개인이 상황을 해석하거나 심리적으로 정의하는 방식은 어느 주어진 행동이 일어날 잠재력에 영향을 주는 강화와 기대 모두의 가치에 영향을 미칠 것이다.

몇 가지 유용한 개념이 사회학습이론으로부터 도출된다. 예를 들면, 성인학습활동에의 참여동기는 부분적으로 로터의 통제부위(locus of control)의 개념에 의해서 설명될 수 있다. 어떤 사람들은 자신의 성공과 실패를 그들이 통제할 수 없다고 느끼는 요인의 탓으로 돌리고, 어떤 사람들은 개인적 내적 요인으로 돌린다. 동기와 성인교육에의 참여의 관계는 다음의 예에서와 같이 설명될 수 있다. 어떤 사람은 자신의 실직을 경제, 자신의 나이, 성과 같은 그가 통제할 수 없는 어떤 요인의 탓으로 돌린다. 그리고 어떤 사람은 통제부위가 좀 더 내적이며 자신의 실직이 자신이 다른 동료와 잘 어울리지 못하거나 컴퓨터 기술이 부족하기 때문이라고 생각한다. 이 사람은 고용기회를 증가시키기 위해서 학습활동에 참가할 확률이 높다. 성인학습과의 다른 관계는 맥락의 중요성과 행동을 설명하기 위한 환경과 학습자 간의 상호작용이다. 즉 학습을 설명하는 것에는 눈에 보이는 행동, 정신과정, 혹은 성격보다 그 이상의 것에 초점을 맞출 필요가 있다는 것이다. 이러한 모든 요인들 간의 상호작용을 연구하는 것은 어떻게 성인이 학습하는가를 보다 구체적으로 설명하도록 할 수 있다.

반두라의 자기효능감도 성인학습과 관련이 있다. 예를 들면, 자기효능감이 높은 사람은 자신이 컴퓨터를 꼭 배워야 한다면 내용이 다소 어렵다거나 경제적 혹은 시간적인 문제가 발생하더라도 끝까지 배우려고 노력할 것이지만, 자기효능감이 낮은 사람은 이러한 문제가 생기면 쉽게 컴퓨터 배우기를 포기할 것이다. 그렇기 때문에 학습자의 자기효능감 수준을 파악하여 그에 따라 과제의 난이도를 조절할 필요가 있을 것이다. 자기효능감이 낮은 학습자는 쉬운 과제부터 하나 하나씩 해결하여 과제가 끝날 때마다 성취감과 자신감을 경험하도록 하는 것이 중요할 것이다. 그러나 자기효능감이 높은 학습자는 자신의 실제 능력보다 약간 어려운 과제를 통하여 오히려 자신의 능력을 과시할 수 있는 기회를 주는 것이 필요할 수도 있다.

5) 구성주의

기본적으로 구성주의자들은 학습이 의미를 구성하는 과정이라는 입장을 취하고 있다. 이것은 어떻게 사람들이 그들의 경험을 의미 있게 하느냐 하는 것이다. 구성주의는 행동주의 이론이 강조하는 것처럼 강화가 없어도, 그리고 사회학습이론이 주장하는 것처럼 모방이 일어나지 않아도 학습이 가능하다는 것을 설명함으로써 학습에 대한 이해의 지평을 확대하였다는 데 그 의의가 있다.

> 구성주의 학습이론은 개인이 스스로 지식을 구성한다는 관점을 취하며 학습자가 제공된 정보나 자료를 토대로 의미를 재구성하는 과정을 강조한다.

구성주의자들은 기본적 가정에 대해서는 일치된 견해를 보이고 있지만, 현실의 성격, 경험의 역할, 관심 있는 지식, 의미를 만드는 과정이 일차적으로 개인적인 것이냐 아니면 사회적인 것이냐에 대해서는 각기 다른 견해를 가지고 있다.

구성주의는 크게 나누어서 개인적 구성주의와 사회적 구성주의로 구분할 수 있다. 개인적 구성주의의 관점에서는 교수자가 인지적 갈등을 유발하는 경험을 제공해서 학습자가 경험에 더 잘 적응할 수 있는 새로운 스키마를 개발하도록 격려하는 데 중점을 둔다. 집단토의에서 제시된 실용적인 활동들은 교육학적 연습의 핵심을 형성한다.

> 인지적 구성주의는 개인의 인지적 구조변화에 관심을 둔 구성주의 관점이다.

한편 사회적 구성주의자들은 지식이란 개인이 사회적으로 공유하는 문제나 과제에 관해서 말하고 행동할 때 형성된다고 생각한다. 의미를 만드는 것은 사람들 간의 대화과정이고 학습은 개인이 더 기술이 많은 구성원에 의해서 한 문화권에 소개되는 과정이라고 본다. 이러한 접근법에서는 학습이 문화적으로 공유된 방식으로 세계와 현실에 대해서 이해하고 말하는 것을 의미한다. 말하자면, 사회적 구성주의에 따르면 학습자들이 사회적 맥락 내에서 먼저 지식을 구성하고 이후에 개인이 그 지식을 자기 것으로 내면화한다고 주장한다. 이러한 원리는 비고츠키의 근접발달영역(zone of proximal development)이라는 개념에도 잘 나타나고 있다. 근접발달영역은 학습자가 혼자서 해결할 수 있는 수준과 교수자나 또래 등 보다 유능한 타인의 도움을 받아 문제를 해결할 수 있는 수준 간 차이를 말한다. 학습자는 타인과의 상호작용을 통해 문제를 해결하는 중재학습 경험을 통해서 학습내용을 내면화하게 되고, 이 과정에서 지식의 구성이 촉진된다. 사회적 구성주의적 관점에서 교수자는 학습자들이 문제해결을 위한 활발한 토론과 협력이 이루어질 수 있는 학습환경을 만드는 데 그 주된 역할이 있다.[8)]

사회적 구성주의는 지식구성의 사회문화적 요인, 언어, 타인의 역할에 관심을 둔 구성주의 관점이다.

어느 쪽의 입장을 지지하든지 간에 각각의 입장이 각각의 인식론과 독립적인 신뢰성을 가진다는 중요한 교육적 시사점이 있다. 사회적 구성주의의 입장에 있는 캔디(Candy)는 이러한 견해가 어떻게 성인교육에서 적용될 수 있을지에 대해서 논의한 바 있다.[9)] 지식을 많이 축적한다는 것은 사회에 적절한 상징적 의미구조를 획득하는 것이고 지식은 사회적으로 형성되기 때문에 사회의 구성원은 지식의 테두리에 새로운 것을 첨가할 수도 있고 변화시킬 수도 있다. 특히 성인에게 교수와 학습은 개인적으로 관련 있고 실용적인 의미를 구성하고 교환하는 것을 포함하는 협상의 과정이다.

구성주의자의 입장은 성인학습 이론의 많은 부분에서 공감되고 있다. 캔

디는 학습에 대한 구성주의자들의 입장이 특히 자기주도성의 개념에서 조화를 이룬다고 보았다. 왜냐하면 그것은 활동적 탐구, 독립성, 그리고 학습과제에서의 개인성의 조합된 특징을 강조하기 때문이다. 또 많은 성인학습 분야에서는 본질적으로 구성주의적 요소를 포함하기도 한다. 인지적 도제제도, 상황적 학습, 그리고 반성적 훈련과 같은 개념들은 성인학습과 구성주의자의 문헌에서 공통적으로 나타나는 것이다. 구성주의와 상황적 인지개념이 특히 영향을 미치는 분야는 계속전문교육과 인간자원개발 분야이다.[10)]

3. 성인학습에의 시사점

이 장에서는 성인학습이론들 가운데 성인학습과 특히 관련이 있는 것으로 생각되는 몇 가지만을 구체적으로 살펴보았다. 학습이론의 형태로 이제까지 나타난 이론들이 수없이 많은 것이 사실이지만, 여기에서는 행동주의, 인지주의, 인본주의, 사회학습이론, 그리고 구성주의 학습이론이라는 다섯 가지의 이론들을 중심으로 살펴보았다.

행동주의자들은 학습을 행동의 변화과정으로 규정한다. 이들의 연구는 주어진 자극에 대한 측정 가능한 반응을 의미하는 인간의 외현적인 행동에 초점을 둔다. 교사의 역할은 바람직한 행동을 도출하기 위하여 학습환경에서 일관성 있는 강화를 제공하는 데 있다. 행동주의적 학습이론으로부터 얻은 연구 결과는 훈련과 성인직업교육에서 종종 찾아볼 수 있다.

이들 행동주의적 경향이 성인학습지도에 주는 시사점을 언급하면 다음과 같다.[11)]

① 바람직한 행동이 재현될 수 있도록 즉각적이고 정규적인 강화를 제공한다.

② 강화를 하지 않으면 바람직하지 못한 행동은 소거될 것이다.
③ 경쟁적인 반응은 학습과제를 방해할 것이기 때문에 제거되어야 한다.
④ 학습과제에 적절한 배경을 제공하는 것은 과업을 성공적으로 수행하기 위한 선결과제이다.
⑤ 학습과제의 모든 구성요소들을 구체적으로 확인해야 하며, 이들 각 과업요소들이 학습될 때까지 다양한 실습기회가 제공되어야 한다.
⑥ 학습자의 과업수행을 유도하기 위하여 바람직한 행동모형이 활용될 수 있다.
⑦ 과업수행을 위한 자극은 학습자의 외부는 물론 내부에서도 일어날 수 있다.

행동주의자들과는 반대로 인지주의적 관점을 취하는 연구자들은 인간의 내재적인 정신과정에 초점을 둔다. 인지주의자들은 정신이 환경에서의 특정 자극을 어떠한 과정을 거쳐서 의미 있는 것으로 받아들이는가에 관심을 두고 있다. 이와 같은 경향은 특히 발달적 관점에 입각하여 성인학습을 연구하는 데 두드러지게 나타난다. 이 입장은 노화가 정보를 저장하고 인출할 인간의 능력에 어떠한 영향을 미치며, 성인의 내적 정신구조에 어떠한 영향을 미치는가 등에 관심을 두고 있다. 이들 인지주의적 경향이 성인학습지도에 주는 주요 시사점을 언급하면 다음과 같다.[12)]

① 성인학습자의 생활공간은 아동의 경우보다는 매우 다양하며 분화되어 있다.
② 학습활동은 학습자의 인지적 발달을 반영하는 지식의 구조와 밀접하게 관련될 때 보다 효과적이다.
③ 학습은 외부적으로 제공된 체계를 통하여 관찰된 세계를 재조정하고, 분류하며, 의미를 부여하는 귀납적인 탐구활동의 결과로 나타난다.

④ 학습은 개인이 현상적인 세계를 경험할 때 그들 자신의 구조를 설정하는 것과 같은 귀납적인 탐구활동의 결과로 나타난다.
⑤ 학습목표는 최종적인 상황을 의미하며, 이는 개인이 기존에 지니고 있던 폐쇄적인 개념을 수정하는 것과 같은 형태로 나타난다.

인본주의는 인간의 본질, 잠재력, 감정, 그리고 정서에 보다 많은 관심을 집중시킨다. 이와 같은 전통을 받아들이는 연구자들은 학습이란 모름지기 인지적 과정이라든가 외현적인 행동이라기보다는 동기라든가 선택, 책임 등과 같은 것을 포함하고 있다는 것을 강조한다. 앤드라고지 이론에 입각한 성인학습이라든가 자기주도적 학습에 관심을 두고 있는 자들의 대부분은 인본주의적 가정에 초점을 두고 있다.

이들 인본주의적 경향이 성인학습지도에 주는 주요 시사점을 언급하면 다음과 같다.[13)]

① 인간은 본성적으로 학습에 대한 잠재력을 지니고 있다.
② 의미 있는 학습은 학습자에 의해서 특정 주제가 그 자신에게 의미가 있는 것으로 지각될 때 일어난다.
③ 자아를 위협하는 학습이 보다 용이하게 지각될 수 있고, 외부의 위협이 최소한에 그칠 때 동화작용이 일어난다.
④ 학습자가 학습의 과정에 책임이 있다고 여길 때 학습이 보다 잘 촉진된다.
⑤ 학습자가 학습과정에 주도적으로 참여한 학습의 결과가 가장 오래도록 지속된다.
⑥ 학습자가 지속적이고 개방적인 경험을 통해, 그리고 변화과정에 적극적으로 참여할 때 가장 유용한 학습이 일어난다.

한편, 사회학습이론은 학습이 일어나는 사회적 환경에 초점을 둔다는 점에서 앞에서 언급한 3가지 이론들과는 다른 특성을 지니고 있다. 이와 같은 전망에 입각하여 보면, 학습은 개인이 처한 환경에 대한 관찰을 통하여 일어난다. 나아가서 학습은 개인과 환경, 그리고 행동 간의 상호작용의 결과로 나타난다. 동일한 환경 내에서 다양한 행동이 나타나는 것은 각 개인이 지니고 있는 성격 특성과 주어진 자극에 대한 독특한 상호작용의 결과로 설명될 수 있다. 사회학습이론은 모델학습과 멘토링의 과정을 설명함에 있어서 사회적 맥락을 강조하는 성인학습에 많은 영향을 미쳤다.

마지막으로, 구성주의는 학습자가 그들 자신의 경험으로부터 지식을 구성하며, 관점을 재조정하는 것을 강조한다. 구성주의의 중요한 인식론적 가정은 인간이 외부 세상에 대한 독특한 경험과 믿음에 의해서 모든 외부의 실재를 다르게 받아들인다는 점이다. 여기서 실재란 그 실재가 구성되고 해석되어 인간의 정신 속에서 그 이상의 것이 된다는 것이다. 다시 말해서 구성주의에서는 지식이란 개별적으로 구성되어 사람의 마음에 내재되어 있는 것이며, 인간은 상호작용에 의해 보다 서로 잘 협동하고 타협한다고 보고 있다. 따라서 구성주의에 의하면 인간은 외부세계에 있는 실재의 본성을 경험에 의하여 의미 있게 구성하고, 학습을 이끌어 내는 동시에 개인적인 학습목적을 추구하게 된다는 것이다. 이러한 맥락에서 구성주의에서는 효과적인 학습지도를 위해서 실제 세상의 문제를 현실적인 상황 하에서 다루고 학습자가 상호작용을 통해 서로 협동하여 문제를 해결하도록 하는 데 초점을 맞추고 있다.[14)]

이상에서 논의된 결과들을 중심으로 주요 학습이론들의 특성을 몇 가지 요소별로 나누어 제시하면 〈표 3-2〉와 같다.[15)]

〈표 3-2〉 주요 학습이론의 특성 비교

비교점	행동주의	인지주의	인본주의	사회학습 이론	구성주의
학습이론가	Guthrie, Hull, Pavlov, Skinner, Thorndike, Tolman, Watson	Ausubel, Bruner, Gagne, Lewin, Piaget	Maslow, Rogers	Bandura, Rotter	Candy, Piaget, Vygotsky
학습과정에 대한 견해	행동의 변화	내적 정신과정(통찰, 정보처리, 기억, 지각 포함)	잠재력을 충분히 발휘하려는 개인의 행동	사회적 맥락에서 다른 사람을 관찰하고 그들과 상호작용함	경험으로부터 의미를 구성
학습의 중심	외적 자극	내적 인지구조	정서적 인지적 욕구	개인, 행동, 그리고 환경의 상호작용	개인에 의한 현실의 내적 구성
교육의 목표	바람직한 방향으로 행동의 변화를 유발	더 잘 학습하기 위한 능력과 기술을 개발	자아실현과 자율성의 성취	새로운 역할과 행동의 모방	지식의 구성
교사의 역할	바람직한 반응을 유발하기 위한 환경을 만듦	학습활동의 내용을 구조화	전인적 발달을 촉진	새로운 역할과 행동을 이끌고 모델이 됨	학습자에게 의미를 촉진
성인학습에의 공헌	행동주의적 교육목표, 능력주의 교육, 기술발달과 훈련	인지발달, 연령의 기능으로서의 지능, 학습, 기억, 학습하는 방법의 학습	앤드라고지, 자기주도적 학습	사회화, 사회적 역할, 멘토링, 통제부위	경험학습, 자기주도적 학습, 관점전환, 반성적 실천

미 주

1) M. Knowles, Elwood F. HoltonⅢ, Richard A. Swanson. *The adult learner*(NY:Elsvier, 2005). 최은수 역. 성인학습자. (서울: 아카데미 프레스, 2010). p.11.
2) S. B. Merriam and R. S. Cafarella, *Learning in adulthood:A comprehensive guide*(San Francisco: Jossey-Bass, 1999), pp.248-266.
3) 한국교육심리학회, 인지주의 학습이론, 교육심리학 용어사전(서울: 학지사, 2010).
4) 신종호 · 김민성 · 최지영 · 허유성 · 이지은 공저. 교육심리학(서울: 교육과학사, 2015). p.193
5) *Ibid*, p.257.; A. H. Maslow, Motivation and personality(2nd ed.)(New York:Harper Collins, 1970), p.439.
6) C. R. Rogers, *Freedom to learn for the 80s*(Columbus:Merill, 1983), p.20.
7) 반두라(1965)는 스탠포드 대학 부속학교의 학생들 66명을 대상으로 이들을 22명씩 3그룹으로 구분하여 각기 다른 비디오를 시청하게 하였다. 비디오 속의 모델들은 보보라는 이름의 플라스틱 인형과 함께 등장한다. 첫 번째 그룹 아이들은 비디오를 통해 보보인형에게 4가지 방식의 언어적, 신체적 공격을 가한 후, 보상(사탕, 탄산음료, 칭찬 등)을 받는 모델을 관찰한다. 두 번째 그룹 아이들은 보보인형에게 똑같은 공격을 가한 뒤 처벌(꾸중, 체벌)을 받는 모델을 관찰한다. 세 번째로 통제집단의 아이들은 비디오를 통해 각기 다른 모델을 관찰한 뒤, 잠시 후 모델이 있던 놀이방에서 다양한 장난감들(보보인형과 함께 모델이 공격적인 행동을 보일 때 사용했던 장난감 포함)을 10분 동안 가지고 놀도록 한다. 아이들의 모방행동은 5초 단위로 평가된다. 연구결과는 행동주의자들이 주장하는 것만큼 강화가 학습에 절대적인 요소가 아니라는 것을 지지해 주었다. 처벌받은 모델 집단에 비해 보상받은 모델집단에서 모방행동이 더 많이 나타났으나, 처벌이나 보상이 없었던 통제집단 역시 보상을 제공받은 모델 집단만큼이나 공격행동을 많이 나타냈다.
8) 신종호 · 김민성 외. 교육심리학(서울: 교육과학사, 2015). p.220
9) 사회교육 담당자의 효능감과 관련하여서는 권두승, 사회교육담당자 효능감 척도개발과 그 시사점, 사회교육학연구, 1999, 5(1), pp.57-76.을 참조.
10) P. C. Candy, *Self-direction for lifelong learning*(San Francisco:Jossey-Bass, 1991), p.278.
11) 구성주의적 관점에서 사회교육 참여현상을 재해석하고자 한 글로서는 김진화 외, 구성적 구조주의에 의한 사회교육 참여현상의 재해석. 사회교육학연구, 1998, 4(2), pp.103-126.이 있다.
12) E. L. Simpson, *Adult learning theory:A state of the art*(Washington, D. C.:U. S. Department of Education, 1980), p.58.

13) *Ibid*, pp.58-59.

14) *Ibid*, p.5.

15) S. B. Merriam and R. S. Caffarella, *earning in adulthood:A comprehensive guide*(San Francisco: Jossey-Bass, 1999), p.264.

Chapter_ 4

성인기 발달이론

1. 발달단계이론

1) 에릭슨(Erikson)의 심리사회발달이론

에릭슨(1902–1994)은 1950년에 『아동과 사회(Childhood and Society)』를 출판했다. 그는 이 책의 한 장인 '인간의 8단계'에서 발달의 사회적 맥락을 강조함으로써 프로이트(Freud)의 심리성적 발달단계를 수정하고 확대시켰다. 에릭슨은 또한 발달의 전 생애 이론을 제시한 최초의 학자였다. 그는 문화인류학적 연구결과와 발달단계의 사회적 기원에 관한 영감을 가지고 이론을 수정하였다. 이것으로 에릭슨은 인간의 성적 본성으로부터 심리사회발달 이론으로 사람들의 관심을 돌리는 데 공헌하였다. 에릭슨의 이론에서 처음의 네 단계는 유아 및 아동기의 발달(신뢰감 대 불신, 자율성 대 수치와 의심, 자발성 대 죄의식, 근면성 대 열등감)이고, 그 다음의 한 단계는 청소년기의 발달(정체감과 역할혼미), 그리고 마지막의 세 단계(친밀감 대 소외, 생산성 대 자기침체, 통합감 대 절망감)는 성인기의 발달을 각각 설명하고 있다. 유아 및 아동기나 청소년기와 달리 성인기는 타인과의 관계를 형성하고, 타인을 사랑하고 보살펴 주며, 타인과의 관계 속에서 자신을 보다 심화시켜 가는 시기이다. 여기에서는 여덟 단계에 이르는 인간의 심리사회발달 중에서 청소년기와 성인기의 심리사회적 발달에 대해서만 다루고자 한다.

① 정체감 대 역할혼미(identity vs role confusion)

에릭슨[1)]은 청소년기를 역할갈등이나 정체감 혼미에 빠지지 않고 개인의 정체감을 확립해야 하는 시기라고 했다. 정체감 획득은 개인이 자신의 장단점을 파악하고 그것을 어떻게 다루어야 할지를 결정한다는 것을 의미한다. 청소년은 다음과 같은 정체감의 문제에 대한 답을 찾아야만 한다. '나는 어디로부터 왔을까?' '나는 누구인가' '나는 어떤 사람이 되고 싶은가?' 정체감 혹은 동질감이나 연속성의 감정은 스스로 찾아야만 하는 것이다. 정체감은 사회가 개인에게 주는 것이 아니고 이차 성징처럼 때가 되면 저절로 획득되는 성숙과 관련된 현상도 아니다. 정체감은 개인이 계속 노력해야만 획득되는 것이다. 정체감의 형성을 위해서 노력하지 않으면 역할갈등의 위험에 빠지게 되는데, 이것은 소외나 혼란을 일으키게 된다.

정체감 위기의 결과가 긍정적이 될 것인가 아닌가의 여부는 청소년이 자신의 과거를 수용하고 이전의 경험을 연속적인 것으로 인식하는가에 달려있다. 정체감의 탐색을 끝내기 위해서 청소년은 '나는 누구인가'에 대한 답을 발견해야만 하고, 미래에 대한 방향성을 확립해야만 하며, '내가 어디로 가고 있는가'와 '나는 어떤 사람이 될 것인가'와 같은 질문에 답할 수 있어야 한다. 청소년은 종교, 직업목적, 철학에 대한 가치체계를 확립하고 자신의 성(gender)을 수용해야만 한다. 자아정체감의 이러한 기본적인 요소들의 발달을 통해서만 성적 및 애정적 친밀감, 그리고 진실한 우정이 나타나게 되고, 그것을 통해서 인생주기의 다음 단계로의 발달이 가능하게 되는 것이다.

정체감의 확립에 실패한 청소년은 자기회의, 역할갈등, 그리고 역할혼미에 빠진다. 이들은 자기 파괴적인 활동이나 편견에 빠질 수 있다. 또 계속해서 다른 사람의 견해에 몰두하거나 더 이상 다른 사람이 생각하는 것은 상관하지 않는 다른 극단에 빠질 수도 있다. 뿐만 아니라 역할혼미로 인한 불안을 해소하기 위해서 약물을 사용하거나 술을 마시기도 한다. 역할혼미가 계속되면 만성적 범죄나 정신병리학적 성격의 불균형을 초래하기도 한다. 가장 심한 형태는 정체감 혼미가 자살이나 자살시도로 이끄는 것이다. 계속되는 혼미에 직면하게 되면 많은 청소년 후기의 청소년은 자신이 누구인지 명확하지 않은 채로 지내느니 차라리 아무것도 아닌 존재로 지내거나 아주 나쁜 누군가가 되거나 죽어버리고 싶어 한다. 최근 10여 년간 청소년의 자살시도가 증가한 것은 정체감 혼미의 증가와 관련 있다는 보고가 있다.

② 친밀감 대 소외(intimacy vs isolation)

일단 개인의 정체감이 획득되면 친밀감에 대한 욕구로 젊은 성인의 심리사회적 발달이 이동한다. 이 발달 시기의 갈등은 타인과의 관계에서 친밀감이나 소외를 발견하는 것이다. 이 시기에는 또래집단에 대한 동조가 초기의 중요성을 많이 상실한다. 또래집단은 청소년이 정체감을 발견하는 데 도움을 줄 수 있고 이성과 교제를 하는 데도 도움이 될 수 있다. 그러나 친밀감은 개인적인 문제이고 관계를 지속하기 위해서는 다른 사람과 정서적으로 가까워야 한다. 신체적인 가까움과 성적 및 애정적 친밀감은 이 문제의 단지 일부이다. 친밀감이 두 사람의 정체감의 융합을 의미하기 때문에 진실한 그리고 오래 지속되는 친밀감의 필수요건은 자아정체감의 획득이라고 할 수 있다. 에릭슨은 정체감이 확립된 후에야 이성과의 진실한 친밀감이 가능하다고 했다. 일반적으로 말해서 사람은 '나'를 보완해주는 짝을 찾기 전에 내가 누구인가에 대한 답을 발견해야만 한다. 만일 두 사람이 정체감을 확립하기 전에 결혼한다면 결혼생활이 행복하고 지속적일 확률은 적을 것이다.

친밀감 시기에 일어나는 것은 '우리가 서로 사랑하는가'에 관한 것이다. '나'라는 단수가 아닌 '우리'라는 복수가 사용된 것은 관계의 상호성을 반영하는 것이다. 이 시기의 긍정적인 결과는 성적 친밀감, 진실한 우정, 안정적인 사랑, 그리고 지속적인 결혼생활과 같은 친밀감이다. 부정적인 결과는 소외와 외로움이다. 만일 친밀감이 영원한 정체감에 기초한 것이 아니면 이혼과 이별이 그 결과로 나타날 것이다. 자신의 정체감에 대해 불확실하게 느끼는 젊은 성인은 타인과의 관계를 피하거나 사랑 없는 섹스를 추구할 수 있다. 그리고 친밀감의 반대로써 타인과의 관계에서 분리와 거리감이 나타날 수 있다.

③ 생산성 대 자기침체(generativity vs stagnation)

성인기의 발달은 생산적이 되느냐 아니면 자기침체에 빠지느냐에 관한 것이다. 이 단계는 인간의 생의 주기에서 생산적인 시기이다. 생산성은 직업이나 전문적인 측면에서 사회에 공헌하는 생산적인 창조성을 말한다. 자녀를 낳아 기르는 결혼은 그와 같은 창조적이고 생산적인 활동이다. 갈등의 성공적인 해결은 성숙한 인간이 유용하고 생산적이 되기를 원한다는 것을 의미하는 것이고 사회와 가정에 필요한 사람이 되기를 원한다는 것을 의미한다.[2)] 이것은 개인이 돌보아야 할 사람, 생산품, 그리고 생각으로 헌신의 폭을 넓히는 것을 의미한다. 예를 들면, 생산적인 배려는 개발도상국가에서 모든 아동의 삶의 질을 향상시키는 데 관심을 두는 것이라는 표현에서 발견할 수 있다. 이와 더불어 개인의 가정, 직장, 그리고 지역사회에 대한 배려를 표현한 것에서도 찾아볼 수 있다. 여기서 나타나는 신념은 '나는 내가 창조한 것이다' 혹은 '나는 내가 생산한 것이다'라는 것이다. 다른 사람, 일, 아이디어에 자신을 바치는 것은 자아의 흥미를 확장하는 것으로 이끈다. 만일 이 단계에서 실패하면 더 이상의 발달은 없다. 자기침체는 그 결과가 되는 것이다. 개인은 자기중심적이 되고 자기생각에 몰두하고 제멋대로 행동하게 된다. 자기침체는 자신이 마치 외동딸인 것처럼 제멋대로 행동하기 시작한다는 것을 의미한다.[3)]

④ 통합감 대 절망감(integrity vs despair)

인간의 인생주기의 마지막 단계는 노화와 은퇴로 구성되어 있다. 이 단계의 발달과업은 자아통합감의 성취와 그 반대인 절망감이다. 여기서의 갈등은 과거의 모든 인생경험을 융합하고 통합하여 긍정적으로 생각하느냐 아니면 그것을 괴롭고 화가 나고 부정적인 것으로 생각하느냐에 관한 것이다. 이전의 일곱 단계에서의 성공적인 해결은 통합에서 그 절정을 이룬다. 이 시기의 긍정적인 결과는 인생의 마지막을 후회 없이 받아들이고 자신을 수용하는 것이다. 아이가 의존하는 것과 같은 단계로 퇴행하는 것이 아니라 독립성, 자율성, 그리고 성숙의 상태로 나아가는 것이다. 에릭슨[4]은 지혜를 삶과 죽음에 대해서 알고 분리해서 생각하는 것이라고 했다. 자아통합감은 자기통제를 기초로 하고 있고, 노년기의 긍정적인 자질과 관련 있는 지혜를 낳는다. 부정적인 결과는 혼란, 무기력함, 그리고 쓸모없고 끝났다는 느낌을 갖는 것이다. 자신의 인생, 자기 자신, 그리고 다른 것에 대해 불만족하고 죽음에 대한 두려움이 있으며 아동기의 의존으로 퇴행하기도 한다.

2) 레빈슨(Levinson)의 성인기 사계절이론

레빈슨의 이론에 있어서 핵심적인 개념은 인생구조(life structure)이다. 인생구조는 특정시기의 개인의 인생에 있어서 강조되는 패턴이나 디자인을 의미한다. 인생구조의 주요 구성요소는 다양한 타자들과의 관계이다. 여기에는 배우자, 자녀, 직장상사와 동료, 교회나 클럽과 같은 사회적 구조나 의미있는 집단도 포함된다. 이러한 인간관계들은 개인의 인생을 채워주는 것이고 인생에 형태를 만들어주는 것이다.

이와 동시에 우리가 만드는 인생구조는 우리의 성격이나 스타일에 의해서 영향을 받기도 한다. 비슷한 생활환경에 있는 두 사람이라 할지라도 다른 인생구조를 창조할 수 있다. 그리고 관계는 성인의 인생과정에서 변화하기 때문에(아이가 자라는 것처럼, 부모가 우리의 도움을 필요로 하게 되는 것처럼, 그리고 직장에서 승진하는 것처럼) 인생구조는 전 생애에 걸쳐 안정적일 수 없다. 그러므로 레빈슨은 성인의 인생이라는 것이 안정적인 인생구조 시기와 전의 생활구조가 재음미되고 적응적이 되고 변하는 전환기가 번갈아 나타나는 것이라고 했다.

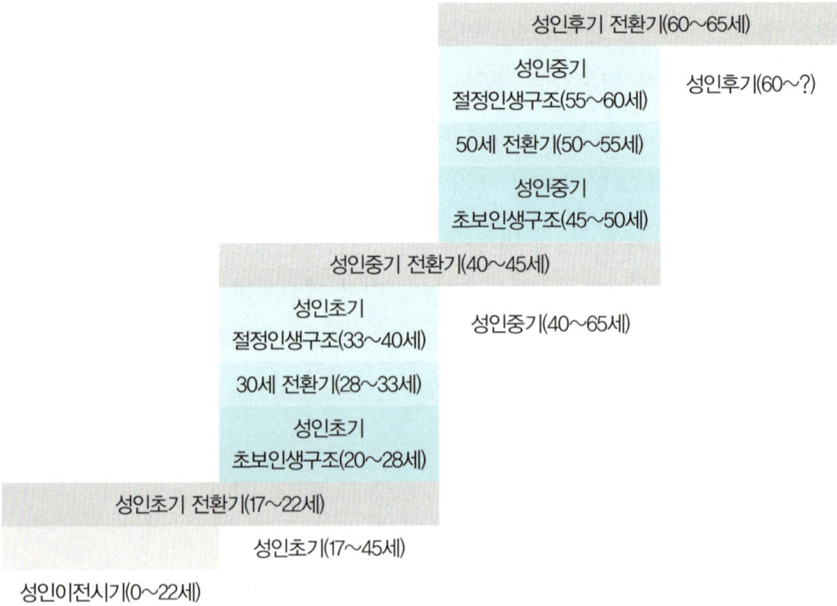

[그림 4-1] Levinson의 인생주기 모형

레빈슨은 성인의 인생을 크게 네 개의 시기로 나누고, 각 시기 사이에 세 번의 전환기를 설정하여 설명하였다. [그림 4-1]에서 알 수 있듯이 각 시기는 성인이전시기(0-22세), 성인초기(17-45세), 성인중기(40-65세), 성인후기(60세 이후)로 나누어진다. 각 시기의 전환기는 성인이전시기와 초기 사이의 성인초기 전환기, 성인초기와 중기 사이의 성인중기 전환기, 그리고 성인중기와 후기 사이의 성인후기 전환기로 구성된다. 성인들은 각각 5년 간에 걸친 이 전환기 동안에 이전 시기의 삶을 평가하고 통합하며 다음 시기를 설계하게 된다.

레빈슨에 의하면 각 시기의 인생구조가 형성되는 과정은 연령이 증가함에 따라 일정한 계열을 형성한다. 각 시기의 인생구조는 구조가 설정되기 시작하는 초보인생구조, 각 시기 내에서 구조가 변화하는 전환기, 특정 시기 인생구조가 완성되는 절정인생구조의 세 단계 유형으로 구성된다. 이렇게 해서 인생주기모형은 17세에서 65세까지 9개의 주요 단계로 구성된다.[5)]

한편 인생구조의 각 시기에는 주요 과제들이 있다. 이것은 다음의 〈표 4-1〉에 제시되어 있다. 성인초기 전환기는 에릭슨의 정체감 대 역할혼미의 시기와 비슷하게 독립성, 정체감 확립, 그리고 가족으로부터의 분리 문제를 다룬다. 젊은 성인은 성인의 세계를 탐색해야만 하고 직업을 찾고 다른 사람과 관계를 맺어야만 한다. 이러한 최초의 내 · 외적 탐색은 20대의 첫 번째 인생구조를 만들도록 한다.

성인초기 초보인생구조는 성인의 인생에 있어서 중요한 역할을 하는 두 개의 요소에 의해서 구분된다. 하나는 멘토(mentor)와의 관계형성이고, 다른 하나는 꿈의 확립이다. 꿈은 일종의 판타지나 개인이 되고 싶은 것에 대한 상상 속의 가능성이다. 꿈은 자신이 노벨상을 받는 장면을 그리거나 마이클 조던을 상대로 농구를 하는 것을 상상하는 것이다. 많은 젊은 성인들은 부자가 되거나 자신의 이상형을 발견하거나 그(녀)와 결혼해서 교외의 아름다운 집에서 두 명의 완벽한 자녀와 행복하게 사는 것을 꿈꾼다.

젊은이들이 이러한 꿈을 좇는 것처럼 그들은 멘토와의 관계를 확립하기도 한다. 멘토는 일반적으로 자신보다 8세에서 15세 정도 나이가 많은 사람이다. 그는 젊은이를 가르치고 충고해 주고 스폰서가 되어주고 지지해 주고 젊은이에게 모델이 되어 준다. 멘토는 직장에서 주로 발견되지만 나이든 친척이나 친구가 될 수도 있다. 멘토와의 관계가 성립하려면 멘토는 부모와 또래의 역할을 모두 해야 한다. 멘토의 역할은 젊은이가 그의 부모로부터 스스로에게 의지하는 전환기에 그를 돕는 것이다.

20대의 인생구조는 목적이 달성되지 않거나 관계와 사회적 요구가 변하기 때문에 오래 지속되지 않는다. 이 때는 목적이 여전히 같은지 혹은 전략이 제대로 맞아떨어지는지 등에 대해서 재검토해 보아야만 한다. 레빈슨의 견해에 의하면 30세경의 전환기는 이와 같은 재검토에 초점이 맞춰지고 있고 이것은 바로 다음에 오는 이 시기의 절정단계로 이어진다. 약 28–33세 사이의 남성들은 지난 10여 년 동안의 자신의 삶을 되돌아보며 자신이 해 온 일들이 적합했는가에 대해 의문을 제기함으로써 가벼운 위기를 경험하게 된다. 이 위기를 잘 극복하면 자신의 삶에 확신을 갖고 활력을 지니며, 보다 안정된 성인전기 인생구조의 토대를 쌓게 된다. 그러나 이 시기에 이혼을 하거나 직장을 옮기는 등의 바람직하지 못한 적응양식이 나타나기도 한다. 30세 전환기를 통해 성인전기의 안정된 구조가 확립되면 33–40세 사이에는 직장, 가정, 기타 사회활동에서 열성적으로 일하며 자신의 삶의 양식을 확립하고 인생의 뿌리를 내린다. 레빈슨은 이 과정을 '자기자신 되기(Becoming One's Own Man: BOOM)'라고 칭하고 성인전기 인생구조를 마무리하는 중요한 과업으로 생각했다. 자신을 확립하는 과정에서 이전의 초보인생구조에서 지녔던 꿈을 실현하거나 불가능한 부분을 버리는 것으로써 정리하며, 인생의 모델로 삼았던 스승을 마음으로부터 버리게 된다.

레빈슨은 성인중기에 들어서는 40–45세 사이의 성인중기 전환기 동안에 청년기 이후부터 지속되어온 주요 갈등들을 해결해야 한다고 생각했다. 이러한 전환기 갈등 중에는 자신이 중년임을 인정할 것인지, 젊음을 지속하고자 노력할 것인지, 독립의 욕구인 남성적 특성과 애착의 욕구인 여성적 특성을 어떻게 선택 또는 통합할 것인지, 개인의 한계를 뛰어넘어 타인과의 관계를 좀더 깊이 할 것인지 또는 분리와 단절을 택할 것인지를 선택하는 갈등이 포함된다.

성인중기의 발달은 인생중기 전환기, 인생중기 초보인생구조, 50세 전환기, 그리고 성인중기 절정인생구조로 구성된다. 인생중기 전환기는 대체로 40–45세 사이에 해당하며 이 때는 지난날의 삶에 대한 의문이 시작된다. 약 80%의 남성들은 인생중기 전환기 동안에 불안과 정서적 동요를 경험하며, 자신의 삶의 가치에 대한 재평가를 시도한다. 인생중기 전환기의 위기는 개인적인 영역을 넘어서서 타인과의 관계 속에서 자신을 확장할 때 극복된다.

약 45-50세 사이에 해당되는 인생중기 초보인생구조에서는 대부분의 사람들이 전 생애 동안 지속될 자신의 삶에 대한 새로운 구조를 형성하게 된다. 가정에서 아내와 자녀와의 관계 재정립, 직장에서 과업수행 방식의 재조정은 이 단계 과업의 몇 가지 예가 된다. 성인중기 초보인생구조가 성공적으로 확립되면 많은 결실을 거둘 수 있는 충만한 황금기로서의 중년기를 보내게 된다.

약 50-55세 사이의 50세 전환기는 중년기 내에서 또 한번의 위기를 경험하는 시기이다. 성인중기 전환기에서 충분한 갈등을 경험하고 극복함으로써 성인중기 초보인생구조단계에서 비교적 확고한 인생구조를 확립한 경우 50세 전환기는 가볍게 이행된다. 반면에 인생중기 전환기가 무난히 지나갔을수록 50세 전환기는 힘든 시기가 될 수 있다.

성인중기 절정인생구조는 대체로 55-60세 사이의 시기로서 중년기를 마무리하는 단계이다. 정상적인 삶의 과정에서 이 단계는 한 개인의 삶의 위대한 완성기이다.

마지막으로 60-65세 경에 나타나는 성인후기 전환기는 신체적 힘의 감소, 질병, 그리고 할 수 있는 만큼 성취했다는 것을 수용하는 것에 초점이 맞춰진다. 레빈슨은 모든 성인의 삶이 비슷한 것이라고 생각하지 않는다. 오히려 그는 특정한 인생구조가 다양한 단계를 만들어내고 각 시기들은 개인마다 매우 다를 수 있다는 것을 강조하고 있다.

레빈슨에 의하면, 성인전기 동안 여성도 남성과 같은 인생구조를 형성해 가지만 남성보다 갈등이 많고 덜 안정된 구조를 보인다.[6] 특히 남성에게 있어서는 '자기자신 되기'가 성인전기의 가장 중요한 발달적 특성인 데 반하여, 여성은 인간관계와 애착형성을 바탕으로 성인전기 인생구조를 형성해 가는 것으로 보인다. 그러나 여성들에 있어서도 20대와 30대 초반에 자신의 일과 결혼을 병행하여 자신의 꿈을 실현해온 여성이 결혼을 하지 않았거나 자신의 능력을 발휘하지 못한 여성에 비해 40세경에 보다 만족스러운 성인전기 인생구조를 형성하고 있는 것으로 밝혀졌다.

우리 나라 30-40세 직업여성과 전업주부를 대상으로 한 연구를 보면, 직업여성은 레빈슨의 주장과 마찬가지로 일과 결혼을 병행한 데에서 심리적 만족감을 얻는 반면에, 전업주부는 가사역할만을 갖는 것에 만족하고 있는 것으로 나타났다. 이러한 결과는 레빈슨의 이론에서 여성의 일과 직업이 삶의 만족도에 미치는 영향이 문화권에 따라 차이가 있음을 반영하는 것이다.[7)]

〈표 4-1〉 레빈슨의 각 발달단계에 따른 주요 과업

발달단계	연령	과업
성인초기 초보인생구조	22–28	결혼, 가족으로부터의 분리, 멘토관계와 같은 첫 번째 주요 인생구조를 형성하고, 꿈을 추구하려고 시도함
30세 전환기	28–33	첫 번째 인생구조에 있어서 문제점을 인식하고 재평가함; 앞의 선택을 재고하고 필요한 새로운 선택을 함
성인초기 절정인생구조	33–40	두 번째 성인의 인생구조를 만듦; 자신을 직장, 가족, 친구, 지역사회에 투자함; 지역사회에서의 영역을 확립하고 꿈을 성취할 수 있도록 노력함
성인중기 전환기	40–45	성인초기와 성인중기의 다리 역할을 함; 나는 내 인생에서 무엇을 했나? 혹은 나 자신이나 다른 사람을 위해서 원하는 것이 무엇인가?와 같은 기본적인 질문을 자신에게 함; 위기가 올 수도 있음
성인중기 초보인생구조	45–50	새로운 인생구조를 만드는데 이것은 꼭 새로운 직장이나 결혼이 아닐 수도 있고 일의 성격이 바뀌는 것이 아닐 수도 있음.
50세 전환기	50–55	30세 전환기와 비슷함; 성인중기의 인생구조에 대한 적응; 그러나 중년의 전환기에 위기가 없었다면 이 때 일어날 확률이 높음
성인중기 절정인생구조	55–60	성인중기에 안주하는 것과 비슷한 두 번째 중년기 인생구조를 만듦; 만일 그가 역할이나 자아의 변화에 성공적으로 인생구조를 적응시켰으면 특히 만족스러운 시간일 것임
성인후기 전환기	60–65	성인중기가 끝나고 성인후기로 넘어가는 시기; 은퇴와 신체적 노화에 대비하는 시기로 인생주기에 있어서 중요한 전환점이 됨
성인후기	65+	은퇴와 신체적 노화에 대비한 새로운 패턴의 인생구조를 확립하는 시기; 질병에 잘 대처하고 젊음을 잃는 것에 대한 심리적 충격에 대비해야 함

3) 로에빙거(Loevinger)의 자아발달이론

로에빙거는 인간의 전 생애주기 동안에 일어나는 인간발달이나 인격의 성장에 관해 전반적으로 연구했다. 자아발달은 로에빙거가 특히 관심을 가지고 연구한 분야로 다른 이론가들이 도덕화(moralization), 통합, 자기체계, 인지적 복합성, 그리고 신념발달이라고 부르는 것을 포함한다. 로에빙거는 자아발달이 점점 더 세련된 수준의 의미만들기로 발전하면서 발달한다고 했다. 좀 더 성숙한 자아단계는 내재화되고 객관적이고 추상적이고 불확실성에 대해 인내하고 통합하는 과정이고 다른 사람으로부터의 의존에서 자유롭다. 로에빙거 등[8]에 의하면, 경험에 있어서 의미를 찾는 것은 자아의 많은 중요한 기능의 하나라기보다는 자아의 본질 혹은 자아의 기능이다.

로에빙거에 의하면 자아발달은 출생부터 성인기를 통하여 10개의 단계를 거치면서 이루어지게 된다. 로에빙거의 자아발달단계는 전사회적 단계, 공생단계, 충동적 단계, 자기보호단계, 동조자단계, 자기자각적 단계, 양심적 단계, 개인적 단계, 자율적 단계, 그리고 통합적 단계로 이루어져 있다. 에릭슨의 이론처럼 발달은 한 단계 한 단계씩 이루어진다. 그러나 로에빙거의 이론에서 다음 단계로의 이동은 개인이 현 단계의 발달을 완전하게 이룬 후에야 가능하다. 비록 처음의 몇 단계는 대부분 아동기 때 끝마치게 되지만 각 단계들은 특정연령과 관련되어 있지 않다. 같은 연령대의 성인이라고 할지라도 그가 속한 자아발달 단계는 얼마든지 다른 성인들과 다를 수 있다. 로에빙거가 주장하는 것은 우리 모두가 거쳐야만 하는 길과 같은 것이다. 그러나 이동속도와 도달하는 마지막 단계는 개인마다 매우 다르다.

로에빙거는 모든 성인들이 처음 세 단계의 경우에는 성공적으로 이동한다고 했다. 물론 어떤 사람은 자기보호적 단계에 고착되기도 하고, 어떤 사람은 동조단계까지는 발달하지만 더 이상은 발달하지 않기도 한다. 그러나 대부분의 성인들은 최소한 로에빙거가 자기자각 수준이라고 부르는 전환기까지는 도달한다. 그리고 많은 성인들은 여기서 더 나아가 양심적 단계나 그 이상까지 발달하기도 한다.

〈표 4-2〉 로에빙거의 자아발달 단계별 특성

단계		특징
1	전사회적 단계	모든 성인들이 성공적으로 3단계까지는 이동하지만, 이동속도와 도달하는 마지막 단계는 개인마다 다르다
2	공생 단계	
3	충동적 단계	
4	자기보호 단계	대부분의 성인들은 자기 자각적 수준까지 도달, 그 이상 발달하기도 한다
5	동조자 단계	
6	자기자각적 단계	
7	양심적 단계	책임감, 감정이입적, 자기선택, 자기평가의 규칙 등장
8	개인적 단계	개성에 대한 존중, 타인에 대한 인내 증가, 갈등적 정서를 자각
9	자율적 단계	복합적, 객관적, 차별적, 자아실현적, 타인을 존중, 삶의 갈등과 역설을 수용
10	통합적 단계	개인의 욕구와 사회의 현실을 통합, 동기와 행동에 모두 책임을 짐

마지막의 네 단계는 특히 성인기의 연구에 있어서 중요하다. 양심적 단계는 자기선택과 자기평가의 규칙이 등장하는 것으로 알려져 있다. 이것은 어떤 면에서는 에릭슨의 정체감 대 역할혼미의 단계와 비슷하지만, 만일 전환이 일어난다면 양심적 단계로의 전환이 종종 청소년기가 지난 후에야 일어난다는 것이 다른 점이다. 이 시기에는 개인 간의 세계에 대한 좀 더 복합적인 견해가 등장한다. 양심적인 사람은 이전 단계의 특성처럼 더 이상 기회주의적이 아니다. 내적 자아의식은 더욱 더 분명해진다. 내적이고 도덕적인 추동력이 집단의 규칙보다 더 중요하게 된다. 이들은 사람을 다른 요구, 다양한 행동패턴, 그리고 독특한 특성을 가진 존재로 인식한다. 이 시기에는 행동

보다는 감정과 동기가 개인 간의 관계에서 더 중요하다. 다른 사람에 대한 인내심을 가지게 된다. 그러나 이것은 백인우월주의자집단(KKK)의 멤버나 신나치주의자와 같이 다른 사람에 대해 편견을 가진 사람에 대해서는 역설적으로 편협한 생각을 하도록 하기도 한다. 자기비판능력이 확장된다. 개인은 규칙을 내재화하지만 규칙과 역할이 모두 여러 면을 가지고 있고 교환 가능하다고 지각한다. 책임감은 가족과 친구로부터 더 넓은 사회를 포함하도록 확장된다. 직업은 전 동조자(preconformists)가 보았듯이 단지 번거로운 것이기보다 그것이 제공하는 기회로 평가되기 시작한다. 행동패턴의 경우 더욱 확고하게 되었고 특성은 더욱 안정적이다. 이 수준의 자아발달은 청소년기 후기의 청소년들에게 보편적이다. 대표적인 특성은 책임감 있고 감정이입적이고 심리적인 마음이 생기고 자기를 존중하는 등 개념적으로 복잡하다는 것이다.

이전 단계의 경우 낮은 수준에서 다음의 높은 수준으로의 전환은 낮은 자아수준의 특성이 감소하고 높은 자아단계의 새로운 특성이 증가하는 것으로 특징지어진다. 그러나 양심적 단계 후의 단계는 자아발달의 진전에서 더 이상 이미 획득한 특성을 단순히 대치하는 것이 아니라 이미 전 단계에서 획득한 것들에다가 좀 더 복합적이고 추상적인 자아의 성질을 더하는 것이다. 뿐만 아니라 반응들은 근본적인 방향의 변화라기보다는 더 복합적이 되는 것이다. 이것은 점수화 과정을 어렵게 만드는데 특히 낮은 단계에 있는 사람이 자신보다 높은 자아수준의 사고를 이해하는 데 커다란 어려움이 있기 때문이다.

양심적 단계와 자율적 단계의 전환기인 개인적 단계는 개성에 대한 존중과 다른 유형의 사람에 대한 인내가 증가하는 것이 특징이다. 각각의 개인은 독특한 존재로 인식된다. 그들의 결점이나 장점이 분명히 지각된다. 또 여기에서는 다른 사람에 대한 의존의 문제로 새로운 갈등이 시작된다. 개인적인 성인은 독립이라는 것이 단지 돈을 벌거나 집을 사는 것으로 얻어지는 것이 아니라는 것을 깨닫게 된다. 거기에는 내적인 수준의 독립이 또한 있어야 하는 것이다. 개인적인 사람은 아직 전적으로 독립적인 상태에 이르지 못했다.

단지 그것이 가능하다는 것을 알 뿐이다. 이 자아발달 수준은 오직 더 성숙한 청소년기 후기의 청소년에게만 발견된다. 대표적인 특성은 진정으로 참을성이 있고 모순을 이해하고 과정에 대해 흥미를 가지고 갈등적인 정서를 자각하는 것이다.

내적인 독립에 도달하면 그 단계는 자율적 단계이다. 자율은 다른 사람에 대해 무관심한 것이 전혀 아니다. 그와는 반대로 자율적인 성인은 다른 사람들의 개성을 존중하고 다른 사람과의 관계에서 풍요함을 발견한다. 그러나 그는 자신의 친구와 가족이 원래 그들의 모습을 갖도록 한다. 그는 자신의 부인이 스스로 설 수 있도록 해주고 자신의 아버지가 사업에서 실패하기도 한다는 것을 인정한다. 그러나 그를 더욱 사랑하고 그의 결점이나 실패도 수용한다. 이 단계에서 또 다른 중요한 것은 인간의 삶에 있어서 갈등과 역설을 수용하는 것이다. 자율적인 성인은 세상을 더 이상 양심적인 사람이 하던 것처럼 상반되는 것(선과 악, 옳은 것과 그른 것)으로 보지 않는다. 오히려 그는 단계적 변화, 예외, 복합적인 것으로 세상을 바라본다. 양심적 단계에 있는 어머니는 자녀가 실수하지 않도록 하는 반면, 전형적으로 자율적 단계에 있는 어머니는 실수로부터 배우고자 하는 그들의 욕구를 인식한다. 대표적인 특성은 복합적이고 객관적이고 차별적이고 자아실현적이고 다른 사람들을 존중하는 것이다.

로에빙거의 자아발달 단계에서 최고의 단계는 통합적 단계이다. 이 단계는 에릭슨의 자아통합 단계와 비슷하지만 로에빙거는 이 단계가 자아통합 단계보다 더 발달된 단계라고 생각했다. 이 자아수준은 성인에게서도 거의 발견되지 않는다. 대부분의 사회집단에서 아마 1퍼센트 이하가 통합된 수준일 것이다. 매슬로우는 이 단계의 개인을 진정으로 자아실현한 사람이라고 불렀다. 그들의 개인적 정체감은 강하고 그들은 개인의 욕구와 사회의 현실을 통합한다. 불가피한 한계와 문제가 있다는 것을 인식하면서도 자신과 사회를 향상시키려는 노력을 한다. 개인은 자신의 동기와 행동에 대한 책임을 모두 진다.

피아제가 아이에게 사고로 10개의 컵을 깬 영배와 과자를 훔치려다 한 개의 컵을 깬 창진이 중에서 누가 더 나쁘냐고 했을 때 대부분의 결정은 이것 아니면 저것이다. 그러나 통합된 개인은 모든 행동의 책임을 생각한다. 대표적인 특징은 현명하고 더 감정이입적이고 내적 갈등을 화해시킬 수 있고 개성을 소중하게 생각하고 정체감을 발견하는 역할을 조화시킬 수 있다는 것이다.

로에빙거의 이론에는 몇 가지 장점이 있다. 하나는 단계와 특정한 연령을 결부시키지 않았다는 것이다. 성인발달에 관한 연구들을 보면 엄격하게 연령을 규정한 단계이론은 성인들의 실제 생활에 맞지 않는다는 것을 쉽게 알 수 있다. 성인들은 같은 연령대에 있다고 하더라도 서로 다르다. 로에빙거의 이론은 이러한 차이를 묘사하는 데 도움을 준다.

4) 베일란트(Vaillant)의 심리사회 발달이론

베일란트는 하버드 대학생들을 대상으로 해서 그들의 성인기까지를 추적한 그랜트 연구(Grant Study)라고 불리는 종단적 연구를 실시하였다. 연구에 포함된 학생들은 1942년에서 1944년 사이에 졸업한 학생들 중 신체적으로나 정신적으로 문제가 없는 95명이 대상이었다. 이 연구에서는 성인기 발달의 각 단계에서 성공적인 삶을 살아가는 사람들의 단계별 변화양상, 성공적인 삶에 관여하는 요인들, 그리고 개개인이 각각의 상황에 독특하게 적응하는 양식의 식별을 목적으로 하였다.[9] 그랜트 연구에서는 성인기 발달이 개인에 따라 큰 연령차가 있으나 성공적인 삶을 살아가는 사람들이 이행하는 과정은 유사하다는 사실을 발견했다. 또한 자신의 삶에 중요한 의미를 갖는 사람들과의 지속적인 관계가 성공적인 삶을 결정하는 가장 중요한 요인이라는 사실도 확인하였다.

베일란트는 단계개념에 의존하지 않으면서 성인기 동안의 고난과 시련에 대한 적응방식에서의 발달을 설명하고자 하였다. 그는 발달의 기초로서 에릭슨의 단계들을 기본적인 발달의 틀로 수용하였다. 그러나 베일란트의 이론은 에릭슨의 이론보다는 로에빙거의 이론에 더 가깝다. 로에빙거의 이론처럼 베일란트는 성장이나 발달이 일어날 수 있는 방향에 대해서는 기술하지만 모든 사람들이 동일한 정도로 발달한다고 생각하지는 않았다.

성인전기와 성인중기에 대한 발달양상을 살펴보면 다음과 같다. 20대는 부모로부터 독립하여 자율성을 획득하며 가정을 이루는 시기이다. 30세 전의 안정된 결혼생활의 시작여부는 40대와 50대 삶의 행복을 결정하는 중요한 기준이 된다. 또한 성인전기는 직업에 몰두하는 단계이다. 25-35세 사이는 청년기의 이상과 열정을 버리고 철저히 현실적인 삶을 살아가는 시기이다. 베일란트는 이 시기를 직업강화단계라 지칭한다. 50대에 성공적인 삶을 살고 있는 사람들은 자신의 삶을 회고할 때 성인전기를 가장 불행하다고 판단하는 반면에, 성공적이지 못한 사람들은 이 시기에 향수를 느낀다고 보고하고 있는 것이 흥미롭다. 이것은 성공적인 사람들의 경우 현재에 만족하기 때문에 과거보다는 현재가 행복하다고 느끼지만 그렇지 못한 사람들의 경우 현재가 만족스럽지 못하기 때문에 현재보다는 그래도 꿈과 희망이 있었던 과거를 더 그리워하는 것이다. 40세에 자신의 내부에 시선을 돌릴 여유를 얻게 될 때 성인전기 직업강화단계는 끝난다.

일반적으로 중년기를 위기의 시기라고 여기는 사회적 통념과는 달리 베일란트는 35세에서 49세 사이의 중년기가 인생에 있어서 가장 평온하고 행복한 시기라고 한다. 잘 적응하며 살아가는 사람들은 책임감을 가지고 자신의 일에 종사하고 자녀를 기르는 기쁨을 누리며 이웃을 돕는 것으로 밝혀졌다. 45-55세 사이의 중년기에는 오랫동안 억압되어온 감정을 처리할 수 있을 만큼 성숙하게 되므로, 자신의 과거를 재평가하고 인간관계를 재정립하는 전환기가 된다. 이러한 점에서 베일란트는 생의 의미유지를 중년기의 가장 큰 과업으로 보고 있다.

또한 베일란트는 사람들이 어려움에 직면했을 때 가지게 되는 적응기제에 대해 관심을 보였다. 프로이트는 불안을 다루는 정상적이고 무의식적인 전략으로 방어기제를 묘사했다. 모든 사람들은 약간의 불안을 가지고 있고 그렇기 때문에 모든 사람들은 어떤 종류이든 방어기제를 사용한다. 모든 방어기제는 자기기만이거나 현실을 왜곡하기 마련이다. 우리는 우리를 불편하게 하는 것을 잊어버리거나 그것을 그다지 불쾌한 것이 아닌 것으로 기억하려고 한다. 우리는 그렇게 하지 말아야 하는 것을 하는 것에 대해 자신에게 변명을 한다. 우리는 수용하기 어려운 감정을 인정하기보다는 그것을 다른 사람에게 투사한다. 프로이트의 방어기제 개념과는 달리 베일란트는 어떤 방어기제는 다른 방어기제보다 더 성숙한 것이라는 점을 강조한다.

다음의 〈표 4-3〉에는 베일란트의 분류에 의한 4가지 수준(level)의 방어기제가 제시되어 있다. 일반적으로 성숙한 방어기제는 현실을 덜 왜곡하는 것이다. 이러한 방어기제들은 어려움을 직면하는 데 있어서 더 적절하고 더 편안한 것이다. 베일란트의 핵심적인 주제는 성인이 정상적인 삶에서 있을 수 있는 어려움에 효과적으로 대처하기 위해서는 방어기제가 성숙한 것이어야 한다는 것이다.

방어기제들을 묘사하는 말로 수준이라는 용어를 선택한 것은 다소 혼동이 오도록 한다. 베일란트는 어느 순간에 성인이 단지 한 수준의 방어기제만을 사용한다는 것을 의미하지 않는다. 그와는 반대로 우리들은 대부분 여러 수준의 다양한 방어기제를 사용하고 있다. 그리고 우리들은 스트레스를 받으면 덜 성숙한 방어기제를 사용하기도 한다. 심각한 일에 부딪치게 되면 우리들은 두려움을 억압하거나 지성화(예, 추상적으로 그 과정의 세세한 부분을 공부함), 투사(두려워하는 것은 남편이야, 내가 아니야), 혹은 행동화(간호사가 두 번이나 채혈하는 것에 대해 분노하는 것)한다. 이와 같이 사람들은 다양한 수준의 방어기제를 상황에 따라 사용하지만 베일란트는 대부분의 성인들이 성숙한 방어기제를 더 많이 사용하는 동시에 성숙하지 않은 방어기제는 덜 사용한다고 주장하고 있다. 더욱이 베일란트는 성숙 정도에 있어서 커다란 개인차가 있다고 한다. 좀 더 성숙한 방어기제를 사용하는 사람들은 자신의 개인적 · 직업적 삶에 있어서 더 성공적이다.[10)]

〈표 4-3〉 베일란트의 방어기제의 수준

수 준	내 용
Ⅰ.정신병적 방어기제 (psychotic mechanism)	망상적 투사(delusional projection): 괴롭힘을 당한다는 망상
	부인(denial): 현실을 인정하지 않음
	왜곡(distortion): 환상이나 소원성취에 대한 망상을 포함하는 것으로 내적 욕구에 맞도록 현실을 재구성함
Ⅱ.미성숙한 방어기제 (immature mechanism)	투사(projection): 자신이 인정하지 않는 감정을 다른 사람의 탓으로 돌리는 것
	분열적 환상(schizoid fantasy): 환상이나 내면으로 퇴각함으로써 갈등을 해결하는 것
	심기증(hypochondriasis): 다른 사람에 대한 비난이 신체적 질병에 대한 불평으로 바뀌는 것. 종종 의존요구를 피하거나 무시당하는 것에 대한 불만을 피하기 위해서 사용됨
	수동적 공격행동(passive–aggressive behavior): 다른 사람에 대한 공격이 수동성으로 간접적이고 효과적으로 표현되거나 자신에게 표현됨
	행동화(acting out): 무의식적 소망에 따른 감정을 인식하지 못한 채 직접적으로 표현하는 것. 여기에는 비행이나 성질을 부리는 것이 포함됨
Ⅲ.신경증적 방어기제 (neurotic mechanism)	지성화(intellectualization): 소망이나 바람을 형식적이고 정서적인 용어로 생각하고 그것에는 영향을 미치지 않는 것
	억압(repression): 어떤 정보를 인정하지 않거나 기억이 나지 않음. 의식적인 기억에서 지워버림
	대치(displacement): 원래의 대상이 아니라 다른 대상으로 감정을 옮김(예, 사랑하는 사람을 포옹하고 싶을 때 고양이를 안는다)

수 준	내 용
Ⅲ.신경증적 방어기제 (neurotic mechanism)	반동형성(reaction formation): 자신이 싫어하는 직장동료에게 예외적으로 친절한 것과 같이 자신이 무의식적으로 정말로 하고 싶은 것과 반대되는 방식으로 행동하는 것
	해리(dissociation): 성격의 임시적이고 극적인 변화
Ⅳ.성숙한 방어기제 (mature mechanism)	이타심(altruism): 다른 사람에 대해 대리적이지만 건설적인 봉사
	유머(humor): 불안을 야기하는 생각이나 감정을 다른 사람이 불편하지 않고 불쾌하지 않게 표현하는 것, 빈정거림은 포함되지 않음
	억제(suppression): 충동이나 갈등을 다루는 것에 대해 의식적으로나 전의식적으로 연기하려고 결정하는 것
	예측(anticipation): 미래의 문제나 불편함에 대한 현실적 추측과 그에 대한 계획
	승화(sublimation): 스포츠를 통해 공격성을 표현하는 것과 같이 쾌락을 줄이거나 반대되는 결과를 가져오지 않고 어떤 욕망이나 소망을 간접적으로 표현함

베일란트의 이론은 분명히 발달적이다. 왜냐하면 그는 각각의 성인이 더 높은 수준의 성숙으로 발달해 간다고 했기 때문이다. 그러나 미성숙한 방어기제를 사용하는 것으로부터 좀 더 성숙한 방어기제를 사용하는 과정은 단계와 같은 과정이라기보다는 오히려 점진적인 것이다. 이 점에서 베일런트의 이론은 비단계적 발달이론으로 분류된다. 그리고 로에빙거처럼 베일란트는 모든 성인이 아주 성숙한 수준에 도달하는 것은 아니라고 가정하였다.

2. 성인기 적응이론

1) 성인기의 인지발달이론

성인기 인지발달을 연구한 페리(Perry)는 성인기에는 청년기의 사고와는 다른 중요한 변화가 일어난다고 믿었다. 그는 청년들의 사고는 흑백논리로 일컬어지는 이원론적 사고에 의해 좌우된다고 믿었다. 그러나 성인기에는 이원론적 사고에서 상대론적 사고로 변화해 간다고 주장하였다. 상대론적인 인식론적 사고의 발달은 페리가 하버드 대학생의 지적 윤리적인 발달을 연구하는 과정에서 대학생의 사고가 이원론적 인식론에서 상대론적 인식론으로 변화하는 것을 발견한 데서 비롯된 것이다. 그는 이원론적 인식론적 발달 단계에 속해 있는 사람은 형식조작적 수준으로 진리의 절대성과 객관성을 주장하고, 상대론적인 인식론적 사고의 발달단계에 속해 있는 사람은 후형식 조작적 수준으로 진리의 상대성과 주관성을 주장한다고 보고 있다.[11)]

특히 페리의 이론은 이원적 가치, 인간의 존엄성과 통합성에 대한 존경, 개별적인 자기결정성, 의견을 달리하는 자들의 가치, 그리고 비판적인 시험 등과 같은 것들을 포함하고 있다. 그의 이론은 1) 구체적인 사고로부터 추상적인 개념적 사고의 형태로, 2) 단순하고 일차원적인 지식의 관점에 초점을 두는 것으로부터 복잡하고 모순적인 다원적인 지식의 관점에 초점을 두는 것으로, 3) 절대적이고 외재화된 권위를 견지하는 것으로부터 지식과 관련하여 자기가치를 중시하는 차원으로 이동하는 것에 관하여 언급하고 있다.[12)]

페리는 이원론적 사고에서 상대론적 사고로의 이행을 아홉 단계로 특징짓고 있는데, 그는 이 9단계를 대학생에게 나타나는 지적 윤리적인 발달단계로 보고 있다. 이 아홉 가지 단계는 분류방식에 따라 몇 가지로 나누어볼 수 있지만 페리의 발달단계를 뚜렷이 구분되는 네 수준으로 나누면 다음과 같이 정리할 수 있다.[13)]

〈1수준〉은 9단계 중 1단계에 대표적으로 나타나는 것이다. 이 수준에서는 사실적인 정보와 지식을 동일시한다. 배운다는 것은 교수와 교재를 통해 정보를 획득하는 것이다. 이른바 사실들은 진이거나 위의 어느 하나에 속하는 것으로 보인다. 그래서 페리(Perry)는 이 신념체제를 이원주의(dualism)라고 명명하였다. 교수자는 진리를 제시하는 권위를 가진 것으로 간주된다. 이 수준에 속한 사람은 교수자가 갈등이나 논쟁의 여지가 없는 방식으로 이론을 제시하거나 강의할 때 가장 편안함을 느낀다.

〈2수준〉은 2, 3, 4단계에 해당하는 것으로, 이 수준에서는 어떤 지식의 영역에서 의문과 불확실함이 있다는 것을 인정하게 된다. 사실들이 알려지지 않았다면 지식은 단순히 의견의 문제인 것으로 치부된다. 어떤 의견이나 동등한 지위를 얻는다. 페리는 무조건 여러 견해를 무비판적으로 수용한다는 점을 주목하여 다수주의(multiplicity)라고 지칭하였다. 이 수준에 속한 사람들은 견해에 수준의 차이가 있을 수 있음을 시인하려 하지 않는다.

〈3수준〉은 5, 6단계를 포함한다. 이 수준의 사람들은 그들이 견지하고 있는 의견에 대한 근거나 이유를 대라고 계속해서 압력을 주게 되면 단순한 견해와 근거 있는 견해 간의 차이를 깨닫게 된다. 그들은 논쟁, 문제, 교재를 분석할 수 있게 되며, 이에 대한 그들의 결론에 대한 근거를 확보하려고 한다. 페리는 이 수준의 학생들이 지식이란 인식자의 참조체제와 상관관계를 갖고 상대성을 갖는다는 점을 인식하고 있다는 특징을 들어 이 단계의 신념체제를 상대주의(relat ivism)라고 명명하였다.

〈4수준〉은 7, 8, 9단계를 포함한다. 많은 경우에 사람들은 그 옳고 그름에 대한 분명한 외부적인 확신을 보장받지 않은 상태에서 일단의 신념을 선택하게 된다. 그 신념체제는 외부적으로 주어진 것일 수도 있고 더 나아가 자신의 창의적인 작업의 소산일 수도 있다. 이런 경우 그 인식에 대한 최종적인 책임은 인식자 자신에게로 돌아간다. 즉 인식자가 지식을 자신의 일부로 통합시켜 흡수하거나 구성하고 그것이 옳은 것이라는 내부적인 확신과 열정의 수락을 받아야 한다. 이쯤 되면 지식과 인식자는 혼연일체로 서로가 서로에게 책임감을 갖게 된다. 페리는 이런 특징을 들어 이 단계의 수준을 상대주의 안에서의 헌신(commitment in relativism)이라고 명명하였다. 이 발달단계에서 편향(deflection)이 있는데, 그것은 타협(temporizing), 퇴행(retreat), 도피(escape)다. 이것은 발달에서의 비판적 관점에 대한 대안들을 제공한다. 사람은 보수에의 자극이 진보에의 자극을 능가하도록 만드는 정도에 대해 준비되지 않았거나 화가 나 있을 때, 소외될 때나 당황할 때마다 대안책들에 의존한다. 이것은 발달의 중요 선에서 사람이 활동을 중단하거나, 무효화하거나, 성장의 과정을 반대로 하기까지 하는 것이다. 타협은 자기 앞에 있는 단계를 꽤 잘 알고 있는데도 불구하고 그의 힘을 모으는 것처럼 1년 이상 기다리거나 중지하는 것이다. 퇴행은 초기단계의 이분법적 사고에서 '다른 것'에 화를 내고 미워함으로써 스스로의 입장을 굳히는 것이다. 도피는 소외라고 알려진 개인적 책임감을 더 심층적으로 기피하기 위해 중간 정도의 단계에서 제공된 분리를 이용함으로써 안주하는 것이다.

그런데, 페리의 이론은 대학교육을 받은 고학력 표본에 기초한다는 문제점을 지니고 있는 것으로 지적되고는 있지만, 하나의 질문에 대하여 오로지 하나의 정답만을 찾는 것이 아니라 여러 가지 상황적 맥락에 상응하는 해답을 찾아내는 말하자면, 적응적 인지능력(adaptive cognitive approach)을 강조하였고, 그것이 성인기의 인지발달이 지니고 있는 특징이라는 점을 분명히 하였다는 데 그 특색이 있다.

한편 샤이(Schaie, 1977)는 성인기에 이르면 지능의 양적 증가나 감소보다는 성인들이 사고하는 방식의 질적 변화가 훨씬 더 중요하다고 보고, 인지활동의 목표는 지식의 획득에서 그것의 사용으로 전환되어야 한다고 강조하면서 성인기 인지발달을 [그림 4-2]와 같이 5단계로 구분하여 제시하였다.[14)]

제1단계: 습득단계(아동기와 청년기)

인생의 초기단계인 생후 20년 동안은 사회에 참여하기 위하여 아동이나 청소년은 사회생활에 필요한 지식과 정보, 그리고 기술을 습득하게 된다. 그들은 과업 자체가 그들의 인생에 있어서 아무런 의미가 없다고 하더라도 자신의 능력을 과시하거나 개발하기 위하여 최선을 다하게 된다. 이 시기에는 구체적 조작사고에서 형식적 조작사고로 이동할 때, 개인은 정보를 저장하고 결합하고 그리고 결론을 도출하는 더 강력한 방법을 습득한다.

제2단계: 성취단계(성인초기)

성인초기에 이르면 이제까지 획득한 인지기술들을 다양한 생활상황(결혼, 취업 등)에 적용하게 되고, 이에 따라 성인들은 더 이상 지식 그 자체를 위해 지식을 습득하지 않게 된다. 실생활에서 당면하는 문제들은 그 이전에 학교나 각종 검사 시에 경험했던 차원과는 달리 문제와 맥락 양자를 동시에 고려하여야 하는 것이 대부분이다.

제3단계: 책임단계(성인중기)

성인중기에 접어들게 되면, 중년들은 배우자나 자녀의 욕구충족에 대한 책임과 직업인으로서 또는 지역사회 일원으로서 책임을 지게 되며, 이 단계에서의 책임은 어떤 경우 그 수준이 매우 복잡하기 마련이다. 이에 따라 개인의 인지는 사회적 책임을 포함하는 상황으로 확대되게 된다.

제4단계: 실행단계(성인 중기)

이 단계는 제3단계인 책임단계의 변이로서 적합한 기술의 발달과 실행이 허락되는 기회를 얼마나 갖느냐에 달려있다. 그러므로 이 단계에서는 책임지는 것에서부터 더 나아가 다양한 과업의 실행여부를 체크하고 감독하는 역할을 수행하는 것을 말한다. 그런데 대부분의 성인의 경우 책임단계만 경험하고 성인후기로 접어들게 되기도 하지만, 일부의 성인들은 책임단계와 실행단계를 함께 겪기도 한다.

제5단계: 재통합단계(성인 후기)

이 단계에서 성인들은 사회적 참여와 책임으로부터 어느 정도 벗어나게 되고, 은퇴 등과 더불어 실행적 사고의 중요성 또한 약화된다. 또한 생리적인 변화로 인지기능 등이 제약을 받기 때문에 자신들이 노력을 기울여야 할 과업에 대해 보다 선택적이다. 이 단계에서는 자신들이 하는 일의 목적에 관심이 있으며 자신에게 의미가 없는 일에는 시간을 낭비하려 하지 않는다. 이 점에서 이 단계는 에릭슨(Erikson)의 자아통합감의 단계와 일치한다.

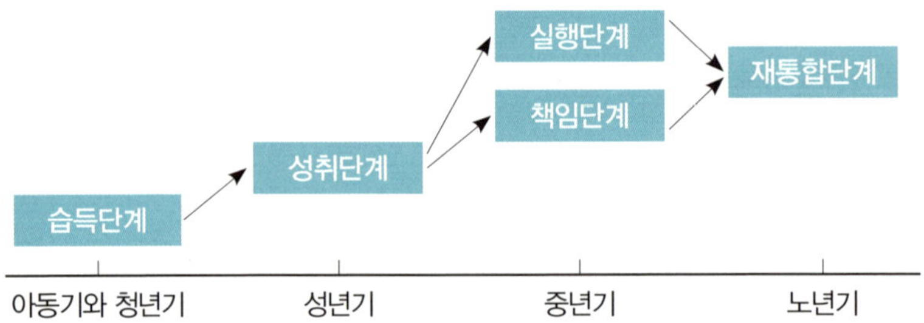

[그림 4-2] Schaie의 성인기 인지발달 단계

2) 도덕성 발달이론

성인기의 도덕적 사고는 어떻게 변화하는가? 도덕적 판단은 청년기에 절정에 달하고 성인기에는 퇴보한다는 주장도 있지만, 성인기 동안 더 윤리적이고 옳고 그름에 대한 자신의 판단과 더 일치하는 행동을 보인다는 연구결과도 있다. 콜버그(Kohlberg, 1976)는 도덕적 구조에는 통일성과 일관성이 존재하며, 도덕성 발달은 단계의 연속을 따른다고 믿었다. 또한 그는 도덕성 발달이 아동기, 청소년기, 성인기 동안 계속된다고 주장하였다. 대부분의 성인들은 관습적 수준에서 판단하며 단지 소수의 성인들만이 도덕성의 후관습적 수준을 획득하게 된다고 보았다. 후관습적 수준에서 판단하는 성인들은 관습적 추론가들보다 부정적인 인생사건들에 훨씬 긍정적인 방식으로 대처하는 것처럼 보인다. 그리고 후관습적 추론가들은 도덕적 발달이 낮은 수준의 사람들보다 좀 더 도덕적으로 행동하는 경향이 있다고 주장하였다. 이들은 일련의 도덕적 딜레마를 제시하는 것을 통해 도덕성 발달이론을 정립한 콜버그의 연구결과로부터 기인한다. 특히, 콜버그는 연구를 통해 다음과 같은 사실을 발견하였다.[15)]

첫째로, 어린 아동들에 의한 규칙의 준수는 권위적 존재에 대한 일방적 존중보다는 처벌에 대한 두려움에서 나오는 것이다. 둘째로, 도덕성 발달은 10-12세에 자율적 단계로 들어섬으로써 끝나는 것이 아니라 청소년기와 초기 성인기를 거쳐 더 복잡하게 이루어진다. 셋째는, 피아제(Piaget)의 도덕성 발달의 범위를 확장시키고 성인기 이후까지 발달의 범주 속에 포함시켰다는 데에 의의가 있다. 콜버그에 따르면 도덕성 발달은 각각 두 개의 질적으로 구분되는 단계들로 구성되고 불변적인 계열을 이루는 세 가지 도덕적 수준을 거치게 된다. 이를 간단하게 제시하면 〈표 4-4〉와 같다.

〈표 4-4〉 콜버그의 도덕적 발달 수준과 단계

수 준	내 용
수준 I :	전 관습적 수준
제1단계	보상을 받느냐 처벌들을 받느냐를 기준으로 행동을 판단한다.
제2단계	자신이나 사랑하는 사람을 만족시켜 주고 이익이 되는 정도에 의해 행동을 판단한다.
수준 II.	관습적 수준
제3단계	권위적 인물의 승인이나 불승인을 바탕으로 행동을 판단한다.
제4단계	사회가 정한 법률이나 규칙을 지지하느냐 파괴하느냐에 따라 행동을 판단한다.

수준Ⅲ.	후관습적 수준
제5단계	개인의 권리를 존중하고 사회계약을 유지하는 정도에 따라 행동을 판단한다.
제6단계	시간과 문화를 초월하여 적용될 수 있는 보편적 원리를 바탕으로 행동을 판단한다.

한편, 이들 콜버그의 도덕적 발달이론 등을 토대로 성인기의 도덕성 발달을 촉진시키기 위해서는 어떠한 노력을 해야 하는가에 대해 다음과 같은 몇 가지 차원에서 도덕성 발달이론의 중요성을 시사받을 수 있다.[16]

첫째, 개인이 상이한 도덕적 단계들을 통해 발달함에 따라 그들은 자신의 삶에서 발생하는 도덕적 딜레마에 대해 보다 효과적인 결정을 내릴 수 있게 된다. 이것이 후관습적 도덕적 추론가들이 낮은 수준의 도덕적 추론가들보다 더 나은 사람이라는 것을 의미하는 것은 아니다. 대신에 이것은 후관습적 추론가들이 도덕적 문제에 관해 좀 더 넓고 모든 것을 포함하는 균형 잡힌 관점을 가진다는 것을 의미한다.

둘째, 한 사람의 도덕적 추론의 수준은 그 사람의 도덕적 행동과 관련이 있는 것으로 나타났다. 콜버그 등의 연구는 사람들이 도덕적 단계를 통해 진보함에 따라 좀 더 일관성 있는 도덕적인 행동, 정직, 이타주의, 그리고 정치적 · 시민권리 행동주의에 참여하게 된다는 것을 보여주었다. 더 나아가 그들은 권위적 인물이 지시하는 도덕적인 명령에 순응하지 않게 된다.

셋째, 콜버그의 이론은 성인들이 현실의 도덕적 문제를 어떻게 이해하고 대처하는지에 대한 가치 있는 정보를 제공하였다. 이를테면, 생명을 위협하는 질병에 걸렸을 때 의학적인 처치를 받아들이거나 거부할 수 있는 권리라든가 안락사 등에 대한 자기결정의 권리 등과 같은 성인의 이해에 영향을 미치는 방식에 대한 연구 등에도 영향을 미친 것으로 나타났다.

3. 인생의 전환기에 대한 사회학적 접근

이제까지 성인기의 발달이론들을 통하여 성인기는 사고양식에 있어 이분법적 사고에서 벗어나 변증법적 사고, 상황이나 맥락에 따른 사고를 하고, 자아나 신념발달에 있어 자기중심성에서 벗어나 자율성, 이타성으로 대치되어 발달되어 나아가며, 그리고 도덕성에 있어 자율적인 도덕 단계에서 더 나아가 정의의 윤리나 책임이나 배려의 윤리에까지 발달하여 나아간다는 것을 살펴 보았다. 여기서는 이들 성인기 발달이론들의 상호관련성을 고찰해봄으로써 발달이 다면적으로 이루어진다는 것을 설명하고자 한다.[17)]

앞에서 제시한 성인기 발달이론은 서로 관련되어 있는데 그것은 발달이론의 특징 중의 하나인 다면성에서 기인한다. 초기의 발달이론처럼 연령에 따른 발달단계를 제시한다는 점은 상당한 무리가 있지만 이들의 관련성을 종합하면 〈표 4-5〉와 같다.[18)] 이것은 치커링(Chickering, 1976; Kasworm, 1983; 권두승, 1996)의 연구결과를 여태철(1996)이 정리한 것이다.

발달의 전반적인 경향성은, 지적 발달의 경우는 절대성에서 상대성, 그리고 개방된 체계 내에서의 자기의 것에 대한 헌신으로 나아가는 것으로 보이며, 도덕성 및 자아발달은 자기중심성에서 배려와 이타성, 그리고 보편적 원리지향으로 나아간다는 것을 보여주고 있다.

〈표 4-5〉 성인기 발달이론들 간의 특성비교

지적 발달	도덕성 발달	자아발달과 신앙의 발달	
Perry(1971)	Kohlberg(1973)	Loevinger(1966)	Vaillant(1977)
기본적 이원주의	자기중심성	전사회적, 공생적	정신병적 기제
전합리적인 다수주의	복종 · 처벌	충동지배적	
저급한 다수주의	도구적 상대주의	자기방어적	
상호관련된 다수주의	착한 사람 지향		미성숙한 기제
저급한 상대주의			
상호관련되고, 경쟁하거나 혼동된 상대주의	권위, 규칙, 사회질서 지향	순응주의자	신경증적 기제
책임의 예정	사회 계약 합법지향적	양심적	
최초의 책임 방향설정 발달하는 책임	도덕적 원리 지향성	자율적, 통합적	성숙한 기제

이들 발달이론들은 성인기에도 전통적 발달이론에서 발달의 최종단계로 있는 청소년기와는 질적으로 다른 발달이 일어난다는 것을 밝혀낸 것들이다. 여기에서 성인기의 발달이 이전과 질적으로 다르다고 표현하는 이유는, 전통적 발달이론에서 말하는 질적 변화가 출생 시부터 청소년기에 이르기까지 직선적인 위계상에 있어서의 도약이나 전이를 뜻함으로써 그 변화의 방

향이 단편적임을 나타내는 데 반해, 성인기의 발달은 맥락에 따른 다양한 형태를 취하기 때문에 개개의 단면적인 영역 예를 들면, 사고의 발달이나 도덕 발달 등에서도 맥락에 따라 다양한 형태를 취할 수 있기 때문에 그러하다. 이들 발달이론상에 나타나는 성인의 특성을 간단하게 제시하면 다음의 〈표 4-6〉과 같다.[19]

〈표 4-6〉 성인기 발달이론상에 나타나는 성인학습자의 특성

성인기 발달이론 연구	성인의 특성
변증법적 사고 혹은 다원론적 사고	개방성, 가치지향성, 자기평가
상대론적 인식론적 사고	상대성, 책임감(헌신)
성숙한 도덕적 사고	상호의존성, 상호작용, 배려(또는 보호) 지향, 보편적인 윤리적 원리 지향
자아발달	이타성, 비판적 반성 및 의문, 단일성(통합성)
성인의 지능발달	지적 기능에서의 진보, 지적 능력의 안정성, 개인 밖에서 일어나는 현상과의 적응

미 주

1) E. H. Erikson, *Childhood and society*(New York: Norton, 2nd ed., 1950).
2) E. H. Erikson, *The life cycle completed*(New York: Norton, 1982), p.67.
3) *Ibid*, p.138.
4) *Ibid*, p.62.
5) D. J. Levinson. "A conception of adult development", *American Psychologist*, 1986, 41(1), pp.3-13.
6) 김수진, 여성의 역할태도가 심리적 안녕감에 미치는 영향, 고려대학교 석사학위논문(미간행, 1989).
7) D. J. Levinson, *The seasons of a man's life*(New York: Knopf, 1978).
8) J. Loevinger, R. Wessler, & C. *Redmore, Measuring ego development*(vols. 1-2)(San Francisco: Jossey-Bass, 1970).
9) G. E. Vaillant, *Adaptation to life: How the best and brightest came of age*(Boston: Little, Brown, 1977), pp.383-386.
10) 장휘숙, 성인심리학: 성인발달, 노화, 죽음(서울: 박영사, 2013), p.57.
11) 여태철, 성인학습의 전생애발달 이론적 정당화(미간행, 서울대학교 박사학위논문, 1999), p.60.
12) 권두승, 평생교육론(서울: 교육과학사, 1995), p.345.
13) 여태철, 성인학습의 전생애발달 이론적 정당화(미간행, 서울대학교 박사학위논문, 1999), pp.59-60.
14) 정옥분, 발달심리학: 전생애 인간발달(서울: 학지사, 2014).
15) 여태철, 성인학습의 전생애발달 이론적 정당화(미간행, 서울대학교 박사학위논문, 1999), pp.61-62.
16) William J. Hoyer 외 지음 윤경자 외 옮김, 성인발달과 노화(서울: 교문사, 2001), p. 433. 콜버그의 이론이 교육에 주는 시사점으로서는 William Crain 저, 송길연 · 유봉현 역, 발달의 이론(서울: 시그마 프레스, 2012), pp.219-222.참조
17) 여태철, 성인학습의 전생애발달 이론적 정당화(미간행, 서울대학교 박사학위논문, 1999), pp.61-62
18) 전게논문, pp.79-80.
19) 전게논문, p.81

Chapter_ 5
앤드라고지

1. 앤드라고지의 의의와 형성배경

1) 앤드라고지의 개념

앤드라고지는 아동을 대상으로 하는 페다고지(pedagogy)[1]와는 대조적으로 그리스어의 '성인(andros)'이라는 말과 '지도하는(agogus)'이라는 말의 합성어로 만들어졌다. 이 말은 좁은 의미에서는 '성인들의 학습활동을 돕는 기예와 과학(art and science of helping adults to learn)'이라는 뜻을 지니고 있다.[2] 광의의 입장에서 앤드라고지는 성인교육의 정책, 제도 및 실시과정 전체를 체계적으로 연구하는 학문을 의미한다.[3] 후자의 의미에서 앤드라고지는 성인교육 이론의 연구 혹은 성인학습의 과학과 동의어로 취급되기도 한다. 이에 비하여 전자는 교육이란 학습자의 학습활동을 원조한다는 입장에서, 말하자면 학습을 지속 · 개선 · 촉진시키는 작용이라고 한다는 점에서 학습자의 발달단계 및 생활단계에 알맞은 최적의 원조기술을 체계화하는 데 그 목적을 두고 있다. 이 점에서 앤드라고지는 성인의 교수기법에 한정된 연구영역에 초점을 두고 있다. 광의의 입장에서 앤드라고지의 개념은 당연한 귀결로서 그 아래에 여러 개의 하위 과학을 포함하고 있다. 그 하나의 예로 『세계교육백과사전』에서 크레잉(Krainc)은 기초 앤드라고지와 비교 앤드라고지를 지적하고 있다.[4] 전자는 성인교육에 관한 기초개념 및 원리의 구조를 주로 다루고, 후자는 여러 국가 간의 성인교육의 국민적 혹은 지역적 차이가 나타나는 거시적인 차원의 사회적 제 변수를 연구한다. 나아가서 특정 장면의 성인교육을 주로 언급하는 산업앤드라고지, 군대앤드라고지, 사회앤드라고지, 가족앤드라고지 등도 존재하고 있다. 이와 관련하여 보았을 때, 앤드라고지는 성인교육의 제 측면 및 각 영역의 연구 전체를 포괄하는 우산과 같은 개념이라고 할 수 있다.

이와는 달리 협의의 앤드라고지가 중점을 두는 것은 성인교육에 있어서 실천의 방법원리와 기술이다. 이와 같은 입장은 국가 및 사회에 의한 성인교육의 제도적 차이 및 각 성인교육의 영역에서 주로 이들 간의 비교에 중점을 두는 것이 아니라, 전체 성인교육의 실천과정에 나타나고 적용될 수 있는 기본 원리와 일반 기술을 주로 언급한다는 데 그 특징이 있다. 따라서 앤드라고지는 교수학습과정과 성인교육의 미시적, 기술적 과정을 중점적으로 다루고 있다.

성인교육의 미시적인 과정은 거시적인 제도 및 정책 등으로부터 생성되는 것이기도 하다는 점에서 후자는 전자를 위한 틀의 형성 내지는 조건정비라는 의미를 지니고 있다. 또한 개별 성인의 도구적인 교육활동은 그 미시적인 과정에서 계획 · 실시되므로, 성인교육의 존재이유와 가치는 결국 그 과정을 통하여 성인학습자에 대한 원조작용이 된다. 이에 따라 성인교육의 실천 · 원리 수준에서의 이해를 탐구한다는 점에서 협의의 앤드라고지에 대한 연구는 중요한 의미를 지니고 있다. 앤드라고지의 독특성도 바로 여기에 있다.

여기에서는 이와 같은 문제의식하에 협의의 앤드라고지에 초점을 두고, 성인학습을 체계적으로 지원, 조성, 지도하는 데 필요한 지적 기반의 확대를 위해 현재까지 나타난 앤드라고지의 이론 체계에 대하여 언급해 보고자 한다. 물론 여기서 필자는 아동을 대상으로 하는 교육과 성인을 대상으로 하는 교육이 전적으로 달라야 한다든가 앤드라고지가 특별한 교육영역을 지녀야 한다는 것을 강조하는 것은 아니다. 왜냐하면, 오늘날의 사회에 있어서 개인의 발달정도, 학습과제에 대한 관심유무, 개인의 사회적 필요성 등에 따라 학습에 임하는 태도가 다를 뿐, 학습활동이 아동과 성인이라는 생물학적, 사회학적 입장에 따라 구분되는 것이 아니라고 보기 때문이다.[5] 다만, 여기에서는 이제까지 교육의 장에 있어서 강조되어 왔던 페다고지적인 접근을 앤드라고지적인 접근과 비교 · 검토하여 봄으로써 그동안 소홀히 다루어왔던 학습자의 자발성 혹은 성숙성을 고려한 학습원조 혹은 지도방법을 탐구하는 데 도움을 얻고자 그렇게 구분한 것임을 미리 밝혀 두고자 한다.[6]

2) 앤드라고지의 형성배경

앞에서도 언급한 바와 같이 앤드라고지는 하나의 독립된 과학으로서 성인에 관한 교육이론으로 받아들여지고 있는 반면, 다른 한편으로는 성인의 학습활동을 도와주는 하나의 방법으로서의 의미를 지니고 있는 것으로 발전하여 왔다. 전자는 주로 유럽에서 후자는 주로 미국에서의 경향을 반영하고 있는 것으로 나타나고 있다. 앤드라고지가 어떠한 의미를 지니고 있든 간에 1960년대부터 앤드라고지가 본격적으로 거론되기 시작한 배경을 살펴보면 다음과 같다.

첫째, 사회변화가 가속화되어감에 따라 기존의 교육개념으로는 성인의 다양한 학습요구를 충족시킬 수 없다는 인식으로부터 앤드라고지가 대두되었다고 볼 수 있다.

제1장에서도 살펴본 바와 같이 현대사회에서 점차 가속화되고 있는 변화의 신속성, 다양성, 복잡성 등으로 인하여 성인들은 사회변화에 적절하게 대응하기 위해서뿐만 아니라 생존 그 자체를 위해서 지속적인 학습이 필요하게 되었다. 그러나 성인의 학습활동을 촉진하고 그 효율성을 제고하기 위해서는 무엇보다도 성인의 특성에 알맞은 방법으로 적절한 지원이라든가 지도가 이루어져야 한다. 이와 관련해서 화이트헤드(Whitehead)가 강조한 바를 음미

해 보면 크게 도움이 될 것 같다. 그에 따르면 사회문화의 변화주기가 인간의 평균 수명보다 길었던 때에는, '지금까지 무엇이 알려져 왔는가'를 모아서 전수하는 과정으로서 교육은 충분하였다고 한다. 왜냐하면, 그러한 시대에는 아동기나 청년기에 학교에서 그들이 배운 내용이 그들의 나머지 전 생애에 걸쳐서 그대로 타당하고도 유용하였기 때문이다. 그러나 화이트헤드는 '우리는 역사적으로 이러한 가정이 처음으로 틀린 시대를 살고 있다. …오늘날 이러한 사회문화의 변화주기는 인간의 삶의 생애주기보다 상당히 짧고 따라서 우리는 개인이 새로운 환경에 직면하도록 준비시킬 수 있는 훈련을 해야만 한다'라고 강조한 바 있다.[7] 다음의 [그림 5-1]에서 볼 수 있듯이, 21세기 초반까지는 주요 문화적 변화(예를 들면, 새로운 지식의 유입, 기술의 혁신, 직장에서의 전직, 인구이동, 정치경제적 변화 등)의 주기가 몇 세대를 지나야만 했지만, 그 속도는 점점 가속화되고 있다. 이러한 새로운 상황하에서는 개인이 21세 때 획득한 지식은 그가 40세가 되었을 때는 거의 쓸모없는 것이 된다. 그러므로 알려진 것을 전수하는 과정으로서 교육을 정의하는 것은 더 이상 실용적이지 않다. 교육은 이제 알려지지 않은 것을 발견해 가는 평생에 걸친 과정으로 정의되어야 한다.[8]

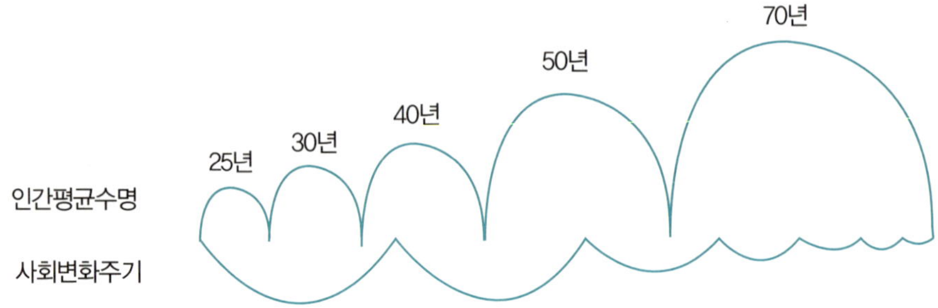

[그림 5-1] 사회변화의 시간간격과 인간의 생애주기의 관계

그러므로 성인학습을 촉진시키기 위해서는 전통적인 아동을 대상으로 하는 교육에서 사용하였던 방법과는 다른 전략과 방법을 구사하여야 할 필요가 있다. 이 점에서 성인교육에 있어서의 앤드라고지적 접근이 필요하다.

둘째, 앤드라고지는 1960년대와 1970년대 초에 걸쳐서 전 세계적으로 나타났던 추세, 이를테면 낭만주의적이고 인본주의적인 경향에 영향을 받아서 형성되었다.[9] 성인교육의 사회학자로 불리는 자비스(Jarvis)는 기존의 전통적이고 페다고지적인 교육을 '위로부터의 교육'이라고 칭하고 앤드라고지와 같이 개인이 마음껏 자신의 잠재력을 성취할 수 있도록 북돋워 주는 교육을 강조하는 개념으로서 '동등한 교육'이라고 명한 바 있다.[10] 특히 그는 종래의 '위로부터의 교육'과 같은 전통적인 페다고지를 '개인을 사회체제에 적응하도록 준비시키는 과정'으로, '동등한 교육' 혹은 앤드라고지로 대표되는 교육은 '개인의 존재성을 강조하고, 아울러 그가 사회에서 행위자로서 역할을 수행할 수 있도록 잠재력을 실현해 갈 수 있는 능력개발을 중시'하는 것으로 파악하고 있다. 그리하여 그는 기존의 페다고지적 교육모형이 고전주의적인 데 비하여 앤드라고지적 모형은 낭만주의적 경향을 띠고 있다고 보고 있다. 그리하여 1960년대에 낭만주의 교육이론이 성행하였던 것과 때를 같이하여 앤드라고지도 1960년대 이후 성공을 거둘 수 있었다고 파악하고 있다.

셋째, 학문으로서나 실천의 영역으로서 성인교육이 사회에서 보다 활성화되어 감에 따라 성인교육을 타교육영역과 구분하고 이와 관련된 일들에 대한 전문직성을 부여하기 위한 차원에서, 말하자면 성인교육의 전문직화(professionalization)의 과정으로부터 앤드라고지가 대두되었다는 것이다.[11]

흔히 하나의 전문직(profession)은 다른 직업과 여러 면에서 구분되는 속성을 지니고 있다. 이를테면, 전문직은 그들의 직무수행상에 필요한 자질이라든가 특정한 지식이나 기술들을 일정 수준 이상으로 소유하고 있는 자들을 중심으로 내적으로 조직화되어 있으며, 이는 곧 타전문직이라든가 다른 직업으로부터 자신들을 보호하는 체계를 지니고 있는 특성을 보이고 있다. 또한 전문직의 활동은 근본적으로 지적이며, 책임(혹은 고도의 윤리성)을 수반하고 있으며, 단순하고 일상적이지 않는 지식에 근본을 두고 학습되는 까닭에 장기간의 교육이 필요하다는 점 등을 지적할 수 있다. 따라서 하나의 직업이 전문직화되기 위해서는 그 분야에 관한 과학적인 지식의 체계나 그러한 연구 결과들을 토대로 사회에 봉사할 수 있는 윤리적 지침이 있어야 할 필요가 있다. 하나의 직업이 전문직화되기 위해서는 기본적으로 그 사회 내에서 정치적, 문화적, 사회적, 경제적 맥락에서 그와 같은 직업이 전문직으로 인정받을 수 있는 체제를 확보해야 할 필요가 있다. 그러므로 앤드라고지는 성인교육의 이론가나 실천가들로부터 그들의 직무가 기존의 교육활동과 구분되는 특성을 지니고 있다는 것을 강조하기 위해서 어떤 형태의 지식체계가 필요하였고, 이에 대해 앤드라고지가 이들의 요구에 적절한 형태로 기여하였기 때문에 성인의 학습활동을 돕는 과학으로서의 의미로 받아들여지게 되었다는 것이다.

마지막으로, 앤드라고지가 대두된 배경에는 2차 세계대전 이후부터 급속하게 전개된 산업화 · 공업화 · 도시화의 물결 속에서 성인교육의 필요성이 부각됨에 따라 실천의 영역으로서 성인교육이 활성화되었으며, 이에 따라 성인교육에 있어서 그를 체계적으로 뒷받침할 수 있는 이론을 형성하는 것이 필요하게 되었다는 점을 지적할 수 있다.

이러한 문제를 해결하기 위하여 교육이론에 인간교육의 전단계를 포함시키는 것을 전제로 하여 종래의 교육이론을 아동중심의 교육이론, 즉 페다고지로 한정시키고, 아동중심의 교육이론과는 구분되는 성인들에 대한 독자적인 기술과 과학을 개발할 필요성이 대두되었던 것이다. 이것이 성인교육의 독자성에 착안한 앤드라고지의 출현을 가능하게 하였다는 것이다.[12)]

2. 앤드라고지의 기본 전제 및 과정

1) 앤드라고지의 기본 전제

앤드라고지에서는 전통적인 페다고지에서 전제로 하고 있는 아동학습자에 관한 가정과는 다른 성인학습자의 특성에 관한 여섯 가지의 중요한 가정을 전제로 하고 있다. 이 가정들은 인간이 성숙함에 따라 다음과 같은 차원으로 변화한다.

① 사람들은 성숙해 가면서 그의 자아개념이 의존적인 성격에서 자기주도적인 것으로 변화한다.
② 성인들은 시간이 흐를수록 더욱 많은 경험을 축적하게 되고, 그 경험은 귀중한 학습자원이 된다.
③ 성인들의 학습준비성은 그 사람의 발달과업 또는 사회적 역할과 깊은 관련이 있다.
④ 시간에 대한 관점은 지식의 적용을 연기하는 것에서 즉각적인 적용으로 변하게 되고, 학습에의 경향성은 교과 중심에서 문제 중심으로 옮겨가게 된다.[13)]
⑤ 성인은 외재적인 요인보다는 내재적인 요인에 의하여 학습하고자 하는 동기가 유발된다.[14)]
⑥ 성인들은 자신들이 왜 그것을 배워야 하는지를 알아야 한다.

이와 같은 것을 통해서 볼 때, 전통적인 교수방법인 페다고지에서는 1) 학습자는 기본적으로 타율적이고 수동적인 존재이고, 2) 학습자가 학습현장으로 가지고 오는 경험은 단지 학습의 출발점에 불과할 뿐 그다지 가치가 없는 것들이고, 3) 학습자는 학습에 대한 준비도가 부족할 뿐만 아니라 사회(특히 교사)가 배워야 한다고 강조하는 것을 기꺼이 배우고자 하는 존재이고, 4) 학습은 미래 생활을 대비하기 위한 것이며, 그리고 5) 학습은 기본적으로 외재적인 동기에 의하여 이루어진다는 것을 기본 전제로 하고 있다는 것을 알 수 있다.

이러한 점에서 앤드라고지는 전통적인 교육학인 페다고지가 의거하여 왔던 아동학습자에 대한 기본 전제와 명확하게 대비된다. 이들 양자 간의 기본 전제를 간단하게 나타내면 다음의 〈표 5-1〉과 같다.[15)]

〈표 5-1〉 페다고지와 앤드라고지의 기본 전제 비교

구 분	페다고지	앤드라고지
학습자의 개념	의존적 단계	자기주도성의 증대
경험의 역할	학습자원으로서 그다지 가치를 지니고 있지 않음	학습자가 지닌 경험은 자신은 물론 타인에게 있어서도 풍부한 학습자원이 됨
학습 준비도	생물학적 발달단계 및 사회적 압력	생애주기에 의한 다른 발달과제 및 사회적 역할의 변화
학습에의 경향성	미래를 위한 준비, 교과중심성	즉시적인 활용, 문제중심성
학습에의 동기	외재적 동기	내재적 동기

노울즈(Knowles)는 이와 같은 학습자로서의 아동과 성인의 대비적인 특징에 주목하여 아동교육으로부터 성인교육을 구분하고 성인교육 고유의 이론과 기술을 구축하기 위한 노력을 경주하여 왔다.

페다고지와 앤드라고지의 구조적인 차이점을 노울즈의 기본 가정으로부터 추출하여 이를 보다 구체화시킨 마이어(Mayer)의 견해에 따라 살펴보면 다음의 〈표 5-2〉와 같다.[16)]

〈표 5-2〉 페다고지와 앤드라고지의 원리 비교

구 분	앤드라고지
1. 교수학습과정의 운영에 있어서 학습자의 관심 및 이해에 관계없이, 그리고 적극적인 참여 없이 강제적인 출석을 전제로 한다.	1. 학습은 학습자의 자발적인 참여를 전제로 이루어진다. 학습자는 이를 통해 자기의 이해 혹은 욕구를 충족시킬 수 있을 것으로 기대한다.
2. 아동의 자기개념은 성인의 지도를 필요로 하는 의존적이고, 미성숙한 존재로 파악된다.	2. 성인의 자기개념은 자기지도가 가능한 성숙하고 독립적인 인간 그 자체이다.
3. 교수자는 보다 많은 지식을 지니고 있으며, 그 지식을 학습자들에게 전달하는 것을 주된 임무로 한다.	3. 학습자는 교수자 및 타학습자와 상호적인 관계를 지니고 있다.
4. 아동의 인생경험은 학습과정에서는 가치 있는 것으로 여겨지지 않는다.	4. 성인의 인생경험은 매우 다양하기 때문에 학습과정에 있어서 풍부한 공헌을 할 수 있을 것이라고 기대되고 있다.
5. 교수자가 축적한 지식 및 경험은 무엇보다도 중요하며, 학습에 있어서 제1의 자원이기도 하다.	5. 학습자들이 축적한 지식과 인생경험은 교사의 그것과 마찬가지로 학습에 있어서 가치 있는 자원이라고 판단된다.
6. 교수자는 내용(무엇을 학습하는가)과 학습과정(언제 학습을 행하는가)을 결정하는 존재이다.	6. 학습자는 학습내용과 학습과정을 선택할 수 있으며, 학습내용과 학습과정은 개개인의 관심과 요구에 기초하여 결정된다.
7. 교육은 장래의 준비과정이며, 학습자는 장래 무엇을 행하고 성취할 수 있도록 준비하는 존재이다.	7. 교육은 현재의 문제해결을 위한 과정, 즉 학습자의 현재 상황에 관계있는 무엇인가를 행하는 과정이라고 파악된다.
8. 교수자가 지닌 제1의 임무는 내용(무엇을 학습해야 하는가)을 통제하는 데 있다.	8. 교수자가 지닌 제일의 기능은 학습과정을 지도하는 데 있다.

구 분	앤드라고지
9. 학습자가 학습교재에 대하여 어떻게 느끼고 있는가는 거의 고려되지 않고 있으며, 다만 그것이 어떻게 잘 학습될 수 있는가에만 관심을 집중시키고 있다.	9. 학습자가 학습내용과 학습과정을 어떻게 여기고 있는가에 대하여 커다란 관심을 지니고 있으며, 학습자들의 적극적인 감정은 학습을 지속시키는 데 있어서 중요한 요소이다.
10. 학습자는 과거의 학습이 언제, 어떻게 도움이 되며, 앞으로 자기 자신에게 어떠한 학습이 필요한가에 대해서는 거의 평가하지 못한다.	10. 학습자는 학습과정이 지니고 있는 가치를 부단히 평가하고, 나아가서 앞으로의 학습에 자기 자신의 요구가 어느 정도 충족될 수 있을 것인가를 판단한다.

여기에서 페다고지와 앤드라고지 간의 원리상의 차이는 기본적으로 이들 양자 간의 교육대상, 즉 아동과 성인학습자로서의 특징으로부터 도출된다. 아동과 성인의 양자 간에는 생물학적 연령, 사회문화적 생활단계(life stage), 그리고 심리학적(발달단계)인 차이가 있을 뿐만 아니라 이들 양자가 처해 있는 상황의 차이도 있다. 연령에 따른 변화는 그 과정을 이해하게 되면, 교육의 자본으로서 활용할 수도 있으며, 필요에 따라서 그를 보상할 수 있는 방법도 모색해 볼 수 있다.

하여튼 아동과 성인학습자들이 지니고 있는 제반 특성의 차이점은 각각 이들에 대응하는 학습지도 원리를 제공해 주는 전제조건이 된다. 이와 같은 입장에 서게 되면, 페다고지와 앤드라고지라고 하는 두 개의 교육모형이 언뜻 보아서 대립적인 것으로도 보일 수 있지만, 인간교육의 전체적인 관점 내지 평생교육의 관점에서 보면, 이들 두 모형은 연속선상의 상호보완적 관계이며, 두 개의 인간교육의 원리는 페다고지 모형으로부터 앤드라고지 모형으로 이동해 간다는 것을 알 수 있다. 이에 대하여 노울즈는 1970년에는 이들 양자를 대립적으로 보았지만, 그 후 청소년을 대상으로 하는 학교교육에 있어서도 앤드라고지 원리의 실천가능성 및 성인교육에 있어서의 페다고지 원리의 적용이 가능하다는 것을 확인하고 이들 양자는 전체 교육체제 하에서 두 개의 하위 교육체제로서의 위치를 차지하고 있다고 언급한 바 있다. 그것에 한정되지 않고, 이와 같은 이분법적인 교육모형의 구조화는 평생교육의 전망하에서 아동교육과 성인교육의 존재를 확인하고 양자의 학습을 지도하는 원리를 확립해 나가면서 독자적인 가치와 유용성을 지니고 있는 것으로 나타나고 있다. 이와 같은 과정을 통하여 우리는 이제 두 개의 교육모형을 지닐 수 있게 되었다고 할 수 있다. 이제까지 긴 세월 동안 교육연구와 실천의 대상은 아동에 한정되었으며, 교육학은 아동 및 청소년을 지도하는 이론으로부터 성립되었다. 이에 비하여 앤드라고지의 연구는 성인을 교육연구와 실천의 대상으로 새로운 면을 교육학 연구에 부가하였으며, 교육의 대상 및 상황에 의해서 두 개의 교육모형을 선택할 수 있는 가능성을 제시하였다는 데에도 그 의의가 있다. 예를 들면, 연령을 막론하고, 학습자가 전혀 모르는 영역에서는 자기 스스로 학습의 주도권을 쥐게 될 때까지 학습자는 교수자의 원조에 의존하는 것이 적절하다고 볼 수 있다. 이와 같은 상황에서는 페다고지의 원리가 보다 유효적절하다. 또한 아동 및 청소년 학습자도 학교 외의 학습에 있어서는 자기주도적일 수 있는데, 이와 같은 상황 하에서는 앤드라고지가 유효할 것이다.[17] 나아가서 학교교육 내부의 학습활동에 있어서도 앤드라고지의 원리에 따라서, 아동의 경험을 학습자원으로서 활용하기도 하고, 그들이 주체적으로 학습을 계획하고 실시하는 데 필요한 장면을 구성하는 것이 보다 적절하다고 본다.

2) 앤드라고지의 실천적 모델

다음에서는 앤드라고지의 개념적 틀(framework)을 토대로 그 실천적 과정을 살펴보고자 한다. 이를 통하여 앤드라고지가 그 기본원리를 통하여 성인학습의 지도방법 내지는 교수전략에 주는 시사점이 무엇인가를 탐색할 수 있는 근거를 얻고자 한다. [그림 5-2]에서 나타나는 앤드라고지의 실천에 있어서 핵심적인 차원은 1) 학습의 목적과 목표, 2) 개인 및 상황별 차이, 3) 앤드라고지: 성인학습의 핵심원리이다. 이 개념적 틀은 성인학습에 영향을 미치는 요인과 성인학습의 핵심원리를 통합적으로 설명할 수 있다.[18)]

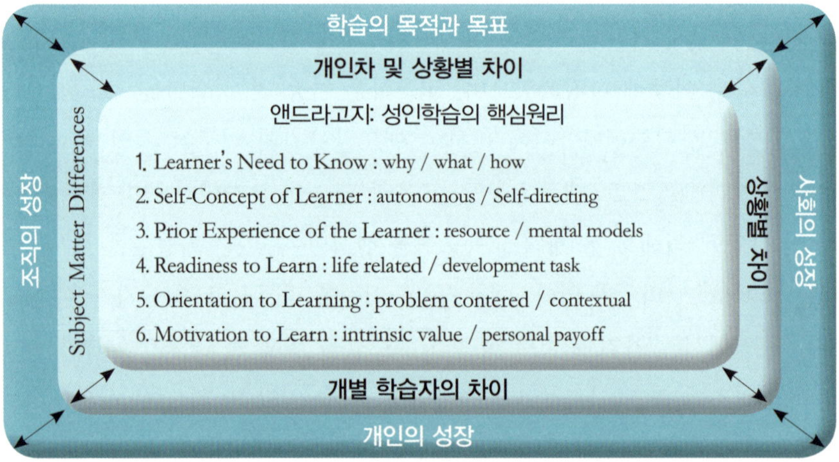

[그림 5-2] 앤드라고지의 실천적 개념 틀

여기서 앤드라고지의 핵심원리는 성인학습 경험을 설계하는 데 튼튼한 토대가 되며, 별다른 정보 없이 이 원리만으로도 효과적인 성인학습을 위한 적절한 접근방식을 제공할 수 있다. 또한 특정 성인학습자의 개인별 특성, 주제의 특성, 그리고 성인학습이 전개되는 특정상황의 특성을 이해할 수 있어야 하며, 성인학습이 실행되는 데 있어서 목적과 목표는 학습경험을 구체화시키는 틀을 제공한다는 데 그 의의가 있다.

(1) 학습의 목적과 목표

앤드라고지의 개념적 틀을 둘러싸고 있는 가장 바깥쪽의 면이 바로 학습의 목적과 목표와 관련된 내용이다. 이들은 학습경험을 형성하고 창조하는데 핵심적인 요인이다. 성인학습의 목적은 크게 3가지 범주로 구분할 수 있는데, 그것은 개인적(individual), 조직적(institutional), 그리고 사회(society)의 발전이다. 노울즈(Knowles)는 앤드라고지 모델을 제시하면서 이들 3가지 성인교육의 목적을 제시한 바 있으며, 베더(Beder, 1989) 역시 성인교육의 목적이 사회변화를 촉진시키고, 바람직한 사회질서를 유지하고, 조직의 생산성을 증진시키고, 개인적인 성장을 도모하는 데 있다고 밝힌 바 있다.[19] 메리엄과 브로켓(Merriam and Brockett)은 성인교육의 목적을 교양적(liberal), 직업적(occupatopnal), 관계적(relational), 학력보충적(remedial), 정치적(political)으로 유형화하였다.[20]

〈표 5-3〉 성인교육의 목적 유형

Knowles의 유형	Merriam과 Brockett의 유형
개인적 성장	• 인문교양의 고양 • 관계성의 증진 • 학력보충적 목적
조직의 발전	• 직업적 성장, 직업능력의 개발
사회적 발전	• 정치적 목적(사회안정 및 사회발전)

성인학습의 차원에서 볼 때, 학습은 다양한 목적 때문에 다양한 차원에서 이루어지고 있으며, 비록 어느 특정한 목적으로 실시된다고 하더라도 그것이 개인적인 차원이나 조직의 차원 혹은 사회적 차원에서 다양한 의미를 지니고 있는 것으로 이해되고 있다. 따라서 개인적 차원의 성장을 위한 목적으로 실시된다고 하더라도 조직이나 사회적 맥락에 의해 후원이나 지원을 받아 실시되고 있으며, 개인의 학습은 개인과 조직, 사회적 성장으로 연결되고 있기 때문이다.

(2) 개인 및 상황별 차이

앤드라고지의 실천모델에 있어서 두 번째 원에 해당하는 것이 개인 및 상황별 차이이다. 이 차이(differences)는 성인학습에 영향을 미치기도 하지만, 앤드라고지의 실천을 구체화하는 데 중요한 요소로 작용하고 있다. 이들 차이점은 주제별 차이(subject-matter differences), 상황별 차이(situational differences), 그리고 개인 학습자 차이(individual learner differences)로 구분된다.

먼저, 주제별 차이는 서로 다른 주제에 대해서는 서로 다른 학습전략이 필요하다는 것을 의미한다. 예를 들면, 복잡한 기술관련 주제의 교육과정에 대해서는 자기주도적인 방법보다는 타자주도적인 방법이 보다 효과적일 것이며, 학습자에게 생소한 내용을 전달하고자 할 때에는 다른 교수-학습전략이 필요하다는 것이다. 이는 곧 동일한 주제에 대해서는 동일한 방법으로 교수-학습전략이 진행될 수 있지만, 그렇지 않을 경우에는 다른 전략이 필요하다는 것을 의미한다.

둘째, 상황별 차이는 특정한 학습상황에서 발생할 수 있는 변수라든가 그 외의 영향요인들을 말한다. 이를테면, 학습상황이 지역별이라든가 특정 직업능력을 개발하는 경우에는 다른 교수-학습전략을 요구하게 마련이다. 이는 모든 성인학습은 사회적 맥락 속에서 다양한 과업을 중심으로 전개된다는 점에서 특히 더 고려해야 할 변수이기도 하다.

셋째, 개인별 차이는 성인학습과정에 영향을 미치는 가장 중요한 변수이다. 앤드라고지에서는 개인별 차이가 교수-학습전략에 다양한 영향을 미친다는 것을 인정하고 그와 관련한 다양한 연구들이 전개되어 왔다. 특히 성인학습과에 대한 심리학적 접근에 대해 많은 관심이 증폭되었다는 것은 바로 성인학습에 개인별 차이가 영향을 미친다는 것을 의미한다. 이제까지 연구된 결과들을 종합하여 보면 성인학습에 영향을 미치는 개인별 차이로서는 1) 정신능력, 2) 인지 스타일, 3) 학습스타일, 4) 개인별 특성(집중 및 참여스타일, 기대치), 5) 선행 지식 등과 같은 것들을 제시할 수 있다.

(3) 앤드라고지의 핵심원리 6가지

▣ 학습자의 알고자 하는 욕구

앤드라고지의 핵심원리 중의 하나가 바로 '성인학습자는 학습에 대한 이유를 알고 싶어한다'라는 것이다. 이 원리는 성인들이 자신의 학습을 계획하는 과정에서 서로 협력해서 참여하여야 한다는 것을 강조한다. 대부분의 성인학습 프로그램의 가장 큰 특징으로서는 프로그램의 계획, 진행, 그리고 평가를 학습자와 함께 통제한다는 것이다. 심지어 학습내용이 미리 일정하게 확정된 상황에서도 학습자가 학습전략에 대한 통제를 공유하면 할수록 학습이 더욱 더 효과적이라고 믿는다. 성인학습자가 학습프로그램의 계획과 진행과정에 협력하고 참여하는 경우, 개별 학습자로서의 자아개념을 만족시킬 뿐만 아니라, 그들이 가진 '알고자 하는 욕구'도 충족되기 마련이다.

일반적으로 학습자들이 지니고 있는 '알고자 하는 욕구'에는 1) 왜, 그러한 학습이 필요하고 중요한지를 알고 싶어하며, 2) 학습이 어떻게 시행되는지, 그리고 3) 학습내용이 무엇인지를 알고 싶어하는 욕구가 있다는 것을 전제로 한다.

이제까지 이들과 관련한 수많은 연구들이 실시되어 왔으며, 이들과 관련한 제반 연구결과들은 다음과 같은 점에 시사점을 주고 있다. 그것은 성인학습 전문가들이 그들의 학습과정을 계획하고 진행하고자 할 때, 성인학습자들을 공동기획에 참여시키거나 학습동반자로서 인정해 주는 일반적인 방법만으로도 보다 나은 효과를 거둘 수 있다는 점이다. 특히 성인학습자들은 성인학습 고정에 참여하게 될 때, 질 낮은 학습에 참여하지 않을 수도 있고 실질적으로 자신들의 학습에 대한 태도를 바꿀 수도 있기 때문에 학습의 참여 이유, 학습의 방법과 내용 등에 대하여 학습에 참여하기 이전이나 도중에 이들에 대한 정보를 제공하는 것은 학습효과를 제고하는 데 중요한 의미를 지닌다.

▣ 자기개념의 변화: 자기주도적인 학습자

아동은 이 세상에 완전히 의존적인 존재로 태어난다. 순전히 생물학적 기능을 제외한 그들의 모든 요구는 다른 사람들에 의해서 보살핌을 받아야만 한다. 아동이 자신의 존재에 대해 처음으로 갖는 이미지는 자신이 성인에 의해서 조종되는 의존적인 존재라는 것이다.

이러한 의존적인 자아개념은 성인세계에 의해서 격려되고 강화된다. 실제로 사회는 학습자의 역할을 아동의 정상적인 역할로 정의한다. 이것이 그가 해야 할 일이고 보상과 자기충족의 근원이다. 그리고 전체적으로 이 역할은 성인이 배워야 한다고 결정한 정보를 아동이 수동적으로 받아들이는 것으로 규정된다.

아동의 자아정체감이 형성되기 시작하면서 그는 처음에는 성인세계와 충돌하지 않는 경험적이고 사소한 문제를 자신이 스스로 의사결정할 수 있는 능력을 가졌다고 보기 시작한다. 그러나 그가 성숙해 감에 따라 점점 더 아동의 자아개념은 자기방향으로 기울게 되고 청소년기 동안 자신의 삶에 대해 책임을 지려는 욕구가 너무나 강해서 성인세계에 의해서 통제당하는 것에 대해 반항적이 된다.

그러나 그가 성인으로서 자신을 규정하면 그의 자아개념에는 아주 극적인 어떤 것이 일어나게 된다. 그는 학습자를 사회에서의 정상적인 역할로서 인식하지 않는다. 그는 점점 더 자신을 생산자나 행위자로 본다. 자기충족의 주요 원천은 직업인, 배우자, 부모, 시민으로서의 그의 행동이다. 성인은 이러한 비교육적 책임감으로부터 새로운 지위를 획득한다. 즉, 그의 자아개념은 자기주도적 성격을 가지게 된다. 그는 자신에 대해 스스로 의사결정을 할 수 있고 그 결과를 직시할 수 있으며 자신의 인생을 스스로 다룰 수 있다고 여긴다. 사실 인간이 심리적으로 성인이 되는 시기는 자신을 자기주도적으로 보는 시점이다. 그리고 그 시점에서 그는 또한 다른 사람에게도 자기주도적으로 지각되기를 원하는 욕구를 경험하게 된다.

그러므로 성인은 존경을 가지고 대해야 하고 자신이 스스로 결정하고 독특한 인간으로 인식되고 싶은 욕구를 가진다. 그들은 자신이 아동처럼 다루어진다고 느끼는 상황(즉 이것을 해라 또는 하지 마라 한다든지, 무시하거나 창피를 주거나 처벌을 받거나 다른 사람에 의해서 판단되는)에 대해서 분노하고 저항하며 피하려 한다. 성인들은 자율적인 개인으로서의 자아개념이 인정되지 않는 상황에서의 학습을 거부하는 경향이 있다.

때때로 학습자로서의 그의 역할에 영향을 주는 또 다른 성인의 자아개념 요인이 있다. 그는 이전의 학교생활로부터 적어도 학문적인 과업에 있어서는 자신이 그다지 영리하지 않다는 생각을 할 수 있다. 이러한 사실은 성인교육에 부정적인 영향을 미친다. 어떤 성인들의 경우에는 자신이 무시받았던 장소로 교실을 기억하는 경향이 너무 강해서 성인교육 활동에 참가하는데 아주 심한 장애로 작용할 수 있다. 만일 이러한 성인들로 하여금 체계적인 학습으로 다시 되돌아가게 하려면 학습에 대한 보상을 매우 크게 해서 예상했던 학습으로 인한 고통을 훨씬 능가하도록 해야만 한다. 하지만 이러한 장애를 극복한 성인들조차도 자신이 아동처럼 다루어질 것이라는 기대를 하면서 교육활동에 참가하게 되고, 이러한 기대는 때로는 너무 강해서 성인학습자들은 교수자들이 자신을 모두 이끌어주도록 압력을 넣기도 한다. 그러나 정작 교수자가 성인학습자로 하여금 수동적인 역할을 하도록 하면 그는 저항과 분노가 끓어오르는 것을 경험하기도 한다.

반면 성인학습자들이 처음으로 자신이 존경받고 교수자와 상호 탐구적인 (mutual inquiry) 관계에 놓이고 자신의 학습에 대한 책임이 주어지는 학습환경을 접하게 될 경우, 그들의 첫 번째 반응은 대개 충격과 혼란 그 자체이다. 성인들은 대체로 자기주도적 학습을 할 준비가 되어있지 않다. 그래서 그들은 성인으로서의 학습을 재정립하는 과정(학습하는 새로운 방법을 학습하는)을 거쳐야 한다. 일단 자신이 인생의 다른 측면에서 하는 것처럼 자신의 학습에 대한 책임을 질 수 있다는 것을 발견하게 되면 그는 안도감과 희열을 경험할 것이다. 그러면 그는 학습에 자아를 포함시키기 시작할 것이고 그 결과는 종종 자신과 교수자 모두에게 깜짝 놀랄 만한 것이 된다. 성인학습자들로 하여금 이러한 진전이 있도록 도와준 교수자는 이러한 일들이 자신의 인생에서 가장 보상받은 경험 중의 하나였다고 보고하고 있다.

▣ 경험의 역할: 학습자의 선행경험

모든 성인들은 그들이 청소년이었을 때와는 다른 경험을 하게 된다. 오래 살수록 경험의 양이 축적될 뿐 아니라 경험의 질도 다르다. 이것은 경험에 대한 아동과 성인의 양적인 차이 이외에 다른 무엇이 있다는 생각을 하게 한다. 아동에게는 경험이 자신에게 일어난 어떤 것이다. 그들은 경험을 자신을 구성하는 일부로 보지 않고 그에게 영향을 주는 외적인 사건으로만 인식한다. 만일 아동에게 그가 누구인지 물으면 그는 자신의 부모가 누구인지, 그의 형제자매는 누구인지, 어느 동네에 살고, 어느 학교에 다니는지에 의해서 자신을 소개할 것이다. 그의 자아정체감은 외적인 근거에 의해서 나온 것이다.

그러나 성인에게는 그의 경험이 곧 자신이다. 그는 자신이 누구인가를 자신만의 독특한 경험 축적의 측면에서 정의한다. 그래서 만일 성인에게 그가 누구인지 물으면 그는 자신의 직업이 무엇이고, 어디에서 일했고, 어디를 여행했고, 어떤 훈련과 경험이 그를 이렇게 하도록 준비시켰으며, 어떤 것들을 성취했는지에 대해서 이야기함으로써 자신을 표현할 것이다. 성인은 그가 행했던 것으로 의미가 부여된다.

성인들은 그의 경험에 의해서 자신을 규정하기 때문에 그는 이러한 가치에 투자를 한다. 그리고 그가 경험했던 것들이 사용되지 않거나 그것의 가치가 감소된 상황에서는 거부된 것이 그의 경험이 아니라 자신이라는 느낌을 가진다. 아동과 성인의 경험에 대한 이러한 차이는 학습에 대해서 최소한 다음과 같은 세 가지의 결과를 초래하게 된다.[21)]

① 성인은 다른 사람의 학습에 공헌한다. 대부분의 학습에 있어서 그들은 스스로가 중요하고도 풍부한 자원이 된다.

② 성인은 새로운 경험과 이전의 경험을 관련지을 수 있는 충분한 기반을 가지고 있다(그리고 새로운 학습은 우리의 과거의 경험과 관련지을 때 의미를 가지는 경향이 있다).

③ 성인은 많은 고정된 습관과 사고방식을 가지고 있고 그렇기 때문에 덜 개방적인 경향이 있다.

▣ 학습준비도

인간은 여러 발달단계를 거쳐 성장하고 성숙해 간다. 한 발달단계에서 다음 단계로 넘어가기 위해서는 개인이 알 필요가 있는 것을 학습할 때 가장 잘 배운다는 것은 우리 문화에서 널리 수용되고 있는 사실이다. 발달심리학자들은 이를 '발달과업'이라고 부른다. 발달과업은 인간의 일생의 특정 시기에 나타나는 과업으로 그것을 성공적으로 완수하면 다음 과업을 성공적으로 이끌 수 있고 개인을 행복하게 한다. 그러나 실패하면 개인을 불행하게 하고 사회에서 거부당하게 되며 나중의 과업을 수행하는 데도 장애가 된다.[22)]

각각의 발달과업은 가장 잘 학습할 수 있는 순간을 의미하는 학습준비도라는 개념을 탄생시켰다. 예를 들면, 부모들은 아이가 기고, 다리 근육이 발달하고, 다른 사람들이 서고 걸을 수 있는 것을 보고 좌절하기 전에는 걷는 것을 가르칠 수 없다는 것을 알고 있다. 이 때 비로소 아이는 걷는 것을 배울 수 있다. 왜냐하면 그것이 그의 발달과업이기 때문이다.

최근의 연구에서는 이와 같은 현상이 성인기에도 적용된다는 것을 알려주고 있다. 성인들도 자신의 성장과 그로 인한 발달과업, 학습준비도에 따라 잘 배울 수 있는 순간이 있다. 그러나 아동 및 청소년의 발달과업들은 주로 생리적, 정신적 성숙의 산물인 반면, 성인의 발달과업은 주로 사회적 역할 수행에 따라 형성된 것이라고 할 수 있다. 이 분야 연구의 선구자인 헤비

거스트(Havighurst)는 성인기를 성인초기, 중년기, 그리고 성숙기의 세 단계로 나누고, 성인기의 10가지 사회적 역할을 제시하였다. 그것은 직업인, 배우자, 부모, 가정설계자, 나이든 부모의 자녀, 시민, 친구, 조직구성원, 종교활동 회원, 여가선용자이다. 헤비거스트에 의하면 이러한 사회적 역할을 수행하는 데 요청되는 것들이 우리가 성인생활의 세 단계를 거치게 되면서 변하게 된다고 한다. 그러므로 변하는 발달과업과 학습준비도에 대한 준비를 해야 한다고 한다.

예를 들면, 직업인으로서의 개인의 역할에서 그의 첫 번째 발달과업은 직업을 갖는 것이다. 이 때 그는 직업을 얻는 데 필요한 것은 어떤 것이라도 배울 준비가 되어 있어야 한다. 그러나 그는 절대로 감독하는 것을 배울 준비는 되어 있지 않다. 직업을 갖게 되면 그는 그것에 숙련되지 않으면 해고가 되는 문제에 직면하게 된다. 그리고 이때에 그는 필요로 하는 특별한 기술, 그에게 기대되는 기준, 그리고 어떻게 하면 동료들과 잘 지낼 수 있을지를 배울 준비가 되어 있을 것이다. 직장에서 어느 정도 안정이 되면 그의 과업은 승진을 위해 노력하는 것이 된다. 지금 그는 감독이나 중역이 되는 것을 배울 준비가 되어 있다. 마지막으로 그가 최고의 자리에 오른 후에는 직업인으로서의 역할이 끝나 퇴직이나 다른 대안을 배우는 준비가 되어 있을 것이다.

▣ 학습에의 경향성: 학습과 문제해결의 지향성

성인들은 아동과는 다른 시각을 가지고 교육에 임하게 되는데 이것은 그들이 학습을 바라보는 입장이 다르기 때문이다. 아동들은 자기가 배운 것들을 나중에야 적용한다는 견해를 가지고 있다. 예를 들면, 초등학교에서 배운 대부분의 것은 고등학교 진학을 위한 것들이다. 그리고 고등학교에서 배운 것들은 대학 진학을 위한 것들이다. 또 대학에서 배운 것들은 행복하고 생산적인 성인기를 준비하기 위한 것들이다. 아동에게 있어서 교육은 나중에 필요한 여러 과목들(지식과 기술)을 쌓아놓는 과정이다. 그러므로 아동은 어떤 교육활동이라도 교과중심적(subject-centered)으로 생각하는 경향이 있다.

한편 성인은 그들이 배운 대부분의 것을 즉시 적용한다는 생각을 하고 있다. 교육은 그들이 지금 직면하고 있는 생활문제를 다루는 능력을 향상시키는 과정이다. 그러므로 그들은 교육활동이 문제중심(problem-centered)이라고 생각한다. 특히, 성인학습자는 현실적인 맥락에서 새로운 정보를 접하게 될 때, 최상의 학습효과를 보이는 경향이 있다. 이와 같은 경향성은 성인학습 실천에 있어서 학습에 대한 경험적 접근방식을 중시하게 마련이다.

콜브(Kolb)의 경험학습 모델은 이 책의 제7장에서 언급한 바 있는데, 그에 의하면 학습이란 다른 것이 아니라 '경험의 전환(transformation)을 통해서 지식이 창출되는 과정'이라고 보았다. 이 점에서 콜브에게 있어서 학습이란 내용의 획득이나 전달이라기보다는 내용과 경험이 서로 다른 쪽을 전환시키는 상호작용이었다. 따라서, 그는 교육자의 역할은 단순히 새로운 아이디어를 제시하거나 심어주는 것뿐만 아니라 새로운 것을 받아들이는 데 있어서 방해가 되는 오래된 경험을 수정하는 것도 포함된다고 말한다.[23]

▣ 학습동기

성인학습의 앤드라고지적 접근은 무엇이 성인들의 학습동기를 불러일으키는가에 대해서 본질적으로 다른 가정을 전제로 한다. 성인학습자들은 실생활에서 어떤 문제들을 해결해 준다거나 내적인 보상이 있을 때 훨씬 더 동기가 유발되는 경향이 있다. 그렇다고 해서 외적인 보상, 이를테면 승진이나 연봉인상이 동기부여와 전혀 관계가 없는 것은 아니지만, 내적 욕구 충족이 보다 강력하게 동기를 부여하는 요인이라는 것을 의미한다.

월도브스키(Wlodkowski)는 성공(success), 자유의지(volition), 가치(value), 즐거움(enjoyment)을 통해서 성인학습자와 비성인학습자의 차이를 설명하고 있다. 그에 따르면, 성인의 학습동기는 이들 4가지 요인들의 합이다.[24]

① 성공(success): 성인은 성공적인 학습자가 되기를 원한다.
② 자유의지(volition): 성인은 학습을 선택할 수 있는 권리를 원한다.
③ 가치(value): 성인은 스스로 가치 있다고 생각하는 것을 학습하고 싶어 한다.
④ 즐거움(enjoyment): 성인은 학습을 즐거운 경험으로 느끼고 싶어한다.

또한, 성인학습자는 학습을 함에 있어서 무엇인가 새로운 내용을 학습하게 되거나(기대), 학습이 자신이 당면한 문제를 해결하는 데 도움이 되며(도구성), 그리고 그 문제가 삶에서 매우 중요하다(유의성)는 믿음이 생길 때 동기부여가 가장 잘 이루어진다. 이는 브룸(Vroom)의 기대이론(expectancy theory)과도 어느 면에서는 상당히 일치한다. 기대이론은 개인의 동기부여를 이들 세 가지 요소의 합으로 보고 있다.

① 유의성(valence): 자신이 원하는 결과를 가치 있게 생각하는 것
② 도구성(instrumentality): 특정 결과가 나왔을 때 가치 있는 결과가 나올 개연성
③ 기대(expectancy): 특정한 노력에 대해 보상이 따를 것이라는 믿음

이들을 종합하여 볼 때, 앤드라고지의 6번째 원리는 성인들에게 가장 큰 동기부여는 내재적인 것, 이를 테면 삶의 질이라든지 만족감이라든가 자부심 등이다. 다시 말해서 성인학습자가 가장 소중하게 생각하는 학습은 바로 자신에게 가치 있는 학습이라는 것이다. 학습프로그램이 그리고 그 내용과 방법이 이와 같은 것을 인정하고 존중하는 방향으로 나아갈 때 성인학습자의 참여는 지속적이게 되고 더욱 더 촉진되게 될 것이다.

3) 앤드라고지의 과정

(1) 교수설계 및 운영에 있어서 페다고지와 앤드라고지의 특성

앞에서 언급한 바와 같이 페다고지 모형과 앤드라고지 모형은 결과적으로 두 개의 대조적인 교육 프로그램의 설계와 실시에 관한 기본 틀을 제공한다. 페다고지 모형은 기본적으로 내용중심의 계획(content plan)에 치우치게 되지만, 앤드라고지 모형은 과정중심의 설계(process design)에 관심을 지니게 된다.[25] 이들 양자 간의 이론적 틀을 간단하게 나타내면, 다음의 〈표 5-4〉와 같이 나타낼 수 있다.[26] 이것은 교육과정 전체에 있어서 단계적인 학습활동의 제 요소와 지도자의 역할을 체계적으로 나타내고 있다는 데 그 의의가 있다.

페다고지 모형은 모든 학습의 장소, 내용, 시간할당, 그리고 교육순서가 전문가에 의하여 작성된 학습지도 요령 및 교과서에 의해서 결정되며, 이러한 틀을 여건으로 하여 교수자는 교실 내에서 수업과정을 계획하게 된다. 노울즈에 의하면 페다고지 모형은 교수자에 의한 내용의 선정, 내용의 단원화, 교재의 논리에 의한 배열의 계통화, 내용의 전달방법으로서의 강의 및 시청각방법의 네 가지로 구성된다.[27] 말하자면, 페다고지 모형의 특징은 교수자를 중심으로 하는 내용의 선택과 배열, 그리고 전달이다. 이에 비하여 앤드라고지 모형에 있어서는 교육의 전 과정이 교육 프로그램 설계의 대상이 된다.

〈표 5-4〉 페다고지와 앤드라고지에 있어서 교수설계 요소의 비교

계획요소	페다고지	앤드라고지
1. 학습장면의 분위기 형성	권위주의 지향, 형식적, 경쟁적, 지시적	상호존중, 상호신뢰, 협조, 쾌적함, 비형식적, 지지적
2. 프로그램의 계획	교수자 주도	상호계획화의 기구, 계획에의 참가 및 결정 공유

계획요소	페다고지	앤드라고지
3. 학습요구의 진단	교수자 주도	요구 및 필요의 자기진단에 대한 원조
4. 학습목표의 공식화	교수자 주도	상호작용에 의한 결정
5. 학습계획안 설계	학습지도요령 및 교과 내용단원의 논리성	학습준비도에 대응하는 학습과제의 배열 및 문제단원의 계통성
6. 학습활동	교수 · 전달의 기술	경험학습의 기술, 탐구학습, 계약학습
7. 평가	교수자 주도	상호작용에 의한 요구의 재진단, 프로그램의 결과에 대한 상호평가

(2) 앤드라고지의 실천과정

앤드라고지 모형의 실천과정은 다음의 [그림 5-3]과 같이 연속적이고 순환적인 7단계의 과정으로 구성된다. 이들 7단계는 학습분위기의 형성, 학습 프로그램의 상호 계획화, 학습자의 요구 진단, 학습목표의 공식화, 학습계획의 설계, 학습활동의 실천, 학습성과의 평가와 학습요구의 재진단으로 구성된다. 이들 각 단계는 대체적으로 학습 프로그램의 요소로 일컬어지고 있지만, 일련의 단계가 순환적으로 실시되는 것은 학습실천과정의 피드백에 의해서이다. 이 점에서 앤드라고지의 실천과정은 주기성을 지닌 학습활동을 조직하는 것으로 주로 구성되며, 각 단계는 프로그램 주기의 한 단계로서 위치한다. 이들 프로그램 요소들 간의 유기적인 관련 및 실천과정상에 있어서의 역할분담과 관계자의 협력이 중요하다. 그러므로 성인의 학습활동을 지원, 조성, 촉진하는 일을 담당하는 자들은 모름지기 프로그램의 계획 및 실시상의 제반 요소인 각 단계의 위치 및 기능을 숙지해야 할 필요가 있다. 이들 각 단계를 구체적으로 설명하면 다음과 같다.[28)]

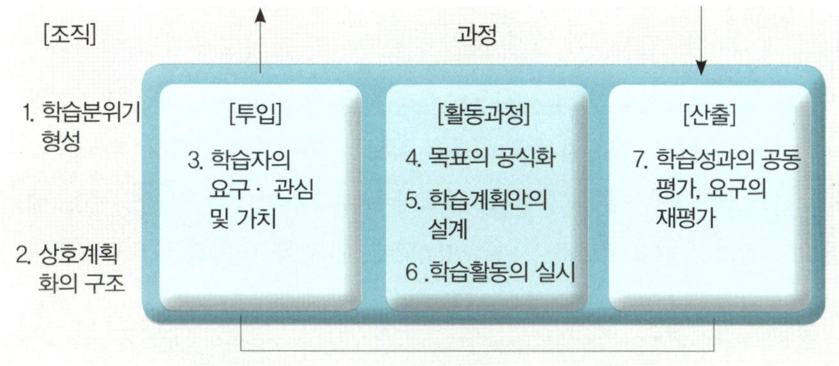

[그림 5-3] 앤드라고지에 있어서 실천과정의 주기

① 학습분위기의 형성단계

이 단계에서는 성인학습자의 자존심과 주체적인 참가를 가능하게 할 수 있는 교육적 환경의 조성이 필요하다. 이러한 가정은 확실히 성인이 학습하는 환경의 성질에 대하여 암시하고 있다.

물리적 환경은 학습자가 안락함을 느끼는 것이어야 한다. 가구와 장비는 학습자에게 알맞게 편해야 하고, 회의실은 격식에 맞게 배치하지 말고 학습자의 취향대로 장식되어야 한다. 그리고 음향이나 조명은 청각과 시각을 자극하지 않도록 해야 한다.

이보다 더 중요한 것은 심리적 분위기인데 이것은 학습자들이 수용되고 존경받고 지지를 받는다는 느낌을 갖도록 하는 것이다. 교수자와 학습자가 서로 도와서 탐구한다는 상호성의 원칙이 존재해야만 하고 처벌이나 웃음거리가 되지 않을까 하는 두려움없이 자유롭게 표현할 수 있어야 한다. 형식성, 익명성, 교수자와 학습자 간의 지위의 차이와 같은 전통적인 학교분위기보다는 친절하고 비형식적인 분위기, 그리고 자신의 이름이 불려지고 독특한 개인으로서 가치를 지닌다는 느낌을 주는 그러한 분위기에 학습자들은 보다 잘 참석하는 경향이 있다. 교수자의 행동은 아마 다른 어떤 요인보다도 학습분위기에 영향을 줄 것이다. 교수자는 그가 학습자를 존경하고 학습자에 대해 흥미를 가지는지 혹은 학습자를 자신의 지혜를 전달받는 수동적인 존재로 인식하는지를 여러 차원으로 알려준다. 학습자들을 개인적으로 파악하는 데 노력하고, 학습자들의 이름을 부르는 교수자는 분명히 훌륭한 교수자로서의 태도를 가졌을 것이다. 그러나 교수자가 정말로 학습자들을 배려하고 그들의 공헌을 존중하는지를 알려주는 가장 뚜렷한 행동은 학습자들이 말하는 것을 진심으로 들어주는 행동이다.

② 학습의 상호 계획화의 구조 및 메커니즘 확립 단계

페다고지가 교수자 중심의 수업계획을 강조하는 데 비하여 앤드라고지는 교육의 기본 계획단계에서부터 학습자의 적극적인 참여를 중시한다. 인간은 자신이 그것을 계획하거나 만드는 데 참여하거나 결정하는 데 어느 정도 공헌했느냐에 따라 의무감을 느끼는 경향이 있다. 학습자들을 위하여 모든 것을 계획하거나 교실에 와서 그저 미리 계획된 활동을 하도록 강요받는 학습자의 교수자들은 대체로 냉담, 분노, 때로는 위축을 경험할 것이다. 왜냐하면 교수자의 이러한 의지는 학습자의 자아주도적 자아개념과 일치하지 않기 때문이다. 따라서 앤드라고지의 기술과 기법의 기본적인 요소는 교수자가 그들을 이끌면서 학습을 계획하는 과정에 학습자를 참여시키는 것이다. 학습자 수가 적을 때는 전체가 계획에 직접적으로 참여할 수 있고, 학습자 수가 30명이 넘으면 성인교육자는 대표위원회와 같은 것을 구성해서 학습자들이 대리자를 통해서 학습계획에 참여하고 있다는 느낌이 들도록 한다.

③ 학습요구의 진단 단계

학습활동을 계획함에 있어서는 그 학습활동에 참가하는 학습자의 학습요구(need)를 진단하는 것이 필요하며, 특히 학습자들이 자기진단을 할 수 있는 기회를 부여하는 것이 중요하다. 이렇게 함으로써 개인의 학습에 대한 자각과 학습과정에 적극적으로 참여할 수 있는 내재적 동기를 유발시킬 수 있게 된다. 학습자의 자기주도적인 자아개념은 교수자가 학습자에게 무엇을 배워야 하는지 말해 주는 전통적인 견해와 모순되는 것이다. 뿐만 아니라 사회가 사회구성원이 배워야 하는 것을 부과할 수 있는 권리를 가졌다는 사회중심적인 철학과도 갈등을 일으키는 것이다. 물론 성인은 자신이 원하지 않아도 다른 사람의 강요에 의해 배울 수 있다. 그러나 그는 자신이 배울 필요가 있다고 지각하는 것들을 배우는 것에 더 동기가 유발될 것이라는 것은 두말할 나위도 없다.

④ 학습목표의 공식화 단계

이 공식화에 있어서 교수자는 학습자와 함께 학습활동을 계획 · 실시하고, 특히 학습자 자신이 그 성과를 평가할 수 있는 형태로 목표를 명확히 설정하는 것이 필요하다. 또한 목표는 앤드라고지의 원리에 따라서 현실적이고, 발전적인 것이어야 하며, 학습자의 자기진단적 요구와 관련이 있어야 하며, 그 결정의 책임을 학습자 자신이 공유할 수 있도록 해야 할 필요가 있다.

계획의 기능은 진단된 요구를 구체적인 교육목표(혹은 성장방향)로 변화시키는 것, 이러한 목표를 달성하도록 학습경험을 계획하고 실행하는 것, 그리고 교육목표가 어느 정도 성취되었는가를 평가하는 것으로 이루어져 있다. 앤드라고지에서 이러한 기능을 수행하는 것에 대한 책임은 학습자와 교수자 모두에게 있다.

⑤ 학습경험의 패턴 설계 단계

이 단계에서의 과제는 목표를 달성하고, 행동의 변화(강화의 조건), 인식의 발달(문제해결 및 탐구), 그리고 주체적인 상호활용의 촉진(지지적 환경)을 가능하게 할 수 있는 학습경험을 적절하게 선정하고 조직하는 데 있다. 특히 이 단계에서는 자기진단에 의해서 학습자들에게 동일시된 문제영역, 학습형태, 지시된 방법 및 교재를 이용하거나 경험에 기초한 학습단원을 설정하고, 이것을 학습자의 준비도, 내용의 계열성(sequence), 그리고 심미적 원리(aesthetic principle)에 따라 배열하는 것이 필요하다.

학습방법의 선정 등과 관련하여 성인은 아동보다 스스로가 학습에 있어서 중요한 자원이기 때문에 그룹토의, 결정적 사건과정, 사례분석, 시뮬레이션, 역할연기, 현장실습, 실험, 자문감독, 시범, 세미나, 상담, 집단치료, 그리고 지역개발과 같은 성인학습자의 경험을 이용할 수 있는 기술을 강조해야 한다. 좀 더 참여적이고 경험적인 기술을 위해서 앤드라고지에서 강조하는 것은 아동 및 청소년 교육에서 널리 사용되는 전달기술(강의, 읽기과제, 미리 준비된 시청각 자료의 제시)과 커다란 차이가 있다. 실제로 '참여'와 '적극적인 관여'는 학습자의 역할을 그 과정에서 더 활동적으로 만들고 더 배우도록 하려는 성인교육자에게는 중요한 개념이다.

⑥ 학습계획안 내지는 설계안의 작성 단계

이 단계는 학습계획안을 일련의 학습활동을 통해 실현시키는 과정으로서 목표를 달성하기 위한 가장 효과적인 기술과 유용한 교재를 선정하고, 그 선정과정에 학습자를 참가시킴과 동시에 그 책임을 공유하도록 하는 전략을 포함한다. 이 단계에서 성인교육자는 프로그램의 관리자로서, 그리고 자원인사(resource person)로서의 역할을 담당하는 것이 기대된다. 전통적인 페다고지에서 교수자의 기능은 가르치는 것으로 정의된다. 교수자는 교수학습과정에서 일어난 것에 대해 모든 책임을 지는 것으로 간주된다. 학습자의 역할은 교수자의 가르침을 단지 수동적으로 받는 것이라고 생각하는 경향이 있다. 그러나 이와는 반대로 앤드라고지의 현장에서는 교수학습과정을 학습자와 교수자가 상호 책임을 지는 것으로 인식하고 있다. 실제로 교수자의 역할은 절차상의 기술자(procedural technician), 인적 자원, 같이 탐구하는 사람으로 재정의된다. 그는 가르치는 사람이라기보다는 촉진자이고, 마술사라기보다는 지도자(guide)이다. 앤드라고지에서는 교수자가 인간을 학습하도록 가르칠 수는 없고 단지 다른 인간이 학습하는 것을 돕는다고 가정한다. 그것이 과목이건, 기관이건, 훈련 프로그램이건, 컨퍼런스이건, 성인들이 학습하는 환경은 서로 학습하도록 도와주는 데 책임감을 나누는 작은 집단(계획위원회, 교수학습 팀, 컨설팅 집단, 프로젝트 집단)의 모임으로 활성화된다.

⑦ 학습결과의 평가 단계

이 단계는 학습활동을 통해 학습자가 학습목표를 어느 정도 달성하였는가를 검토하는 과정이다. 결과의 평가자는 학습자 자신이며, 제3단계에서 설정한 도달점 행동에 비추어서 새로운 수준에서 그의 장단점을 비교 검토하고, 이와 동시에 보다 바람직한 수준과 현재의 능력(수행) 수준과의 차이를 발견하는 데 도움을 줄 수 있도록 하여야 한다. 이들에 대한 확인은 현재 상태에서 학습자의 능력(수행) 수준과 목표의 미달성 부문이 어느 것인가를 찾아 그 증거로 제시함으로써 전체적으로 해당 교육계획의 유효성과 타당성을 측정하고, 구체적인 교수와 학습과정을 개선하는 데 필요한 판단 자료로 활용하도록 한다. 따라서 이 단계는 성인의 평생학습과정과 앤드라고지에 있어서 중심적인 축이 되는 단계라고 말할 수 있다.

교수자 중심의 평가로부터 자기평가 혹은 재진단으로의 이동은 성인들을 가르치는 교수자들에게 부담이 된다. 그는 자신의 수업에 대한 피드백을 통해 그 자신이 개방적이라는 것을 스스로 보여야만 한다. 교수자는 수용적인 분위기를 만드는 능력이 있어야 한다. 그리고 교수자는 학습자들이 자신이

행한 것에 대한 자료를 충분히 얻을 수 있는 방법을 창의적으로 고안해야 할 필요가 있다.

이와 같은 것들을 통해서 보았을 때, 그리고 성인학습의 과정에 대한 연구 결과에 의하면 개인의 성장과 발달에 보다 적합하고도 효과적인 학습조건이 있다고 한다. 이에 대하여 메지로우(Mezirow)는 앤드라고지에 입각하여 성인 교육자들로 하여금 학습자들의 자기주도성을 촉진시키는 데 필요한 일련의 원칙을 제시하였다. 이를 간단하게 제시하면 다음의 〈표 5-5〉와 같다.[29)]

〈표 5-5〉 Mezirow의 앤드라고지에 입각한 지도원칙

앤드라고지에 입각한 지도원칙
1. 교육자에 대한 의존성은 학습자가 성장하면서 점차적으로 감소된다.
2. 학습자로 하여금 그들의 학습자원, 특히 교육자를 포함한 타인의 경험 등을 활용하는 방법을 이해하도록 도와준다. 또한 교수학습의 장에 있어서 타인들과 호혜적인 학습관계를 형성하도록 도와주어야 한다.
3. 학습자들로 하여금 그들의 학습요구 지각에 영향을 미치는 문화적, 심리적 요인들을 이해하고, 즉각적으로 인식하도록 함과 동시에 학습요구를 확인할 수 있도록 지원하여야 한다.
4. 학습자들이 그들의 학습목표를 설정하고, 학습 프로그램을 계획하고, 나아가서 학습 성과를 적절하게 평가하는 데 필요한 책임감을 고양시킬 수 있도록 도와주어야 한다.
5. 학습자들의 현재 수준에 있어서의 개인적 문제, 관심, 그리고 이해의 정도와 관련하여 학습내용을 선정하고, 조직할 수 있어야 한다.

3. 앤드라고지의 한계와 가능성

앤드라고지는 앞에서도 언급한 바와 같이 현재까지 미국의 학계에서 광범위한 지지를 받아 널리 알려져 있다. 이 앤드라고지라는 용어는 1833년 독일 교사인 카프(Kapp)에 의하여 만들어졌으나, 당시의 여러 사회적 배경 등으로

인하여 제대로 정착되지 못하였다. 그러다가 이 용어는 린드만(Lindeman) 등에 의하여 1920년대 중반에 다시 나타나게 되었으며, 1960년대에는 프랑스, 유고슬라비아, 그리고 폴란드 등지에서 광범위하게 사용되기에 이르렀다.

앤드라고지가 미국사회에서 크게 회자되기 시작한 것은 노울즈(M. Knowles)에 의해서였다. 노울즈는 그의 저서인『성인교육의 현대적 실천:앤드라고지 대 페다고지(The modern practice of adult education:Andragogy versus Pedagogy)』에서 앤드라고지에 대한 그의 사상을 정교화시켜 제시하였다. 그는 이 책을 통하여 성인교육의 실천에 있어서 응집적이고, 일관적이며, 기술적인 방향을 부여할 수 있는 종합적인 이론을 탐구하고자 하였다. 그 이후 앤드라고지는 성인교육계 내외에 걸쳐서 매우 급속도로 유행하게 되었다. 어떤 영역에 있어서 새로운 개념이 나타나게 되면 흔히 나타나는 바와 같이, 앤드라고지에 있어서도 옹호하는 자와 비판하는 자가 나타나게 되었다. 대부분의 논쟁거리로는 앤드라고지의 개념구분에 대한 찬반 논쟁, 앤드라고지의 속성(그것이 하나의 이론, 방법, 기법인가 아니면 일련의 가정인가 등과 같은 차원), 그리고 앤드라고지의 한계 등과 같은 것들을 제시할 수 있다.

먼저, 앤드라고지를 어떠한 존재로 파악할 것인가에 대하여 여러 차원에서의 의견이 제시되어 왔다. 그 가운데에서 중요한 몇 가지를 지적하면 다음과 같다.

앤드라고지는 기본적으로 성인교육 이론 및 제도에 관한 연구학문(Nottingham Andragogy Group),[30] 성인의 학습활동을 지원하기 위한 기술과 과학(Knowles),[31] 성인학습자를 돕는 과정의 하나인 일련의 가정과 방법(Elias & Merriam),[32] 성인교육과정의 모형(Jarvis),[33] 성인학습의 특정한 면을 이해하기 위한 하나의 모형(Merriam & Caffarella),[34] 그리고 성인교육을 포함한 새로운 교육학으로서의 개혁교육학(한준상)[35] 등으로 일컬어지고 있다. 그러나 필자는 앞에서도 밝힌 바와 같이 앤드라고지를 하나의 성인지도방법이라고 파악하고자 하는 미국의 경향을 반영하고, 앤드라고지를 성인학습의 효과적인 지원 및 지도를 위해 기존의 교육방법과는 다른 차원으로 파악하고자 하는 필자의 관심으로부터 임의적으로 '새로운 학습지도 방법으로서의 앤드라고지'로 한정되는 의미로 앤드라고지를 언급하였다.

실제적으로 앤드라고지의 발전에 지대한 공헌을 하였던 노울즈도 1996년의 그의 글에서 앤드라고지를 '성인학습을 위한 새로운 교수방법(Andragogy: An emerging technology for adult learning)'이라고 규정한 바 있다.

앤드라고지의 개념을 둘러싸고 전개된 논쟁 가운데 몇 가지를 소개하면 다음과 같다.

앞에서도 언급한 바와 같이 노울즈는 앤드라고지를 성인의 학습활동을 원조하는 과학과 기예로 파악하고, 이를 페다고지와 관련시켜 성인학습의 특성을 기술하고 있다. 맥켄지(McKenzie)도 앤드라고지의 입장에 서 있다.[36] 그는 아동과 성인은 이 세계에서 존재방식이 서로 다르기 때문에 앤드라고지가 필요하다는 것을 강조하고 있다. 그는 앤드라고지를 토마스 쿤(Kuhn)이 언급한 패러다임에 가까운 개념으로 사용하고 있다. 또한 칼슨(Carlson)도 앤드라고지를 하나의 성인교육에 관한 이론으로 파악해야 한다는 것을 강조하고 있다.[37] 이에 비하여 전통적인 페다고지의 입장에 있는 호울(Houle),[38] 런던(London)[39] 등은 성인교육과 아동교육이 본질적으로 동일한 것이기 때문에 페다고지와 앤드라고지를 이분법적으로 구분하는 것에 대하여 반대하는 입장에 서 있다. 엘리아스(Elias)도 이들과 같은 입장에서 교육 · 학습의 단일성을 주장하고 있다.[40]

그러나 레벨(Lebel)은 앤드라고지를 인정하면서도, 고령자들은 아동 및 성인과 다르다는 점에서 제라고지(gerogogy)를 확립할 필요가 있다는 것을 강조하고 있다.[41] 이와는 다른 입장에서 누드슨(Knudson)은 페다고지, 앤드라고지, 제라고지 등과 같은 것을 초월하여 인간 전체로서의 학습을 다루는 이론으로서 휴머너고지(humanagogy)를 제창하였다.[42] 이것은 인간을 아동,

성인, 노인과 같은 종류(kind)로 나누지 아니하고 전체로서 파악하여 정도(degree)를 문제로 삼자는 데 그 특징이 있다. 코트니와 스티븐슨(Courtney & Stevenson)도 페다고지, 앤드라고지 등으로 구분하는 것을 경계하고 전체적으로 파악할 것을 강조하고 있다.[43)]

이와 같은 논쟁에도 불구하고 앤드라고지가 학계에서 널리 회자되고 있는 것은 앤드라고지가 기본적으로 설정하고 있는 성인의 자아개념, 경험, 학습준비도, 문제중심으로의 초점, 그리고 내적 동기에 대한 가정이 모두 직관적인 타당성을 가지고 있기 때문이다.

한편, 앤드라고지가 지니고 있는 근본적인 한계 등에 대한 비판이 있어왔다. 그것은 1) 앤드라고지가 학습의 차원에서 개별 학습자를 중시한 나머지 학습의 사회성을 무시했다는 비판을 받고 있으며, 2) 앤드라고지는 교육이 가치중립적이고 비정치적이라고 가정하고 있다는 점, 3) 성인학습자들이 모두 같은 것을 보고 배운다고 가정한 나머지 지나치게 중산층 개인학습자의 이미지를 지니고 있다는 점, 4) 사회문화적 요인이 개별학습자의 발달과 학습방식에 어떻게 영향을 미치고 있는지에 대한 고려가 결여되어 있다는 점 등에서 비판을 받고 있다.[44)]

이상을 통해서 보았을 때, 앤드라고지가 그 어떠한 것으로 인정이 되든 앤드라고지는 그 한계에도 불구하고 그것이 성인교육 내지는 성인학습의 이론이나 실천에 미친 영향은 대단한 것으로 평가되고 있다. 이제 우리가 하여야 할 것은 앤드라고지를 어떻게 파악하여야 하고 그것이 무엇인가를 주장하기보다는 성인학습이나 성인교육 현상을 보다 잘 이해할 수 있는 경험적인 지평을 확대해 나가는 데 노력해야 한다고 본다. 그렇게 함으로써 앤드라고지에 관한 논의가 한 차원 높은 수준으로 나아갈 수 있게 되고, 결과적으로 성인교육의 인식 확대는 물론 학문으로서 독자적인 위치를 확보할 수 있기 때문이다.

미 주

1) 페다고지는 그리스어로 '아동'을 의미하는 'paid'와 '이끈다 혹은 지도한다'를 의미하는 'agogos'로 이루어진 단어이다. 그러므로 페다고지는 특별히 아동을 가르치는 기예와 과학(art and science)을 의미한다고 할 수 있다.
2) 그러므로 페다고지(pedagogy)가 아동 및 청소년을 대상으로 하는 학교에 있어서의 교수 학습과정에 중점을 두었다면, 앤드라고지(andragogy)라는 용어는 성인학습자들을 주된 대상으로 하는 성인학습에 중점을 둔 것이라고 볼 수 있다. (M. Knowles, *Modern practice of adult education*(Chicago:Association Press, 1980), p.43.
3) Nottingham Andragogy Group. *Towards a developmental theory of andragogy*(Nottingham, England: University of Nottingham Department of Adult Education, 1983)을 참조 바람. 이와 관련하여 한준상은 그의 저서인 호모에루디티오(서울:학지사, 1999), p.364에서 앤드라고지를 협의의 입장에서 성인의 자아실현이나 사회 정의실천 지향적인 사회운동을 위한 성인학습론 혹은 성인의 자기주도학습과 같은 활동으로, 그리고 광의의 입장에서는 앤드라고지를 인간의 교육과학 혹은 성인이라는 말이 지나치게 드러나지 않은 상태에서 학습의 과학으로서 하나의 독립된 학습론으로 인정해보려는 입장으로 정리하고 있다. 한편, 『성인교육 및 훈련의 세계백과 사전』에서 Gent는 앤드라고지를 페다고지와 대비되는바로서 성인을 위한 교육(성인교육)이라는 입장과 아동을 가르치는 것과는 본질적으로 다른 성인의 교수전략과 관련된 입장, 그리고 성인교육을 포함한 사회사업, 인력관리, 그리고 지역사회조직과 같은 개념으로 파악하는 입장도 있다고 언급하고 있다(B. V. Gent, "Andragogy." In Tuijnman, A. C. *International encyclopedia of adult and training*(Paris: Pergamon Press, 1996), pp.114-117. 참조).
4) A. Krajnc, "Andragogy." In T. Husen. et al.(ed.). *The international encyclopedia of education*(Paris: Pergamon Press, 1985), Vol. 1, pp.266-269.
5) C. O. Houle, *The design of education(2nd ed.)*(San Francisco:Jossey-Bass, 1996), pp.26-30. 참조
6) 이와 관련하여 Darkenwald와 Merriam은 그들의 저서[백종억(역). 성인교육의 이론과 실제(서울:덕성여자대학출판부, 1987), p.21]에서 '앤드라고지라는 용어사용을 거부하는 사람들 중에는 성인을 대상으로 하는 교육과 아동을 대상으로 하는 교육이 근본적으로 차이가 없다는 견해를 지닌 사람들이 많으며, 교육과정에서의 일관성을 강조하는 사람들은 앤드라고지라는 특별한 교육영역을 거부한다. 반면에 성인이 지닌 학습자로서의 고유한 특질을 중요시하는 사람들은 이 용어의 사용을 지지한다. 그러나 근래에 들어와 앤드라고지는 성인학습자를 돕는 과정의 하나인 일련의 가정과 방법이라는 제한된 의미로 사용되고 있다'고 언급하고 있다.
7) A. N. Whitehead, "Introduction." In Wallace B. Donham, *Business adrift*(New York:

McGraw-Hill Book Co., 1931), pp.viii-xix를 인용한 Knowles, M. *Modern practice of adult education*(Chicago:Association Press, 1980), p.41에서 재인용

8) M. Knowles, "Andragogy:An emerging technology for adult learning." In Edwards, R.(ed.). *Boundaries of adult learning*(London:The Open University, 1996), p.83.

9) P. Jarvis, *The sociology of adult and continuing education*(London:Croom Helm, 1985), pp.25-32.

10) *Ibid.*

11) B. V. Gent, "Andragogy". In A. C. Tuijnman (ed.), *Op. Cit.* p.117.

12) 伊藤俊夫 外, 新社會教育事典(東京:第一法規, 1983), p.32.

13) M. Knowles, *Modern practice of adult education*(Chicago:Association Press, 1980), p.44-45.

14) M. Knowles and Associates. *Andragogy in action*(San Francisco:Jossey-Bass, 1984), pp.49-12.

15) 노울즈에 의하면 앤드라고지와 페다고지의 특성은 자아개념, 경험의 역할, 학습의 준비도, 학습에의 경향성 등과 관련하여 대비되는 것으로 분석되고 있다.

16) S. L. Meyer, Andragogy and the aging adult leaner. *Educational Gerontology:An International Quarterly*, 1977, 2, pp.115-122.

17) 이와 관련하여 Delahaye 등은 경험적 분석을 통해 학습자의 성숙도에 따라 학습활동을 (1) 고 페다고지/저 앤드라고지, (2) 고 페다고지/고 앤드라고지, (3) 저 페다고지/고 앤드라고지, (4) 저 페다고지/저 앤드라고지 등의 4가지 유형으로 구분하고 있다. 그러므로 학습자에 따라서 어떤 상황에서는 높은 수준의 앤드라고지적이면서 높은 수준의 페다고지 지향적인 지도방법이 유용할 수 있으며, 어떤 상황에서는 낮은 수준의 페다고지적, 앤드라고지적 지도방법이 유용한 것으로 나타나고 있다(B. L. Delahaye, D. C. Limeric and G. Hearn, The relationship between andragogical and pedagogical orientations and the implications for adult learning. *Adult Education Quarterly*, 44(4), pp.187-200. 참조). 이와 관련된 구체적인 논의는 차갑부, "페다고지와 앤드라고지의 세가지 관계." 사회교육학연구, 4(2), pp.237-256.을 참고바람.

18) M. Knowles, E. Holton , R.A. Swanson, The Adult Learner, 5th ed.(Houston: Gulf, 1998).

19) H. Beder, "Purpose and philosophies of adult education."Handbook of Adult and Continuing Education(San Francisco: Jossey-Bass, 1989),pp.37-50

20) S. Merriam, and Brockett, R.G. The Profession and Practice of Adult Education:무 Introduction(San Francisco: Jossey-Bass, 1997).

21) M. Knowles, E. Holton, R.A. Swanson, The Adult Learner, 5th ed.(Houston: Gulf, 1998).

22) R. J. Havighurst, *Developmental Tasks and Education*(New York:David McKay Co, 1972).

23) M. Knowles and Associates, *Andragogy in action*(San Francisco:Jossey-Bass, 1984), pp.13-14.

24) M. Knowles, E. Holton, R.A. Swanson, The Adult Learner, 5th ed.(Houston: Gulf, 1998).

25) M. Knowles, *Adult learner:Neglected species*.(San Francisco: Jossey-Bass, 1979).pp.13-14.

26) M. Knowles, *Andragogy in action. Op. Cit*, pp.14-18.

27) 이와 관련하여 앤드라고지에서는 학습욕구를 자기진단하는 과정에서 성인학습자를 참여시키는 것을 강조해야 한다. 이 과정은 다음의 세 단계로 구성되어 있다:① 주어진 모델처럼 수행하는 데 필요한 능력이나 특성에 관한 모델을 만든다. 이 모델 형성 단계에는 교사, 기관, 사회의 가치와 기대를 학습자의 그것과 잘 혼합하는 작업이 이루어진다. ② 모델에 비추어 학습자가 자신의 현재 능력 수준을 평가할 수 있는 진단 경험을 제공한다. ③ 학습자가 자신의 현재 능력과 모델에서 요구하는 능력의 차이를 측정할 수 있도록 도와서 그가 현재 자신의 위치와 자신이 도달하고자 하는, 그리고 바람직한 성장을 할 수 있는 위치의 차이에 대해서 불만족을 느끼도록 한다. 자신이 찾은 현재의 부적절함으로 인한 불만족의 경험은 자기향상을 위한 명백한 방향이 제시되면 배증된다. 그리고 이것이 학습동기의 적절한 정의이다.

28) M. Knowles and Associates. *Andragogy in action*(San Francisco:Jossey-Bass, 1984), pp.13-14.

29) J. Mezirow, "A critical theory of adult learning and education." In M. Tight. *Adult learning and education*(London:Croom Helm, 1982), pp.136-137.

30) Nottingham Andragogy Group, *Op. Cit*.

31) M. Knowles, *Op. Cit*.

32) J. L. Elias and S. B. Merriam, *Philosophical foundations of adult education(2nd ed.)*. (Malabar, Fl: Krieger Publishing Company, 1995)

33) P. Jarvis, *Op. Cit*.

34) S. B. Merriam and R. S. Cafarella, *Op. Cit*.

35) 한준상, 호모에루디티오(서울:학지사, 1999).

36) L. McKenzie, "The issue of andragogy", *Adult Education*, 1977, 27(4), pp.225-229.

37) R. A. Carlson, "The time of andragogy", *Adult Education*, 1980, 30(1), pp.53-56.

38) C. O. Houle, *The design of education*(2nd ed.) (San Francisco:Jossey-Bass, 1996).

39) J. London, "Adult education for the 1970's", *Adult Education*, 1973, 24(1), pp.60-70.

40) J. L. Elias, "Andragogy revisited", *Adult Education*, 1979, 29(4), pp.252-256.

41) J. Lebel, "Beyond andragogy to geragogy", *Lifelong Learning*, 1978, 1(9), pp.16-18.

42) R. S. Knudson, "Humanagogy anyone", *Adult Education*, 1979, 29, pp.261-164.

43) B. Courtney and R. Stevenson, "Avoiding the treat of gogymania", *Lifelong Learning*, 6(7), 1983, pp.25-37.

44) P. Jarvis, *Sociological perspectives on lifelong education and lifelong learning*(Athens, GA:University of Georgia, 1986), P. Jarvis, *Adult learning in the social context*(London:Croom Helm, 1987). S. B, Merriam , R. S. Caffarella, L. M. Baumgartner 저, 기영화 · 홍성화 · 조윤정 · 김선주 역, 성인학습론(서울: 아카데미프레스, 2009), pp.71-73.

Chapter_ 6

성인학습 과정론

1. 성인학습 모형론

비록 20세기 초부터 성인학습에 대한 관심이 조금씩 싹터왔던 것은 사실이지만, 성인교육자 스스로 심리학과 교육심리학에서의 학습에 관한 지식으로부터 성인학습의 특성을 체계적으로 구분하기 시작한 것은 1970년대부터이다.[1)]

관심의 초점이 이와 같이 이동한 것은 교육의 다른 분야와 성인교육을 구별하려는 성인교육자들의 노력에 의해서이다. 그리고 이것은 아동과 성인을 구별하고 모든 형태의 학습을 포함해서 세련되고 명쾌한 성인학습 이론을 탐구하고자 하는 것으로 나타났다. 그러나 인간의 학습을 설명하는 단 하나의 이론이 없듯이 어떠한 하나의 성인학습 이론도 그 분야를 통합한 것이 없다. 오히려 성인학습의 어떤 측면만을 설명하는 수많은 이론, 모델, 그리고 이론적 틀이 있을 뿐이다. 여기서 다룬 이론들은 모두 성인의 삶에 대한 환경과 성인학습자의 특성에 초점을 맞춘 것이다.

성인학습 이론 중에서 가장 널리 알려진 것은 이 책의 제6장에서 언급한 노울즈(Knowles)의 앤드라고지이다. 이것은 이론이라기보다는 성인학습자에 관한 가정이라고 할 수 있다. 성인의 자아개념, 경험, 학습준비도, 문제중심으로의 초점, 그리고 내적 동기에 대한 가정은 모두 직관적인 타당성을 가지고 있는데, 이것이 많은 분야의 학자들에게 앤드라고지가 널리 알려지게 된 이유이다. 하지만 이러한 가정들은 노울즈가 학습의 맥락에서 개개인의 학습자를 분리시켰기 때문에 비판을 받기도 한다.

이와 같은 것들을 염두에 두고 이 장에서는 성인학습에 대해서 이제까지 잘 알려지지는 않았지만, 성인학습에 관한 일련의 이해 혹은 체계적인 지식을 제공할 수 있는 성인학습에 관한 몇몇 모형들을 검토하고자 한다. 그것은 크로스(Cross)의 성인학습자특성(CAL)모형, 맥클루스키(McClusky)의 마진(Margin) 모형, 녹스(Knox)의 숙련(Proficiency) 모형, 그리고 자비스(Jarvis)의 학습과정(Learning Process) 모형이다. 이들은 앤드라고지와 마찬가지로 성인학습자의 특성과 생활환경에 초점을 맞추고 있다는 데 그 특징이 있다.

앤드라고지처럼 크로스의 CAL 모형은 학습 자체보다는 성인의 개인 특성에 대해 더 관심이 있다. 맥클루스키의 마진 모형은 개인 특성(내적 부담과 힘의 요인)과 환경 특성(외적 부담과 힘의 요인) 모두를 강조했다. 그의 모델은 실제 학습에 관해서보다는 성인발달과 학습의 시기에 대해서 더 언급하고 있다. 녹스의 숙련 모형은 성인이 현재 알고 있는 것과 그들이 알고 싶거나 할 수 있기를 원하는 것과의 차이에 초점을 맞추고 있다. 이 차이가 확인되면 체계적인 수업 혹은 지도활동이 이에 따라 계획될 수 있다. 마지막 모델은 자비스의 학습과정 모델이다. 모든 인생경험은 학습이 일어날 수 있는 잠재력을 가진다. 특히 자비스의 모형은 사회적 맥락에서 성인의 학습과정 그 자체를 설명하고자 하였다는 데 그 특징이 있다.

다음에서는 이들 성인학습 모형을 보다 구체적으로 살펴보고자 한다.[2] 여기서 논의될 모형들은 우리가 성인학습자를 이해하는 데 나름대로 이바지할 것으로 판단된다. 나아가서 이제까지 제시된 성인학습 이론이라든가 모형에 대한 검토를 통하여 이와 관련된 연구와 반성적 사고를 자극할 수 있게 되기를 기대하는 것이 바로 이 글의 목적이기도 하다.

1) 크로스의 성인학습자 특성 모형

크로스(Cross)가 개발한 '성인학습자 특성(Characteristics of Adults as Learners: CAL)' 모형은 우리가 학습자로서의 성인에 대해서 알고 있는 현재의 지식을 수용하는 시험적인 틀이다.[3)]

이 모형은 미래의 연구와 방법에 대한 아이디어를 제공해 줄 수 있을 것이라는 희망을 준다. 크로스는 준비도나 자아개념과 같이 앤드라고지에서 사용된 가정들이 CAL의 개념에 반영될 수 있다고 한다.[4)]

아동과 성인의 차이에 기초해서 이 모형은 개인 특성(personal characteristics)과 상황 특성(situational characteristics)이라는 두 개의 변인을 포함하고 있다[그림 6-1 참조]. 개인 특성은 신체적, 심리적, 그리고 사회문화적 차원으로 구성되어 있다. 이들은 연속체이고 아동기에서 성인기로의 성장과 발달을 반영하고 있다. 한편 상황 특성은 시간제 학습(part-time learning) 대 전일제 학습(full-time learning) 혹은 자발적 대 강제적 참여와 같이 성인참가자의 독특한 변인들에 초점을 맞추고 있다.

크로스는 자신의 모형이 노화, 단계적 발달, 참여, 학습프로젝트, 동기 등과 같은 연구에서 사용될 수 있다고 믿었다. 이 모형은 또한 카테고리 간의 연구를 자극하는 데 사용될 수도 있다. 예를 들면 '자아발달 단계와 학습이 자발적 참여와 관계가 있는지' 혹은 '발달에 있어서 전환점이 부수적 · 자발적 학습량을 생성하는지'와 같은 연구가 있다. 크로스의 모형은 노울즈의 앤드라고지처럼 현장에 대한 시사점을 제시하는 대신 성인이 무엇을 그리고 어떻게 학습하는가에 관한 사고의 틀을 제공해 준다.

CAL 모형은 성인학습을 구체적으로 설명하고자 하였지만 변인들이 너무 광범위하게 정의되어 있다는 한계가 있다. 그래서 어떤 환경 특성이 언제 어떤 개인 특성과 연결되었을 때, 특정한 학습을 설명하는가와 같은 질문에 답하기가 어렵다. 아마도 이 모형이 가진 심각한 문제는 '어떻게 성인이 실제로 학습하는가' 혹은 '그들이 아동과 다르게 학습하는가'에 관해서 우리에게 별로 알려주는 것이 없다는 것이다. 더욱이 개인 특성은 그들이 아동기에서 성인기로의 계속적인 성장을 반영하기 때문에 성인뿐만 아니라 아동에게도 적용될 수 있다. 환경 특성은 아동과 성인을 분명하게 구별하지 않는다. 어떤 성인은 전일제로 공부하고 어떤 성인은 강제적인 계속교육을 받아야 하기 때문에 참여한다. 어떤 청소년이나 아동은 시간제 학습자이고 어떤 학습은 자발적으로 일어나기도 한다. 이러한 단점 때문에 CAL 모형은 아직 경험적으로 검증되어야 할 필요가 있다.

개인특성
→ 생리적/노화 →
→ 사회문화적/생활단계 →
→ 생리적/발달단계 →

상황특성
시간제 학습 대 전일제 학습
자발적 학습 대 강제적 학습

[그림 6-1] 학습자로서의 성인특성:개념적 틀

2) 맥클루스키의 마진 이론

맥클루스키(McClusky)는 1963년에 처음으로 그의 '마진 이론(theory of margin)'을 제시하고 뒤를 이어 1970년과 1971년에 그 이론을 보완했다.[5] 그의 이론은 성인기가 인간이 끊임없이 필요로 하는 에너지의 양과 사용가능한 에너지의 양 사이의 균형을 찾는 성장, 변화, 그리고 통합의 시기라는 견해에 근거하고 있다. 이 균형은 에너지를 없애는 삶의 부담(L: load)과 인간으로 하여금 그 부담을 다룰 수 있도록 하는 삶의 힘(P: power) 사이의 비율로 개념화된다.

부담과 힘은 모두 외적 요인과 내적 요인으로 구성되어 있다. 하임스트라(Hiemstra)는 외적 부담이 가족, 일, 그리고 지역사회에서의 책임감과 같은 정상적인 생활에서의 요구들을 포함하는 과제로 구성되어 있다고 한다.[6] 그리고 내적 부담은 야망, 희망, 그리고 미래에 대한 기대와 같이 사람에 의해서 발전된 삶에 대한 기대를 포함하고 있다. 힘은 가족의 지지, 사회적 능력, 그리고 경제적 능력과 같은 외적 자원의 조합으로 구성되어 있는데, 여기에는 명랑성, 협동기술, 그리고 성격과 같이 효과적인 수행에 다양하게 공헌하는 내적으로 획득하거나 축적된 기술과 경험도 포함된다.

맥클루스키는 힘과 부담이라는 요인으로 자신의 이론을 다음과 같이 설명하고 있다.

> 여유는 부담을 줄이거나 힘을 늘림으로써 증가될 수 있다. 혹은 부담을 늘리거나 힘을 줄임으로써 감소될 수 있다. 우리는 힘이나 부담을 변화시킴으로써 이것을 조절할 수 있다. 부담이 힘과 같거나 이보다 크게 되면, 그리고 이 둘이 고정되어 있거나 조절 불가능하거나 돌이킬 수 없는 상황이라면, 학습하기에는 매우 어려운 환경이 될 것이다. 그러나 만일 부담과 힘이 조절될 수 있고 개인이 힘의 여유분을 확보할 수 있다면 그는 뜻하지 않은 위급상황에 대처할 준비를 더 잘할 수 있고 위험을 무릅쓸 수도 있고 탐색적이고 창의적인 행동을 할 수도 있으며 더 잘 학습할 수도 있을 것이다. 학습에 참여하기 위해서 성인은 학습환경이 요구하는 과정에 적용할 수 있는 힘의 여유를 가지고 있어야 한다.[7]

성인학습자에게는 특히 많은 책임감이 요구된다. 맥클루스키는 어떻게 그의 이론이 성인의 상황에 적용되는지에 관하여 두 개의 예를 제시하고 있다. 우선 A부인을 생각해 보자. 그녀는 6자녀의 어머니이고 누추한 집의 유일한 성인인데 자신의 가정이 붕괴되는 것에 대해서 거의 아무 것도 할 수 없는 상태이다. 생존을 위한 끊임없는 전쟁터에서 싸우느라 그녀는 학부모회나 교육 프로그램에 참여할 여유가 없다.

두 번째 예는 좀 더 낙관적이다. C씨는 중년의 절정에 있다. 건강상태도 좋고 자신의 직업에 유능함을 보이고 있고 지역사회에서도 영향력이 있으며 경제력도 있다. 그러나 C씨는 그가 가진 힘만큼 커다란 부담을 가지고 있다. 만일 이러한 부담이 그의 능력의 한계에 가깝다면 그의 여유는 적을 것이지만 어느 때라도 그는 스스로 자신의 부담을 줄여서 여유를 크게 할 수 있을 것이다.

맥클루스키는 또한 자신의 이론이 성인이 경험하는 인생의 발달적 변화의 특성을 설명하는 데 도움이 된다고 생각했다.[8] 연령이 증가할수록 성인이 겪는 변화는 부담과 힘의 적응이라고 할 수 있다. 이러한 성인의 적응은 인생의 각 단계에서 요구하는 다양한 역할을 수정하면서 이루어진다. 성인기의 학습은 종종 변화하는 역할기능, 책임감, 그리고 신체적 · 정신적 발달을 의미하는 것이기 때문에 맥클루스키의 이론은 발달과 학습의 이러한 연결을 이해하는 데 도움이 될 수 있다. 몇몇 학자들은 실제로 이 연결관계에 관한 연구를 했다. 바움(Baum)은 무작위로 선발된 100명의 미망인들의 힘과 부담을 조사하는 데 이 이론을 사용했다.[9] 이들에게는 홀로 살면서 자기가 스스로 확인한 문제들이 부담요소로 비춰진다. 그리고 미망인들이 이용할 수 있는 서비스와 자원은 힘의 요소로 분류된다. 바움은 홀로 되는 것에 대한 부정적 태도가 더 많은 문제(부담)를 가져오지만 그것은 또한 더 많은 자원(힘)을 발견하도록 한다는 것을 알게 되었다. 부담이 증가할수록 힘도 증가했고 인생에 있어서 비교적 안정적인 여유가 생겼다. 인생의 여유를 측정하기 위해 개발된 도구를 사용해서 스티븐슨(Stevenson)은 독립적인 노인, 양로원의 노인, 그리고 중년의 부담, 힘, 그리고 여유를 비교했다.[10] 그녀는 두 노인집단 구성원들이 자신들을 중년의 성인보다 약간 힘이 더 있는 것으로 지각한다는 것을 발견했다. 마지막으로 많은 연구들이 맥클루스키의 이론을 사용해서 성인학생의 필요, 수행정도, 계속교육에의 참여에 대해서 연구한 바 있다.[11] 그러나 이러한 연구들의 결과는 일치하지 않고 있다. 그래서 지금으로서는 그의 이론에 대한 타당성을 명쾌하게 증명할 수 없다.

맥클루스키의 이론은 모든 성인이 직면하는 일상적인 사건과 인생의 전환에 대해 다루었다는 점에서 매우 매력적이다. 그러나 이것은 성인학습을 설명하는 것이라기보다 상담하는 도구라고 하는 것이 보다 적절하다고 본다. 생활사건과 전환이 많은 학습경험을 촉진하지만, 맥클루스키의 이론은 직접적으로 학습 자체에 대해서 언급하고 있지는 않으며, 오히려 그것이 언제 일어날 것인가에 대해서 말하고 있다. 에너지의 잔여분 혹은 힘의 여유가 학습이 일어나는 데 필요한 것인가에 대해서 의문을 가질 수도 있다. 학습은 스트레스 상태에서도 일어날 수 있는데, 맥클루스키의 용어로 표현하자면 부담이 힘보다 클 때도 학습이 일어난다는 것이다. 더욱이 학습 자체가 개인의 힘을 증가시키는 잠재력을 가진다는 사실은 적어도 그의 이론에서는 설명되고 있지 않다.

3) 녹스의 숙련 이론

녹스(Knox)의 '숙련 이론(proficiency theory)'도 성인의 삶의 환경에 대해서 다루고 있다.[12] 녹스에 의하면 숙련은 기회가 주어졌을 때 그것을 성공적으로 수행할 수 있는 능력과 수행하는 데 있어서의 태도, 지식, 그리고 기술을 어느 정도 조화시키는 것을 의미한다. 그의 이론의 핵심은 현재의 숙련 수준과 희망하는 숙련 수준의 차이에 관한 개념이다. 숙련의 개념은 학습활동과 인생의 역할에서 성인의 동기와 성취를 설명하는 데 도움이 된다. 사회와 성인 자신은 개개인의 성인이 일반적인 의미에서의 인간으로서, 그리고 주요 인생의 역할을 능숙하게 수행하기를 기대한다. 이 이론에서는 일반적 환경, 과거와 현재의 특성, 수행, 야망, 자기, 차이, 특정 환경, 학습활동, 그리고 교수자의 역할과 같은 상호작용적인 요소들을 포함한다.

이러한 상호 관련 개념들은 녹스가 성인학습의 목적(자기주도적인가 아니면 이미 조직된 프로그램에 의한 것인가)을 수행정도를 향상시키기 위해 능력을 향상시키는 것으로 정한 것과 일맥상통하는 것이다.[13] 교수자와 학습자는 현재의 숙련 정도와 희망하는 숙련 수준 사이의 차이를 분석하고 이해함으로써 성인학습자의 동기를 설명하고 교수자가 효과적으로 학습하는 것을 도와줄 수 있다.[14] 녹스는 자신의 숙련에 대한 개념과 능력중심 학습(competency-based learning)의 차이를 설명했다. 능력중심의 준비교육에서는 교육과제를 수행하는 데 최소한의 기준에 도달할 것을 강조하는 반면, 숙련 지향적 계속교육에서는 성인의 인생의 역할과 관련해서 최적의 숙련 수준을 성취할 것을 강조한다.

녹스의 이론은 성인교육자들에게 잘 알려진 편이 아닌데 그것은 아마도 그의 저서나 논문이 성인교육 분야가 아닌 곳에 근거를 두고 있기 때문일 것이다. 우리는 흔히 어떤 과제에 대하여 업적이라든가 수행을 강조함으로써 학습의 효과를 제고할 수 있다. 그의 이론에는 학습, 교수, 그리고 동기의 개념이 혼합되어 있다. 녹스는 자신의 이론이 성인학습과 교수(동기를 강조하고 성인이 학습하는 것을 돕는 지침들로 구성된)에서 필수적인 면들 사이의 기본적인 관계들을 제시한다고 주장한다.[15] 그러나 어떻게 성인이 학습하는가를 수많은 구성요소의 상호작용으로 설명하거나 성인학습과 교수의 필수적인 요소가 무엇인가를 밝히는 것은 매우 어려운 일이다. 그리고 그의 이론이 근본적으로 복잡성을 띠고 있으며, 변인 간의 상호관계를 조작하는 것이 어렵다는 점 등으로 인하여 이 이론을 원용하여 수행된 연구는 아직 하나도 없는 실정이다.

4) 자비스의 학습과정론[16]

이제까지 논의하여 왔던 성인학습 모형은 심리학적 색채가 강한 나머지

지나치게 결과 중심으로 학습의 개념을 파악하였는가 하면, 학습자의 자율성과 능동성을 지나치게 강조한 나머지 학습자 개인이 처한 환경과 사회적 맥락을 이해하는 데 한계가 있었다.[17)]

성인학습에 관한 연구에 있어서 이와 같은 한계를 극복하고자 노력했던 자가 바로 자비스(Jarvis)이다. 자비스는 한편으로는 종래의 학습연구에 있어서 중요한 위치를 차지하여 왔던 행동주의적 입장이 지니는 문제점을 지적하고 다른 한편으로는 심리학적인 접근 방법의 한계를 보완하기 위하여 새로운 사회학적 관점에서 성인의 학습을 이해하고, 그 학습과정을 규정하기 위하여 노력해왔다. 특히 그는 인간의 학습은 경험으로부터 시작되며, 경험은 사회적 맥락에서 형성되는 것이기 때문에 학습은 어느 정도까지는 개인적이라기보다 사회적 상황(social situation)에 의해서 결정된다고 주장하고 있다.[18)] 자비스가 제시한 성인학습 과정모형을 구체적으로 살펴보면 다음과 같다.

(1) 성인학습 과정모형의 이해

모든 학습은 경험으로부터 시작된다. 이것이 자비스의 학습연구 및 학습이론의 출발점이라고 볼 수 있다. 일찍이 듀이(Dewey)가 말하는 비교육적인 경험조차도 그는 학습경험에 해당된다고 보았다. 또한 그는 모든 학습상황을 인간의 경험으로 간주할 수 있다는 것을 강조하고 있다. 자비스에 의하면 경험이란 인간에게 생기는 그 어떠한 것이다. 이는 보통 의식이 있는 생활의 결과로 나타나는 것이며, 이에 대한 반응이 학습으로 나타난다는 것이다.[19)] 그는 경험을 구체적인 것이며, 인지적인 것보다는 정의적인 것이라고 제한하고자 하는 경험주의적 교육 사상가들을 비판한다. 이들은 경험을 지나치게 한정시키고 있고, 또한 인간이란 무릇 서로 다른 여러 개의 감각(sense)을 통하여 세계를 경험하는 것이 가능하다는 것을 간과하고 있기 때문이다. 이와 마찬가지로 그는 학습을 지나치게 인지적인 영역에만 한정시키고자 하는 학자들에 대해서도 비판을 하고 있다. 왜냐하면 개인은 생활세계에 있어서 경험에 대해 인지적 방법으로 반응하는 것만이 아니고, 사회적 상황에 대한 모든 반응은 인지적 요소뿐만 아니라 정의적 요소도 포함하고 있기 때문이다.

이와 같은 맥락에 따라 그는 콜브(Kolb)의 학습모형을 비판적으로 계승 · 발전시키고자 하였다. 자비스에 의하면, 다음의 [그림 6-2]에서 보는 바와 같이 콜브의 학습 사이클은 학습경험의 폭을 한정시키는 데 문제가 있다.[20]

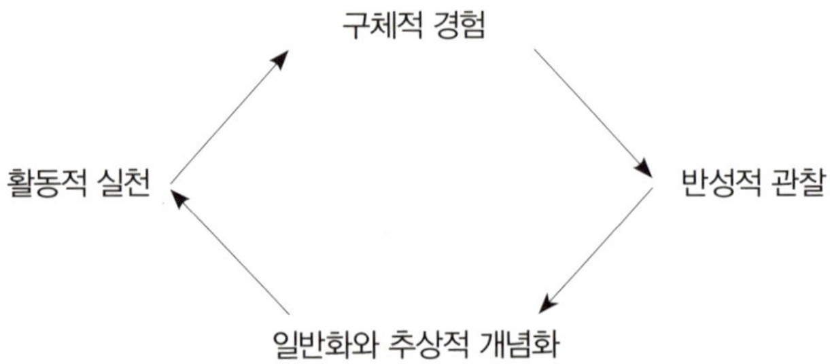

[그림 6-2] Kolb의 학습 사이클

콜브는 학습의 4요소로서 구체적 경험, 반성적 관찰, 일반화 및 추상적 개념화, 그리고 활동적 실천을 제시하면서, 이들 요소들이 차례로 하나의 학습 사이클을 형성한다고 보았다.[21]

이를테면 인간이 감각을 통하여 어떠한 경험을 하게 되면, 그것을 반성하고, 그로부터 교훈을 얻고, 그 후 그 교훈을 동일한 상황에서 충분히 활용하고자 하는 과정을 거친다는 것이 그의 학습 사이클의 주요 골자이다. 자비스는 콜브의 연구모형이 학습이론을 발전시키는 데 매우 유용하게 활용은 될 수 있지만, 이 모형은 학습과정을 제대로 설명하지 못하였다거나 학습과 관련된 현실을 제대로 반영하지 못하였다는 점, 그리고 복잡한 학습과정을 지나치게 단순화시켰다는 점에 그 한계가 있다고 보았다.[22]

자비스는 콜브의 학습 사이클이 지니고 있는 한계를 극복하고, 그가 강조하는 성인학습의 사회적 맥락을 부각시키기 위한 차원에서 새로운 학습이론을 개발하고자 하였다. 콜브의 학습이론은 자비스로 하여금 새로운 학습이론을 개발하는 데 필요한 실마리를 제공하였으며, 실제로 콜브의 모형은 자비스의 이론 개발 모형에 투영되어 자비스 모형의 기초가 되었다.[23)]

(2) 자비스의 학습과정 모형

자비스는 콜브의 모형이 지니는 한계를 극복하기 위하여 단순히 연구 실험실의 작업을 거친 것이 아니라 실제로 교실현장의 조건에서 나타나는 여러 측면들에 대한 관찰을 통하여 그의 학습과정 모형을 개발하였다. 자비스의 학습과정 모형을 제시하면 다음의 [그림 6-3]과 같다.[24)]

자비스는 위와 같은 학습과정 모형을 개발함에 있어서 어떠한 모형이라도 현실을 대폭적으로 단순화할 수밖에 없다는 점을 인정하였다. 특히 그는 학습이란 원래 매우 복잡한 일련의 과정이기 때문에 이러한 학습과정을 조금이라도 더 잘 설명할 수 있는 틀을 제시하는 것이 필요하며, 이를 위해 학습과정의 모형을 개발하였다는 것을 강조하였다. 자비스의 모형이 지니고 있는 특징은 다음과 같다.

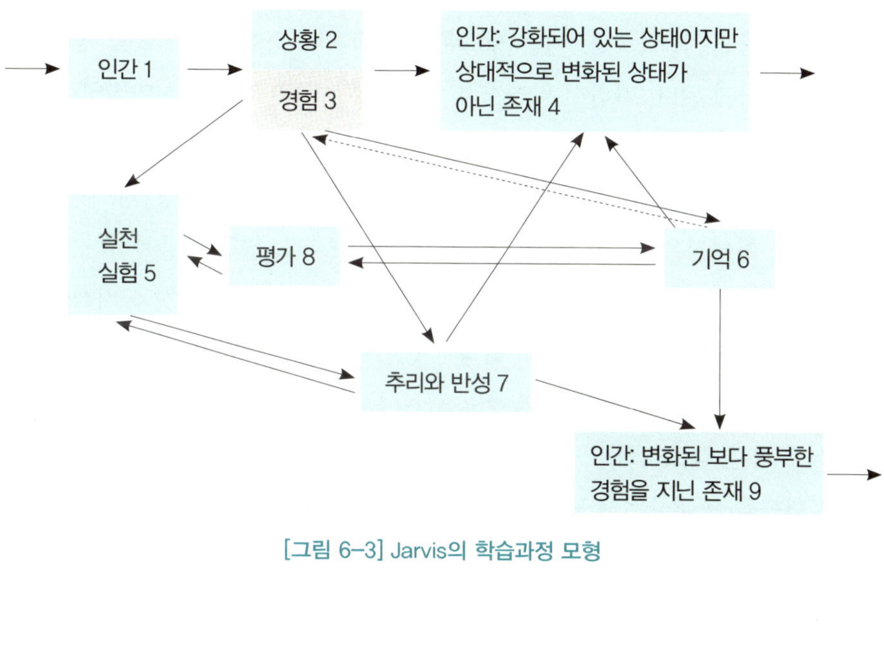

[그림 6-3] Jarvis의 학습과정 모형

우선, 자비스의 모형은 학습과정을 인간에 결부시키고 있다는 데 그 특징이 있다. 학습과정은 인간으로부터 시작되며 어떠한 형태로든지 간에 인간에게 영향을 미친다. 즉, 인간은 학습경험을 통하여 성장·발달할 수도 있지만, 실질적으로는 변화가 없는 그대로 존재할 수도 있고 어떤 경우에는 학습경험의 결과 심지어 상처를 받을 수도 있는 것이다. 그는 특히 학습경험의 결과, 자아가 어떠한 형태로든지 상처를 받을 수 있다는 점은 비록 성인교육 관련 문헌에서 충분히 논의된 적이 없다고 하더라도 높이 평가되어야 마땅하다고 강조하고 있다.[25)]

그런데 자비스는 학습 결과의 하나가 '보다 경험이 풍부한 인간'이라고 하는 점에 주목할 필요가 있다고 지적하고 있다. 학습의 결과 인간은 새로운 지식, 기능, 다른 태도, 변화된 자기 개념, 혹은 이들 간의 여러 조합을 지닐 수 있게 되며, 이것은 인간의 학습이 지니는 복잡성을 예시하는 것이기도 하다. 그런데 '보다 경험이 풍부한 인간'을 지적하고 있는 점은 노울즈(Knowles)의 생각과도 관련이 있다. 즉, 성인의 경험은 장래의 학습을 보다 풍부하게 할 수 있다는 것이다. 그러한 경험은 학습자가 그것을 활용할 수 있는 경우에만 학습에 이용될 수 있으며, 이는 새로운 잠재적 학습경험이 일어나는 상황에 따라 가능하게 된다. 따라서 학습경험이 제공되는 사회적 상황은 이전의 학습이 학습과정에 활용될 수 있는 정도를 결정하게 된다. 그리고 이것은 성인은 물론 아동을 가르치는 일에 있어서 중요한 요인이기도 하다. 성인과 아동의 근본적인 차이점은 대부분의 경우 성인이 아동보다도 경험이 풍부하다는 점일 것이다. 그러나 자비스는 이것이 반드시 그렇지만은 않다는 것을 지적하고 있다. 왜냐하면 경험은 전적으로 연령과 관련이 있는 것이 아니기 때문이다.

다음으로 자비스의 모형이 지니고 있는 특징은 경험으로부터 시작된 9개의 서로 다른 경로가 정밀하게 계획되어 있다는 사실이다. 그리고 이들 경로들은 학습을 초래하는 것도 있지만, 그렇지 않은 것도 있다. 이들 경로는 학습의 과정을 간략하게 묘사할 수 있기 때문에 이것이 어떻게 모형과 관련되어 있는가를 이해하는 일이 가능하다. 그리고 현실의 세계에서 경험은 매우 복잡한 현상이기 때문에 동일한 경험에 대해서 같은 특징에 초점을 두거나 혹은 다른 특징에 초점을 두기도 함으로써 학습이 하나 이상의 경로를 동시에 거칠 수 있는 몇 개의 상황을 상정해 볼 수 있다고 자비스는 말한다.

자비스는 잠재적인 학습경험에 대한 여러 반응을 구분하기 위하여 다음의 〈표 6-1〉과 같이 각각 다른 명칭을 부여하였다. 즉, 가정(presumption), 비고려(non-consideration), 거부(rejection), 전의식(preconscious), 실천(practice), 기억(memorization), 심사숙고(contemplation), 반성적 실천(reflective practice), 실험적 학습(experiential learning) 등의 9가지이다. 이들 가운데 잠재적인 학습상황에 대한 6개의 실제적인 학습반응은 사실 서로 다른 유형의 학습이라는 점을 주의해야 한다고 자비스는 지적하고 있다.[26] 또한 그는 여기에 기록된 각각의 학습과정이 사회에 의해 서로 다른 지위를 부여받고 있다고 설명하고 있다. 예를 들면 다음의 〈표 6-1〉에서 나타나는 것처럼 유형 5와 같은 학습은 유형 7과 같은 학습보다도 낮은 지위를 차지하고 있다는 것이다.

〈표 6-1〉 잠재적 학습 상황에 대한 반응

구 분	잠재적 학습상황에 대한 반응의 유형		반응의 경로 (여기서 숫자는 그림 7-3의 각 지점의 부호를 의미함)
→ 방향은 고도의 학습 형태를 의미	비학습 반응	유형 1: 가정	1 → 4
		유형 2: 비고려	1 → 4
		유형 3: 거부	1 → 3 → 7 → 9
	비반성적 학습반응	유형 4: 전의식	1 → 3 → 6 → 4 또는 9
		유형 5: 실천	1 → 3 → 5 → 8 → 6 → 4 또는 9
		유형 6: 기억	1 → 3 → 6(8 → 6) → 4 또는 9
	반성적 학습반응	유형 7: 심사숙고	1 → 3 → 7 → 8 → 6 → 9
		유형 8: 반성적 실천	1 → 3(→ 5) → 7 → 5 → 8 → 6 → 9
		유형 9: 실험적 학습	1 → 3 → 7 → 5 → 8 → 6 → 9

사실, 잠재적 학습상황에 대한 이들 9가지 형태의 반응은 확실히 위계적인 형태를 지니는 것으로 제시되었다. 즉 최초의 3개의 유형은 비학습 반응이고, 전의식적 학습을 포함하는 다음의 3개의 유형은 비반성적 학습이며, 그리고 나머지 3개의 유형은 반성적 학습을 의미한다. 이들 가운데 마지막의 3가지 유형은 보다 고도의 학습형태이며, 비학습 반응은 개인과 사회 모두의 안정성을 유지하는 데 중요한 의미를 지니고 있다고 자비스는 주장하고 있다.

마지막으로, 앞의 [그림 6-3]에서 나타나고 있는 바와 같이 학습과정에는 서로 다른 경로가 있고, 이들은 상이한 사회적 상황 및 다른 형태의 지식과 관련이 있으며, 학습이 여러 목적을 지닌 것을 설명하기 위하여 학습과정의 각 요소를 분리시키고 있다. 그리고 이들 각각의 경로에 있어서 이들 요소들의 연속은 학습자의 사회적 상황에 의해서 장기간에 걸쳐서 진행되는 것도 있고 즉각적으로 진행되는 것도 있다. 또한 기억과 경험 사이에 점선이 있는 이유는 새로운 잠재적인 학습상황을 창조하는 것을 나타내기 위한 면도 있지만, 한편으로 경험이란 때로는 과거의 사실에 대한 기억의 형태로도 나타난다는 것을 제시하기 위한 것이다.

(3) 경험의 의미와 교수전략

자비스에 의하면 개인을 둘러싸고 있는 사회적 상황들이 개인에게 의미있는 것으로서 인식되기 위해서는 개개인들이 경험을 통하여 이들 상황에 의미를 부여해야 한다. 이러한 점에서 경험은 그 자체로서는 의미를 지니지 않고, 참가자가 스스로의 상황을 정의하고 그 상황에 의미를 부여할 때 비로소 하나의 의미를 지니게 된다. 따라서 개개인이 경험을 통하여 상황에 부여하는 의미는 사회적으로 구성되는 것이다. 그러나 자비스는 다음과 같은 점을 인식해야 한다고 지적하고 있다. 즉, 어떤 사전 행동이 아무런 생각도 없이 나타나는 일은 극소수이며, 대체적으로 특징적인 상황은 개개인에 의해 규정될 수 있지만, 모든 상황이 참가자에 의해서 정의된다고는 볼 수 없다.

어떤 경험은 어떤 참가자에게는 무의미한 면도 있기 때문이다. 따라서 다른 유형의 경험에 관해서 보다 다양한 설명을 하기 위하여 자비스는 앞의 [그림 6-3]을 확대하여 의미 있는 경험과 의미 없는 경험의 차원을 포함하는 차원으로 재구성한 바 있다.[27)]

인간이 사회적 상황을 이해하거나 파악하기 위한 방법과 관련하여 경험이라는 용어가 여기서 사용되고 있는 것을 주목할 필요가 있다. 경험의 모든 면과 깊은 관련이 있는 기억이 개인의 생의 일대기를 구성하게 되는 것이다. 여기서 생의 일대기는 경험의 활용 방법과 매우 유사한 것이라고 자비스는 언급하고 있다.[28)] 특히 그에 의하면 행위자가 어떤 상황에서 겪게 되는 경험은 사회적으로 구성된 것이며, 그것은 단지 하나의 경험 그 자체를 의미하는 것이 아니라 이들 경험에 부여된 의미를 일컫는다.

따라서 자비스는 인간이 학습상황에 지니고 오는 이전의 모든 경험의 총체는 곧 인간 자신의 신체(body), 정신(mind), 그리고 자아(self)를 의미한다고 주장한다. 그는 경험의 기초를 이해하기 위해서 인간과 그들이 관계하고 있는 사회적 실재와의 사이에 전개되는 상호작용을 이해하는 것이 필요하다고 보고 있다. 그는 경험을 이해하기 위해 다음의 [그림 6-4]와 같이 2개의 조건, 즉 주관적인 조건과 객관적인 조건을 설정하고 있다. 그에 의하면 경험의 주관적인 면은 정신과 자아이고, 객관적인 면은 사회적 상황으로 구성되며, 이들은 각각의 영역을 지니면서도 서로 중복되는 특성을 지니고 있다.

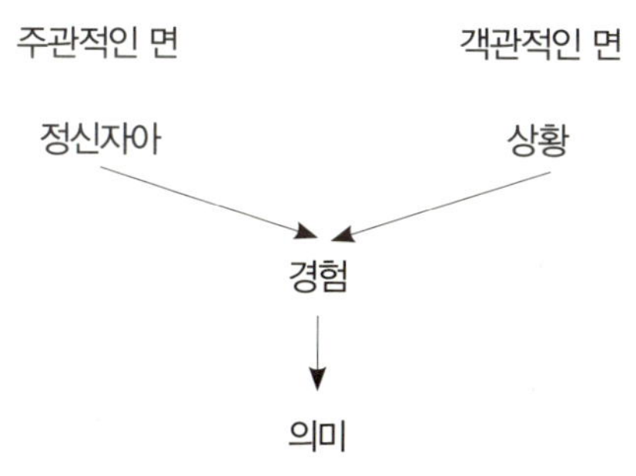

[그림 6-4] 경험의 이해를 위한 틀

왜냐하면 모든 경험은 한편으로는 정신과 자아와의 상호작용, 그리고 이들과 상황과의 상호작용의 결과로 나타나는 것이기 때문이다.

이들 정신과 자아는 인지적 차원과 정의적 차원 모두를 포함하고, 객관적인 차원의 상황과의 상호작용을 통하여 또 하나의 주관적인 면인 감각 자료(sense data)를 형성하게 된다. 이와 같은 성인 학습의 특성으로부터 자비스는 성인학습을 촉진시킬 수 있는 교수전략이 필요하다고 보았다.

(4) 자비스의 성인학습 과정 모형의 의의

여기서 논의된 어떠한 이론보다도 자비스의 모형은 학습 그 자체를 다루고 있다. 개인이 경험할 수 있는 반응들을 설명하는 데 초점을 맞춘 세부적인 논의는 이 모형이 지니고 있는 장점이다. 이러한 반응들은 다양한 학습의 형태와 그에 따른 다른 결과, 그리고 학습에 관한 심층적인 견해를 포함하고 있다. 더욱이 그의 모형은 사회적 맥락에 학습이 위치하도록 했다. 학습은 상호작용적인 현상이지 독립된 내적 과정이 아니다. 그러나 그의 모형이 성인에게만 독특한 것인지에 대한 의문이 제기된다. 비록 이 모형이 성인학습자를 대상으로 한 연구에서 성립되었지만, 자비스가 다양한 환경에서 성인들에게 적용한 적이 있었기 때문에 그는 이것이 성인에게처럼 아동에게도 타당할 것이라고 생각한 바 있다. 다른 형태의 학습을 사용하는 빈도와 학습자의 연령 사이에는 관계가 있을 수 있지만 이것을 증명할 수 있는 증거는 아직 없다.

이제까지 논의한 것들을 토대로 자비스의 성인 학습론이 지니고 있는 특성을 제시하면 다음과 같다.[29)]

첫째, 자비스는 '경험을 지식, 기능 및 태도로 변환하는 과정'으로 학습을 정의함으로써 학습과정의 다양성을 인정하고 있다. 또한 인간의 학습은 언제나 경험으로부터 시작되며, 이 경험은 사회적 맥락으로부터 형성되는 것이기 때문에 학습은 어느 정도까지는 사회적 상황에 의해서 결정된다고 보았다는 점에서 종래의 행동주의적 접근과는 구분되는 특성을 지니고 있다.

둘째, 자비스는 학습과정이 의도적이고 조직적인 성격이 강한 형식적(formal) 맥락에서뿐만 아니라 무형식적(informal) 차원에서도 행해진다는 점을 강조함으로써 학습을 일상생활의 차원으로까지 확대하고자 시도하였다. 말하자면, 의도적인 학습과정뿐만 아니라 무의도적이고 비조직적인 학습과정까지도 이해할 수 있는 차원으로 학습이론을 확대하였다는 데 그 의의가 있다. 이는 라벨(LaBelle) 등이 학습을 조직적인 것뿐만 아니라 일상생활에 이르기까지 모든 차원의 것으로 확대하였던 것과도 같은 맥락을 지닌다.[30)]

셋째, 자비스는 콜브의 경험 학습론을 확대 · 발전시킴으로써 인간의 다양하고도 복잡한 학습활동을 이해할 수 있는 틀을 제시하였다. 특히 그는 학습과정을 인간의 특성에 결부시킴으로써 학습을 통하여 인간이 인지적인 영역은 물론 정의적인 영역까지도, 그리고 바람직한 방향이든 그렇지 않은 방향이든 어떠한 형태로든지 영향을 받기 때문에 성인교육자들은 성인의 학습활동을 원조함에 있어서 학습자들의 자아를 손상시키지 않도록 인본주의적 관점을 취해야 할 것을 강조하고 있다.

넷째, 자비스의 성인 학습론은 모든 학습이 인간의 성장 · 발달을 촉진시키는 것이 아니라 이전에 그들이 학습하였던 경험에 따라 영향을 받기 때문에 성인들의 이전 경험에 적합한 내용과 방법으로 교수전략을 구사해야 할 것을 강조하고 있다. 이는 대부분의 성인교육론자들이 주장하고 있는 바이지만, 그는 특히 성인의 학습과정에 대한 이론적 분석을 통하여 교수전략을 제시하였다는 데에 그 의의가 있다.

마지막으로 자비스는 인간을 전 생애를 통해 학습하는 존재로 보고, 인간은 결국 학습의 결과로 형성되는 존재이기 때문에 인간으로 하여금 항상 성장하고 발달할 수 있도록 도와줄 책임이 인간 상호 간에 있다는 것을 강조하고 있다. 그것은 인간이 사회 내에서 상호 의존적으로 살아가야 하는 존재이기 때문이다. 이 점에서 그는 앞으로의 사회가 평생학습사회가 되어야 하고,

그러기 위해서는 사회의 모든 부문이 학습을 촉진할 수 있는 교육적 책무를 수행해야 한다는 것을 강조하고 있다.

2. 자기주도적 학습론

1) 자기주도적 학습의 의의

성인학습과 관련된 개념 중에서 성인교육자들이 가장 관심을 보이는 것은 자기주도적 학습(self-directed learning)이다. 어떤 사람들에게는 자기주도적 학습이 성인학습의 모든 것인 것처럼 보이기도 한다. 이것은 우리 성인학습자들이 과거의 교육경험에 의해서 압도당하는 것을 느끼고, 자신의 학습에 대한 책임감을 정당화하는 방법을 찾기 때문인가? 우리가 무엇을 배우고 어떻게 학습하는지를 우리 자신이 주도하려 하고 다른 성인들도 우리와 비슷할 것이라고 추측하는 것이 우리의 학습스타일과 성격특성인가? 아니면 정규학교교육과 학습을 동일시하도록 배운 교육자처럼(그러나 이 정의가 성인학습자에게는 잘 맞지 않는다는 것을 알고 있는), 성인들은 자발적으로 학습할 수 있고 또 그러하다는 것을 우리 모두 스스로 인정하고 싶어하기 때문인가? 자기주도적 학습이 성인교육자들에게 왜 중요한가와 상관없이 자기주도적 학습의 본질과 과정에 대한 탐구는 지난 수년 동안 수많은 출판물에 의해서 증명되는 바와 같이 계속되어 왔다.

자기주도적 학습은 1960년대부터 1970년대에 걸쳐 미국, 캐나다, 그리고 영국 등지에서 개발되고 그 이후 점차적으로 평생교육 및 성인계속교육 관계자들로부터 집중적으로 관심을 받아 왔으며, 오늘날 일반적으로 평생학습 추진의 중심개념으로 인정되고 있다.

자기주도적 학습의 개념도입과 그 이론의 발전에 결정적인 공헌을 한 자로서는 터프(Tough)와 노울즈(Knowles)가 있다. 이들은 자기주도적 학습과 관련된 다른 개념으로서 자기수업(self-instruction), 자기교육(self-education), 자기교수(self-teaching), 독립학습(independent learning), 자기공부(self-study), 개별연구(individual study), 자율학습(autonomous learning), 자기계획적 학습(self-planned learning) 등을 지적하고 이와 같은 학습에 종사하는 인간을 자율적 학습자(autonomous learner), 자기추진 학습자(self-propelled learner) 등으로 부르고 있다.[31] 그런데 이들 용어들의 공통점은 적어도 타인의 지원 없이 혼자 고립화된 상태에서 학습하는 것을 의미하고 있다. 이에 비하여 자기주도적 학습은 학습을 고립화하지 않고 교수자 · 지도자 · 교재 · 교육기관 등 다양한 교육자원을 이용하여 학습자 자신이 자기의 학습 전체의 계획(planning), 통제(controlling), 그리고 감독(supervising)에 있어 제1차적인 책임을 지는 학습형태를 말한다. 따라서 이 자기주도적 학습의 반대개념은 노울즈의 표현에 따르면 교사주도적 학습(teacher-directed learning)이다. 자기주도적 학습의 주요 개념은 학습의 자기주도성(self-directedness)과 학습자의 자기주도(self-direction)이다. 이들은 다음의 3가지를 내포하고 있다. 즉 ① 자기의 학습목적 및 수단에 대한 타자의 통제로부터의 독립성, ② 타자의 원조 여부에 상관없이 자신이 주도권을 쥐고 자기의 학습요구를 진단하고, 학습목표를 공식화하고, 학습자원을 동일시하고, 학습전략을 선택 · 실시하고, 학습성과를 평가한다고 하는 학습과정 전체에 있어서의 주도성, ③ 학습의 의미 및 학습을 통해서 실현하고자 하는 가치에 관한 학습의 선택범위에 대한 이해와 자각의 중심인 자율성을 내포한다. 이것은 학습계획 및 방법기술에 있어서 자기주도성과 자기결정성을 초월하는 것이다.[32]

이 개념의 번역어로 우리 나라에서는 자기주도적 학습, 자기관리적 학습, 자기결정적 학습 등과 같은 용어가 사용되고 있다.

2) 자기주도적 학습에 대한 철학적 가정

자기주도적 학습에 근원이 되는 철학적 경향성은 인간의 본성에 관한 인본주의적 관점에서 찾아볼 수 있다. 이러한 견해로부터 학습의 초점은 학습자가 자신의 학습에 일차적인 책임이 있다는 가정과 함께 개인과 자기발전에 맞추어졌다. 학습자의 욕구에 기초한 학습과정은 내용보다 더 중요한 것으로 여겨진다. 그래서 교육자들은 가르칠 때 그들의 가장 중요한 역할이 수업내용에 대한 전문가가 아니라 촉진자나 안내자라고 생각한다.[33)]

인본주의 철학이 자기주도적 학습의 연구에 있어서 중요한 안내자의 역할을 하기는 했지만 진보주의, 행동주의, 그리고 비판이론도 자기주도적 학습에 관한 사고의 형성에 영향을 미쳤다. 인본주의 철학과 마찬가지로 진보주의에 의해서도 학습자와 학습자의 경험은 학습과정의 중심이 되고, 따라서 학습자는 자신의 학습에 우선적으로 책임이 있고 교육자는 그 과정에서 안내자나 격려자의 역할을 한다는 개념이 강조되었다. 여기에서의 학습은 실용적이고 실제적인 특성을 가진다. 자기주도적 학습활동의 실용성은 많은 연구에서 나타나고 있다.[34)]

행동주의 철학은 개인이 어떻게 자기주도적 학습을 해야 하는가를 묘사하는 부분에서 가장 잘 드러난다. 몇몇 학자들은 학습자가 자기주도적 학습에 노력을 기울이게 하기 위하여 학습자가 종종 학습계약의 형태로 계획을 수립하는 것에 동의한다. 이러한 계획이나 학습계약은 학습목표를 구체화하고(그리고 행동주의의 입장에서는 행동적 목표만이 수용될 수 있다), 이러한 목표를 달성하기 위한 적절한 테크닉을 선택하고, 그리고 개인이 앞서 세운 목표를 얼마나 달성했는가를 평가하는 것을 강조한다. 행동주의 철학에서는 자기주도적 학습이 정말로 타당하고 유용한 활동이었는가에 대해 의문을 던진다.[35)]

사회변화와 어떤 형태로든 관련이 있는 진보주의 학파의 하나인 비판적인 관점은 최근에 자기주도적 학습의 설명에 있어서 중요한 역할을 하고 있다. 여기에서는 학습자가 자신이 살고 일하는 세계에 관해 가졌던 가정에 의문을 제기하는 것을 통해서 현재의 사회적 · 정치적 · 경제적 질서에 변화를 가져오는 것에 초점을 맞추고 있다. 이 비판적이고 반성적인 학습과정은 조직과 사회가 일반적으로 어떻게 조직되고 기능하는가를 바꾸는 것을 주도하는 행동과 연결된다(예를 들면, 정책과 절차의 변화, 입법의 변화, 그리고 역할변화). 메지로우와 브룩필드는 자기주도적 학습에 이 비판적인 입장을 덧붙인 최초의 학자들이다. 브룩필드에 의하면, '자기주도적 학습의 가장 성인다운 형태는 현실의 우연적인 측면, 대안적 입장과 의미체계의 탐색, 그리고 개인과 사회환경의 변화에 대한 급진적 사고가 항상 존재한다'는 것이다.[36] 하몬드와 콜린스(Hammond & Collins)는 이 비판적 견해를 비판적 실제의 자기주도적 학습개념의 모델로 통합함으로써 매우 구체적으로 정의했다.[37] 그들은 반성적 사고를 우리가 일하는 사회의 구조와 기능을 심층적으로 바라보는 분석의 요소뿐만 아니라 모형의 각각 구성요소에 있어서 중요한 부분으로 강조했다. 그래서 학습자들은 최소한 부분적으로는 그들이 무엇을 학습하고 어떻게 학습하는지에 대해서 더 잘 이해할 수 있고 반응할 수 있다.

3) 성인기 학습의 이해에 대한 자기주도적 학습론의 연구

자기주도적 학습은 ① 성인학습의 중요한 형태를 확인하고 우리에게 학습과정에 대한 직관을 제공하고, ② 성인학습자의 특성을 정의하고 이에 대해 논쟁하도록 하고, 그리고 ③ 형식적 환경에서의 학습에 관한 사고를 확장시킴으로써 학습에 대한 이해에 공헌했다.

(1) 학습의 형태 및 과정

이와 관련해서는 호울(Houle), 터프(Tough), 그리고 노울즈(Knowles)의 연구가 크게 기여하였다. 학습프로젝트에 관한 터프의 초기 연구를 반복 연구한 학자들은 많은 성인들이 형식적 교육기관의 통제와 제한 밖에서 많은 것을 학습한다는 것을 증명했다.[38] 자발적인 성인들은 직무관련 기술을 획득하고, 집과 가족을 관리하고, 개인의 흥미와 취미를 추구하고, 지식을 획득하기 위해서 배운다. 개인의 학습에 있어서 자기주도성은 필연적으로 고립된 학습을 의미하지는 않는다. 전통적인 형식적 환경에서의 학습과 자기주도적 학습의 차이는 학습자가 학습경험의 계획, 수행, 평가에 대해 일차적인 책임이 있느냐 하는 것이다.

학습자들이 어떻게 자신의 학습에 일차적인 책임을 지는가에 관한 과정은 지난 30여 년간 성인교육자들의 관심을 끌어 왔다. 이 과정에 관한 수많은 연구로부터 성인이 어떻게 학습하는가에 관한 두 개의 매우 다른 설명이 도출되었다. 어떻게 성인이 학습하는가에 관해 가장 널리 알려지고 자주 인용되는 시나리오는 터프와 노울즈에 의해서 묘사된 것이다. 이것은 성인들이 대부분 선형적이고 단계적인 과정을 사용한다는 것을 암시하고 있다(예를 들면, 그들의 학습욕구를 확인하고 어떤 행동, 방법, 그리고 테크닉을 그들이 사용할 것인지를 결정한다).[38] 학습과정에 관한 그들의 개념은 우리가 형식적 환경에서 학습과정을 묘사하는 것과 매우 유사하다. 학습과정에 대한 두 번째 시나리오는 잘 계획되었다거나 선형적인 성질을 갖지 않는다. 그 대신 개인이 자신의 환경 내에서나 우연히 발견하게 되는 기회를 강조한다. 중요한 것은 성인들이 그저 앉아서 그들이 원하는 것과 그들이 언제 어디서 학습할 것인가를 정확하게 계획하지 않는다는 것이다. 차라리 그 과정은 본질적으로 우연적이고 종종 시행착오적으로 일어난다. 이것은 학습에 있어서 어떤 패턴이 없다는 것을 의미하지는 않는다. 그러나 그 패턴은 사람마다 다르고 학습프로젝트마다 다양하다. 이 시나리오에서 등장하는 것은 '학습노력의 복잡성과 비예측성'이다.[39]

(2) 학습자의 특성과 선호도

자기주도적 학습은 성인학습 연구와 관련하여 성인학습자의 특성에 대한 정의 및 논쟁에 영향을 미쳤다. 학습자의 특성에 관한 이러한 연구에 기초가 되는 가정은 성인기의 학습이 자기주도성과 자율성의 성장을 의미한다는 것이다. 이는 노울즈가 주장하는 앤드라고지에 있어서 4개의 중요한 원칙 중의 하나가 '성인은 자기주도적이 되려는 심리적 욕구를 가졌다'는 것을 상기해 보면 금방 알 수 있는 것이기도 하다. 성인학습자의 이러한 특성은 많은 성인교육자들에게 학습과정에서 성인이 어떻게 책임감을 가지고 조절할 것인지를 가르치고 이것을 활용할 수 있는 방향을 제시하였다.

자기주도적 학습자로서의 성인의 이러한 개념에서 중요한 것은 자율성이다. 예를 들면 첸(Chene)은 자율적 학습자를 설명하는 중요한 요소로서 독립성, 선택능력, 그리고 학습사회의 규준과 한계를 분명히 말할 수 있는 능력의 3가지를 제시하였다.[40] 캔디(Candy)는 또한 개인의 가치와 신념에 대한 강한 감각을 가진 사람으로 자율적인 사람을 규정함으로써 첸의 자율적인 학습자의 개념을 더욱 확장시켰다.[41] 학습에 있어서의 자기책임과 조절에 대한 개념도 브로켓과 하임스트라(Brockett & Hiemstra) 등에 의해서 강조된 바 있다.[42]

그런데, 성인학습자의 표준이 자율성과 개인의 자기주도성이라는 가정에 대해 자기주도적 학습을 연구하는 일련의 연구자들은 이를 비판하고자 하였다. 예를 들면 자율성이 성인학습자의 주요 특성이라는 것은 인정하지만, 그것은 성인학습자의 다른 필요한 특성인 상호의존이나 상호관련과 연결이 되어야만 한다는 것이다. 또한 이와 관련한 또 다른 차원의 비판은 자기주도성과 자율성이 성인학습자의 핵심적인 특성이라는 주장에 동조하는 학자들로부터 온 것인데, 그것은 학습상황에서 자율적인 태도로 행동하고 자기주도적이 되는 선택은 이것이냐 저것이냐의 문제가 아니라는 것이다. 학습에 있어서 주도적이거나 그것을 원하는 성인조차도 어떤 때에는 이런 특성을 추구하지 않거나 나타내지 않기로 할 수도 있다는 것이다.[43] 초기의 자기주도적 학습론자인 노울즈조차도 사람들이 각기 다른 속도로 자기주도적이 되고 인생의 모든 측면에서 자기주도적일 필요가 없다는 것과 어떤 상황에서는 성인이 최소한 일시적으로 의존적이 될 필요가 있다는 것을 강조함으로써 성인은 본성적으로 자기주도적이라는 자신의 주장을 제한시킨 바 있다. 성인학습자가 학습상황에서 자율적인 행동을 나타내는 데 가장 영향을 주는 것으로 나타난 4개의 변인들은 그들의 기술 수준, 주제에 대한 친숙도, 학습자로서의 자신감, 그리고 학습의 맥락이다.[44)]

(3) 형식적 환경에서 학습자의 자발성과 자기통제력 키우기

자기주도성이 학습에 대한 이해에 세 번째로 공헌한 것은 그동안 광범위하게 논의되어 온 학습자의 자발성과 자기통제력과 관련된 것이다. 터프와 노울즈는 학습자의 자기주도성이 조직된 학습으로 통합되어야 한다고 촉구한 선구자들이었다. 학습자의 자기통제력이 크다는 것은 학습자에게 그들이 무엇을 학습하고 싶어하는가(즉 무엇이 그들에게 의미 있고 유용한가), 어떻게 학습하기를 원하는가(테크닉, 필요한 자료, 위치, 그리고 속도), 그리고 어떤 기준이 적용되고 어떻게 학습경험이 만족스럽고 가치 있는지를 결정할 것인지에 대해서 생각할 시간과 기회가 주어진다는 것이다.

프랫(Pratt)에 의하면 이러한 학습자의 자기통제력은 교수자가 방향(배울 것)과 학습방법 두 가지 모두를 제공해주기 원하는 학습자로부터 스스로가 방향과 학습방법을 제공할 수 있는 학습자까지 다양한 형태로 나타난다.[45)] 앞에서 언급한 것처럼 학습자의 자발성과 능력, 학습내용, 그리고 상황적 맥락은 학습자가 형식적 환경에서 감수하고 교수자가 허용하려는 자기주도성과 학습자의 조절력의 양에 영향을 미친다.

어떻게 더 많은 학습자의 자기주도성을 형식적 교수환경에 통합시킬 수 있는지에 대한 다양한 아이디어들이 연구자들에 의해 제시되어 왔다. 노울즈는 자기주도적 학습에 관한 학습자와 교수자를 위한 지침서를 개발했다.[46)] 이 지침서의 가장 유용한 부분은 교수자와 학습자가 학습계획을 디자인하는 요강이다. 그로우(Grow)는 학습자의 자기주도성을 향상시키는 교수모델을 제시했다. 그로우의 모형은 교수자가 학습에 있어서 학습자가 자기주도적이 되도록 도울 수 있는가를 기술하고 있다. 그로우가 제시한 모형의 4단계에서 교수자의 역할은 학습자의 자발성과 자기주도적 능력에 따라 다양할 수 있다.[47)]

〈표 6-2〉 Grow의 학습의 자율성 단계

단계	학습자	교수자	사례
제1단계	의존적인 학습자	권위자, 코치	즉시적인 피드백을 준다. 정보성이 강한 자료를 제시한다. 약점과 저항을 극복한다.
제2단계	흥미를 보이는 자	동기부여자, 안내자	감동적인 강의와 교수자 주도의 토론 적절한 목표설정에 따른 교수-학습전략
제3단계	참여적인 학습자	학습촉진자	교수자가 학습자와 동일하게 참여하면서 토론과정을 독려하는 세미나, 프로젝트
제4단계	자기주도 학습자	상담자, 위임자	인턴십, 논문, 개별 연구, 자기주도학습 그룹

4) 자기주도적 학습론의 영향과 미래

자기주도적 학습에 관한 지식은 성인기의 학습에 관한 이해에 중대한 영향을 미쳤다. 이 장에서 논의된 것처럼 우리는 성인들이 어떻게 학습하는가, 어떤 중요한 요인들이 학습자가 자신의 학습에 대해 일차적인 책임이 있다고 여기도록 하는 데 영향을 주는가, 그리고 성인교육자들이 어떻게 학습자가 형식적인 교육환경에서 자신의 학습에 대해 좀 더 자기 통제감을 갖도록 도와줄 것인가에 대해서는 이전보다 잘 알고 있다. 그러나 자기주도적 학습에 기초한 이러한 지식을 사용해서 성인기의 학습에 관한 우리의 생각에 변화를 주는 것에는 주의를 기울여야 한다. 예를 들면 우리는 자기주도적 학습을 성숙한 성인학습자의 진정한 표시로서 이상화시키지 말아야 한다. 뿐만 아니라 자기주도적 학습을 이루는 것과 어떻게 이러한 형태의 학습이 연구되어야 하는가에 대해서는 아직 수없이 많은 의문과 논쟁이 있다.[48]

그러나 자기주도적 학습에 관한 연구는 이론을 정립하는 데 기여하여 왔고, 실제적으로 성인학습 분야에서 성인교육자들에게 어떤 형태로든지 간에 영향을 미쳐왔기 때문에 앞으로도 계속적으로 연구될 전망이다. 우리가 자기주도적 학습에 대해 아는 것은 우리의 사고, 특히 정보처리 과정, 성인 인지발달과 성인 지능 분야에 좀 더 많은 지식을 전해준다. 성인기의 학습에 관한 다양한 질문에 답하는 데 사용될 수 있는 자료가 있을 수도 있다.

요약하면, 우리가 자기주도적 학습에 대해서 아는 것은 성인교육자로서 우리가 어떻게 학습자를 보고 학습과정을 이해하고 교수자와 촉진자로서 행동하고 평생학습자의 모형으로서 노력하느냐에 하나의 준거로서 작용할 수 있으며, 이는 앞으로도 그럴 것이다. 학습에 있어서 자기주도적이고 책임을 지고 개인이 무엇을 어디서 어떻게 학습하는가를 조절하는 능력은 개인, 지역사회, 사회의 변화가 지속적으로 일어나는 사회에서는 생존과 번영에 매우 중요한 것이다.[49]

3. 전환학습론

1) 전환학습의 의의

앤드라고지라든가 자기주도적 학습론은 성인학습자의 특성에 주로 관심을 집중시키고 있는 데 비하여 전환학습(transformational learning)은 학습의 인지적 과정에 보다 초점을 두고 있다. 메지로우(Mezirow)에 의해 1978년에 처음으로 제시된 전환학습론은 우리가 살고 있는 세계와 우리 자신들에 관한 극적이고, 근본적인 변화와 관련하여 학습을 설명하고자 하는 데 그 특징이 있다.[50] 이와 같은 학습은 우리가 이미 알고 있는 사실에 대하여 단순히 무엇을 하나 더 알게 되었다는 것을 의미하는 것은 아니다. 말하자면, 전환학습은 학습활동에 의해 학습자 자신은 물론 타인들이 인식할 수 있는 방법으로 학습 이전과는 확연히 구분되도록 인간을 새롭게 만든다는 것이다.[51] 전환학습에 있어서는 경험의 정신적 구성(mental construction of experience), 내적 의미(inner meaning), 그리고 반성적 성찰(reflection)과 같은 개념들이 핵심적인 구성요소이다.

2) 전환학습론의 핵심개념

전환학습론에 포함되어 있는 주요 핵심개념은 경험, 비판적 반성, 그리고 개인 발달 등 3가지이다. 이들 주요 개념을 보다 구체적으로 살펴보면 다음과 같다.[52]

(1) 경험

앤드라고지의 가정 중의 하나는 성인들이 자신과 타인들의 학습 자원으로서 그들의 넓고 깊은 경험을 활용한다는 것이었다. 이와 마찬가지로 메지로우도 성인들의 전환학습의 주제는 학습자의 경험이라고 하였다. 그러나 성인들의 모든 경험이 학습과 연관될 수 없으며, 특정 경험이 학습과 연관되는지의 여부는 사람에 따라서 다르다고 하였다. 자비스(Jarvis)는 학습이 경험을 토대로 한다지만, 이미 해답이나 반응을 가지고 있는 경험은 제외시켜야 하며, 이전의 경험에 대한 기억과 지식은 있지만 새로운 경험에 대응할 수 없는 불일치의 상태에서 개인들은 왜 이러한 문제가 발생했으며, 그것이 무엇을 의미하는지를 반성하게 된다고 하였다. 이렇게 던져진 의문들이야말로 인간학습의 시작이자 핵심이 되는 것이다.

(2) 비판적 성찰

기존의 삶에 적용할 수 없는 경험으로부터 전환학습은 시작된다. 그러나 경험 자체로 전환학습은 불가능하다. 그렇다면 어떤 경험이 가치가 있는 것인가? 일반적으로는 경험의 성찰과정으로 지적 성장이 이루어질 때 경험은 가치있는 것이 되게 마련이다. 즉 효율적인 학습이란 긍정적인 경험으로부터가 아니라 효율적인 성찰로부터 이루어지는 것이다.

성인학습에서 비판적 반성과 전환학습을 연계한 사람은 브룩필드(Brookfield)이다. 그는 비판적 성찰과 관점전환을 연결시키는 것이 자신의 비판적 사고의 모형이라고 하였고, 사람들이 공통적으로 경험하는 5가지 상황을 나열하였다.[53] 첫째, 내적으로 불편함이나 당황감을 주었던 기대되지 않은 사건을 당한다. 둘째, 상황에 대한 자기검증, 느꼈던 불편함에 대하여 곰곰이 생각해 본다. 자신과 유사한 문제를 경험했던 사람들을 수소문해 본다. 셋째, 자신에게 불편함을 주었던 경험을 해석하고 이에 적응하는 새롭고 다른 방법을 모색한다. 넷째, 대안적 관점을 개발한다. 다섯째, 새로운 사고와 삶의 방법을 우리의 삶의 구조에 통합시킨다. 이와 같은 단계들은 메지로우가 앞에서 관점전환 학습의 단계로 제시한 것과 동일한 것이다. 이후에 브룩필드는 비판적 사고의 개념과 범위를 확장하였는데, 그는 비판적 성찰을 대다수의 사람들이 가지고 있는 가정들을 검증하는 것으로 대체하려고 하였기 때문에 이것은 정치적인 면을 부각시키는 방향으로 확장되었다.

(3) 개인의 발달(individual development)

메지로우는 경험을 통해 개개인이 차별화되고, 비판적이고, 반성적이고, 통합적인 틀을 통해 학습할 수 있다는 점을 들어 관점전환 학습의 결과 개인의 발달을 성취할 수 있다고 하였다. 그는 전환학습의 과정이 성인의 발달과정의 중심이라고 하였으며, 전환학습을 통해 과거보다 폭넓은 경험을 하게 되고, 더 차별화되고, 다른 관점에 대하여 더 개방적이고, 자신의 경험을 보다 잘 통합할 수 있는 한 차원 높은 의미관점(meaning perspective)을 획득할 수 있다고 하였다.

전환학습과 성인기의 성장과 발달의 관계를 가장 잘 설명한 사람은 달로즈(Daloz)이다. 그는 고등교육기관으로 돌아가는 성인들에게 초점을 맞추면서, 교육의 진정한 목표는 학생들이 자신과 세계에 대한 개념을 끊임없이 검증하여, 새롭고 더 발전된 관점을 가지도록 해야 한다고 하였다.

3) 전환학습론의 주요 이론

전환학습론의 대표적인 학자로서는 메지로우(Mezirow)와 프레이리(Freire)를 지적할 수 있다. 메지로우와 프레이리의 이론은 학습이 학습자의 역사적, 사회적 관점의 전환을 목표로 한다는 점에서 전환학습론이라고 할 수 있다. 이들의 연구는 사회현상을 이해하는 데 있어 예언과 통제를 위한 인과적 설명에 몰두하는 실증주의적 입증이나 사실의 실제적 이해와 해석을 주로 하는 해석학적 입장과는 초점이 다르다. 이들은 목적보다는 수단에 치중하는 실증주의를 극복하고, 인간의 상호작용이 이루어지는 사회적 과정에 대한 비판을 통하여 개인이 사회적 왜곡과 권력의 영향력에 매몰되지 않고 해방에 이르게 하는 것에 궁극적인 관심을 가지고 있다.[54] 그러나 메지로우가 주장하는 관점전환 이론과 프레이리의 의식화 이론은 몇 가지 측면에서 차이점을 찾아볼 수 있다. 이를 살펴보면 다음과 같다.

(1) 메지로우의 관점전환 학습론

메지로우의 관점전환 학습론은 1978년에 처음으로 제시되었다.[55] 이 이론은 그 후 30년이 지난 지금까지도 여전히 연구체계라든가 철학적인 지주로서 많은 관심을 받고 있다. 특히 1990년대에는 메지로우의 이론에 대한 경험적인 연구가 활성화되었는가 하면 다른 한편으로는 철학적인 비판도 매우 왕성하였던 시기였다. 예를 들면, 테일러(Taylor)는 1997년 그의 글에서 문헌분석을 통해 메지로우의 관점전환 학습론을 이론적 틀로 삼고 경험적 연구를 한 것이 39편에 이른다고 밝히고 있다. 이외에도 수많은 논문과 책이 이와 관련하여 출간되었고, 각종 세미나가 개최된 바 있다.[56]

메지로우의 이론은 성인이 그들의 일상경험을 어떻게 해석하고, 거기에 의미를 어떠한 방법으로 부여하는가와 관련되어 있다. 그는 학습을 하나의 의미부여 활동(a meaning making activity)으로 규정하고 있다. 즉, 그에 따르면 '학습은 자신의 경험의 의미를 새롭게 하거나 재구성하기 위하여 이전의 해석을 활용함으로써 새로운 행동지침을 획득하는 과정'이라고 할 수 있다.[57] 그리고 그는 전환(transformation)을 의미구조(meaning structure)의 근본적인 변화로 보고 있다. 의미구조는 사람이나 삶의 여러 관계에 대한 개개인의 시각을 의미한다. 따라서 관점전환 학습은 의미구조의 근본적인 변화를 위해 경험의 의미를 재해석하고 새로운 의미를 만들어 가는 것이라고 볼 수 있다.[58]

메지로우는 의미구조를 의미관점(meaning perspective)과 의미체계(meaning scheme)로 구분하였다. 여기서 '의미관점'이란 경험의 수준을 결정하는 심리문화적인 가정의 결과에서 나오는 것으로 사회언어적 기호(사회적 규범, 이데올로기, 말장난, 이론), 심리언어적 기호(개인적인 기질, 부모로부터의 강압적인 양육으로 인해 느끼고 행동하는 것을 계속해서 억압하는 상태), 그리고 인식 기호(학습유형, 감각학습 선호도, 장독립과 장의존, 혹은 구체적 대 추상적)를 의미한다. 의미체계란 삶에서 일어나는 여러 현상에 대해 특정한 해석을 하도록 하는 개념, 신념, 판단과 느낌 등과 같이 습관적으로 경험을 해석해 가는 나름대로의 독창적인 방법을 의미한다.[59] 의미체계는 의미관점을 특정하게 명시한 것이다. 예를 들어서 설명하면, '체벌'에 대한 의미체계는 체벌과 관련하여 습관적으로 인식되고 이해되는 '매', '모욕감', '상처', '인격모독' '반성', '행동의 수정' 등과 같은 단문으로 표출된다. 의미관점은 체벌에 대하여 하나의 입장을 형성하게 되는 것이다. 즉 체벌이 왜 필요한지?, 왜 처벌이 없어져야 하는지? 등과 같은 전제적인 이유 및 근거를 포함하게 된다.[60] 그런데 메지로우에 의하면 진정한 의미에서의 학습(즉 의미구조의 변화)은 반성(reflection)을 통해서만 가능하다. 여기서 반성이란 우리가 당연하게 받아들이고 있는 신념, 사고, 그리고 감정에 대하여 과연 그러한 것들이 정당한 것인가를 재평가하고, 재인식해 가는 과정을 의미한다. 메지로우는 반성적 사고를 통하여 의미구조가 변화되는 전환학습이 성인학습의 주요 영역이 되어야 하고, 동시에 성인교육의 핵심적인 기능이라고 간주하였다.[61] 성인학습에서 강조되어야 할 것은 비판적 반성학습이다. 성인들의 의미체계나 의미관점에 대한 비판적 반성과정을 통하여 성인들은 현실에 대해 왜 그러한 의미를 부여하게 되었는지를 비판적으로 인식할 수 있게 되고, 이를 통해 관점을 전환하는 계기가 된다는 것이다. 메지로우는 비판적 반성학습을 통한 관점전환을 성인학습의 가장 중요한 특징으로 간주하였다.

메지로우는 관점전환 학습을 성인학습과 관련하여 설명하고자 하였다. 그는 학습 영역을 하버마스의 관점을 도입하여 3가지로 구분하고, 이전의 성인교육이 실증적 · 분석적 과학에서 도입된 도구적 지식의 성격이 매우 강함을 비판하고, 하버마스가 해방적 지식을 강조한 것과 같이 해방적 학습을 성인학습의 고유한 특성으로 제시하기 위한 방법으로 관점전환 학습을 제시하였다. 이를 위해 메지로우는 성인학습을 크게 도구적 학습(instrumental learning), 실제적 학습(practical learning), 그리고 해방적 학습(emancipatory learning)의 세 가지 형태의 학습으로 구분하였다.

도구적 학습이란 어떤 것을 어떻게 해야 하는가 혹은 정해진 과업을 어떻게 수행해야 하는가를 중심으로 학습하는 것을 의미하며, 이러한 학습에 대한 반성은 주로 학습내용이나 과정에 대해 사용된 방법, 전략, 기법 등이 효과적이었는가를 판단하는 데 중점을 둔다. 실제적 학습은 다른 사람들과 관계를 맺고 전통을 계승하고 전통을 재형성하는 데 중점을 두는 것으로 타인이나 대상에 대한 효과적인 통제보다는 이해를 얻고 동의를 구하는 데 관심을 기울인다. 이러한 학습에 대한 반성은 어떤 특정 해석을 받아들이게 한 규범, 관행 등에 대한 반성이 주를 이룬다. 해방적 학습은 개인이 삶과 관계, 역할, 가능성에 대해 제대로 인식하는 것을 가로막고 있는 여러 요소들을 비판적으로 인식하여 편견적인 관점으로부터 해방된 관점으로 전환하는 학습을 말한다. 이러한 학습에서의 반성은 기존의 인식에 대한 근거 및 당위성에 대한 반성, 말하자면, 기존에 당연하게 받아들였던 것을 비판적으로 인식하는 과정이 포함된다.

메지로우는 앞에서 언급한 3가지 유형의 성인학습을 다시 크게 대별하여 도구적 학습(instrumental learning)과 의사소통 학습(communicative learning)으로 구분하였는데, 앞에서 언급한 실제적 학습과 해방적 학습이 의사소통 학습에 포함된다. 도구적 학습은 환경을 통제하고 다루는 방법을 학습하는 것을 의미하고, 의사소통 학습은 자유, 사랑, 아름다움과 정의와 같은 문맥에서 정의될 수 있는 가치, 의도, 느낌, 도덕적 결정, 이상과 규범 등을 내포하는 타인의 의미를 이해하려는 노력이다. 의사소통적 학습은 우리의 신념을 지지하는 가정들에 대한 비판적 반성, 우리의 신념의 타당성을 확보하기 위한 담화와 의미구조들의 전환에 기인한 통찰력에 근거한 반성적 행동을 포함한다.

의사소통학습의 주요 방법으로서는 일기쓰기, 개인사, 대화, 사례연구, 역할연구, 자서전, 그리고 은유 등과 같은 것들이 있다.

이 의사소통 방법은 결과적으로 학습자로 하여금 학습의 내용 및 과정에 대한 비판적 반성을 가능하게 하고, 이를 통해 기존에 학습자가 지니고 있던 의미구조의 왜곡을 비판적으로 인식하게 함으로써 새로운 이해방식을 습득하게 되어 관점전환을 하게 된다는 것이다. 메지로우는 전환학습이 대체적으로 다음과 같은 일련의 절차를 거친다고 하였다.[62]

① 삶에 있어서 큰 사건이거나 삶 전체의 의미를 흔들만한 그러나 아직 경험하지 못한 문제에 직면한다.
② 죄의식이나 수치심으로 자기 점검을 하며, 때로는 종교에 귀의한다.
③ 삶의 가정들에 대한 비판적인 평가를 한다.
④ 자신이 겪고 있는 고통이나 전환의 과정이 다른 사람에게도 일어난 것으로 보고 다른 사람도 이와 비슷한 변화과정을 시도했다는 것을 인식한다.
⑤ 새로운 역할, 관계, 행위와 관련된 대안들을 추구하게 된다.
⑥ 구체적 행동을 계획하게 된다.
⑦ 계획을 실행하는 데 요구되는 지식이나 기술을 습득하게 된다.
⑧ 시험적으로 새로운 역할을 맡아본다.
⑨ 기존 관계를 재조정해 본다.
⑩ 새로운 역할과 관계에 대한 능력과 자신감을 형성해간다.
⑪ 삶에 대해 새롭게 형성된 시각에 기반을 두고 새로운 삶을 재창출한다.

(2) 프레이리의 의식화 교육론

프레이리의 의식화 교육론은 브라질의 시대적 특성상 빈곤, 비문해와 억압에서부터 출발한다. 그렇기 때문에 프레이리의 교육이념은 중립적일 수 없었으며, 권력과 사회적 전환이 분리될 수 없는 '해방'과 관련되어 있는 것이다. 그의 해방철학의 핵심은 의문제기와 대화를 통한 비판적인 반성이지만, 그가 생각하는 비판적 반성의 목적이 세상을 변화시키기 위하여 우리를 억압하는 사회의 구조와 우리의 행동을 지도하는 내적인 구조와 미신(myth)을 모두 알게 하는 것이므로 일종의 의식화(conscientization)라고 할 수 있다.

그는 학습자들을 수동적인 존재가 아니라 자신의 인생을 형성하는 사회문화적 실체와 그러한 실체를 변화시킬 수 있는 능력에 대한 깊은 통찰력이 있는 사람으로 보고, 이러한 의식을 고양시키기 위한 방법으로 대화법을 사용하였다. 이와 같은 방법은 교사와 학생 간의 관계의 변화를 의미하기도 하는데, 교사의 일방적인 가르침이 아니라 교사와 학생이 상호협조하는 참여교육을 지향하는 것이다. 비록 '의식화'가 사회정치적인 쟁점에 치중하였다 하더라도, 자신의 가정, 신념과 가치에 대하여 알고, 기존의 가정들을 새로운 관점이나 의식의 수준으로 전환하는 과정이라는 점에서 메지로우가 제시한 관점전환 학습론과 일맥상통한다고 볼 수 있다.[63]

4) 전환학습론의 한계

전환학습론의 중요한 특징은 도구적 학습을 중심으로 이루어지는 성인교육이 성인의 발전적 삶을 형성하기 위한 성인교육의 목표를 달성하는 데 부족하다는 한계를 인식하고, 성인학습에서 간과되었던 반성(reflection)을 성인학습의 중심과정으로 하여 해방적이고 의사소통적 성격의 학습을 장려하였다는 데 있다. 특히 전환학습에서 성인의 성숙은 의미구조의 확보에 있다기보다는 의미구조의 확대에 있다고 보고, 이러한 의미구조의 확대는 비판적 반성을 통한 전환학습으로 가능하다고 함으로써 반성적 성인학습을 성인교육에서 핵심적 영역으로 부각시켰다는 데에 전환학습론의 의의가 있다.

그러나 이와 같은 특징을 지니고 있는 전환학습론은 그 특징으로 인하여 많은 비판을 받은 것도 사실이다. 그중에서 가장 빈번하게 비판받고 있는 것이 학습의 개인주의화이다. 즉, 메지로우는 지나치게 개인의 전환에 초점을 맞추었기 때문에 사회적인 변화라는 중요한 면을 간과했다는 것이다. 이렇게 개인의 전환에 초점을 맞추었기 때문에 개인의 사회적 삶을 전환해 가는 과정에서 제기되는 인간의 사회적 삶에서 무시될 수 없는 권력관계, 권력의 압력구조에 대한 비판적 인식 및 비판적 분석을 하지 못했다. 바꾸어 말하면, '개인이 자신의 삶을 전환하는 데 있어서 사회에 대한 비판적 분석 없이 어떻게 그것이 가능할 것인가?'라는 점에 대한 비판이다.

이와 같은 비판에도 불구하고, 전환학습은 개인이 이미 가지고 있던 지식을 새로운 관점으로 전환시키고 관점의 전환을 통해 학습자(또는 의식)를 해방시키는 학습을 의미한다는 점에서 다른 이론들과 구분되는 특성을 지니고 있다. 특히, 전환이 변화에 관련되어 있듯이 전환학습(trans formative learning)은 변화를 일으키는 학습과 관련이 될 수밖에 없는데, 일반학습과는 달리 전환학습은 학습자의 먼 미래까지의 변화를 일으키며 이 변화는 후속되는 학습자의 경험에 중요한 영향을 미친다는 차이점이 있다. 전환학습은 점진적일 수도 있고 급격할 수도 있으며 구조화된 교육환경뿐만 아니라 일상생활에서도 발생할 수 있는데 사람을 형성하게 하는 과정이고 발달 과정과 밀접히 관련되어 있다는 데 그 의의가 있다.

미 주

1) S. B. Merriam and R. S. Caffrella, *Learning in adulthood:A comprehensive guide*(San Francisco: Jossey–Bass, 1999), pp.286.

2) 다음에서 언급한 내용은 S. B. Merriam and R. S. Caffrella, *Learning in adulthood:A comprehensive guide*(San Francisco:Jossey–Bass, 1999), pp.278–287의 내용을 정리한 것임.

3) K. P. Cross, *Adult as learners:Increasing participation and facilitating learning*(San Francisco: Jossey–Bass, 1981), p.234.

4) *Ibid*, p.238.

5) S. B. Merriam and R. S. Caffrella, *Op. Cit.*, p.279.

6) R. Hiemstra, "Three underdeveloped models for adult learning." In S. B. Merriam(ed.), *An update on adult learning theory*(San Francisco:Jossey–Bass, 1993), p.42.

7) H. Y. McClusky, "An approach to a differential psychology of the adult potential." In M. S. Grabowski(ed.), *Adult learning and Instruction*(Syracuse, NY:ERIC Clearling House on Adult Education, 1970), p.84.

8) *Ibid*.

9) J. Baum, "Testing the theory of margin using a population of widows." *Proceedings of the adult education research conference 21*(Vancouver:University of British Columbia, 1980).

10) J. J. Stevenson, "Load, power and margin in older adults." *Geriatric Nursing*, 1980, 1(2), pp.50–55.

11) D. R. Garrrison, "Self–directed learning:Toward a comprehensive model." *Adult Education Quarterly*, 1997, 48(1), pp.18–33.

12) A. B. Knox, "Proficiency theory of adult learning." *Contemporary Educational Psychology*, 1980, 5, pp.378–404.

13) *Ibid*, p.99.

14) A. B. Knox, *Helping adults learn:A guide planning, implementing and conducting program*(San Francisco:Jossey–Bass, 1986), p.16.

15) A. B. Knox, "Adult learning and proficiency", In D. Kleiber and M. Maehr(ed.), *Advances in motivation and achievement:Motivation on adulthood*(Greenwich Conn.:JAI Press, 1985), p.252.

16) 이 부분은 권두승, Peter Jarvis의 성인학습론, 서울대학교 교육연구소, 평생교육연구, 1997, 3(1), pp.1–17.의 일부를 수정 · 보완한 것입니다.

17) S. B. Merriam and R. S. Cafarella, *Op. Cit.*, p.286.

18) P. Jarvis, *Sociological perspectives on lifelong education and lifelong learning*(Athens, GA:University

of Georgia, 1986), pp.100-101.

19) *Ibid*, pp.16-17.

20) P. Jarvis, *Adult learning in the social context*(London:Croom Helm, 1987), p.17.

21) D. A. Kolb, *Experiential learning*(New Jersey:Prentice Hall, 1984), p.30.

22) *Ibid*, p.18.

23) *Ibid*, p.20.

24) *Ibid*, p.25.

25) *Ibid*, p.24.

26) P. Jarvis, *Adult learning in the social context*(London:Croom Helm, 1987), pp.28-35.

27) *Ibid*, p.76.

28) *Ibid*, p.77.

29) 권두승, 전게논문, pp.13-15.

30) T. J. LaBelle, 평생학습에 대한 전체적인 전망. 권두승(편), 평생교육론(서울:교육과학사, 1995), pp.129-153.

31) M. Knowles. *Self-directed learning:A guide for learners and teachers*(Cambridge:Cambridge Books Co., 1975).; A. Tough, "Self-directed learning:Concepts and practice." In C. J. Titmus *Lifelong education for adults:An international handbook*(Paris:Pergamon Press), pp.256-260.

32) R. G. Brockett and R. Hiemstra, *Self-direction in adult learning:Perspectives on theory, research and practice*(New York:Routledge & Kegan Paul, 1991).

33) R. S. Caffarella, "Self-directed learning". In S. B. Merriam, *An update on adult learning theory*(San Francisco:Jossey-Bass, 1993), pp.25-35.

34) S. B. Merriam and R. S. Caffarella, *Op. Cit.*.

35) R. S. Caffarella and J. M. O'Donnell, "Judging quality of work-related self-directed learning." *Adult Education Quarterly*, 1991, 42, pp.17-29.

36) S. D. Brookfield, *Understanding and facilitating adult learning:A comprehensive analysis of principles and effective practices*(San Francisco:Jossey-Bass, 1986), pp.58-59.

37) M. Hammond and R. Collins, *Self-directed learning*(London:Kogan Page, 1991).

38) R. S. Caffarella and M. O'Donnell, *Op. Cit.*

39) P. C. Candy, *Self-direction for lifelong learning*(San Francisco:Jossey-Bass, 1991), p.172.

40) A. Chene, "The concept of autonomy:A philosophical discussion", *Adult Education Quarterly*, 1983, 34, pp.38-47.

41) P. C. Candy, *Op. Cit.*

42) R. G. Brockett and R. Hiemstra, *Op. Cit.*

43) *Ibid.*

44) *Ibid.*

45) D. D. Pratt, "Andragogy as a relational construct", *Adult Education Quarterly*, 1983, 38, pp.160-181.

46) M. Knowles, *Self-directed learning*(New York:Association Press, 1975).

47) G. O. Grow, "Teaching learners to be self-directed:A stage approach", *Adult Education Quarterly*, 1991, 41, pp.125-149.

48) R. G. Brockett and R. Hiemstra, *Op. Cit.* 1991.

49) 자기주도적 학습에 관한 국내의 대표적인 논문으로서는 유귀옥 · 정지웅, 성인학습자의 자기주도성과 관련된 인구학적 및 사회심리학적 변인, 사회교육학연구, 1998, 4(1), pp.119-149; 김지자 외, 초등학교 교사를 위한 자기주도학습 준비도 측정도구의 개발과 활용방안, 사회교육학연구, 1996, 2(1), pp.1-25.; 김지자 · 정지웅. 사회교육에 있어서 자기주도 학습이론의 발전과 실제적 적용, 사회교육연구, 1994, 19, pp.25-46. 배영주, 성인의 자기주도학습 과정에 대한 사례연구(미간행, 서울대학교 대학원 박사학위논문, 2003) 등이 있다.

50) J. Mezirow. *Education for perspective transformation:Women's re-entry programs in community college*(New York:Teachers College, Columbia University, 1978). 여태철. 성인학습론의 전생애 발달론적 정당화(미간행, 서울대학교 대학원 박사학위 논문, 1998).

51) S. B. Merriam and R. S. Caffarella, *Op. Cit.*, p.318.

52) *Ibid*, pp.326-332.

53) S. Bookfield, *Developing critical thinkers*(San Francisco:Jossey-Bass, 1987).

54) 신나민, 비판적 성인교육론의 학습자관에 관한 연구, 서울대학교 대학원 석사학위논문(미간행, 1994), p.1.

55) J. Mezirow. *Education for perspective transformationl:Women's re-entry programs in community college*(New York:Teachers College, Columbia University, 1978).

56) E. W. Taylor, "Building upon the theoretical debate:A critical review of the empirical studies of Mezirow's transformative learning", *Adult Education Quarterly*, 1997, 48(1), pp.34-59.

57) J. Mezirow(1996). "Contemporary paradigms of learning". *Adult Education Quarterly*, 1996, 46(3), pp.158-172.

58) 이화정, 인식전환 학습이론에 근거한 은빛노인대학의 사례연구, 중앙대학교 박사학위논문(미간행, 1998), p.40.

59) 이화정, 상게논문, pp,29-32.; 김경희, 전환학습과 성인교육, 사회교육학연구, 1998, 4(1), pp.217-242.

60) 김경희, 전게논문, pp.225-226.

61) 상게논문, p.225.

62) J. Mezirow, "Transformation theory of adult learning". In M. R. Welton(ed.), *In defense of the lifeworld*(New York:SUNNY, 1995), pp.50-51.

63) 정민승. 성인학습의 이해(서울: 에피스테메, 2010). pp.214-221.

Chapter_ 7

성인학습 및 상담 관련 요인

1. 성인학습지도에 영향을 주는 요인

1) 성인학습지도의 개념

'성인학습지도'란 문자 그대로 성인을 대상으로 전개되는 학습지도 활동을 의미한다. 여기서 학습지도(learning guidance)라는 말은 교수학습 또는 수업에 해당하는 말로서 우리 나라 교육현장에서 주로 사용되는 용어이며,[1] 종래의 교사 중심의 전통적인 교육방법으로부터 벗어나서 학습자를 돕고 안내한다는 의미의 교육방법을 일컫는 것으로 사용되고 있다.[2] 흔히 학습지도는 교육방법, 수업방법, 교과지도, 교수모형 등과 유사한 의미로 사용되고 있다. 이들 각 개념들은 학습지도에 관한 이해의 관점이나 방식, 이론적 배경이나 접근방식이 각기 다르다는 것을 암시하고 있다.[3]

본 책에서 이제까지 성인교육이라든가 평생교육 분야에서 출판되어 왔던 성인교육 방법 또는 성인교수 방법 등과 같은 용어를 사용하지 않고 성인학습지도라는 말을 굳이 사용하고자 하는 까닭은 성인교육의 장에 있어서 학습자의 자발성을 신장시키고, 학습자의 요구, 이해, 나아가서 권리를 보다 적극적으로 반영하기 위한 개념을 강조하기 위해서이다. 그렇기는 하지만 성인교육 방법, 성인교수 방법, 성인 교수학습과정, 수업, 교수를 엄격하게 구분하기보다는 문맥에 따라서 호환적으로 사용하기로 한다. 마찬가지로, 이들 성인학습지도와 관련이 있는 용어들, 이를테면 교수자, 교육자, 교사, 강사, 학습지도자 등도 각각의 문맥에 따라 적절하게 혼용하여 사용하고자 한다.

본 장에서는 성인학습지도를 성인이 어떻게 학습해야 될 것인가에 관심의 초점을 두고 있는 분야로 성인의 학습활동을 촉진 · 조장 · 조성 · 지원하는 것과 관련된 일련의 필연적 활동 또는 행위라고 규정하고자 한다. 즉, 성인학습지도란, '성인학습자들의 학습활동을 지원 · 촉진 · 안내하고, 나아가서 그와 관련된 환경을 조성해 주는 전략'으로 개념화한다는 것이다. 성인학습지도에 대한 이러한 정의는 매우 일반적인 개념만을 다루고 있어서 보다 구체적인 의미를 파악하기는 힘들다. 다만 성인의 학습활동을 조장하고, 촉진하는 성인교육의 장에 있어서 그것이 구체적으로 실현됨으로써 그 의미가 보다 명확해질 수 있을 것이다. 뿐만 아니라 성인학습지도방법은 오늘날 다양한 차원에서 연구 · 개발되고 있음에도 불구하고 아직까지 하나의 학문적 체계를 갖추고 있지 못하다. 인간의 정신구조가 복잡한 만큼이나 성인학습지도가 하나의 개념으로 정리되기란 앞으로도 그리 쉬운 일이 아닐 것이다.

2) 성인학습지도의 전제와 본질

(1) 성인학습지도의 전제

성인의 학습활동을 지도함에 있어서는 기본적으로 인간의 성장 · 발달과 관련된 전제가 필요하다. 이를 몇 가지로 나누어 제시하면 다음과 같다.

첫째, 아동 · 청소년과 마찬가지로 성인도 배워야만 한다는 것이다. 이제까지의 학습심리, 교육심리, 성인심리, 성인학습 등에 관한 여러 연구를 통해 보았을 때 인간의 학습에 필요한 기본 능력은 전 생애를 통하여 손상되지 않은 채로 남아있으며, 만일 어떤 특정 개인이 그가 할 수 있는 것보다 잘하지 못하는 경우에는 다음과 같은 이유 때문에 학습활동이 제대로 전개되지 못하는 것으로 밝혀지고 있다.

체계적인 교육을 오랫동안 받지 않은 성인들은 자신의 학습능력을 과소평가할 수 있고 이러한 자신감의 부족은 그들로 하여금 열심히 학습에 노력하는 것을 방해할 수 있다. 다음으로 현재의 성인들이 실제 교실현장에 참석하여 학습을 하게 될 때에는 과거에 그들이 교실에서 배웠던 방법과는 다른 방법으로 체계적인 학습활동이 전개되는 경우가 많기 때문에 새로운 환경에 적응하는 과정을 거쳐야 할 필요가 있다. 또한 노화현상과 관련하여 시력감퇴, 반응속도 감소, 에너지 감소 등의 다양한 생리적 변화 때문에 학습활동을 가르치고 지도하는 자는 목소리를 크게 하고, 큰 활자를 사용하고, 천천히 가르치는 것과 같은 방법 등을 적절하게 동원하여야 한다.

둘째, 성인들은 외적 동기보다는 내적 동기에 의하여 학습활동에 보다 잘 참여한다는 것이다.[4] 우리는 이제까지 교육을 지식의 전달과정으로 파악하는 경향이 있었다. 또 학습활동을 전적으로 지적인 과정으로 보고 정신이라는 서랍을 축적된 사실로 채우는 과정으로 간주하여 왔다. 학습에 대한 이러한 견해에서 강조되는 가정은 학습이 외적인 과정이고 학습자가 배우는 것은 교수자의 수월성, 읽기 자료의 질, 그리고 교육기관의 규칙이 지니는 효과성과 같은 외적인 요소에 달려 있다는 것이다. 이러한 견해를 가진 사람들은 오늘날조차도 교수자의 질을 그가 어느 정도 교과에 대한 지식이 있는가를 가지고 판단하며 교수자가 학습심리에 대해서 배우는 것은 시간을 낭비하는 것이라고 주장한다. 여기에서 교수자의 기능은 교과를 가르치는 것으로 정의될 뿐이다.

학습이 일어날 때 실제로 어떤 일이 발생하는가에 대한 연구결과들은 전통적인 학습에 대한 견해가 잘못되었다는 것을 알려준다. 비록 학습과정에 대하여 아직 정확하게 일치된 것은 없지만(사실 학습과정의 다른 부분들을 설명하는 이론은 많이 있다), 학습은 학습자에 의해서 조절되는 내적 과정이고 인간의 전체적인(지적, 정서적, 생리적 기능) 면에서 일어난다는 점에 대해서는 일치하고 있다.[5] 심리학적으로 학습은 욕구충족과 학습자에 의한 목적을 향한 노력이라고 기술된다. 개인은 그가 배울 필요가 있다고 느끼는 정도에 의해서, 그리고 학습이 자신의 개인적 목적을 성취하도록 도울 것이라고 지각하는 정도에 의해서 학습에 참가하도록 동기화된다. 그리고 자신의 욕구 및 목적과 관련이 있다고 지각하는 정도에 의해서 교사와 읽기 자료를 포함한 교재를 사용하는 데 자신의 에너지를 투자할 것이다.

셋째, 인간은 일생 동안 건전하고 적절한 환경과의 상호작용을 통하여 건강하게 성장한다는 것이다.[6] 학습과정에서 중요한 역동성은 학습자가 환경과의 상호작용을 의미하는 경험으로부터 지각된다. 학습의 양과 질은 학습자와 그의 환경이 상호작용한 양과 질, 그리고 환경의 교육적 힘에 의해서 영향을 받는다. 가르치고, 지도하고, 학습환경을 조성하고, 학습활동을 촉진하는 일이란 학습과정에서 이 두 핵심 변인들(환경과 상호작용)을 다루는 것이다. 이 둘은 학습의 기본 단위 즉 '학습경험'의 본질로 정의된다. 그러므로 학습지도자의 중요한 기능은 학습자가 학습할 수 있는 풍요로운 환경을 만들어 주는 것이고 그들이 환경으로부터 학습을 최대화하기 위하여 환경과 상호작용하도록 이끌어 주는 것이다.

넷째, 성인교육 현장에서 성인학습자가 자기 주도적으로 탐구하도록 하는 방법과 기술이 최대한의 학습효과를 초래할 것이라는 것이다. 이러한 자기 개입의 원칙은 성인교육자의 학습지도기법에서도 핵심적이다. 사실 현대 성인교육의 기술과 기법이 나아가야 할 방향은 계속학습을 위하여 자신의 욕구를 스스로 진단하는 과정에 성인들을 참가시키는 기술을 개발하고, 학습목표를 스스로 세우고, 학습활동을 계획하고 수행하는 데 책임을 공유하고, 목표달성 여부를 평가하도록 하는 것이다. 정말로 능력 있는 성인교육자는 학습의 책임이 학습자에게 있다는 것을 인식하도록 한다. 성인교육자는 학습자들이 배우고 싶어하는 것을 스스로 배울 수 있도록 돕기 위하여 학습자들을 가르치려는 충동을 억눌러야 한다. 이러한 신념 없이 성인을 가르치고,

지도하는 자는 학습을 촉진시키기보다는 오히려 방해만 할 뿐이다. 이것은 학습지도(혹은 교수학습)의 과정에서 지도자(교수자)가 책임이 별로 없다는 것을 의미하는 것이 아니라 그의 책임은 이미 결정된 질문에 이미 만들어진 답을 주는 것보다는 학습자가 중요한 질문을 발견하고 그것에 대해 답할 수 있도록 도와주는 방법을 찾는 것에 의미가 있다는 것이다.

(2) 성인학습지도의 본질적 의미

성인학습지도는 성인의 성장 · 발달을 이상적인 상태로 조성해 가는 하나의 과정이다. 따라서 성인학습지도가 성인의 학습활동을 지원하고, 촉진하고, 학습환경을 조성하는 것을 통하여 성인의 학습을 성장 · 발달시키는 데 그 주된 의의가 있다고 한다면, 그와 관련된 활동을 수행하는 자는 그것의 본질적 의미를 보다 정확하게 파악하고 있어야 한다. 그렇게 함으로써 성인학습지도가 바람직한 방향으로 나아갈 수 있을 뿐만 아니라 기존의 학교교육이 의도적으로나 무의도적으로 간과하였거나 소홀히 하였던 일들을 성인학습의 장에서는 되풀이하지 않을 수 있기 때문이다. 다음에서는 성인학습지도의 기본적인 의미에 비추어 그것이 지니고 있는 본질적인 의미를 몇 가지로 나누어 고찰해 보고자 한다.

첫째, 성인학습지도에 있어서 지도자는 모름지기 성인학습의 장을 하나의 '학습공동체'로 형성할 수 있도록 하여야 하고, 그를 통해 성인의 학습을 촉진할 수 있을 때에야 비로소 그 효과를 극대화할 수 있다.[7] 이제까지 성인교육과 관련하여 수행된 대부분의 연구들이 개별 학습자에게 보다 많은 초점을 두어 왔으나, 다수의 성인교육 현장 종사자들은 학습공동체가 학습활동의 촉진에 있어서 지니는 중요성을 강조하여 왔다.[8] '학습공동체(learning community)'란 특정 학습집단 내에서 그 집단 구성원 상호 간의 깊이 있는 개인적 친밀감, 사회적 응집성, 그리고 도덕적 책무의식으로 특징짓는 항구적 관계의 형성을 의미한다. 학습공동체를 이러한 입장에서 파악하게 되면, 학습활동을 지원하고, 조장하고, 촉진하며, 학습환경을 조성하여 주는 지도자와 학습자들이 모여서 형성하는 학습공동체는 깊이 있고 친숙한 상호작용, 상호 간의 이해와 비전의 공유, 서로에 대한 책무수행이 무엇보다도 중요한 기준이 된다. 그럼에도 불구하고, 오늘날의 학습현장에 있어서는 그것이 학교교육의 장이든 평생교육의 장이든 간에 가르치고 지도하는 자와 학습자 간의 양극화, 학습자 상호 간의 소원화 현상이 날로 심화되고 있음이 매우 심각한 문제가 아닐 수 없다.[9] 이와 같은 문제점을 극복하기 위해 성인학습지도의 장에 있어서는 무엇보다도 종래의 학교교육이 범해왔던 문제점, 이를테면 가르치는 자와 배우는 자 간의 전형적이고 의식화된 주종관계의 역할분담이라든가, 강의 일변도의 주입식 방법, 합리성과 객관성 중시 풍토 하에 개인을 전체로서의 학습자 집단에 매몰시켜 버리는 비인간화된 교육, 효율주의적이고 생산중심적인 사고에 기초한 결과위주의 학습지도, 그리고 학습지도자 스스로의 자기개선을 위한 노력의 부족 등과 같은 문제점을 극복할 수 있어야 할 것이다. 특히 성인학습은 종래의 학교교육이 말하는 자(교사)와 듣기를 직업으로 삼는 자들(학생)의 사회적 역할에 따라 인위적으로 분리해 놓음으로써 한쪽에서는 배우는 기능을 거세하고 다른 한쪽에서는 가르치는 기능을 거세하는 모순을 지양하고,[10] 학습이 하나의 순환관계로, 혹은 상호적으로 형성될 수 있는 장을 마련해야 할 필요가 있다. 그렇게 함으로써만이 진정한 의미에서의 학습공동체가 마련될 수 있기 때문이다.

둘째, 성인교육의 장에 있어서 교수(teaching), 수업(instruction) 등과 유사한 의미를 지니고 있는 활동으로서의 성인학습지도는 성인들의 학습활동을 지도하고(guiding), 도와주고(helping), 촉진하고(facilitating), 그리고 학습동기를 유발시킴으로써(motivating) 궁극적으로는 성인학습을 활성화하는 데 그 의의가 있다.

성인학습지도에 있어서 그 지도자가 나름대로 지도방법을 선택하는 일은 선택한 지도방법이 학습을 가장 효율적으로 촉진시켜 줄 것이라는 가정하에서 이루어진다. 그러므로 넓은 의미에서 볼 때, 학습지도는 학습행위를 유발시키려는 체계라고 정의할 수 있다.[11] 이러한 정의로부터 도출해 볼 수 있는 학습지도의 두 가지 기능으로서, 하나는 학습자로 하여금 지적 정보처리를 능동적으로, 그리고 적극적으로 수행하도록 촉진제 역할을 하며 인지적 과정을 안내해 주는 것이고, 다른 하나는 학습자들로 하여금 학습과제나 실제의 상황에서 수행해야 할 과업을 학습하는 데 적극적으로 몰두하도록 하는 것이다. 물론 학습과제와 상호작용하는 가운데 학업수행의 적절성에 대한 결과 정보, 즉 피드백도 제공해 주어야 한다는 것은 말할 나위도 없다.

셋째, 성인학습지도는 아동 및 청소년을 주된 대상으로 하는 학교교육의 경우에서와 같이 지적인 학습, 이를테면 특정 지식의 습득만을 위한 학습활동을 촉진시키고자 하는 것이 아니다. 학습지도라고 해서, 기본적인 지식의 획득과 관련된 활동만을 그 대상으로 하는 것이 아니라 그 학습활동이 어떠한 것이든 생활기능상의 제 영역과 관련된 행동양식을 습득하는 데 적극적으로 기여하여야 한다는 것이다.

성인학습의 영역에 있어서 생활기능과 관련된 행동양식은 다음과 같은 차원으로 분류해 볼 수 있다. 즉, ① 생물적인 기능유지와 관련된 것(수면, 휴식, 건강, 식사, 의복, 주거 등에 관계되는 행동양식), ② 재화 및 서비스의 생산과 분배와 관련된 것(직업, 가사 · 가정관리에 관한 행동양식), ③ 성원의 재생산 및 사회화와 관련된 것(결혼, 출산, 자녀의 양육, 교육 등에 관한 행동양식), ④ 질서유지와 관련된 것(정치적 활동, 사회적 활동관계와 관련된 행동양식), 그리고 ⑤ 생활의 의미부여, 동기와 관련된 것(교양, 취미, 오락관계의 행동양식) 등과 같이 구분할 수 있다. 특히 성인학습에 있어서는 스포츠와 관계된 학습이나, 예술 · 취미 등과 관련된 요구도 많으며, 실제적으로도 이 분야에 가장 많은 학습자들이 참여하는 것으로 나타나고 있다.[12]

그러므로 성인학습지도에 있어서는 성인학습의 의미를 지적인 영역과 관련된 행동양식의 변화만을 의미하는 것이 아니라 정의적, 운동기능적 영역에 대한 학습활동도 그 지도대상이 된다는 것을 유념해야 하며, 특히 학교교육이 전자와 관련된 부문을 강조하고 있는 데 비하여 성인학습지도에 있어서는 후자 즉, 정의적이고 운동기능적인 영역의 학습지도에 보다 많은 관심을 집중시킬 필요가 있다고 본다.

넷째, 성인의 학습활동은 그 참여동기의 다양성, 대상의 광범성, 참여자의 능력 및 경험수준의 이질성 등으로 인하여 그 지도에 있어서 단일 방법만으로는 그 목적을 달성할 수 없고, 다양한 방법들이 함께 어우러질 때 보다 많은 효과를 거둘 수 있다. 특히 성인들은 의미 있는 학습활동에 대하여 보다 많은 관심을 기울이는 경향을 나타내기 때문에 이와 관련된 조건들을 적극적으로 반영한 학습지도 활동이 전개될 필요가 있다. 의미 있는 학습이 일어나기 위한 조건을 간단하게 제시하면 다음과 같다.[13)]

① 학습자가 제시된 문제사태나 질문에 대하여 독립적이고 주도적이며 독창적으로 해석하고 반응하게 될 때 의미 있는 학습이 일어난다.

② 의미 있는 학습이 일어나려면, 학습자가 자신의 사고과정이나 판단을 촉진시킬 수 있도록 단어, 개념, 상징적 기호 등을 알고 해석하고 이해하고 사용할 수 있어야 한다.

③ 학습자가 논제, 아이디어, 개인적 활동, 계획 등에 관하여 타인과 효과적으로 의사소통 할 수 있을 때 의미 있는 학습이 일어난다.

④ 개념이나 상징적 기호, 그리고 그들을 조작할 수 있는 방법이 학습자들에게 의미 있는 방식으로 내재적으로 동화될 때 의미 있는 학습이 일어난다.

⑤ 학습자의 학습을 용이하게 해 주는 자원 중의 하나는 교사라는 점을 학생이 파악하게 될 때 의미 있는 학습이 일어난다.

⑥ 학습자가 내면화된 가치체계에 기초하여 당면한 문제들을 중요성과 우선순위에 따라 해결해 내는 능력을 보여줄 때 의미 있는 학습이 일어난다.

다섯째, 삶의 본질적 의미를 발견하는 기제로서 성인의 학습활동을 지도하는 일(혹은 가르치는 일)과 배우는 일을 분리해서 생각하는 것이 아니라 하나의 공존적인(coextensive) 것이며, 하나의 과정으로서 이해하여야 한다.[14)]

가르친다는 것(혹은 지도하는 것)은 결코 그 자체가 목적이 될 수는 없는 것이다. 비록 학습자가 배우는 일에 실패할 때, 그것을 전적으로 지도자(혹은 교수자)의 능력 부족으로 단정하기는 어렵지만, 학습자의 학습과정의 성패가 지도자의 능력 상태를 가늠하는 척도가 될 수 있다. 말하자면 얼마나 잘 지도하고 가르쳤는가의 판단은 학습자가 무엇을 얼마만큼 배우느냐의 맥락에서만 정의될 수 있는 것이다. 결국 교수와 학습은 수단과 목적으로서 상보적이고 복합적인 상호작용 관계에 놓여 있다. 말하자면, 지도(교수)와 학습은 분리해서 생각할 수 없는 동시 발생적인 것이다.

이와 함께 사회적 기회로서 교수자와 학습자간의 상호작용으로 이루어지는 지도활동은 근본적으로 하나의 과정으로 전개되어야 한다. 그것은 결코 어떠한 결과 또는 산출만을 지향한 것이 될 수 없다. 학습을 통해 꼭 무엇을 얼마만큼 배워야 하고, 지도활동이 일정한 정도의 양을 지도하고 가르쳐야 한다는 것은 아니다. 학습자와 지도자 그리고 학습자 간의 지도하고, 가르치고 배우는 과정 속에서 서로 공감하고 상호작용하는 과정을 통해 본질적으로 의미를 발견하려는 노력에 의의가 있는 것이다.

끝으로, 지도하고 가르친다는 것은 하나의 과학(science)이자 기예(art)이다. 노울즈(Knowles)는 앤드라고지를 '성인의 학습활동을 돕는 하나의 과학과 기예'라고 정의하였다.[15)] 성인의 학습활동을 적절하게 안내하고, 지도하고, 가르치는 일을 과학으로 보는 입장은 단순히 획일화되고, 비교적 일관성 있고, 그리고 동질적 결과를 산출시키기 위한 지도절차의 기계적인 운용을 선호하는 것만을 의미하지 않는다. 그것은 학습지도에 있어서 학습자에 대한 선행 지식, 지도하고 가르치는 내용에 대한 체계적인 지식의 소유, 그리고 가르치는 방법에 대한 면밀한 검토와 적용을 통하여 학습지도 활동이 전개되어야 한다는 것을 의미한다. 말하자면, 성인의 학습을 촉진시키는 일은 사전에 아무 계획이나 준비도 없이 주먹구구식으로 이런 방법 혹은 저런 방법으로 행하는 것이 아니라 하나의 체계적인 과정을 거쳐서 진행되어야 한다는 것을 의미한다. 그런데 학습과정이 행함으로써 배우는, 즉 경험의 재구성 과정이라면, 학습활동은 자연히 종합적인 생활활동이어야 하므로 어떤 학습지도를 할 때에건 어느 한 가지 기술의 형태만으로 만족해서는 안 된다.[16] 여기에 기예로서의 지도활동이 갖는 의미가 있다. 에리히 프롬(Fromm)은 일찍이 사랑도 하나의 기예(arts)라고 언급한 바 있다. 여기서 기예란, 기능적인 의미와 창작 예술적인 의미를 포함한 개념이다. 이 점에서 성인의 학습활동을 안내하고, 촉진하고, 지도하고, 가르치는 일은 선천적인 것이라기보다는 후천적인 노력에 의하여 얻어지고 만들어지는 것이다.

3) 성인학습지도에 영향을 주는 요인

성인학습지도는 기본적으로 일정한 학습자들을 대상으로 성인학습 지도자(전문가)가 특정한 교육 프로그램을 특정 조직 내에서 실시하는 것으로 인식되고 있다. 이는 성인학습지도가 학습자, 학습지도자(전문가), 교육 프로그램, 그리고 조직 등과 같은 요인들의 결합에 의하여 이루어지는 활동이라는 것을 의미한다.

그런데, 성인학습지도와 관련되는 요인들을 직·간접적으로 언급한 학자들의 제반 견해를 살펴보면 부분적으로는 다소간에 차이가 있는 것으로 나타나고 있다. 예를 들면, 노울즈(Knowles)는 성인교육에서의 성인교육자의 역할과 임무가 개인의 요구와 목표, 기관의 요구와 목표, 사회의 요구와 목표에 부응하는 데 있다고 강조하고, 성인교육의 목표를 설정하고자 하는 경우에는 개인, 조직, 그리고 지역사회의 요구를 반영하면서 기관의 요구와 실현가능성, 그리고 학습자의 흥미와 같은 요인을 반영해야 한다고 주장한다.[17]

말하자면, 노울즈는 성인학습지도에 영향을 미치는 변인으로서 개별 학습자, 조직풍토, 사회적 환경, 기관, 지도자의 능력 등과 같은 요인을 지적하고 있다고 볼 수 있다.

시맨과 펠렌즈(Seaman & Fellenz)는 성인학습에 영향을 미치는 요인으로서 학습자, 지도자(교수자), 조직, 내용의 4개 요인과 이들 각 요인들의 요구(need)와 선호도(preference)를 지적하고 있다.[18]

하임리히와 노랜드(Heimlich & Norland)는 성인학습지도에 영향을 미치는 요인으로서 1차적으로는 내용, 환경, 교수자(지도자), 학습집단(학습공동체), 개별 학습자의 5가지 요인을 지적하고, 2차적으로는 이들 요소에 문화와 조직을 더하여 언급하고 있다. 이들이 제시한 요인들 간의 관계를 나타내면 다음의 [그림 7-1]과 같다.[19]

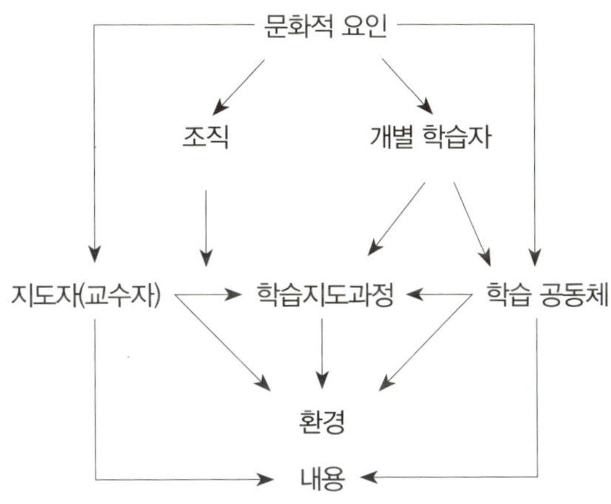

[그림 7-1] Heimlich와 Norland의 학습지도 관련 요인 모형

일반적으로 학습은 개인적 요인 및 환경요인에 영향을 받는다. 이와는 반대로 학습에 의해 개인적 요인 및 환경요인 또한 변화가 가능하다. 여기서 개인적 요인은 성별, 연령 등과 같은 개인의 속성에 의한 것도 있고, 그 외에

직업 및 학력 등과 같은 요인도 학습과 관련이 있는 것으로 나타나고 있다.[20)]

그리고 성인학습은 기본적으로 학습자의 자발성과 자주성에 기초하여 행해지는 활동이기 때문에 개인의 신념 및 요구에 의하여 학습이 결정된다. 이 외에도 개인의 생활양식이나 생활주기, 나아가서 개인의 준거집단이라든가 그가 속한 집단의 특성 등도 학습내용의 선정 및 학습활동에 영향을 미치는 것으로 나타나고 있다.

환경요인은 학습자나 지도자가 속한 집단의 특성이라든가 조직풍토 및 사회 문화적 요인으로 나누어 볼 수 있다. 사회적 요인으로서는 학습이 행해지고 있는 지역 및 사회의 산업 · 경제 · 기술 · 교육 · 학습환경의 정비 상황 등을 들 수 있다.

이와 같은 것을 종합하여 이 장에서는 학습지도 활동에 영향을 미치는 요인들을 다음의 [그림 7-2]와 같이 제시하고자 한다. 다만, 여기에서는 이들 요인 가운데 학습자, 지도자, 그리고 교육조직의 특성 등과 같은 3가지 요인에 대해서만 구체적으로 언급하고자 한다.

성인학습지도에 영향을 미치는 주요 요인들은 기본적으로 다음과 같은 가정을 바탕으로 하고 있다.

첫째, 학습지도에 영향을 미치는 모든 요인들은 어떠한 학습지도 과정에 있어서도 현재적이며, 적극적인 영향을 미친다.

둘째, 모든 요인들은 상호 관련되어 있다.

셋째, 이들 기본적인 요인들은 이와 관련된 외부의 사회체제와 관련된 문화적 맥락에 따라 기능한다.

그런데 이들 요인 가운데에서 학습자 개인적 요인과 교수자의 개인적 요인이 학습과정에 가장 강력하게 영향을 미치는 것으로 나타나고 있어 이를 중심으로 간단히 살펴보면 다음과 같다.

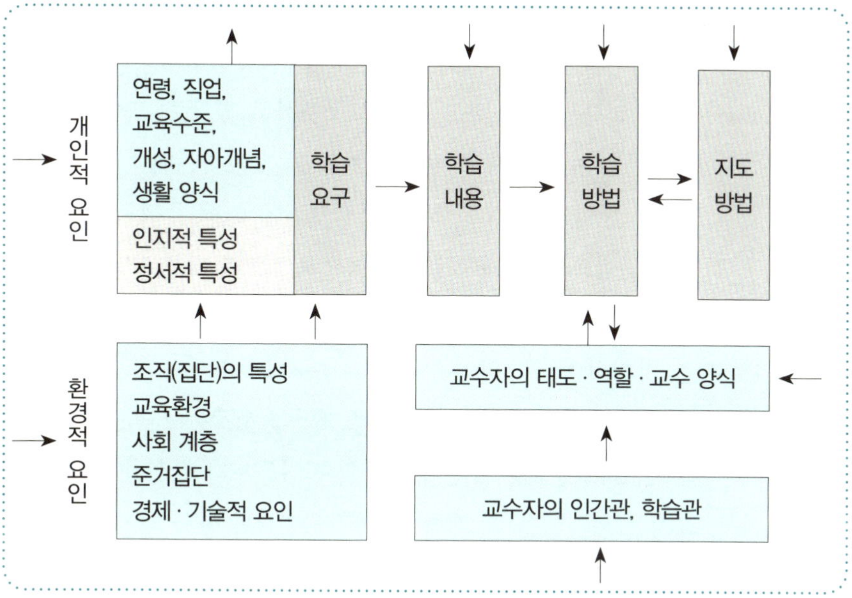

[그림 7-2] 성인학습지도 상담에 영향을 미치는 요인 간의 관계

(1) 성인학습자의 개인적 특성

성인학습자들이 학습활동에 참여하고, 학습방법을 선정하는 데에는 여러 가지의 개인적인 특성이 영향을 미친다. 특히 연령, 직업, 교육 수준 등과 같은 인구통계학적 요인도 상당한 영향을 미치는 것으로 나타나고 있으나 여기에서는 학습자의 개성, 자아개념, 요구, 라이프 스타일 등에 대해서만 간단하게 언급하고자 한다.

학습자의 개성

개성(personality)은 자신의 환경에 대하여 상대적으로 일관성 있고, 지속적인 반응을 초래하게 하는 자신의 독특한 심리적 특성이다. 즉, 개성이란 어떤 사람의 행위를 다른 사람의 행위와 구별하도록 하는 심리적 특성이다. 개성은 여러 유형으로 분류될 수 있으나 [그림 7-3]에서와 같이 로저스(Rogers)는 사회혁신사상의 수용과 관련하여 혁신자(innovator), 초기 채택자(early adaptor), 초기 다수자(early majority), 후기 다수자(late majority), 후기 수용자(late adaptor), 그리고 지체자(laggard) 등으로 구분하고 있다.[21] 그에 따르면, 변화의 선봉에 서는 자는 혁신자로 전체의 2.5%를 차지하는데 비교적 자율성이 강하며 모험과 변화를 즐기고, 다양한 정보원에 늘 적극적으로 접촉하고 새로운 것을 촉구함으로써 개혁에 적극적으로 참여한다. 초기 채택자는 혁신자만큼 적극적이지는 않지만 그래도 새로운 개혁안에 개방적인 자로서 전체의 13.5%를 차지하며, 그 다음은 초기 다수자로 약 34%에 이른다. 이들은 비교적 신중한 주의를 기울이면서 개혁 제안을 따르는 사람들이다. 후기 다수자는 전체의 34%를 차지하는데 앞서의 사람들보다 확실한 증거를 필요로 하면서, 그것을 획득했을 때 개혁에 따라가는 사람이다. 후기 수용자는 전체의 13.5%에 속하는 사람들로서 전통적인 가치관의 지배를 받거나 확고한 신념에 사로잡혀 좀처럼 자신의 태도나 행동을 바꾸려고 하지 않는 사람들이다. 이들은 주변으로부터 직·간접적인 압력에 못 이겨서 혹은 체면 때문에 마지못해 새로운 것을 수용하는 자들이다. 그리고 맨 마지막의 2.5%는 지체자로 개혁안에 대하여 무조건적으로 비판적이며 저항적인 사람들이다.

이와 같이 개인이 보유하고 있는 개성이 서로 다르면 학습행동은 같지 않을 확률이 높으며, 학습 활동의 참여와 학습방법의 선택에 있어서 개성유형 사이에는 강한 상관관계가 존재할 수 있다. 예컨대, 혁신자는 자기주도적이기 때문에 다른 사람을 의식하지 않고 자기의 주관에 따라 학습활동에 참여하는 경우가 많으며 학습방법의 선택에 있어서도 능동적인 참여를 선호할 가능성이 높다. 이와는 달리 후기 다수자의 경우는 타인 지향적이기 때문에 남을 의식하는 학습활동에 참여하거나 소극적으로 학습에 참여할 가능성이 높다.

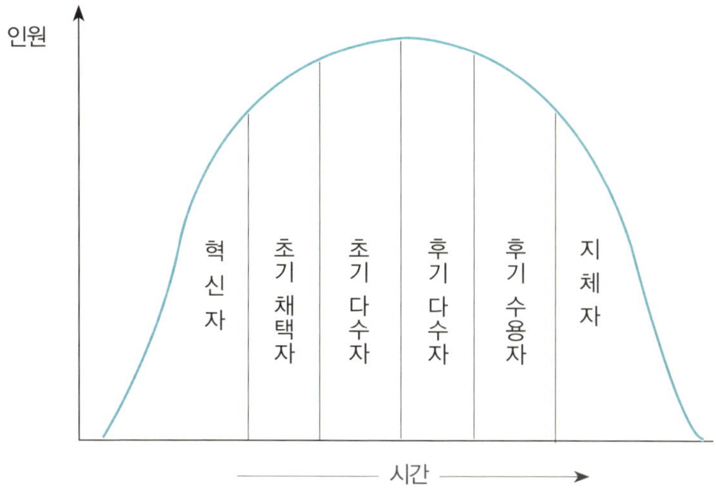

[그림 7-3] Rogers의 사회변화에 대한 성향

학습자의 요구

성인학습자들은 대체적으로 개인적인 차원에서의 요구는 물론 그가 속한 조직이라든가 사회의 요구를 충족시키기 위하여 학습활동에 참여하게 마련이다. 여기서 요구(need)란 흔히 현재의 상태나 수준과 바라고 원하는 이상적인 소망이나 수준 간의 차이를 지칭하는 개념으로 사용되고 있다. 말하자면, 요구란 개인이 느끼고 있는 무엇인가의 결핍상태를 충족시키기 위하여 필요로 하거나 원하는 상태 또는 상황을 말하며 현재의 상태 혹은 수준과 바람직한(혹은 기대되는) 수준 간의 차이 또는 조건을 의미하는 것으로 이해할 수 있다.

이러한 의미를 지니고 있는 요구는 개인적, 집단적, 그리고 사회적 차원의 요구로 나타나며, 그 차원도 다시 여러 형태로 분류될 수 있다. 그런데 이제까지 요구와 관련된 문헌들을 살펴보면, 학자들에 따라 서로 다른 범주로 요구의 차원을 설명하고 있다. 흔히 요구와 관련해서는 매슬로우(Maslow), 차일드(Child), 그리고 자비스(Jarvis)의 욕구단계가 많이 언급되고 있다. 이를 제시하면 [그림 7-4]와 같다.[22]

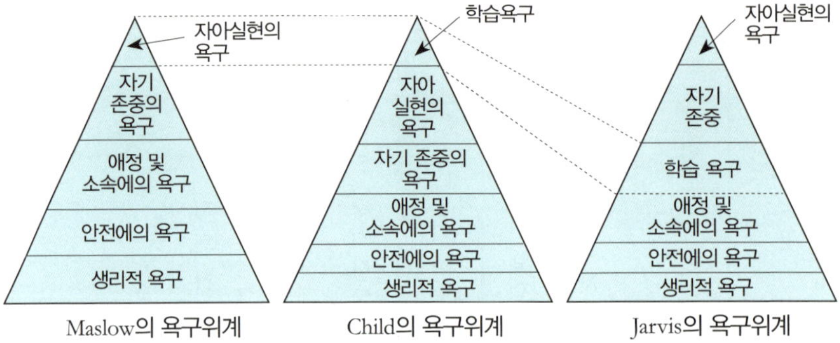

[그림 7-4] 각 학자들에 의해 제시된 욕구체계의 비교

이와 같은 기본적인 인간의 요구와 함께 성인학습의 장에 있어서는 학습요구라는 개념이 흔히 사용되고 있다. 학습요구(learning needs)란 앞에서의 요구에 대한 설명을 통해서도 알 수 있는 바와 같이 한 개인이 자신이나 조직, 사회를 위해 학습해야 하는 일로서 그가 갖고 있는 현재의 능력수준과 기대수준(조직 및 사회에 의해서 규정되는 것 포함) 간의 격차 혹은 차이를 의미한다고 볼 수 있다.

이와 같은 의미를 지니고 있는 학습요구는 단순히 심리학적 차원의 개념으로서뿐만 아니라 인간이 바라고 원하는 바의 행위를 국가를 포함한 사회의 제반 기관 또는 제3자에 대하여 청구한다는 의미도 포함되어 있다. 따라서 학습요구라고 할 경우, '학습권을 보장'받고 싶다든지 '학습권을 확립'하고 싶다든가 하는 의식이 포함되어 있다고도 볼 수 있다.[23)]

학습요구와 관련하여 보다 구체적으로 언급해야 할 부분을 기술하면 다음과 같다.

우선 우리가 요구라고 할 때 그것은 흔히 개인이 자각하고 있는 요구(felt needs)와 자각하고 있지 않은 요구(unfelt needs)가 있다. 자각하고 있지 않은 요구, 말하자면 학습자가 미처 깨닫지 못하고 있는 요구로는 필요(necessity)

로서의 요구와, 도덕적 명령(moral imperative)으로서의 요구가 있다. 흔히 우리가 조사연구나 면접 등을 통해 파악할 수 있는 요구는 주로 자각하고 있는 요구이다. 예를 들면 흥미나 관심이 있어서 혹은 자기 자신이 현재 지니고 있지 않기 때문에 보완하고 싶다고 생각하고 있는 것(want)과 상사나 조직으로부터 학습하도록 요청받고 있는 것 등이 있다. 그런데 인간에게는 이와 같은 의식층의 표면에서 자각되어 있는 것 이외에 인간 의식 내면의 심층부에 자리 잡고 있는 요구도 있다. 이제까지의 성인학습의 기회라든가 성인교육의 장에 있어서는 이와 같은 의미를 지닌 요구를 적극적으로 활용하는 데 게을리해 왔던 것이 사실이다. 흔히 특정 제품이나 서비스에 대한 요구가 없었어도 새로운 상품이나 서비스를 개발하여 제공함으로써 성공을 거둔 기업의 사례들을 살펴보았을 때, 성인의 학습기회를 대폭적으로 확대하고 성인의 학습참여를 촉진시키기 위해서는 학습자의 자각되지 않은 요구를 개발하기 위한 방안을 적극적으로 모색해야 할 필요가 있다고 생각된다.

한편 학습내용에 대한 요구뿐만 아니라 학습방법, 나아가서 지도방법에 대한 요구도 파악되어야 하며, 이것이 학습지도 과정에 반영되어야 할 필요가 있다.[24] 이는 곧 학습자의 요구가 학습내용을 결정하는 데 중요한 요소가 될 뿐만 아니라 학습방법, 나아가서 지도방법을 결정하는 데에도 중요한 영향을 미치기 때문이다.

이상과 같은 논의들을 토대로 성인의 학습요구와 관련하여 성인학습에 관여하는 자들이 염두에 두어야 할 사항들 가운데 보다 중요하다고 생각되는 부분을 제시하면 다음과 같다.[25]

① 성인교육자는 성인학습자의 요구와 목표를 알고 있어야 하며, 이는 학습자들이 학습의 결과로 얻게 될 교육자의 교육적 의도와 일치되어야 한다.

② 성인교육자는 성인학습자들이 현재 참여하고 있는 학습활동이 그들이

바라는 바의 목표를 달성하고 요구를 충족시키는 데 유용하다는 것을 인식할 수 있도록 끊임없이 노력해야 한다. 만약 성인학습자가 학습활동으로부터 아무것도 얻지 못한다거나 어떤 요구를 충족시키지 못할 것이라고 인식한다면, 그 순간부터 그는 학습활동에의 참여를 그만두게 될 것이기 때문이다.

③ 성인교육자는 때로는 학습자들이 그들의 학습요구를 적절하게 인식할 수 있도록 해야 할 필요가 있다. 이것은 학습 프로그램의 설계나 이행 못지 않게 학습지도에 있어서 중요한 하나의 전략이기도 하다.

④ 성인교육자는 하나의 학습집단에서조차도 각 개인의 학습목표나 요구가 동일하지 않다는 것을 기본 전제로 여러 학습전략을 구사해야 하며 융통성 있는 지도방법을 설정해야 한다.

(2) 성인교육자의 개인적 특성

성인교육자의 개인적 특성으로서 학습지도에 가장 크게 영향을 미치는 요인의 하나로 교수양식을 지적할 수 있다. 일반적으로 교수양식은 학습지도 방법과 밀접한 관련이 있는 것으로 지적되고 있다. 피셔와 피셔(Fischer & Fischer)에 따르면,[26] 교수양식은 다양한 교사의 행동을 구분할 수 있는 단위와 관련이 있는 가설적인 구성개념이며, 교수학습과정의 중요한 측면을 이해하고 설명하는 데 유용한 도구이다.[27] 교수양식에 내재되어 있는 '양식(style)'이란 개인이 자신의 능력을 활용하는 데 있어서 선호하는 방식을 의미하는, 하나의 표현형태이다.[28] 그것은 한편으로는 교수행동에 비전을 제시해 주고 다른 한편으로는 서로 다른 맥락에서 비교적 융통성 있게 행동할 수 있도록 균형을 유지하는 데 도움을 준다.[29] 이와 같은 의미에서 교수양식은 교육자가 교육현장에서 학습자들에게 학습기회를 제공함에 있어서 선호하는 교수방식을 의미하는 것으로서 교수와 관련된 상황이 바뀌더라도 어느 정도의 지속성과 안정성을 지니는 특성이 있다.[30]

이제까지 관련 문헌을 통해 나타난 바에 따르면, 교수양식에 대한 정의는 학습양식에 대한 정의와 마찬가지로 개념 정의가 통일되어 있지 않은 상태이며, 그 유형 구분도 매우 다양한 것으로 나타나고 있다.

교수양식을 어떻게 정의하든지 간에 교수양식은 다양한 유형으로 구분되며, 이들을 유형화하는 것은 그들 각 교수양식의 장점과 특성을 도출하기 위해서이다. 그리고 각 교수양식은 어느 유형이 좋다거나 나쁘다고 할 수 없기 때문에 어느 특정 교수양식이 가장 좋은 것이라고 판단할 수 없다.[31)]

또한 교수양식은 선천적인 것이 아니라 과제와 상황적 요구, 그리고 개인적 성향을 반영하며 적절한 학습을 통하여 개발될 수 있는 것으로 파악되고 있다.[32)] 뿐만 아니라 교수양식은 학습자들의 학업성취라든가 발달과도 관련이 있는 것으로 나타나고 있다.[33)]

성인교육과 관련하여 교수양식을 구분한 학자로서는 액셀로드(Axelrod), 누덜과 스눅(Nuthall & Snook), 로빈슨(Robinson), 렌즈(Lenz), 그리고 티어스(Teeters) 등이 있는데 이들이 제시한 교수양식의 유형은 다음과 같다.

먼저, 액셀로드(Axelrod)는 캘리포니아 대학의 연구사례를 통하여 교수양식을 ① 훈련 및 암기 지향(drillmaster or recitation class), ② 내용 지향(content centered), ③ 교수자 지향(instructor centered), ④ 지성 지향(intellect centered), 그리고 ⑤ 개인 지향(person centered)의 5가지로 유형화하였다.[34)] 이들 5가지 유형은 일반적으로 알려진 내용중심, 교사중심, 그리고 학습자 중심의 교수양식을 보다 세분화한 것이라고 볼 수 있으며, 이들 3가지 교수양식의 특성을 간단하게 나타내면 다음의 〈표 7-1〉과 같다.

〈표 7-1〉 교수양식의 특성 구분

구 분	내용중심 교수양식	교사중심 교수양식	학습자 중심 교수양식
목 표	교과, 교재	지식성장, 교수내용	지적훈련, 개인 · 정신적 성장
교수 행동	전문가, 정보제공, 학습결과 확인, 질문 답변	교수자가 곧 교과, 직업 · 지식 접근 모델	안내자, 조력자
교과 내용	물리학, 의학, 엔지니어링, 기술적 · 직업적 내용	인문분야의 과목	인지적, 정의적 내용
교수 내용	자기수업, 프로그램 수업, 강의, 필름 등	교수자 양식에 의존, 강의 중심	역할연기, 시뮬레이션, 독립학습, 프로그램 학습
학습 양식	의존적인 학습자, 장독립적인 학습자	참여적, 장의존적 학습자	협동적, 독립적 학습자
평 가	교수자에 의한 객관식 시험	교수자에 의한 시험, 과제물	형성적 평가, 개별평가
환 경	교수자중심 환경	교수자중심 환경	유동적인 좌석, 소집단

한편, 성인교육자의 교수양식을 측정하기 위한 도구개발과 관련된 대표적인 연구로서는 콘티(Conti)[35] 및 틸버그와 하임리히(Tilberg & Heimlich) 등을 들 수 있다.[36]

콘티의 PAES(Principles of Adult Education Scale)는 44개의 항목으로 구성되어 있으며, 이제까지 성인교육 문헌상에 기술되어 왔던 교수/학습원리를 측정하도록 고안되었다. PAES는 6점의 리커트 척도로 측정하도록 되어있으며, 척도 상의 총점이 높을수록 학습자 지향적인 교수양식을 나타내고, 낮을수록 교수자 지향적인 교수양식을 의미한다. 이 척도는 약 10–15분에 걸쳐서 작성할 수 있으며, 점수 범위는 0–220점이다. 이 척도의 평균값은 146

이고 표준편차는 20이다. 따라서 이 척도상에 있어서 평균값이 146 이상일 경우에는 학습자 지향적인 교수양식을, 그 미만일 경우에는 교수자 지향적인 교수양식을 의미한다. 그리고 이 척도는 7개의 하위 요인으로 구분되어 있는데, PAES에 있어서 〈요인 1〉은 '학습자 지향적인 활동(learner centered activities)'을 의미하고, 12개의 부정 문항으로 구성되어 있다. 〈요인 2〉는 '개인화된 수업(personalizing instruction)'을 의미하며 6개의 부정 문항과 3개의 긍정 문항으로 구성되어 있다. 〈요인 3〉은 '경험관련 교수양식(relating to experience)'으로 6개의 긍정 문항으로, 〈요인 4〉는 '학습자의 요구반영 교수양식(assessing student need)'으로서 4개의 긍정 문항으로 구성되어 있다. 그리고 〈요인 5〉는 '학습풍토 조성(climate building)' 요인으로서 4개의 긍정 문항으로 이루어져 있으며, 〈요인 6〉은 '학습과정에서의 학습자 참여(participation in learning process)' 요인으로 4개의 긍정 문항으로 구성되어 있다. 그리고 〈요인 7〉은 '개인적 발전을 위한 융통성(flexibility for personal development)'요인으로서 5개의 부정 문항으로 구성되어 있다.

틸버그와 하임리히는 TBS(Teaching Belief Scale)를 개발하였는데, 이 척도는 22개의 문항으로 구성되어 있으며, 각각의 문항을 포괄성(inclusion) 문항과 민감성(sensitivity) 문항으로 구분하고, 이들 문항에 대하여 차별적인 점수를 부과한 다음, 포괄성 축과 민감성 축을 교차하여 이들을 중심으로 전문가형(expert), 제공자형(provider), 조성자형(enabler), 그리고 촉진자형(facilitator)의 4가지 교수양식으로 구분하였다.

그런데 이들 교수양식은 성인 학습자들의 학업성취라든가 성인의 발달에 영향을 미치는 것으로 나타나고 있다. 콘티와 웰본(Conti & Welborn)은 비전통적인 건강 교육참가자들을 대상으로 한 연구를 통해 교수양식이 학업성적에 강한 영향을 미친다는 것을 발견하였으며,[37] 콘티는 교수양식이 비전통적인 학습자는 물론 전통적인 학습자들의 학업성취와 도덕성 발달에도 영향을 미친다는 결론을 얻었다.[38]

2. 성인학습 과정에 영향을 주는 요인

성인학습 과정에 영향을 주는 만큼이나 상담과정에도 다양한 요인이 영향을 미친다. 상담과정상에서 일어나는 많은 일은 매우 복잡하고 상호 연관적이다. 또한 상담과정을 전체적으로 지각하지 않으면 상담상의 문제를 야기시키거나 상담의 효과를 기대하기가 어렵게 된다. 이 점에서 상담과정상에 영향을 주는 요인들로 어떠한 것들이 있으며, 이들이 어떠한 의미를 지니고 있는지를 파악하는 것이 중요하다.

클라라 힐(Clara Hill)은 상담과정에 영향을 주는 요인으로서 상담자 및 내담자의 배경요인, 상담상의 맥락요인, 상담과정상의 상호작용요인, 상담자 및 내담자의 외부환경요인 등을 지적하고 있다. 이를 중심으로 간단히 살펴보면 다음과 같다.[39]

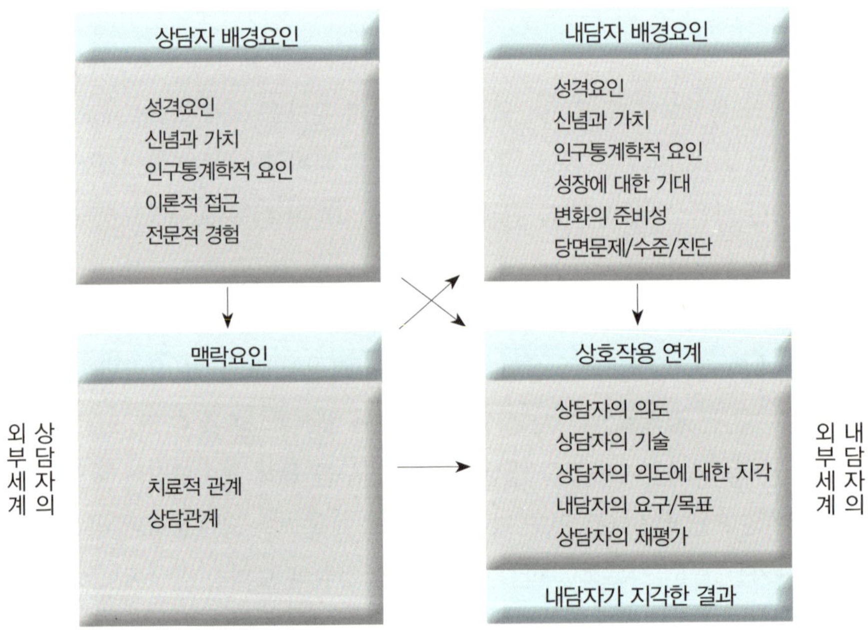

[그림 7-5] 상담과정에 영향을 주는 요인

1) 상담자의 배경요인

상담은 상담자의 배경요인에 의해서도 크게 영향을 받기 마련이다. 상담자는 자신이 경험한 세계와 인간관 등을 바탕으로 상담과정에 임한다. 그들의 성격, 신념, 인간에 대한 기본 가정, 가치, 경험, 개인적 성향이라든가 상담자의 이론적 성향과 과거의 상담경험도 상담과정에 영향을 미친다. 말하자면, 행동주의적이거나 정신분석 입장을 견지하는 상담자는 인본주의적 관점을 지닌 상담자와는 매우 다른 접근방식을 취하게 될 것이다.

2) 내담자의 배경요인

내담자의 배경요인은 상담과정에 영향을 미친다. 과거에 학교에서 좋은 경험을 거둔 바 있는 성인의 학습상담과 그렇지 못한 성인의 학습상담은 상당히 다른 과정을 거치게 될 것이다. 상담자와 마찬가지로 내담자도 자신의 특별한 세계관을 가지고 상담과정에 임하게 된다. 여기에는 내담자의 성격과 신념, 세계에 대한 가정, 가치, 경험, 문화적 · 개인적 성향이 포함된다. 또한 내담자의 상담에 대한 준비도 또한 상담과정에 많은 영향을 미치게 된다. 내담자의 변화에 대한 준비성은 다양한 단계로 구성되어 있으며, 여기에는 상담의 어떠한 형태에도 참여하는 것을 거부하는 내담자도 있을 수 있으며, 자신에 대해 알고 싶어 하는 내담자, 행동을 곧바로 바꾸고자하는 내담자 등이 있을 수 있다.

3) 상담과정상의 상호작용요인

상담은 상담자 및 내담자의 배경변인과 상담상의 맥락변인 등을 토대로 하여 상담시기마다 상담활동이 결정되게 된다. 무엇보다도 상담자는 현재상황에서 내담자에 대한 평가를 기초로 상담의도를 형성하게 되고, 이러한 의도는 상담자의 행동을 결정하게 된다. 이것은 내담자의 요구와 목적을 재평가하게 하고, 상담자와 어떻게 행동할 것인지를 결정하도록 한다. 그런 다음 상담자는 내담자의 반응을 평가하고 그들이 다음의 상담활동에서 무엇이 필요한지를 재평가하게 된다. 상담과정은 이렇게 상담자와 내담자 각자가 상대방의 목적과 의도를 이해하고 어떻게 반응할 것인가를 위해 노력하는 지속적인 반응으로 전개된다. 여기에서 중요한 것이 바로 상담자의 의도와 상담기술이다.

3. 성인교육자의 역할 관련 개념모형

1) 성인교육자의 개념모형

이제까지 국내의 평생교육 관련 문헌을 살펴보면, 평생교육에 종사하는 자들을 지칭하는 용어는 일반적으로는 사회교육 담당자, 사회교육자, 성인교육 지도자, 성인교육자, 성인교육 담당자, 평생교육자, 평생교육담당자 등이, 그리고 법적인 차원에서의 자격증 소지자의 명칭은 사회교육전문요원, 평생교육사 등으로 사용되어 왔다. 말하자면, 평생교육과 관련된 용어의 다양성만큼이나 그에 종사하는 관계자들에 대한 용어도 여러 가지로 사용되어 왔다는 것이다. 그런데 일반적으로 성인교육자는 성인교육에 종사하는 모든 사람들을 총칭하거나 혹은 성인의 학습활동과 관계되는 모든 조직 및 교육기관에서 근무하고 있는 자를 지칭하는 것으로 이해되고 있다.[40)]

이와 같은 일반적인 의미를 통해서는 다양한 성인교육자들을 이해하는 데 한계가 있다. 이에 따라서 성인교육자들을 보다 구체적인 분류방식에 의하여 그 위치를 보다 명확하게 이해할 필요가 있다고 본다. 이에 따라 성인교육자를 몇 가지 차원에서 유형화할 수 있다고 본다.

우선, 성인교육자는 다음의 [그림 7-6]을 통해서도 알 수 있는 바와 같이 한축으로는 이론가(researcher)와 실천가(practitioner)로, 다른 한축으로는 전문성의 높고 낮음에 따라 구분할 수 있다. 성인교육 이론가들은 성인교육에 관한 연구를 통하여 성인교육에 관한 전문적인 이론과 식견을 바탕으로 대학이나 산업체 등에서 전문적으로 교수 및 연구활동에 종사하는 자를 지칭할 수 있다. 이에 비하여 실천가는 성인교육 행정가, 상담자, 자문가, 프로그램 운영자 등 성인교육 현장에서 직접 교육을 담당하는 자들을 말한다.

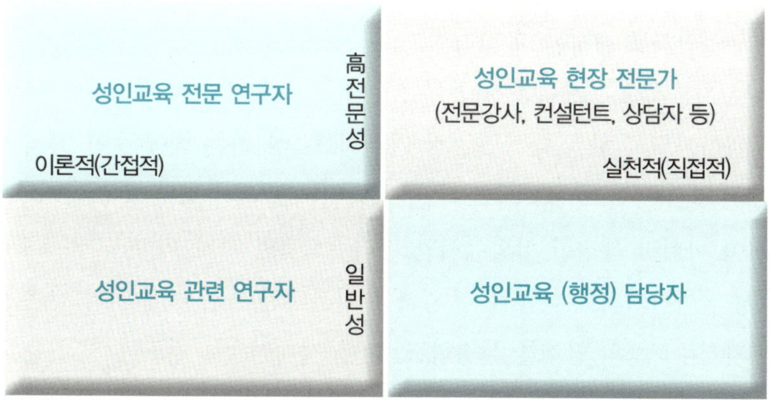

[그림 7-6] 성인교육자의 개념 분류모형

이러한 분류를 통하여 살펴보면, 성인교육자는 실천적인 차원에서는 성인교육 분야의 직업에 종사하는 전임 상근자뿐만 아니라 각종 사회단체나 시설의 교육활동에 종사하는 자원봉사자나 비상근의 비전임자들까지도 모두 개념에 포함될 수 있고, 이론적인 측면에서는 성인교육 전문 연구자이든 그와 관련한 연구자이든 간에 성인교육에 그 어떤 차원에서든지 관련되어 있으면 포함되는 개념이라고 볼 수 있다. 이것은 연구라는 것은 모름지기 실천을 바탕으로 해야 한다는 철학과도 깊은 관련이 있다. 그런데 평생교육 분야의 국가자격증 소지자인 평생교육사는 일반적으로 [그림 7-6]의 분류에 따르면 성인교육 현장전문가 또는 성인교육 담당자로서의 역할을 수행하고 있는 것으로 나타나고 있다.

2) 성인학습 유형별 성인교육자의 역할모형

제7장에서 살펴본 바와 같이 그로우(Grow, 1991)는 학습자의 자아개념과 관련하여 자기주도성의 단계를 의존적인 학습자, 학습활동에 관심이 있는 학습자, 참여지향적인 학습자, 자기주도적인 학습자의 4가지로 구분하고, 이들 단계에 따라 교육자가 어떠한 역할을 수행하며 그와 관련된 구체적인 전략이 무엇인가를 제시한 바 있다.[41)]

그는 기본적으로 교육과정의 목표가 학습자를 자기주도적이고 평생학습자로 나아가도록 하는 데 있고, 잘 가르치고 지도하는 데에는 한 가지 방법만 있는 것이 아니고, 자기주도적인 자가 된다고 해서 모든 일에 자기주도적인 것이 아니라 특정한 상황에서만 자기주도적인 자가 되며, 자기주도성도 의존성과 마찬가지로 학습될 수 있다는 기본적인 가정 하에 이와 같은 학습자의 자기주도성의 단계를 설정하고, 이를 체계적으로 지도할 수 있는 지도자의 역할에 대해서 구체적으로 언급하였다. 특히 그는 성인교육자의 교수양식(teaching style)이 학습자의 자기주도성의 정도와 제대로 일치하지 않을 경우에 심각한 문제가 발생한다고 설명하고 있으며, 학습자의 자아개념이 의존적인 것으로부터 완전히 자율적인 것으로 나아가는 데 필요한 제반 교육과정 및 그와 관련된 교육자의 역할을 구체적으로 제시하고 있다.

〈표 7-2〉 학습자의 자기주도성의 단계에 따른 교육자의 역할

구 분	학습자	교육자	주요 사례
1단계	의존적인 학습자	권위자	즉각적인 피드백을 통한 지도, 훈련, 정보제공 지향적인 강의, 결점 및 저항세력의 극복
2단계	학습활동에 관심이 있는 학습자	동기유발자 안내자	고무적인 강의와 안내지향적인 토론, 목표설정 및 학습전략
3단계	참여지향적인 학습자	촉진자	동등한 자격으로 참여하는 지도자에 의해 촉진되는 토론, 세미나, 집단 프로젝트
4단계	자기주도적인 학습자	자문 · 상담자 권한 위임자	인턴십, 연구논문, 개별노력 혹은 자기주도적인 연구집단

이와 같은 연구들을 통해 살펴보면, 결국 학습자들의 자아개념이나 성숙의 정도에 따라 학습자들의 학습방법은 물론 그것을 체계적으로 지원하고, 촉진하기 위한 교육방법이라든가 성인교육자의 역할 또한 그것에 알맞은 형태로 변화되어야 한다는 것을 알 수 있다. 다만, 여기서 우리가 상기해야 할 것은 성인학습자가 전적으로 자기주도적이거나 타자주도적인 존재가 아니며, 나아가서 성인학습자는 자동적으로 교육적 존재로 상정될 수 없는 경제적, 정치적, 문화적으로 복합한 존재이며, 그를 둘러싼 맥락이 보다 역동적이라는 점에 주목하고, 성인교육자의 역할 또한 매우 다중적이어야 할 필요가 있다는 것을 인식할 필요가 있다.

이 점에 있어서 성인학습자들이 어떠한 학습형태를 나타내고 있으며, 그들이 수행하고 있는 학습형태가 구체적으로 어떠한 것인가를 살피는 것은 성인교육자의 역할 규명에 있어서 필요한 과업이라고 생각된다. 이와 관련하여 성인학습자의 다양한 성인학습의 특성을 고려하여 성인교육자의 역할 분류를 시도한 것이 바로 크랜톤(Cranton, 1992)이다. 그는 성인학습자들의 학습이 자기주도성의 정도에 따라 타자주도형, 자기주도형, 그리고 상호변혁형의 학습 등과 같이 3개 유형으로 구분될 수 있다고 보고, 이들과의 관계에 따라 성인

교육자에게 다양한 학습지도 방법과 스킬을 요구하게 된다고 보았다.[42]

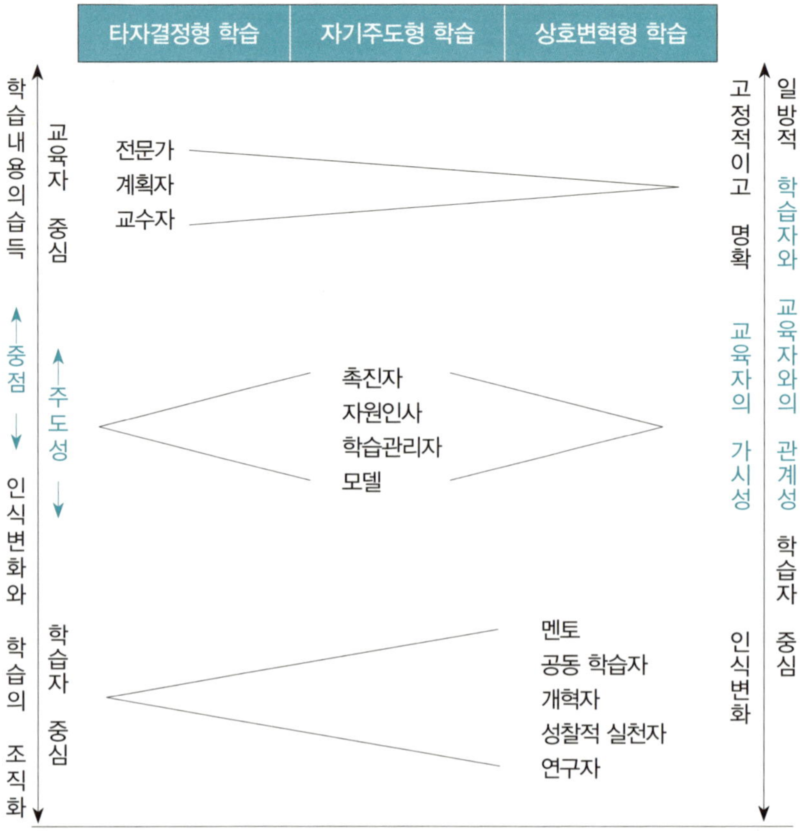

[그림 7-7] 성인학습의 3가지 유형에 따른 성인교육자의 역할변화 관계

이들 세 개의 학습 방법에 성인교육자의 역할을 대응시키면서 각각의 역할이 어떠한 장면에 요구되고 어떠한 기능을 수행하도록 기대되는가를 제시하면 [그림 7-7]과 같다. [그림 7-7]에서 보는 바와 같이 학습자의 자기주도성 정도에 따라 성인교육자의 역할이 전문가 · 계획자 · 교수자로서의 역할은 타자주도적 학습형태에, 조력자 · 자원인사 · 관리자 · 모델로서의 역할은 자기주도적 학습형태에, 그리고 멘토 · 공동 학습자 · 개혁자 · 반성적 실천가 · 연구자로서의 교육자의 역할은 상호변혁적인 학습형태에 적합하다고 보

았다. 성인학습자들의 학습유형에 따른 성인교육자의 역할을 구체적으로 요약 · 제시하면 〈표 7-3〉과 같다.[43]

〈표 7-3〉 학습유형에 따른 성인교육자의 역할 변화

학습유형	역할	특성	역할 발휘 시기	단점
타자 주도적 학습	전문가 (Expert)	• 전문가로서 자신이 갖고 있는 정보와 기술 전수	• 학습자의 경험이 부족할 때 • 시간이 부족하고 지식 위주의 교육내용일 때 • 학습내용이 학습자에게 새로운 것일 때	• 상호작용의 부족 • 의존적이고 수동적인 학습자 양성
	계획자 (Planner)	• 프로그램 개발 • 교육과정에 필요한 자료 수집, 선택, 기획, 평가 등	• 학습자의 경험이 부족할 때 • 자료개발을 할 때 • 학습자가 학습내용에 친숙하지 않을 때	• 제한된 상호작용 • 무기력한 학습자를 만들 우려
	교수자 (Instructor)	• 학습경험 전체를 총괄 • 학습경험 결정, 학습과정 구성, 피드백과 가이드 제공, 학습내용 설명, 과제부여, 평가 등	• 객관적 사실과 관련된 특수한 지식을 가르칠 때 • 학습자의 경험이 부족할 때 • 무엇이 옳고 그른지 판단하고 지도할 때	• 상호작용의 부족 • 학습자의 의존성 강화 • 학습자의 경험이나 개성 간과
자기 주도적 학습	촉진자 (Facilitator)	• 학습에 대한 촉진 지원 • 학습자의 요구에 반응	• 자기주도적 학습을 할 때 • 다양한 학습방법을 알고 있을 때 • 학습내용과 관련된 경험이 풍부할 때	• 학습자가 기술을 습득하거나 지식을 얻는 데는 부적절
	자원인사 (Resource Person)	• 학습과정을 위한 자원 제공 • 학습자에 대한 영향력은 촉진자보다 감소	• 학습자 스스로 학습을 계획할 수 있는 능력이 있을 때 • 모듈화되고, 컴퓨터화된 수업을 진행할 때	• 교수자가 학습 자체와 분리될 수 있음

학습 유형	역 할	특 성	역할 발휘 시기	단 점
자기 주도적 학습	관리자 (Manager)	• 기록의 저장, 평가, 조정 • 학습자와 교구물의 상호작용관리	• 학습자가 자기주도적 학습자일 경우 • 개별화교육과 원격교육	• 상호작용 부족 • 학습자의 욕구 충족에 부적절
	모델 (Model)	• 학습자의 행동과 가치의 모델이 됨	• 교수자가 학습자에게 중요한 사람이라고 인식될 때 • 학습자가 외향적인 성격을 갖고 있을 때	• 모델이 너무 완벽할 때 효과적이지 못함 • 모델의 부적절한 행동도 모델링 될수 있음
상호 주도적 학습	멘토 (Mentor)	• 조언, 인도, 지원 • 학습자와 함께 방향을 결정하고 수행하는 동반자	• 학습자와 교수자가 장기적인 상호작용이 가능할 때 • 상호 동의에 의한 학습을 원할 때	• 교수자의 인식 부족 • 교수자의 부적절한 방향 제시
	공동학습자 (Co-Learner)	• 학습자와 함께 계획수립 • 학습자로서의 책임과 권리 부여	• 학습자와 교수자 상호간에 믿음과 편안함이 전제될 때 • 모두가 동등한 권리와 관심을 가질 때	• 교수자의 많은 시간과 노력 필요 • 의존적인 학습자에게 적합치 않음
	개혁자 (Reformer)	• 문제제기, 도전, 의식고양, 전환 • 사회적 맥락 속에서의 사회적 변화와 개인의 자각 증대	• 개인의 전환이나 사회적 변화에 대한 목표를 가질 때 • 학습자의 전제의 타당성에 도전, 비판적 자아성찰을 위한 가정을 검토할 때	• 교수자 자신의 가치나 행동을 강요할 수 있음
	성찰적 실천가 (Reflective Practitioner)	• 실천에 대한 검토와 문제 제기 • 철학과 이론 개발	• 교육 상황 이면에 숨어 있는 교육원리에 대한 인식을 가질 때 • 실천에 대한 지속적인 발전과 개정을 할 때	• 끊임없이 자신의 실천 이론을 성찰하고 발전시켜야 함
	연구자 (Researcher)	• 학습자와 교수자의 행동을 체계적으로 관찰 • 관찰결과에 대한 가설 설정 • 이론의 개발	• 계속적으로 이루어져야 함	• 연구결과를 일반화시킴에 있어 주의해야 함

미 주

1) 서울대학교 교육연구소(편), 교육학용어사전(서울:도서출판 하우, 2009), p.777.
2) 이화여자대학교 교육공학과, 교육방법 및 교육공학(서울:교육과학사, 2002), p.17.
3) 박성익, 교수 · 학습 방법의 이론과 실제(Ⅰ)(서울:교육과학사, 2007), p.2.
4) M. Knowles, Andragogy:An emerging technology for adult education. In R. Edwards(ed.), *Boundaries of adult learning*(London:The open university, 1996), p.83.
5) 그렇다고 해서 학습이 순전히 내재적 가치에 의해서만 일어나는 것은 아니라는 것을 염두에 둘 필요가 있다. 의미 있는 상황에서의 학습은 내재적 가치와 외재적 가치를 동시에 지니고 있으며, 특히 다음과 같은 요소를 포함하고 있다. ① 학습해야 하는 것(예, 사실, 원리, 기능, 사고방식, 가치 등), ② 적절한 절차나 자료, 그리고 경험을 조직하기 위한 구조 등을 활용하여 학습을 촉진시키고자 하는 경험들, ③ 지식, 기능, 태도, 가치관의 획득. 이러한 세 가지의 요소들은 가르치고 지도하는 자의 입장에서 보면, 학습지도활동의 외재적 가치를 지니고 있고 학습자의 입장에서 보면 학습자의 내재적 가치를 지니고 있다(박성익, 학습의 의미와 현상에 대한 소고, 교육심리연구, 1996, 4(2), pp.149-164. 참조).
6) 남세진 · 조흥식, 집단지도방법론(서울:서울대학교출판부, 2001), pp.19-20.
7) J. E. Heimlich and E. Norland, *Developing teaching style in adult education*(San Francisco: Jossey-Bass, 1994), pp.118-138.
8) *Ibid*, p.32.
9) 한준상, 학습학(서울: 학지사, 2010). 오욱환, 한국교육의 전환: 드라마에서 딜레마로(서울: 교육과학사, 2014).
10) 한숭희, 학습생태학적 입장에서 바라본 성인학습, 사회교육학연구, 1999, 5(1), pp.235-236.
11) 박성익, 전게서, p.178.
12) 권두승 · 이경아, 평생교육기관 실태조사분석을 통한 성인교육 참여율 제고방안, 교육부 정책연구보고서(미간행, 1999). 한국교육개발원, 국가평생교육통계자료(미간행자료, 2014).
13) P. L. Dressel and D. Marcus, *On teaching and learning in college*(Washington:Jossey-Bass, 1982).
14) 이성호, 교육과정과 평가(서울: 양서원, 2014).
15) M. Knowles, *Op. Cit*, p.39.
16) 이성호, 전게서, p.235.
17) M. Knowles, *The modern practice of adult education*(Chicago:Association Press, 1980), pp.27-36.

18) D. F. Seaman and R. A. Fellenz, *Effective strategies for teaching adults*(NY:Macmillan Publishing Company).

19) J. E. Heimlich and E. Norland, *Developing teaching style in adult education*(San Francisco: Jossey–Bass, 1994).

20) 권두승 · 이경아, 평생교육기관 실태분석을 위한 성인교육 참여율 확대방안(교육부정책연구보고서, 1999) 및 배성의, 성인교육 참여수준의 결정요인의 분석, 성인교육학연구, 1996, 2(1), pp.85–108.

21) E. M. Rogers, *Diffusion of innovation*(New York:The Free Press, 1962), p.148.

22) M. Knowles, *Definite classics on adult education*(New York:Association Press, 1999).

23) 近功 外, 學習要求の理解(東京:實務教育出版, 1987), p.5.

24) R. B. Catell, *Abilities:Their structure, growth and action*(Boston:Houghton Mifflin, 1971).

25) 池田秀男 外, 成人教育の理解(東京:實務教育出版, 1989), p.49.

26) B. Fischer and L. Fischer, "Style in Teaching and Learning". *Educational Leadership*, 1979, 36, p.254.

27) *Ibid.*

28) J. E. Heimlich and E. Norland, *Developing Teaching Style in Adult Education*(San Francisco: Jossey–Bass, 1994), p.40.

29) S. Brookfield, The skillful teacher(San Francisco:Jossey–Bass, 1990), p.4.

30) G. J. Conti and R. B. Welborn, "The influence of learning style and teaching style on achievement among nontraditional health professional students." *Enhancing at The Crossroads...Research and Practice. Program and Proceedings for the 27th Annual Adult Education Research Conference, 1986*.(ERIC Document Reproduction Service No. ED 269 571). p.1.

31) B. S. Seevers and R. W. Clark, *Factors related to teaching style preference of Ohio cooperative extension service faculty and program staff*. Summary of Research 68. 1993.(ERIC Document Reproduction Service No. ED 356 403).

32) J. E. Heimlich and E. Norland, *Op. Cit.*, pp.40–48.

33) G. J. Conti, "The Relationship between Teaching Style and *Adult Student Learning*." *Adult Education Quarterly*, 1985, 35(4), pp.220–28.

34) J. Axelrod, "Teaching styles in the humanities." In W. H. Morris(ed.), *Effective college teaching*(Washington, DC:American Council on Education, 1970), pp.38–55.

35) G. J. Conti, *Analysis of scores on principles of adult learning scale for part time faculty and recommendations for staff development activities*(College Station:Texas A&M University, 1983)(ERIC Document Reproduction Service No. ED 235 351).

36) J. E. Heimlich and. V. E. Tilberg, *Subcultures and learning*(Columbus:Ohio Association for Adult and Continuing Education, 1988).

37) G. J. Conti and R. B. Welborn, *Op. Cit.*

38) G. J. Conti, "Assessing Teaching Style in Continuing Education." *New Directions for Continuing Education*, 1989, 43, pp.3–16.

39) 클라라 힐, 주은선 역, 상담의 기술(서울: 학지사, 2014), p.70.

40) 권두승, 성인교육자론(서울: 교육과학사, 2010).

41) G. O. Grow, "Teaching learners to be self-directed." *Adult Education Quarterly*, 1991, 41(3), p.129.; 차갑부, 사회교육방법의 탐구(서울:양서원, 1999), pp.36-37.

42) P. Cranton, *Working with Adult Learners*. Toronto(Ontario : Wall & Emerson, 2002). 渡邊洋子). 生涯學習時代の 成人教育學(東京: 明石書店. 2010). 변종임, 평생교육사의 역할 분석과 위상 제고 방안, 평생교육학연구, 2004, 9(2), 195-193.

43) 상게서.

제2부

성인학습 상담의 이해

성인학습이란 성인이 행하는 학습을 총칭하는 것이기 때문에 그 학습활동을 적절하게 안내 · 지원 · 촉진 · 강화하기 위한 방법도 매우 다양할 수밖에 없다. 특히 성인학습을 촉진하는 데 있어서 학습상담은 없어서는 안 될 요소로 지적되고 있다. 그런데 성인학습 상담을 체계적으로 지원하고 촉진하기란 그리 쉬운 일이 아니다. 왜냐하면 성인학습 상담은 학습자의 학습수준, 경험수준, 요구수준 등에 따라 매우 다양한 형태로 나타날 수 있기 때문이다. 따라서 제2부에서는 성인학습 상담방법에 관한 기본적인 개념과 관련 이론들을 살펴보고, 이러한 이론과 방법에 근거하여 구체적인 성인학습 상담전략을 살펴보고자 한다.

Chapter_ 8

성인학습 상담의 기초

1. 성인학습 상담의 개념과 관점

1) 상담과 학습상담의 개념

과거에는 상담이라는 용어가 성인학습과 관련되어서 사용될 때 성인의 학습문제를 해결하는 데에만 초점이 맞추어져 있었다. 뿐만 아니라 상담이 어떻게 정의되든지 간에 성인학습에 있어서 상담은 행정적으로나 재정적으로 큰 비중을 차지하지 않았었다. 그럼에도 불구하고 이 활동은 전 세계에서 다양한 형태로 등장하게 되었고, 70년대 중반에는 이에 대한 관심이 증가되었다. 이를 주제로 한 국제학술회의가 유네스코 등을 중심으로 성인교육 유럽지회의 후원으로 매년 열렸다. 이 주제에 관한 문헌이 매우 제한적인 실정이지만 1980년대에는 성인학습 상담과 관련한 논문이 비교적 다양한 차원에서 발표되고 있으며,[1] 우리나라에서도 2000년대 후반부터 성인학습 상담에 관한 논문들이 비교적 다양한 차원에서 발표되고 있다.[2] 성인학습 상담이 무엇을 의미하는가는 상담에 대한 정의를 통해서 보다 잘 구체적으로 이해할 수 있다고 본다. 일반적으로 '상담이란 도움을 필요로 하는 사람과 도움을 줄 수 있는 사람 사이의 개별적인 관계를 통하여 새로운 학습이 이루어지게 하는 상호작용의 과정'이라고도 하며,[3] 특히 성인학습 장면에서 상담이란 '개인들이 자기주도적으로 발전하고 또한 학습조직을 통해 타인과 함께 성장할 수 있도록 지원해주는 교육적 행위'로 정의되고 있다.[4] 상담을 이와 같은 입장에서 파악하게 되면, 평생교육 영역에서의 상담은 평생교육사, 교수자, 평생교육기관이 학습자에게 광범위하게 제공할 수 있다. 이는 '상담'이라는 용어를 영어의 'helping' 혹은 'consulting'과 동일한 의미로 사용하는 것과 같은 맥락이다. 이와 관련하여 힐(Hill)은 '상담(helping)이란 다양한 사람, 이를테면 친구, 가족, 상담자, 심리치료사, 교육기관 담당자 등에 의해서 조언을 받는 것을 포함하는 폭넓고 기원적인 용어'라고 설명하고 있다.[5] 이와 같은 의미로 상담을 이해하게 되면, 상담이란 '학습자들에게 필요로 하는 일상생활의 여러 문제들을 해결해가는 데 도움을 줄 수 있는 활동'이라고 볼 수 있으며, 몰렌하우어(Mollenhauer)도 지적하는 바와 같이 "상담이란 학습과정에서 교육적 행위가 발생되는 풍부한 순간"이라고 볼 수 있다.[6]

한편, 상담(counseling)이란 '도움을 필요로 하는 사람(내담자)이 전문적 훈련을 받은 사람(상담자)과의 대면관계에서 생활과제의 해결과 사고, 행동 및 감정측면의 인간적 성장을 위해 노력하는 학습과정'이라고도 정의되기도 한다.[7] 이는 심리상담의 입장에서 상담을 규정하는 입장이고 상담에 관한 전문적인 훈련을 받고 자격증을 지닌 전문가인 심리상담사(counselor) 등에 의하여 제공되는 상담을 의미한다.

상담에 대한 정의는 상담을 담당하는 상담자의 인간관이라든가 인간의 본성에 대한 이해가 매우 다양하기 때문에 학자들마다 서로 차이가 있는 것이 일반적이다. 그러나 여러 학자들이 제시한 상담의 정의와 상담에 대한 입장들을 통하여 '상담'이라는 용어가 지니는 특성을 제시하면 다음과 같다.[8]

첫째, 상담이 성립되기 위해서는 무엇보다도 도움을 필요로 하는 내담자와 도움을 주는 상담자가 있어야 한다. 상담은 내담자나 상담자 중 어느 한 사람만 있어서는 성립되지 않는다. 상담자와 내담자가 개인 혹은 집단의 어떤 형태를 유지하건 둘 다 존재할 때 상담은 성립될 수 있다.

둘째, 상담은 언어적 수단에 의한 역동적인 상호작용이다. 상담자와 내담자와의 언어적 커뮤니케이션뿐만 아니라 신체언어 등의 비언어적 커뮤니케이션관계에 의해서 상담자와 내담자가 서로 공동목표를 향해 참가하는 상호협력적인 상호작용이다.

셋째, 상담은 언어적 수단에 의한 전문적인 조력(professional aid)과정이다. 상담이란 단순히 지시나 충고 또는 조언을 주는 것이 아니다. 상담관계는 일반적인 관계와는 달리 상담자가 내담자를 긍정적인 방향으로 변화시킬 책임을 가지고 수행하는 역동적인 상호작용이므로 전문적 관계이다. 따라서 상담자는 전문적 지식과 기술을 갖추어야 한다.

넷째, 상담은 상담자와 내담자의 관계에 기초를 둔 과정이다. 상담은 개인 존중에 기초한 상담자와 내담자가 대등한 위치에서 상담에 임하고, 또한 서로 합의에 의하여 상담목표를 설정하며 그것을 구체화하는 것이다.

다섯째, 상담은 의사결정과 문제해결에 관여한다. 상담에서 다루어지는 문제의 다양성에도 불구하고 결과적으로 상담은 의사결정과 문제해결에 직간접적으로 관여한다. 내담자로 하여금 의사결정 기술과 문제해결 방법을 가르치는 것은 상담의 중요한 기능이다.

여섯째, 상담은 내담자로 하여금 새로운 행동을 학습하거나 새로운 태도를 형성하도록 하는 것이다. 내담자의 행동변화가 상담자의 중요한 결과가 된다.

2) 성인학습 상담에 대한 관점

상담에 대한 개념을 위와 같은 입장에서 이해하게 되면, 학습상담은 상담의 하위개념으로 이해될 수 있으며, 성인학습 상담은 곧 성인의 학습에 관한, 학습을 위한 상담이라고 볼 수 있다. 성인학습 상담은 3가지 측면에서 고려해 볼 수 있다.

첫째, 협의로 본다면 성인학습 상담은 성인학습을 제공하는 다양한 기관에 고용되어 있는 상담자라는 직함을 가진 사람들에 의해서 전문적으로 수행되는 활동이다.

둘째, 이보다 조금 광의로 본다면 성인학습 상담은 성인에게 현재의 혹은 미래의 학습을 제공하는 상담서비스나 기능이다. 이와 같은 기능과 서비스는 전문적으로 훈련되고 성인학습기관에 소속된 상담자들에 의해서 이루어지지 않을 수도 있다.

셋째, 가장 광의로 생각해 본다면 성인학습 상담은 성인이 자아를 찾고자 하거나 환경에 적응하는 것을 돕는 것으로 볼 수도 있다. 성인학습 상담에 대한 세 관점은 시대가 변하면서 그 중요성이 달라졌다고 할 수 있다. 다음에서는 성인학습 상담의 세 입장에 대해서 자세히 살펴보고자 한다.

전문적/기관 중심의 관점

성인학습의 필요성이 증대되기 시작한 1950년대 후반부터 성인학습을 제공하는 기관에서 성인학습자에게 전문적인 상담을 해주는 것에 대한 중요성이 강조되었다.[9] 이 시기의 상담에 대한 정의는 전형적으로 사전적인 의미였다. 웹스터 사전에 의하면 상담은 심리적 방법, 특히 사례에 대한 자료를 수집하거나 개인의 면접에서 다양한 기술을 사용하거나 개인의 흥미와 적성을 측정하는 것과 같은 방법을 사용해서 개인에게 전문적인 지도를 하는 것이다. 상담자는 결정을 도와주고 정보를 제공해주는 충고자이다.

이로부터 10여 년 후 랑돈(Langdon)[10]은 성인학습자를 위해 교육기관에서 제공하는 상담과 지도 서비스에 대해서 언급하면서 상담자가 갖추어야 할 전문적인 자질의 중요성을 강조했다. 랑돈에 따르면, 성인학습 프로그램의 전문적인 상담자는 정규대학에서 상담과 지도에 관한 석사학위를 받아야 한다. 학문적인 배경으로는 심리검사, 정보서비스, 상담이론, 상담실습, 성격이론, 집단지도, 그리고 성인교육에 관한 것이 포함되어야 한다. 이렇게 전문적으로 훈련된 상담자들은 자신이 일하는 기관에서 성인학습자를 위하여 상담, 각종 심리검사 실시, 정보제공, 의뢰, 추수지도, 그리고 자료보관 서비스를 할 수 있을 것이라고 기대된다.

랑돈은 또한 지금은 상담과 지도를 제공할 수 있는 상담자가 있는 성인교육 프로그램이 별로 없지만 앞으로는 상담을 제공하는 성인교육 프로그램이 점점 증가할 것이라고 강조한 바 있다.

70년대에 전문적/기관 중심의 관점(professional, institution-based perspective)으로부터 좀 더 개방된 상담기능의 견해로 관심이 이동한 것은 성인학습자를 위하여 전문적이면서 기관에 기초한 상담자들을 훈련시키는 대학원 프로그램과 성인학습자들을 위해서 기관에서 제공하는 상담프로그램을 담당할 전문적인 스텝들의 등장을 저해했다. 인도, 유고슬라비아, 체코슬로바키아, 케냐, 그리고 이집트와 같은 곳의 성인학습 상담을 잘 알고 있는 사람들은 성인학습자를 위한 전문적이고 기관에 기초한 상담이 거의 혹은 전혀 없다는 것을 지적하고 있다.[11] 이와 같은 서비스가 개발되어야 한다는 필요성이 한 쪽에서 대두되고 있다. 그러나 한 쪽에서는 필요한 상담이나 정보서비스가 비공식적으로 혹은 다른 수단을 통해서 제공될 수도 있다고 한다.

개방적 상담 기능의 입장

70년대 동안 성인교육, 자기주도적 학습, 그리고 평생학습에 대한 개방적인 상담기능의 입장(open-counseling functions perspective)이 관심을 불러일으켰다. 이와 동시에 전문적이고 기관에 기초한 상담자들이나 전통적인 형태의 상담이 성인학습 상담에 꼭 필요한 것은 아니라는 좀 더 개방적인 입장에 대해서도 학자들의 관심이 집중되었다. 성인학습 상담이 전문적이고 기관에 기초한 모델로부터 개방적 상담기능의 입장으로 이동한 것은 이전의 상담이 내담자를 도와주기보다는 기관을 도와주는 것이고, 전문적인 상담은 자기주도적인 많은 성인학습자의 요구와 맞지 않는다는 것을 표현한 결과라고 할 수 있다. 더욱이 전통적인 형태의 상담은 성인의 요구와 부합하지 않는데, 특히 비전통적인 형태의 학습에 참여하기를 원하는 학습자들에게는 더욱 그러하다.

그 결과 성인학습자를 위한 상담을 묘사하는 말에도 변화가 왔다. 1970년대 이전에는 대개 '전문적인', '상담', 그리고 '성인학습 프로그램'이라는 말을 사용했다. 그러나 1970년대 후반부터는 '성인학습자를 위한 상담과 정보서비스', 혹은 '성인을 위한 상담과 정보서비스'라는 말이 유행했다.

여기에서 의미하는 상담과 정보서비스는 아래의 기능을 수행하는 것이다.[12]

① 정보제공: 성인에게 구체적으로 교육적 혹은 직업적 기회에 관한 정보를 제공한다. 그리고 성인들로 하여금 그와 같은 정보를 사용하여 앞으로의 교육계획을 수립하도록 도와준다.

② 측정: 성인학습자가 자신의 흥미와 가치를 직업선택과 미래의 교육과 연결시키는 것을 돕기 위해서 다양한 검사를 사용해서 이를 측정한다.

③ 계획: 성인학습자를 위해서 교육과 직업계획의 수립을 돕는다.

④ 문제해결: 성인학습자가 개인의 문제(직업갈등, 진로계획, 부모역할하기, 자녀양육, 혹은 직업전환 등)를 효과적으로 대처할 수 있도록 돕는다.

⑤ 지지: 교육기관의 대표자에게 성인 내담자의 권리와 요구를 옹호해준다.

⑥ 의뢰: 다른 종류의 전문적인 도움을 받도록 하기 위해서 내담자를 다른 기관에 의뢰한다.

이러한 여섯 가지 기능의 측면에서 본다면, 성인학습 상담은 최소한 부분적으로는 전문적으로 훈련된 상담자뿐만 아니라 평생교육사, 프로그램 개발자, 행정가, 회사의 매니저, 도서관 사서, 준전문가, 자원봉사자, 그리고 또래 등과 같은 사람들에 의해서도 효과적이고 효율적으로 이루어질 수 있을 것이다. 때때로 전문적인 상담훈련을 받지 못한 사람들도 일상생활에서 친척, 친구, 동료, 혹은 직장상사와 같은 역할을 수행함으로써 앞에서 언급한 상담과 정보서비스 기능을 제공하고 있다. 또 그들은 이와 같은 기능을 수행하도록 훈련을 받기도 하고, 성인학습 프로그램 혹은 지역사회의 상담과 정보서비스 센터에서 일을 하기도 한다.

더욱이 상담과 정보서비스는 교육기관뿐만 아니라 도서실, 지역사회의 상담과 정보센터, 공장, 집 등과 같은 다양한 곳에서 제공된다. 녹스(Knox)에 의하면, 지역의 교육 및 지도센터는 성인학습자를 상담하는 매우 중요한 장소의 하나이다.[13]

성인학습 상담에 있어서 전문적이고 기관에 기초한 접근에서는 성인학습자가 등록한 기관에서 서비스를 제공한다. 이와는 반대로 개방적 상담 기능의 입장에서는 재취업이나 재교육을 받는 여성이나 장애인과 같은 특수한 내담자들의 요구에 부응하려고 노력한다.

많은 프로그램이 70년대에 개방적 접근에 기초해서 개발되었다. 예를 들면, 유고슬라비아와 같은 나라에서는 학습상담과 관련하여 도서관의 역할이 강조되었다. 유고슬라비아에서는 도서관이 상담과 정보서비스 센터가 되었다. 영국에서는 개방대학을 통해서 그 지역의 파트타임 상담자가 성인학습자를 상담하기 위한 지역사회의 인프라구조의 일부로 이용되었다. 캐나다 밴쿠버의 여성자원센터에서는 성인학습자를 위한 자원봉사 상담자 훈련프로그램을 개발했다. 인간과 컴퓨터화된 네트워크는 상담과 정보서비스의 처리에 도움이 되고 많은 미디어와 테크놀로지가 성인학습자들의 서비스에 이용되고 있다.[14]

1977년 아이언사이드와 제이콥(Ironside & Jacob)[15]은 학습상담에 대한 전문적 모델이 가장 보편적이기는 하지만 과거보다는 덜하다고 했다. 이와 동시에 상황에 기초한 접근인 세 번째 견해의 필요성이 나타나기 시작했다.

상황중심적 접근

70년대 후반과 80년대 초반에 전문적/기관에 기초한 상담의 입장과 개방적 입장의 상담에 대해서 의문이 제기되었다. 세 번째 입장에서 볼 때, 성인학습에서의 상담은 서비스를 제공하는 것도 아니고 미래의 학습자가 선호할 서비스의 스타일도 아니다. 그와 반대로 이 세 번째 입장은 성인이 자신을 발견하고 적응을 요구하는 어렵고 비정상적인 상황에 초점을 맞춘 것이다. 이를 상황중심적 접근(situation-based approach)이라고 한다.

페트리(Petrie)[16]에 의하면 인간의 적응은 두 가지 형태로 나타난다. 하나는 동화이고 다른 하나는 조절이다. 동화는 경험을 변화시켜 개념적이고 표상적인 스키마에 맞추는 것이고, 조절은 개념적이고 표상적인 스키마를 경험에 맞추는 것이다. 조절은 일반적으로 더 어렵고 동화와는 다른 형태의 도움을 필요로 한다. 여기에서 묘사된 동화와 조절은 피아제의 인지발달이론에 나타나는 평형화과정의 두 요소인 동화와 조절과 같은 개념이다. 적응을 요하는 상황은 성인의 개인적 삶이나 진로에서 나타나는 어려움이나 비정상성을 포함하고 있다.[17] 그러한 상황에는 개인이 속한 가족, 조직체, 지역사회, 혹은 사회에 의해서 야기된 어려움이나 비정상성도 포함될 수 있다. 겔피(Gelpi)에 의하면,[18] 성인학습 상담을 개인의 요구와 관련시키는 것뿐만 아니라 생활과도 연관이 되도록 하는 것이 중요하다고 했다. 세 번째 입장에서는 상담과 성인교육이 성인이 필요로 하는 것과 희망하는 수준의 적응이 되도록 하는 것을 목표로 하고 있다. 세 번째 입장에서는 성인학습 상담을 아래와 같이 보고 있다.

① 상담과 정보는 개발된 체계라기보다는 개발된 경험으로 본다.

② 상담이론은 정보와 충고 서비스를 뒷받침한다.

③ 상담과 정보서비스가 적절하게 제공되었느냐의 여부는 내담자, 제공된 프로그램, 그리고 다른 종류의 상담과 정보서비스가 제공되었느냐에 따라 다르다.

④ 전문적으로 상담훈련을 받지 않은 사람들은 동화 시 성인들을 도울 수 있다. 전문적 상담교육을 받은 사람들은 조절 시 성인들을 도울 수 있다.

비록 세 번째 입장이 앞에서 언급된 두 개의 입장 중의 하나로부터 시작되기는 했지만, 성인학습 상담을 제공하는 프로그램 중에서 세 번째 입장이 최소한 부분적으로는 다른 견해보다 기능적일 가능성이 있다.

이상과 같은 성인학습 상담에 대한 3가지 관점을 중심으로 살펴보면, 성인학습 상담의 개념은 학습과정에 참여하기까지의 상담, 학습과정상의 상담, 그리고 학습과 관련한 문제중심의 상담으로 구분이 가능하다고 본다. 이를 독일의 평생교육 장면에 있어서 학습상담을 구분하여 제시한 박응희(2011)의 연구결과를 중심으로 보완 · 제시하면 〈표 8-1〉과 같다.[19]

〈표 8-1〉 성인학습장면에 있어서의 상담의 개념

구 분	평생교육상담 (학습 참여 이전 단계)	학습과정상담 (학습과정 단계)	학습문제상담 (학습문제 치료단계)
상담주체	학습자가 선택해야 할 교육과정 선택	학습과정에서 학습자들이 겪는 문제 등	학습자들의 정체성
내담자의 동기	적합한 성인교육 강좌의 선택에 대한 불안감을 해소하기 위함	학습과정의 최적화, 학습과정상의 어려움을 해결하고자 하는 내담자의 요구에 따라 진행	삶의 실제적인 문제, 잃어버린 행위가능성에서의 높은 상실감 혹은 압박감

구 분	평생교육상담 (학습 참여 이전 단계)	학습과정상담 (학습과정 단계)	학습문제상담 (학습문제 치료단계)
상담가의 전문영역	교육기관, 지역사회에서의 교육프로그램이 전개되는 구조 혹은 장면	학습과정상에 제기되는 문제나 어려움(교실 내외에서의 상담)	생애위기, 정체성문제, 학습장애 해결
상담가의 과제	학습자에게 적합한 교육프로그램을 알려주는 것	내담자들이 교육프로그램의 교육과정에 참여하면서 나타나는 질문에 대한 답과 어려움을 지원해 주는 것	내담자가 직면한 생애위기에서 필요한 도움 제공
목표	내담자에게 자신의 관심과 수준에 적합한 교육과정의 가능성에 대한 정보 제공 및 학습설계 제공	내담자에게 자신의 학습과정의 최적화를 도모하게 하고, 학습상의 어려움을 극복하는 것과 관련한 자신의 가능성 파악 지원	내담자에게 자신의 삶에서 자율적 이고 건강한 행위가 가능하도록 지원

3) 상담, 학습상담에 대한 상대적 개념

상담에 대한 정의와 관련하여 상담의 의미와 성인학습 상담의 의미를 비교하여 설명하면 다음과 같다. 여기에서는 정원식과 박성수(1999)이 상담에 관한 정의를 제시한 것을 일부 수정보완하여 학습상담을 설명하면 다음과 같다.[20] 성인학습 상담에 있어서 도움을 필요로 하는 문제는 ① 단순히 학습정보를 필요로 하는 문제, ② 학습관련 기술적 정보를 필요로 하는 문제, ③ 학습태도상의 문제, ④ 학습상의 심리적 갈등의 문제, 그리고 ⑤ 학습장애 등 5가지로 구분이 가능하다. ①과 ②에 대해 도움을 주는 활동을 조언이라고 하고, ③과 ④에 대해서 도움을 주는 것을 학습상담이라고 할 수 있으며(넓은 의미에서의 학습상담은 1, 2, 3, 4 모두 포함), ⑤의 문제를 다루는 것은 심리상담 등으로 구분이 가능하다고 볼 수 있다.

①	②	③	④	⑤
단순한 정보를 필요로 하는 문제	기술적 정보를 필요로 하는 문제	학습태도의 문제	학습상의 심리적 갈등 문제	학습장애
→ 평생교육사의 업무영역 → 내용전문가의 영역 → 전문상담사의 영역				

[그림 8-1] 정원식과 박성수의 상담개념을 수정보완한 학습상담의 개념

그런데 평생교육 기관 등에 있어서는 성인학습자는 ①과 ②는 해당 교육기관의 접수창구 혹은 정보제공실로부터 조언을 받을 수 있으며, ③과 ④는 해당 교육프로그램의 강의실에서 교수자 혹은 내용전문가로부터 혹은 성인학습전문가나 상담자로부터, 그리고 ⑤는 전문상담사나 심리치료사 등을 통해 관련 문제를 해결할 수 있는 것이 일반적이다. 이 점에서 성인학습 전문가는 성인학습자들에게 필요한 학습정보에 대한 정보를 제공해 줄 수 있을 뿐만 아니라 학습관련 태도라든가 심리적 갈등문제에도 적극적으로 개입하여 문제해결을 할 수 있는 실마리를 제공하는 전문가적 자질을 갖추어야만 보다 유능한 전문가가 될 수 있을 것이라고 본다. 상담과 학습상담의 개념을 비교 정리하여 제시하면 〈표 8-2〉와 같다.[21)]

〈표 8-2〉 상담과 학습상담의 개념 비교

구 분	상 담(counseling)	학습상담(learning counseling)
1. 대상	개인 내담자, 소집단	학습자 개인 또는 집단
2. 목표	구체적 생활과제의 해결: 감정, 사고, 행동양식의 변화	학습문제의 해소, 인간적 성장
3. 취급문제	장애적 긴장, 불안, 비능률적 행동습관, 비성취적 관념	학습정보제공, 학습스킬 및 전략, 학습태도개선, 학습상의 심리적 갈등문제, 학습장애 제거
4. 전문가	전문상담교사, 상담심리 전문가	정보제공자, 교수자, 학습내용 전문가, 상담사 등
5. 장소	상담실, 출장장소	강의실, 연구실, 상담실, 안내실 등

2. 성인학습 상담의 필요성

이상과 같은 의미를 지니고 있는 성인학습 상담은 성인학습의 중요성이 부각되면서 그 필요성이 증대되고 있다. 성인학습 상담의 필요성은 크게 두 가지 측면에서 강조될 수 있다. 그 하나는 성인학습 참여저해 요인으로부터, 다른 하나는 성인학습 운영상으로부터 도출될 수 있다. 이를 간단하게 살펴보면 다음과 같다.

1) 성인학습 참여저해요인의 극복 필요

성인학습과 관련한 연구에 있어서는 참여동기에 관한 연구와 함께 성인학습 참여저해요인에 대한 연구도 상당히 많은 차원에서 연구가 진행되어 왔다. 성인학습 참여저해요인에 관한 연구는 학습참여의 동기형성 및 동기의 강도와 관련될 뿐만 아니라 참여 여부나 참여의 지속 및 중도 탈락에도 영향을 미치기 때문이다. 성인들이 교육에 참여하지 않는 이유에 관하여서는 배우기에는 나이가 너무 많다거나 학력이나 소득수준을 포함한 사회경제적 수준이 낮다거나 하는 차원을 넘어서서 보다 심층적인 차원에서 참여 저해요인을 분류하려는 시도가 여러 연구자들에 의하여 수행되어왔다. 존스톤과 리베라(Johnstone & Rivera)는 참여 저해이유들을 요인으로 분석한 최초의 연구로 성인의 학습참여에 저해가 되는 요인들을 상황적 요인과 기질적 요인으로 분류하여 설명하였다. 상황적 요인에는 개인의 재정상태, 여가시간 등이 포함되며 기질적 요인으로는 교육에 대한 태도나 신념을 들었다.[22)]

성인학습에 대한 참여저해요인 연구의 대표적인 학자인 크로스(Cross)는 참여저해요인을 상황적 요인, 제도적 요인, 성향적 요인으로 분류하였고,[23)] 다켄월드와 메리엄(Darkenwald & Merriam)은 정보적 요인을 더 추가하였다.[24)]

상황적 요인(situational barriers)은 사회 · 심리적 여건 및 학습관련 비용이나 시간 부족, 기타 교통편 및 보육시설의 부족, 지리적 고립 등 개인적 생활맥락에 있어서 개인의 학습을 저해하는 상황을 의미한다.

제도·기관적 요인(institutional barriers)은 정시제 학습 및 시간표상의 문제점, 학습자를 좌절시키는 정책이나 제도 또는 강좌의 내용과 관련하여 성인의 교육활동 참여를 가로막는 것들로 주로 교육기관과 관련된다.

성향적 요인(dispositional barriers)은 평생학습활동의 참여를 제한하는 학습자의 개인적 신념 · 가치관 · 태도와 관련된다.

정보적 요인(informational barriers)은 교육 시간과 장소 등에 대한 충분한 정보를 얻지 못해 교육에 참여하는 것에 방해받는 것을 의미한다. 특히 정보적 요인과 관련하여 개인의 사회적 활동이 학습참여에 영향을 끼치며 이와 함께 마케팅이나 모집광고 또한 성인학습에의 참여를 촉진시킨다는 연구결과도 있으며, 성인학습에의 참여를 유도하기 위한 평범한 홍보보다는 잠재적 성인학습자들의 참여를 유도하기 위한 사회집단 또는 다양한 조직을 통한 효율적인 방법이 필요하다고 지적되고 있다. 이는 성인교육이 성인학습자를 선택하는 것이 아니라 성인들이 성인교육을 선택하기 때문이라고 보기 때문이다.[25]

이들 성인학습 참여저해요인과 관련한 구체적인 변인을 권두승 등의 연구결과를 토대로 제시하면 〈표 8-3〉과 같다.[26]

〈표 8-3〉 성인학습 참여 저해요인

구 분	구체적 내용
1. 상황적 요인	'정기적인 교육시간 부담', '전반적인 시간 여유 없음', '교육에 참가시간 부족', '다른 일이 더 중요하기 때문에', '교육 시간대의 불편', '교육받을 장소의 불편', '교통문제'

구 분	구체적 내용
2. 제도 · 기관적 요인	'교육방법', '교육의 질', '교육과정 수준', '흥미 없는 교육과정', '실용적이지 않은 교육과정', '좋지 않은 프로그램', '건물, 시설의 부적절성', '동료에 대한 불만', '숙제나 과제가 부담', '개론적인 과정들' 등 교육기관에 대한 불만 및 지원정책 미비 등과 같은 제도적 불만에 기인한 특성
3. 성향적 요인	'본인이 똑똑하지 못해서', '너무 늙었기 때문에', '전반적인 공부할 능력의 부족', '결단력의 부족', '과목이 어렵다고 느껴지므로', '공부하는 것을 싫어함', '공부하는 데 시간이 많이 걸림', '과목 선택의 어려움', '직장동료나 가족의 지원 부족', '아무도 평생교육을 받지 않음', '친구들의 호응 부족', '교육이 중요하다고 생각지 않음', '가족의 이해 부족', '가정문제', '같이 학습할 친구 없음' 등으로 이들은 각 개인의 자존감의 부족, 학습에 대한 부정적 시각, 다른 사람들의 지원 부족에 대한 지각과 같은 개인의 성향적 특성 요인
4. 정보적 요인	교육기관, 교육과정에 관한 정보, 시간대, 비용, 강사진, 학습성과에 따른 자격증 취득 유무 등에 대한 정보

한편, 여러 다양한 형태의 조사결과라든가 연구결과를 종합하여 보면, 성인학습에 참여하지 않는 가장 보편적인 이유는 시간부족과 경제적 문제 등으로 나타나고 있다. 2014년도 국가평생교육 통계자료에 의하면, 평생학습 참여의 저해요인으로는 '시간이 없어서(가족부양 책임 때문)'가 75.9%로 가장 높으며, 다음으로는 '근무시간과 겹쳐서(31.7%)', '가까운 거리에 교육훈련 기관이 없어서(15.5%)', '교육훈련비용이 너무 비싸서(9.3%)' 순으로 나타났다. 다음으로 필요한 정보가 없거나 학습에 대한 자신이 없어서인 것으로 나타나고 있으며, 이것은 연도별로도 별 차이가 없이 그대로 계속되고 있는 실정이다. 특히, 취업자와 실업 및 비경제활동인구 모두 '시간부족'(각각 70.2%, 88.5%)을 이유로 참여에 가장 큰 어려움을 겪는 것으로 나타났으며, 취업자의 경우는 '근무시간과 겹쳐서'(43.9%)를 실업 및 비경제활동인구는 '가까운 거리에 교육훈련기관이 없어서'(23.2%)를 상대적으로 큰 장애요인으로 꼽았다. 농어

촌 지역은 서울 및 광역시, 중소도시에 비해 '가까운 거리에 교육훈련기관이 없어서'(37.2%)를 참여 장애의 주요 이유로 들었다.[27]

〈표 8-4〉 성인학습 참여저해 요인

구 분		시간이 없어서	근무시간과 겹쳐서	가까운 거리에 교육훈련 기관이 없어서	교육훈련비용이 너무 비싸서	어느 기관에서 무슨 프로그램을 하는지에 대한 정보가 없어서	학창시절과 같이 학습에 임할 자신이 없어서
전 체		75.9	31.7	15.5	9.3	4.6	3.6
성별	남자	63.2	40.6	11.8	7.7	3.6	3.5
	여자	85.4	25.1	18.3	10.5	5.4	3.7
연령	25-34세	68.7	36.5	14.4	12.8	3.4	1.8
	35-44세	90.1	29.7	16.3	10.5	1.9	2.6
	45-54세	77.4	28.7	11.8	5.8	5.8	3.8
	55-64세	56.3	28.6	25.4	3.0	13.4	11.8
최종학력	중졸 이하	81.8	22.9	19.1	2.8	8.9	9.2
	고졸	75.7	33.0	14.5	8.6	5.7	4.0
	대졸 이상	75.1	31.9	15.8	11.1	2.9	2.2
경제활동상태	취업	70.2	43.9	12.0	9.8	4.0	2.8
	실업 및 비경제활동	88.5	4.9	23.2	8.4	6.1	5.3
월가구소득	150만원 미만	78.8	41.5	5.9	9.2	10.6	1.1
	150-300만원	66.7	33.5	19.3	13.0	4.7	4.6
	300-500만원	80.2	30.4	13.6	9.7	3.5	3.4
	500만원 이상	77.2	26.0	17.0	1.2	6.2	1.3
지역	서울 및 광역시	74.0	21.0	8.5	11.5	5.0	2.9
	중소도시	81.3	40.5	14.8	9.8	4.7	5.2
	농어촌	67.1	38.9	37.2	1.8	3.4	1.6

자료: 국가평생교육 통계조사 보도자료(2014)

이와 같은 성인학습 참여저해요인은 국가평생교육 통계자료는 물론 각종 평생교육 관련 연구결과에서도 그대로 나타나고 있다. 이를 제시하면 〈표 8-5〉와 같다.[28)]

〈표 8-5〉 성인학습 참여관련 연구에 나타나는 참여 저해 요인

구 분		1980년대	1990년대	2000년대
평생교육 참여실태	참여율	– 김수일, 최운실: 27.6%	– 권두승: 18.1% – 최돈민: 60%(미참여율) – 정지선: 39.2%	– 양병찬: 78.8%(미참여율) – 최돈민: 76.2%(미참여율)
	참여목적	– 김수일, 최운실: 교양 및 자기발전(64.7%) – 최운실: 현상으로부터의 도피와 변화	– 권두승: 내적인 보람과 만족(63.4%) – 최돈민: 교양 및 자기계발 (46.2%) – 기초교양 및 문화소양 – 정지선: 전문기술 정보 교양 습득	– 양병찬: 자신의 성장과 변화(33.3%) – 최돈민: 개인적 관심 (55.3%)
	참여기관	– 김수일, 최운실: 사회 교육전문기관 자기발전 (40.2%) – 최운실: 기업체, 대학(대학을 가장 선호)	– 권두승: 정부 및 지자체 (21.3%) – 최돈민: 비영리 공공연수원, 직업훈련원, 사내훈련원(28.6%)	– 최돈민: 직업프로그램: 연수원(36.6%) – 교육문화: 주민자치센터 및 구민회관(33.3%) – 스포츠 · 오락: 사설학원 (16.7%)
	만족도	– 김수일, 최운실: 87%	– 최돈민: 62.4%	– 최돈민: 74.5%
	장애요인	– 김수일, 최운실: 시간 부족(51.0%)	– 최돈민: 시간 부족(42.4%)	– 최돈민: 시간 부족 (65.7%)

이상과 같은 연구결과 및 통계자료 등을 통해서 살펴보았을 때, 성인학습 참여를 저해하는 요인으로서는 ① 시간관리상의 문제, ② 학습정보의 부재, ③ 학습경비부담의 문제, ④ 학습상의 당면하게 되는 문제, 이를테면 학습태도 내지는 자신감의 문제 등과 같은 개인성향적인 것이 주요한 요인으로 지적될 수 있다. 따라서, 이들과 관련한 요인들이 성인학습 상담의 필요성을 증진시키는 요인으로 부각되고 있다.

2) 성인교육 운영과정상의 필요성

성인학습 활성화라든가 평생교육사 직무역량과 관련한 연구결과를 살펴보면, 성인학습 상담의 필요성이 다양한 차원에서 거론되고 있다.

특히, 성인학습 상담을 '개인 및 기관들이 사회에의 적응을 지원하며, 학습기관의 전문성을 확보하게 하는 동시에 개인의 자발적 학습능력을 갖출 수 있도록 학습에 대한 성찰능력을 강화하는 것'이라고 규정하게 되면,[29] 성인학습자들이 스스로 생각하고, 판단하고 행위할 수 있도록 도와주는 교육적 행위측면에서 상담의 중요성이 강조된다. 이에 대하여 박응희(2011)가 제시한 것을 언급하면 다음과 같다.[30]

첫째, 오늘날 개인들은 자신에게 맞는 직업교육과 계속교육과정을 개별적으로 선택하기 때문에 직업교육과정과 계속교육과정에 대한 상담의 중요성이 점점 커진다.

둘째, 개인은 자신의 교육생애와 직업생애를 구성해야 하는, 즉 책임을 져야 하는 높은 요구에 당면해 있다. 예를 들자면, 개인은 자신의 고용가능성을 높이기 위하여 고용시장에 맞도록 자신을 개발하기 위해 상담이 효과적일 수 있다.

셋째, 형식 · 비형식 혹은 무형식교육이 일어나는 과정에서 개인들은 스스로 학습과정을 조절하거나 또는 자신이 속한 조직의 특성에 맞도록 학습문화를 변화해야 하는 요구에 직면하고 있다. 다시 말해 교수자 중심의 전달과정에 초점을 두는 것이 아닌 학습자가 자기 주도적으로 지식을 취득해가는 학습과정에 초점을 두며 이를 위해 학습자를 위한 상담지원 시스템을 구축하는 것에 의미를 둔다.

넷째, 성인의 자기주도적인 경향이 강한 다양한 학습과정은 점점 컴퓨터 혹은 네트워크에 기반을 둔 미디어와 연관되어 생겨나고 있다. 이러한 미디어에 기반을 둔 학습과정은 네트워크에 기반을 두고 또한 경우에 따라서는 개인적 상담이 잘 제공될 때 효과와 질을 보장받을 수 있다.

다섯째, 개인학습자뿐 아니라 조직(기업체 혹은 평생교육기관)들도 지식과 능력을 항상 새롭게 하며 확장시켜야 할 필요에 직면해 있다. 조직이 항상 학습하는 조직으로서 스스로 발전해가기 위하여 다양한 상담을 필요로 하며 여러 차원의 다양한 영역을 통합할 필요가 제기된다.

이러한 맥락에서 학습상담이란 '개인 및 기관들이 성인학습자에게 사회에의 적응을 지원하며, 개인의 자발적 학습능력을 갖출 수 있도록 하는 것'이라고 파악하게 되면 이러한 행위 혹은 교육서비스야말로 학습기관의 전문성을 확보하게 하는 동시에 고객만족을 담보할 수 있는 조치이고 이는 곧 학습의 지속성과 교육성취도를 제고하는 데 기여할 수 있을 것이다.

3. 성인학습 상담의 기본원리

성인학습 상담이 어느 입장에서 정의되든지 간에 성인학습 상담에는 상담 시 지켜져야 할 기본원리가 있다. 김계현 등(2000)에 의하면 상담의 원리는 상담관계형성의 원리, 동기유발의 원리, 그리고 지도의 원리로 나눌 수 있다.[31] 상담관계형성의 원리는 상담자가 내담자와의 상담관계에서 지켜야 할 필수조건으로 공감적 이해, 무조건적 수용, 일치에다 신뢰성을 더한 것이다. 동기유발의 원리에는 학습목표에 대한 인지 및 수준이, 그리고 지도의 원리에는 자아실현, 개별화, 자기결정이 포함된다.

〈표 8-6〉 성인학습자에 대한 학습상담의 원리

구 분	핵심사항
상담관계형성의 원리	공감적 이해, 무조건적 수용, 일치, 신뢰성
동기유발 원리	학습목표 부여, 목표수준 정립
지도의 원리	가능성 발견, 자기주도학습

1) 상담 관계형성의 원리

노안영(2011)에 의하면, 상담이란 내담자와 상담자 간의 상담관계를 핵심으로 하여 내담자가 자신의 문제를 보다 객관적으로 바라볼 수 있도록 하고, 나아가 그 문제를 해결함으로써 자신의 삶의 질을 보다 향상시키도록 도와주는 일련의 과정이다.[32] 그렇기 때문에 상담에서 중요하고 우선시되어야 하는 것은 상담자가 내담자와의 관계를 형성하는 것이다. 그렇게 해야만 상담자는 상담의 효과를 높일 수 있을 것이다. 상담관계를 형성하는 데 필요한 원리들을 생각해 보면, 우선 공감적 이해, 무조건적 수용, 그리고 일치를 들 수 있고, 상담자에 대한 신뢰에 대해서도 고려해 볼 수 있다. 왜냐하면 성인학습 상담에 있어서는 내담자로 하여금 상담자가 그들의 문제를 해결하는 데 도움을 줄 수 있다는 믿음을 가지도록 하는 것이 중요하기 때문이다. 앞의 세 원리는 상담자가 지녀야 할 요소이고 마지막 원리는 상담자가 내담자로 하여금 자신을 신뢰하도록 해야 하는 것이다.

①	②	③	④
공감적 이해	무조건적 수용	일치	신뢰성

[그림 8-2] 상담에서의 관계형성의 필수조건

(1) 공감적 이해

공감적 이해(empathic understanding)란 상대방이 주관적으로 경험하는 사적 세계를 정확하고 민감하게 이해하는 것을 의미하는 것으로 상담자가 자신을 내담자의 위치에 놓으려는 시도를 뜻한다.[33] 즉 상담활동이 상담자 자신의 가치에 의해 영향을 받지 아니하고 내담자의 세계에 들어가는 것이다. 이는 곧 감정이입적 이해 또는 내적 준거체제에 의한 이해라고 부르기도 하는데 이것은 상담자가 내담자의 입장에서 그들의 내면세계를 이해하는 것을 말한다. 이와 같은 의미를 지니는 공감적 이해는 여러 저서나 연구물들에서 '적극적 경청', '공감적 경청', '적극적 감정이입' 등과 거의 유사하거나 동일한 개념으로 표현되고 있기도 하다.[34]

그 표현되는 용어야 어떻든 간에 공감적 이해는 내담자의 입장이 되어 그가 서 있는 자리에 서 보는 것인데 이렇게 함으로써 상담자는 내담자가 가진 감정, 의견, 가치, 이상, 고민, 갈등을 가지고 그가 처해 있는 여러 상황에서 그것을 볼 수 있다. 즉 공감적 이해는 상담자가 내담자와 정서적으로 연결되어 있다는 것으로 내담자가 표면적으로 보여주는 행동이나 언어적 표현 이면의 감정들을 마치 자신의 감정인 것처럼 상담자가 느끼고 그것을 고리로 하여 내담자의 경험세계를 주관적으로 경험하게 되는 과정을 의미한다.[35]

그리고 여기에는 상담자가 내담자가 하는 말의 내용을 표현된 언어의 의미뿐만 아니라 그것에 포함된 감정적인 의미까지 이해해야 하고, 내담자가 말로 표현하지 못하는 마음의 소리인 경우에는 비언어적 표현을 통해 이해하며, 내담자가 행동을 통해 궁극적으로 추구하는 동기가 무엇인가를 이해하는 것이 포함된다.

이와 같은 공감적 이해가 상담에서 중요한 의미를 지니기 위해서는 두 가지 측면이 전제되어야 한다.[36]

그 하나는 공감적으로 이해하는 것 혹은 자신이 다른 사람의 입장에 서게 되는 것이고, 다른 하나는 공감적으로 이해하는 바를 전달하는 것이다. 즉 상담에 있어서의 '공감적 이해'란 상담자가 내담자의 입장에서 공감적으로 이해할 뿐만 아니라 상담자가 공감적으로 이해한 것을 내담자에게 전달해 줌으로써 내담자는 상담자로부터 공감적으로 이해받고 있음을 느낄 수 있도록 해야 한다는 것이다.

공감적으로 이해한 것을 내담자에게 전달하는 것을 공감적 반응이라고 한다. 공감적 반응이란 단지 내담자가 말하고 있는 내용을 거울반사(mirror reflection)하는 것이 아니다. 그것은 내담자의 행동에 대한 주의 깊은 관찰로부터 도출되는 말이나 비언어적 신체표현이 지니고 있는 의미에 대한 정확한 평가나 추론이 전제되어야 한다. 정확한 공감적 이해를 수반하지 않는 상담자의 반응은 효과적인 상담이라든가 의사소통상의 장애를 일으키게 되고 따라서 내담자의 자기탐색 가능성을 차단할 가능성이 높아지게 마련이다. 다음의 〈표 8-7〉은 상담자의 공감반응의 수준의 예를, 그리고 〈표 8-8〉은 공감적 이해의 예를 각각 나타낸 것이다.[37)]

〈표 8-7〉 상담자의 공감반응 수준

내담자(학습자)	낮은 수준의 공감반응	높은 수준의 공감반응
"저는 더 이상 이 교육프로그램에 다닐 수가 없을 것 같아요. 교육과정도 따분하고, 동료들도 지루하기 그지 없어요."	"아, 알고 있습니다. 왜 교육프로그램을 그만둡니까? 얼마나 좋은 교육과정인데요. 교육과정이야 다 그런 것 아닙니까?"	"당신은 교육과정이 맘에 안 들고, 친구들조차 수준이 안 맞는 것 같아서 더 이상 교육에 참여하고 싶지가 않는 듯하군요."

〈표 8-8〉 공감적 이해의 예

공감적 이해	내담자: "저는 아무래도 이 교육과정을 그만두어야겠습니다. 더 이상 참을 수가 없습니다. 교수님께서는 어떻게 생각하십니까? 상담자: "이제 더 이상 참을 수가 없어서 중도탈락해야겠다고 생각하시는군요. 그래도 막상 그만둔다고 생각하면 이제까지 다닌 것이 아까워서 무엇인가가 아쉬운 데가 있지 않습니까?" 내담자: "네, 그렇습니다. 이 정도 교육받는 것이 싫어지게 되면, 그만두는 것이 당연하다고 생각하지만, 제가 정말 원하는 것은 여기를 그만두는 것이 아닙니다."

공감능력이 뛰어난 사람들의 6가지 습관

첫 번째 습관: 두뇌의 공감회로를 작동시킨다.
자신의 정신적 프레임을 바꿔보는 습관, 공감이 인간본성의 핵심에 있으며, 평생에 걸쳐 확장될 수 있다는 것을 인지한다.

두 번째 습관: '상상력을 발휘해 도약'한다.
타인의 처지에 서서 그들의 인간성과 개성, 관점을 인정하려고 의식적으로 노력하는 습관, '타인'에는 '적'까지 포함한다.

세 번째 습관: 새로운 체험에 뛰어든다.
자신의 삶과 문화와 상반되는 것들을 직접체험, 공감여행, 사회적 협력 등을 통해 탐사한다.

네 번째 습관: 대화와 기교를 연마한다.
낯선 사람들에 대한 호기심, 철저하게 듣는 습관, 그리고 감정을 가리는 가면을 벗어던지는 습관을 키운다.

다섯 번째 습관: '안락의자 여행자'가 되어 본다.
예술 · 문학 · 영화, 그리고 소셜네트워크시스템(눈)를 통해 다른 사람의 마음속으로 여행을 떠나본다.

여섯 번째 습관: 주변에 변혁의 기운을 불어 넣는다.
대규모로 공감을 이끌어내어 사회의 변화를 만들어내고, 나아가 자연계까지 포용할 수 있도록 공감의 폭을 넓힌다.
출처: 로먼 크루즈나릭 저, 김병화 역, 공감하는 능력(서울: 더 퀘스트, 2014), p.21

(2) 무조건적 수용

수용(acceptance)은 상담관계에서 개인을 하나의 인간으로서 인정하는 것이다. 인간은 그 자체가 나름대로의 가치를 지니고 있으며 존엄성을 가지고 있기 때문에 상담자는 내담자가 어떤 사람이든지 간에 또 어떤 행동을 했던지 간에 그 내담자를 무조건적이고 무비판적으로 수용해야 한다는 것이다.

이는 곧, 상담자가 내담자를 평가 · 판단하지 않고 어떤 감정이나 행동특성들도 그대로 수용하여 그를 소중히 여기고 존중해야 한다는 것을 의미한다.

만일 상담자가 내담자를 있는 그대로 존중해주고 수용해주지 않는다면 내담자는 현재 그들이 가지고 있는 문제로 고민할 뿐만 아니라 하나의 인간으로 인정받지 못하는 것으로 인하여 모욕감을 느낄 수도 있을 것이다. 이러한 경험은 내담자에게 또 다른 고통을 줄 수 있을 것이며, 이러한 상황에서는 내담자와 상담자가 효과적인 상담을 수행할 수 있는 관계를 형성하기가 어려울 것이다.

로저스(Rogers)는 유기체적인 가치화 과정(Organismic Valuing Process: 유기체는 경험을 어떻게 느끼는가로 평가된다)과 '충분히 기능하는 사람' 사이의 가설경로를 가정하였다. 그는 모든 사람이 각자 자신의 자아개념에 따라 실제 경험을 만나도록 이끄는 자기실현 경향성이 있다고 믿었다. 그러한 적합성이 있을 때 자기인식은 기본적이며, 진정한 감정, 자기수용으로써 가치가 있다. 경험들은 OVP에 따라 평가되는데, 그것은 유기체의 기본적인 요구와 필요에 따른 것이다. OVP는 모든 사람이 태어날 때 가지고 있는 내부의 안내서와도 같은 것이며, 그것은 인간을 자기실현으로 이끌어 간다. 한 개인은 이러한 OVP를 가질 뿐만 아니라 이 과정에서 무조건적인 긍정적 수용(unconditional positive reward)을 필요로 한다. 다시 말해서 개인은 수용, 존중, 따뜻함, 가치조건(conditions of worth: COW) 없는 인정을 필요로 한다. 개인은 자신의 경험이 다른 사람의 피드백과 일치할 때, 긍정적인 자기수용을 경험한다. 자기가치의 느낌은 중요한 사람과의 상호작용에서 배우게 되는 COW에 의존하게 된다. 많은 COW를 가진 개인은 경험에 개방적일 수 없고, 감정을 받아들이지 못하며, 현재에 충실하게 살고 선택을 자유롭게 하지 못하고, 신뢰하지 못하고 공격성과 애정을 느끼지 못하며, 창의적인 것을 잘 할 수 없게 된다. 이를 간단히 나타내면 [그림 8-3]과 같다.[38)]

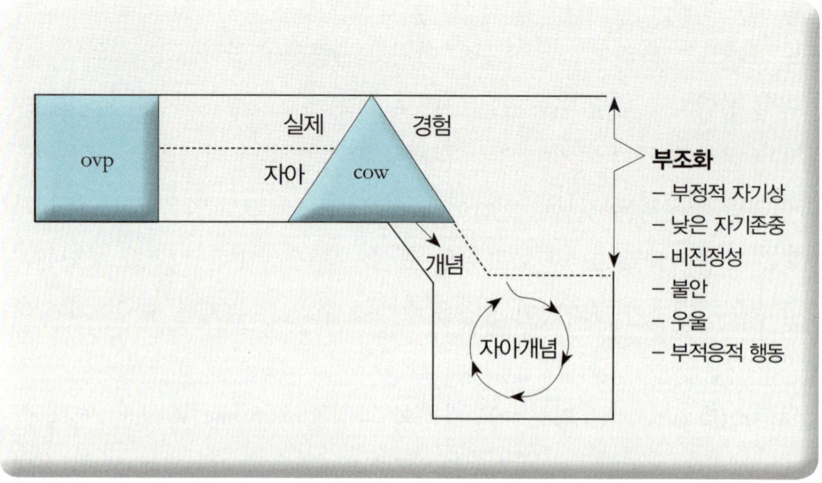

[그림 8-3] 로저스의 가치조건과 부조화 과정

말하자면, 다른 사람의 가치조건부적 평가와 함께 사람의 기본적이고 긍정적인 자기수용을 대신하는 가치조건(COW)에 의해서 자기인식이 변할 때, 자기실현의 경향성은 좌절된다. 로저스에 따르면[38] 실제 경험과 자아개념 사이의 부조화는 진술하지 못한 감정표현, 낮은 자기수용성, 방어, 불안과 우울이라는 결과를 낳게 된다는 것이다. 따라서, 상담과정에서 내담자가 자신의 유기체의 가치화 과정을 완전히 활용할 수 있도록 무조건적인 긍정적인 수용을 하게 된다면, 필연적으로 내담자는 개인적 성장과 잠재력 실현을 향한 진전을 경험하기 시작하게 될 것이고, 이는 곧 충분히 기능하는 사람(fully functioning person)으로 나아가게 될 것이다. 이것이 바로 상담과정에서 '무조건적인 긍정적 수용'이 지니는 힘이다.

박성수[39]에 의하면 내담자를 수용한다는 것에는 인간의 존재 그 자체를 수용하는 것, 인간의 모든 특성을 수용하는 것, 그리고 인간의 구체적인 행동을 수용하는 것이 있다. 내담자의 존재 그 자체를 수용하는 것은 내담자가 지금 어떤 상태에 있든지 그가 살아있고 지금보다 더 향상되고 발전되어야 할 가치와 필요가 있음을 존중하는 것을 의미한다. 이러한 측면에서 보면,

모든 인간은 고유한 잠재적 가능성을 가지고 있기 때문에 그것을 발전시키도록 존중해 주어야 하며, 그와 같은 맥락에서 보면 이 세상의 어느 누구도 가치가 없거나 존엄하지 않은 사람은 없다. 또 인간의 모든 특성을 수용한다는 것은 내담자가 가지고 있는 신체적 혹은 심리적 특성들을 모두 있는 그대로 수용한다는 것이고, 인간의 구체적인 행동을 수용한다는 것은 어떤 행동이든지 간에 그에 대한 비판 없이 개인의 행동을 수용한다는 것이다.

(3) 일치성

일치성은 상담관계에서 상담자가 순간순간 경험하는 자신의 감정이나 태도를 있는 그대로 진솔하게 인정하고 개방하는 것을 말한다. 이는 상담기법이라기보다는 내담자의 진솔한 태도 자체를 경험하는 것을 말한다. 일치성의 동의의는 진솔성, 사실성, 개방성, 투명성, 현재성이다.[40] 일치는 순수성 혹은 명료성으로 불리기도 하는데 특히 로저스(Rogers)는 이를 일치라고 하면서 상담의 필수적인 조건이라고 주장하였다. 로저스는 일치를 상담자가 자유스럽고 아주 깊은 뜻에서 자기 자신이 되며 자기 자신에 관한 자신의 인식을 정확하게 표현하는 실제적인 경험을 지니고 있는 것이라고 했다. 일치는 상담자의 내면적인 경험과 그 표현이 같은 것이다. 예를 들면, 누군가에 대해 화가 나면 겉으로도 그러한 감정이 나타나는 것이 일치이다. 그러나 상담관계에서 일치가 중요하다고는 하지만 이와 같이 부정적인 감정까지 그렇다는 것은 아니다. 이러한 경우 상담자는 자신의 부정적인 감정은 표현하되 이것을 통해서 상담관계를 향상시키고, 내담자에게 이와 같은 경우 이러한 부정적인 감정을 어떻게 표현해야 하는지를 학습하도록 해야 한다.

그리고 일치가 상담자에게만 필요한 것은 아니다. 이것은 상담자와 내담자 간, 그리고 상담의 목표 등에도 필요하다. 예를 들면, 상담자와 내담자 사이의 일치는 우선 내담자의 상담목표와 동기가 상담자의 그것과 일치되어야 한다. 이것이 일치해야만 효과적인 상담이 될 수 있다. 만일 내담자가 생각하는 상담의 목표와 상담자가 생각하는 것이 다르다면 상담이 제대로 이루어질 수 없다는 것은 너무나도 당연한 일이다.

(4) 신뢰성

내담자가 상담자를 신뢰할 때 그는 상담자에게 자신을 맡길 수 있다. 물론 이것은 꼭 상담관계에서만 일어나는 일은 아니다. 그렇지만 상담자에 대한 내담자의 신뢰는 상담관계를 형성하는 데 있어서 매우 중요하다. 상담자에 대한 내담자의 신뢰는 크게 두 가지로 나누어서 생각해 볼 수 있다. 하나는 상담자의 인간적인 자질에 관한 신뢰이고, 다른 하나는 상담자의 전문가로서의 자질에 관한 신뢰이다. 전자는 내담자가 상담자를 얼마나 성실하고 진실하다고 믿는가에 관한 것이다. 상담자가 나의 문제에 대해 진심으로 도와주려고 하고 그 일에 매우 성심성의를 다한다고 생각하면 내담자는 그의 인간성을 믿고 그를 따를 수 있다. 그러나 이러한 신뢰감이 없다면 내담자는 쉽게 자신의 마음을 열지 않을 것이다. 후자는 내담자가 상담자를 얼마나 그 방면의 지식과 기술을 가진 능력 있는 사람으로 인지하느냐에 관한 것이다. 성인들이 자신의 학습과 관련하여 상담자를 찾아갔을 때 상담자가 자신이 원하는 많은 정보를 가지고 있다고 생각하면 그에 대한 전문가로서의 자질을 신뢰할 수 있고, 그것이 두 사람의 관계 형성에 도움이 될 것이다. 그러나 상담자가 자신이 원하는 정보를 제대로 가지고 있지 않고 잘 알지도 못한다고 생각하면 내담자는 상담자를 신뢰하지 않을 것이고 상담을 계속하려고도 하지 않을 것이다.

2) 동기유발의 원리

상담이 효과적이기 위해서는 상담자의 노력도 중요하지만 내담자가 상담에 임하는 태도도 매우 중요하다. 특히 내담자가 상담에 적극적으로 임하고

자 하는 동기유발이 강조되어야 한다. 그러므로 상담자는 내담자가 상담초기에 동기가 유발되도록 하고 상담과정 동안 계속해서 동기수준이 저하되지 않도록 하는 것이 중요하다.

동기유발의 방법으로 우선 상담자는 내담자가 상담에 대해 얼마나 분명한 목표를 가지고 있는지, 자기성장과 발전에 대해 어떠한 느낌을 가지고 있는지, 그리고 상담을 통한 변화에 대해 어떤 생각을 가지고 있는지를 잘 알아야 한다.[41] 그리고 상담의 목표를 내담자의 상황에 비추어 봤을 때 도달 가능한 것으로 하여 내담자가 자극을 느끼지 못하거나 좌절하지 않도록 하는 것이 중요하다.

3) 지도의 원리

(1) 자아실현

매슬로우(Maslow)는 욕구의 위계를 설명하면서 자아실현이라는 개념을 소개했다. 그에 의하면 자아실현은 계속해서 발전해 가는 과정적인 개념이다. 인간에게는 끊임없이 개발할 수 있는 잠재력이 있기 때문에 자아실현은 필연적으로 연속적이라는 것이다. 그러므로 상담을 할 때에는 내담자가 가지고 있는 이러한 잠재력을 최대한으로 발달시킬 수 있도록 해야 한다. 성인들의 경우 자신은 이미 성장이 끝나버렸다고 생각하기 쉽다. 그렇기 때문에 더 성장할 수 있는 기회를 스스로 포기해 버리기도 한다. 그러나 인간의 가능성은 무한하다. 성인들은 나이가 들면서 자신의 능력이 젊어서보다 감퇴되었다고 생각하는 경향이 있다. 그렇기 때문에 무엇을 새롭게 시작하는 것에 대한 두려움이 크다. 그러나 모든 인간에게는 제대로 개발되지 않은 능력이 많이 있다. 그 가능성은 매우 크기 때문에 자신은 더 이상 개발할 능력이 없다고 속단하는 것은 금물이다.

성인은 아동이나 청소년과 달리 자신의 능력은 이미 바닥이 났고 더 발달시킬 가능성이 없다고 생각하는 경향이 있다. 그러므로 상담자는 무엇보다도 내담자에게 모든 인간은 계속 발달할 수 있다는 희망을 주는 것이 필요하다.

(2) 개별화

모든 인간은 동일하지 않다. 상담자는 개인의 개성과 개인차를 인정하고 그를 바탕으로 상담에 임해야 한다. 그렇게 하기 위해서 상담자는 편견이나 선입관으로부터 탈피해야 하고 인간에 대한 폭넓은 이해가 필요하다.

인간이 타고난 능력에는 차이가 있을 수 있다. 그렇기 때문에 상담자는 개인의 차이를 고려한 상담을 실시해야 한다. 예를 들면, 개인의 지적 능력에는 차이가 있다는 것을 감안하여 각각의 개인에게 알맞은 학습목표를 정해야 한다. 능력의 차이 이외에도 개인의 흥미나 적성의 차이도 고려의 대상이 되어야 한다. 따라서, 상담과정에 있어서 이 원리가 지켜지기 위해서는 다음과 같은 내용에 근거를 두고 상담이 전개될 필요가 있다.[42]

① 내담자에 대해 편견이나 선입견을 갖지 않아야 한다.
② 인간행동의 유형과 원리에 대해 전문적으로 이해하려고 노력해야 한다.
③ 내담자의 말을 경청하고 세밀하게 관찰해야 한다.
④ 내담자의 보조에 맞추어 진행할 수 있어야 한다.
⑤ 내담자의 감정변화를 민감하게 포착해야 한다.
⑥ 견해차가 있을 때 앞을 내다보는 능력을 갖고 적절한 선택을 해야 한다.

(3) 자기결정

성인학습 상담에서는 성인이 자기 힘으로 문제를 해결할 수 있다고 전제하는 것이 중요하다. 비록 상담자가 충고를 해주고 지도를 해 주기는 하지만 성인들은 그것을 판단하고 자신이 스스로 결정할 수 있는 능력이 충분히 있으며, 상담자는 성인들이 그렇게 하도록 도와야 한다. 그렇게 하기 위해서는 상담자가 성인들이 자기수용을 할 수 있도록 도와주고, 자신의 잠재능력을 발견하고 활용함으로써 자아실현을 할 수 있도록 도와주며, 성인들에게 다양한 정보를 제공해서 스스로 결정하는 데 참고할 수 있도록 해야 한다.

미 주

1) J. C. Goldberg, "Counseling the adult learner: A selective review of the literature", *Adult Education*, 1980, 30, pp.67-81.
2) 박응희, 평생교육 상담의 노인교육 접근가능성에 대한 이론적 탐색-독일의 담론을 중심으로, 교육문화연구, 2011, 17(1), pp. 99~119. 조외현, 평생교육사의 평생학습상담 역량모델 개발연구(미간행, 동의대학교 박사학위논문). 은혜경 · 조영미 · 진선미, 원격대학 성인학습자들이 호소하는 학업상담 내용 분석-게시판 상담내용을 중심으로, 상담학연구, 2014, 15(6), pp.2509-2534. 전신영 · 유기웅, 성인학습자의 선행경험으로 인한 학습방해 과정에 관한 연구. 교육문제연구, 2011, 41, 93-119. 전주성, 사이버대학의 잠재적 중도탈락자예측에 관한 연구. Andragogy Today : International Journal of Adult & Continuing Education, 2010, 13(1), pp.121-139. 전주성 · 최은혜, 두려움과 좌절을 넘어서: 사이버대학 학습자들의 정서적 경험 이해하기. 평생교육학연구, 2010, 16(2), 93-11. 안윤혜, 평생교육사를 위한 면담능력 향상 교육프로그램 개발과 효과(미간행, 동의대학교 대학원 석사학위 논문, 2012).
3) 이장호, 상담심리학 제5판(서울: 박영스토리, 2014), 김계현, 상담심리학 연구(서울: 학지사, 2002)
4) 박응희, 평생교육 상담의 노인교육 접근가능성에 대한 이론적 탐색-독일의 담론을 중심으로, 교육문화연구, 2011, 17(1), p.106.
5) Clara E. Hill 저, 주은선 역, 상담의 기술: 탐색-통찰-실행의 과정(서울: 학지사, 2014), p.24.
6) Mollenhauer, K.(1965). Das pädagogische Phänomen "Beratung". In: Mollenhauer, K. Müller, C.W.(Hg.): "Führung und Beratung" in pädagogische Sicht. Heildelberg: Quelle & Meyer, 25-41. 박응희, 전게논문(재인용)
7) 이장호, 상담심리학 제5판(서울: 박영스토리, 2014), 김계현, 상담심리학 연구(서울: 학지사, 2002)
8) 한국청소년개발원 편, 청소년상담론(서울: 교육과학사, 2012), pp.14~15. 문선모. 학습상담:이론과 실제(서울: 양서원, 2000), pp.16~17.
9) E. S. Brunner, D. Wilde, C. Kirchner, & J. Newberry, *An overview of adult education research*(Chicago, Illinois: Adult Education Association of the United States, 1959).
10) G. Langdon, Counseling and guidance services. In N. C. Shaw(ed.), *Administration of Continuing Education: A guide for Administrators*(Washington, DC: National Association for Public School Adult Education, 1969).
11) J. A. Famer, A. B. Knox, & H. S. Farmer(eds.), "Counseling and information ser-

vices for adult learners", *Int. Rev. Educ.*, 1977, 23(4).

12) Ibid.

13) F. R. DiSilvestro, *Advising and counseling adult learners*(San Francisco, California: Jossey-Bass, 1981).

14) A. G. Watts & M. Ballantine, "Computers in careers guidance: The British experience", *Counseling Psychology*, 1983, 11(4), pp.49-54.

15) D. J. Ironside, "Innovations in counsiling of and information-giving to adult learners in North America", *Int. J. Adv. Cous.*, 1979, 2, pp.199-211.

16) H. G. Petrie, *The dilemma of enquiry and learning*(Chicago, Illinois: University of Chicago Press, 1982).

17) L. M. Brammer, "Counseling theory and the older adult", *Couns. Psychol.*, 1984, 12(2), pp. 29-37.

18) Ibid.

19) 박응희, 평생교육 상담의 노인교육 접근가능성에 대한 이론적 탐색-독일의 담론을 중심으로, 교육문화연구, 2011, 17(1), pp.110-111.

20) 정원식 · 박성수, 카운슬링의 원리(서울: 교육과학사, 1999). 김계현, 상담심리학 연구: 주제론과 방법론(서울: 학지사, 2010), pp.20~21.

21) 문선모, 학생상담: 이론과 실제(서울: 양서원, 2008), p.19의 내용을 일부 수정보완하여 제시한 것임.

22) Merriam, S. B., & Caffarella, R. Learning in adulthood(San Francisco: Jossey-Bass Publishers, 1999). 기영화 · 홍성화 · 조윤정 · 김선주 공역, 성인학습론 제3판(서울: 아카데미 프레스, 2009), pp.53~54.

23) Cross K.P., Adults as Learners 3rd.(San Francisco: Jossey-Bass Publishers, 1995).

24) Darkenwald, G. G., & Merriam, S. B.. Adult education: Foundations of Practice(New York: Harper Collins, 1982).

25) 이아람, 성인학습자의 학교평생교육 프로그램 참여지속성에 영향을 미치는 요인에 관한 연구(미간행, 이화여자대학교 대학원 석사학위논문).

26) 권두승 외, 평생교육기관 실태분석을 통한 성인교육 참여율 제고방안(교육부 정책연구보고서, 1999), pp.222-230.

27) 한국교육개발원, 국가평생교육통계자료 보도자료(2014).

28) 동미정 · 배을규, 평생교육사 경험에 기반한 실천적 역량연구, 교육문화연구, 2009, 15(2), 159-182.

29) 박응희, 평생교육 상담의 노인교육 접근가능성에 대한 이론적 탐색-독일의 담론을 중심으로, 교육문화연구, 2011, 17(1), pp.110-111.

30) Schiersmann, Ch./ Remmele, H.(2004). Beratungsfelder in der Weiterbildung. Eine empirische Bestandaufnahme. 2. unveränderte Aufl. Baltmannsweiler: Schneider Verlag Hohengehren.박응희, 전게논문, pp.110 에서 재인용

31) 김계현 외, 학교상담과 생활지도(서울: 학지사, 2000). 김남순, 상담심리학의 이해(서울: 교육과학사, 2001).

32) 노안영, 삶의 지혜를 위한 상담심리(서울: 학지사, 2011).
33) 노안영, 101가지 주제로 알아보는 상담심리(서울: 학지사, 2002).
34)홍종관, 상담자의 공감적 이해에 관한 고찰, 대구교육대학교 논문집, 2002, 제37집, pp.211~228.
35) 김계현 외, 학교상담과 생활지도(서울: 학지사, 2000).
36) 홍종관, 상담자의 공감적 이해에 관한 고찰, 대구교육대학교 논문집, 2002, 제37집, p.213.
37) 문선모, 학생상담: 이론과 실제(서울: 양서원, 2000), p.73.
38) Clara E. Hill 저, 주은선 역, 상담의 기술: 탐색–통찰–실행의 과정(서울: 학지사, 2014), p.108.
39) 박성수, 생활지도(서울: 정민사, 2010).
40) 노안영, 상담심리학의 이론과 실제(학지사, 2010), p. 220.
41) 김남순, 상담심리학의 이해(서울: 교육과학사, 2001).
42) 고영남, 생활지도와 상담(서울: 교육과학사, 2014), p.142.

Chapter_ 9

성인학습 상담의 내용

1. 학습정보 제공

1) 학습정보 제공의 의의

오늘날의 사회는 확실히 정보사회이다. 참으로 다양한 미디어를 통하여 여러 정보가 넘쳐나고 있다. 따라서 학습자들은 학습기회 및 시설, 지도자 등 그와 관련된 여러 정보를 다양한 기회를 통하여 획득할 수 있다. 그러나 한편으로는 학습자 스스로가 많은 정보의 홍수 속에서 스스로의 요구에 합치하는 학습정보를 선택하기 위해서 상당한 시간을 여기에 투자해야 하는 경우도 많으며, 그 과정에서 우여곡절을 겪을 것이라는 것을 예상하기란 그리 어렵지 않다. 그러는 사이에 학습의욕이 쇠퇴해 버리는 것도 충분히 생각해 볼 수 있다.

오늘날 행정 · 민간을 막론하고 다방면에 걸쳐서 정비되어 있는 학습기회, 시설, 학습자원 등에 관한 정보를 효율적으로 수집 · 정리하여 학습자에게 제공할 수 있게 될 때에야 비로소 개개인의 학습활동을 효과적으로 원조 · 촉진할 수 있게 된다. 그럼에도 불구하고 우리나라의 경우 학습정보에 대한 체계적인 수집은 물론 그것을 학습자들에게 체계적으로 제공해 줄 수 있는 체제를 마련하지 못하고 있는 상태이다.

실제로 성인일반 및 성인학습 참가자들을 대상으로 한 조사연구에 의하면, 신문 및 광고전단을 통해 교육프로그램에 대한 정보를 습득하는 비율이 58.8%로 가장 높았고, 다음으로는 직접 해당 기관에 문의하거나 그 기관의 홍보물을 통해서라고 응답한 비율이 51.1%, 그리고 주위 사람들의 권유에 의해서가 28.4%의 순인 것으로 나타나고 있다.[1] 따라서 성인들은 교육 프로그램에 대한 정보습득 경로에 있어서 신문이나 광고전단과 같은 광고지에 크게 의존하는 것으로 나타났으며, 실제적으로 대부분의 교육기관들이 신문광고나 전단지를 통하여 학습자들을 모집하는 실정이다.[2]

따라서 성인의 평생학습을 지속적으로 진흥시키기 위해서는 무엇보다도 국가 및 지방자치단체가 학습기반을 구축해서 평생학습을 지원하는 일이 필요하다. 이와 같은 관점에서 오늘날의 한국 사회의 상황을 살펴보면, 학습자가 스스로 적절한 학습기회를 선택하고, 자주적으로 학습을 진행해 나갈 수 있도록 학습정보를 제공하고, 학습자를 위한 상담체제를 정비하는 것이 가장 필요하다고 할 수 있다.

특히 학습정보의 제공은 인생의 전체 발달단계 및 생활을 통하여 자기주도적 학습으로서 성립되는 평생학습을 원조하기 위한 중요한 방법 중의 하나이며, 평생학습사회 실현을 위해 필요한 하위체제, 즉, 학습기회의 선택보조체제, 학습기회 제공체제, 학습성과의 평가체제 등으로 구성되는 평생학습 원조체제 가운데 학습기회 선택보조 체제에 있어서 중요한 역할을 담당하고 있다.[3]

여기서 학습정보의 제공이란 문자 그대로 학습정보를 제공하는 것을 말하며, 학습정보는 크게 나누어서 학습내용으로서의 정보(백과사전적 정보)와 학습안내를 위해 필요한 정보(안내정보)로 나누어 볼 수 있다.[4] 여기서 말하는 정보란 어떤 사실을 알림으로써 그 사실에 대하여 타인에게 전달하고자 하는 형태를 지니는 내용을 지칭한다. 그러나 여기서 말하는 것은 단순한 '알림'이 아니라 받아들이는 자의 의사결정에 무엇인가의 영향을 미칠 수 있는 의미 있는 '알림'이다.

이와 같은 의미를 지니는 학습정보와 관련하여 오늘날의 사회에서 학습정보의 제공은 학습을 체계적으로 수행하는 데 필요한 정보를 적절히 제공함으로써 학습활동을 안내하는 의미로 사용되는 경우가 많다. 왜냐하면, 평생학습사회의 구축이라는 관점에서 보면 평생학습을 체계적으로 지원하기 위해서는 무엇보다도 학습안내를 위한 정보를 제공하는 것이 필요하기 때문이다.

평생학습 정보의 제공은 자주적이고 자발적인 다양한 개인의 평생학습에 대한 요구를 적절한 정보제공에 의해서 학습활동과 결부시킴과 동시에 그 발전을 원조해 나가는 데 있다. 학습정보의 제공은 개개인의 평생학습을 원조하는 중요한 방법 중의 하나라고 강조되어 왔지만, 이것은 동시에 개개인에게 학습과의 결정적인 '만남'을 제공해 주는 계기이기도 하다. 철학자 볼노브(Bollnov)는 실천철학과의 관련하에 예술작품 및 사람과의 우연한 만남이 인격형성에 결정적인 영향을 미치는 비연속적인 교육의 한 형식이라고 언급한 바 있다. 학습정보의 제공이 늘 이와 같은 결과를 초래하는 것은 아니지만, 경우에 따라서는 개개인을 인생에 있어서 중요한 '만남'으로 이끌 수 있는 계기를 마련해줄 수 있다는 데에 그 의의가 있다.

2) 학습정보 분야와 제공 체제

(1) 학습정보의 분야

학습정보는 학습하는 내용 및 그에 대한 정보와 학습활동을 진행하는 절차와 관련된 정보의 두 가지로 크게 나누어 볼 수 있다. 전자는 백과사전적 정보, 후자는 안내정보라고 불리고 있다.[5] 학습정보의 제공은 학습자의 자주적, 자발적인 학습활동을 측면으로부터 지원하기 위하여 주로 후자의 안내정보를 중심으로 각종의 학습기회 및 학습자원과 개개인의 학습요구를 결합시키고자 하는 데 그 주된 의의가 있다.

그렇다면, 개개인의 학습을 지원하기 위한 안내정보로서는 어떠한 것이 필요할 것인가? 이와 관련하여 일본에서는 「평생학습정보 분류와 양식의 표준화에 대한 보고서」가 1989년에 출간된 바가 있으며, 현재 광역수준에 있어서는 대부분 이와 같은 표준안에 의하여 학습에 관한 정보가 분류되어 있다. 현재 일본에서 활용되고 있는 학습정보에 대한 표준 분류표를 제시하면 다음의 〈표 9-1〉과 같다.[6)]

〈표 9-1〉 평생학습 정보의 분류방식

대분류	코드	중분류	대분류	코드	중분류
1. 학습 기회	01 02 03 04 05 06 07 08 09	교육 등 일반 인문 · 사회과학 자연과학 산업 · 기술 예술 · 문화 체육 · 스포츠 · 레크리에이션 가정생활 · 취미 시민 · 국제관계 기타	2. 시설	01 02 03 04 05 06 07 08 09 10 11	종합시설 평생교육시설 문화시설 체육시설 복지시설 농림업관련시설 상공노동시설 시험 · 연구시설 야외활동 · 레크리에이션 학교 등 그 외의 시설
3. 단체 및 집단	01 02 03 04 05 06 07 08 09	교육 등 일반 인문 · 사회과학 자연과학 산업 · 기술 예술 · 문화 체육 · 스포츠 · 레크리에이션 가정생활 · 취미 시민 · 국제관계 기타	4. 지도자	01 02 03 04 05 06 07 08 09	교육 등 일반 인문 · 사회과학 자연과학 산업 · 기술 예술 · 문화 체육 · 스포츠 · 레크리에이션 가정생활 · 취미 시민 · 국제관계 기타

대분류	코드	중분류	대분류	코드	중분류
5. 교재	01	교육 등 일반	6. 각종 자격 등	01	공무원 · 교직원
	02	인문 · 사회과학		02	사법 · 경찰 · 소방 · 군대
	03	자연과학		03	운수 · 통신
	04	산업 · 기술		04	경영 · 노무
	05	예술 · 문화		05	공업기술 · 화학
	06	체육 · 스포츠 · 레크리에이션		06	의료 · 사회복지
	07	가정생활 · 취미		07	토목 · 건축 · 농업 · 수산
	08	시민 · 국제관계		08	체육 · 스포츠 · 레크리에이션
	09	기타		09	예술 · 취미
				10	생활 · 서비스
				11	기타

(2) 정보의 수집

학습정보를 제공하는 체제는 다음의 [그림 9-1]과 같다.[7)]

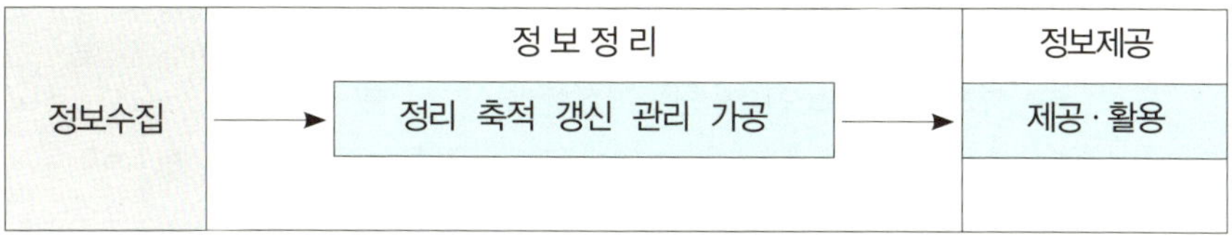

[그림 9-1] 학습정보의 제공 체제

정보수집에 있어서는 우선 학습정보의 분야를 결정함과 동시에 그 분야에 있어서 정보수집의 근거와 수집의 범위를 명백히 하지 않으면 안 된다. 예를 들면, 학습기회 정보에 있어서 민간기관 및 단체가 실시하고 있는 사업에 대한 것을 수집의 대상에 포함시킬 것인가, 수집한다고 한다면 그 범위는 어디까지 할 것인가의 문제를 명확하게 하지 않으면 안 된다. 또한 지도자나 교 · 강사 등에 관한 정보에 있어서는 어떠한 층을 대상으로 수집할 것인가가 매우 미묘한 문제이기도 하다. 이것에 대해서는 일본의 경우 지도자 등록제도를 두고 있다. 다음으로 이들 수집장소 · 수집방법 및 저장 · 관리하는 정보의 내용항목도 이 단계에서 명백하게 해 두어야 한다. 특히 정보원인 시설 및 기관의 이해를 도모하고, 연대 및 협력관계를 긴밀히 하는 것이 그 후의 발전에 있어서 큰 힘이 될 수 있다. 정보수집의 네트워크는 정보제공의 네트워크와 밀접히 연결되어 있을 필요가 있다.

(3) 정보의 정리

수집된 정보는 적절히 정리함과 동시에 체계적으로 축적시킬 필요가 있다. 이 경우 학습정보 데이터베이스를 구축하는 것이 유용함은 두말할 나위도 없다. 정리를 위한 양식은 앞에서 언급한 분류와 같으며, 이를 보다 예시적으로 나타내면 다음의 〈표 9-2〉와 같다.

〈표 9-2〉 학습정보의 분류 및 정리의 예

구 분	예 시	항 목
학습 기회	대학평생교육원강좌, 노인교실, 청소년교실, 스포츠교실, 학점은행 강좌, 초 · 중 · 고 개방교실, 문화센터 강좌, 문화강연회, 전시회, 견학, 각종 이벤트	학습내용, 주최자, 기간, 장소, 참가방법, 수강자수, 수강료 등
시 설	대학평생교육원, 직업교육시설, 청소년회관, 지역평생학습관, 도서관, 박물관, 청소년교육시설, 여성교육시설, 노인교육시설, 사회복지관, 체육관, 문화회관, 문화의 집, 학교 등	소재지, 시설 · 설비상황, 이용방법, 교통, 사용료 등
단체 · 집단	평생교육단체, 청소년단체, 문화단체, 학습집단, 스포츠집단 등	활동내용, 참가방법, 대표자 등
지도자	각종 전문강좌 등의 강사, 자원봉사 활동의 지도자, 스포츠지도자	지도내용, 연락방법 등
교재	학습에 이용할 수 있는 영화필름, 비디오, 슬라이드필름 등의 시청각 교재, 기기, 컴퓨터, 스포츠 용구, 기구 등	학습내용, 종류, 이용방법, 사용료 등

구분	예시	항목
각종 자격	국가자격시험, 민간자격시험, 각종 기능검정(외국어, 컴퓨터 등)	종류, 취득방법 등
프로그램	우수한 학습활동 실천사례, 모범학습 프로그램안 등	종류, 실천평가 등
기타	정보원 제공, 교육시설, 지도자, 연락정보 등	

학습정보 제공 체제가 정비되었다고는 하더라도 이용자가 그것을 이용하지 않거나, 이용하는 데 있어서 어려움을 겪게 되면 문제가 된다. 학습자들의 정보 이용률이 저조하거나 이용에 있어서 곤란을 겪게 되는 경우는 대체적으로 정보량의 문제로부터 기인되는 것이라고 볼 수 있다. 개개인의 요구에 부응하기 위해서는 가능하면 다방면으로부터 수집된 다양한 정보가 데이터베이스에 축적되어야 할 필요가 있다.

다음으로 축적된 정보는 정보내용의 변화에 따라서 적시에 갱신할 수 있는 체제가 마련되어 있어야 한다. 개개인이 얻고자 하는 정보는 이미 낡아빠지고 쓸모없는 정보가 아니라 실시간(real time)의 정보이다. 따라서 이미 종료되었거나 마감된 학습기회에 대한 정보는 새로운 것으로 대체되어야 한다. 시설정보도 이용방법 및 사용료 등 변경이 있는 경우에는 가능하면 빨리 갱신하고, 새로운 정보를 학습자들에게 제공하는 것이 바람직하다.

정보의 관리도 중요한 문제이다. 학습정보 가운데에는 인력정보와 관련하여 개인의 프라이버시가 침해되지 않도록 신중을 기해야 할 정보가 있다. 이와 같은 종류의 정보에 대해서는 명확한 기준을 세워서 체제 내에서 적절히 관리해야 할 필요가 있다. 축적된 정보는 단순한 정보로서가 아니라 적절한 형태로 가공해서 제공하는 것도 좋은 방법 중의 하나이다. 학습정보는 개별정보로서 제공되는 것이 대부분이지만, 경우에 따라서는 몇 개의 정보가 체계적인 형태로 비교 · 검토될 수 있는 형태로 제공할 필요도 있다. 또한 개별정보를 전체적인 데이터 상태로 모아서 제공할 필요가 있다. 따라서 학습정보 체제에서는 가공의 기능도 중요한 과제 중의 하나이다.

(4) 정보제공의 체제

데이터베이스화된 각종 정보는 컴퓨터 등의 단말기에 의해 검색되어 학습상담 창구 등에서 개별 학습자에게 제공되는 경우도 있지만, 반드시 학습상담 창구를 거치지 않더라도 개별 학습자들이 관련 데이터에 접근할 수 있도록 통신망에 적절하게 연결되어 있을 필요가 있다.

이와 함께 컴퓨터를 직접적으로 잘 활용할 수 없는 계층을 위하여 각 지역의 CATV라든가 각 주요 지점에 설치된 전자 광고판이라든가 비디오텍스 등을 통하여 학습자들에게 체계적으로 정보가 전달될 수 있도록 하는 것도 중요하다.

이상과 같은 논의를 토대로 학습기회 정보제공 체제에 대한 개요를 간단하게 제시하면 다음의 [그림 9-2]와 같다.

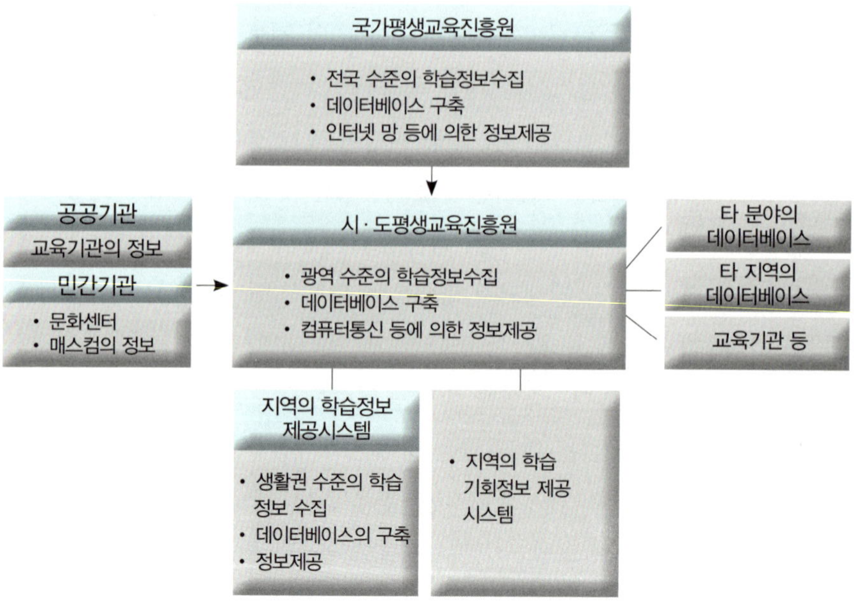

[그림 9-2] 학습정보제공 시스템

(5) 정보제공의 방법

학습과 관련한 정보제공은 평생교육기관이나 관련 기관에서 내담자에게 학습에 관한 특정자료, 사실, 자원, 질문에 대한 대답 또는 의견을 제공하는 것으로서 다음의 〈표 9-3〉은 학습정보의 제공과 관련한 구체적인 상담방법을 제시하고 있다.[8)]

〈표 9-3〉 학습정보 제공의 방법에 대한 개관

구 분	구체적 내용
정 의	정보를 준다는 것은 자료, 의견, 사실, 자원, 질문에 대한 대답을 제공하는 것을 말한다.
예 시	"대학 평생교육원과 직업전문학교는 둘 다 전문적인 교육프로그램을 제공하고 있어요." "심리검사를 마치는 데는 2시간 정도 소요됩니다."
가능한 내담자 반응	교육받음, 새롭게 행동하기, 희망적이 됨, 무반응
바람직한 내담자 행동	동의하기, 치료적 변화되기
도움이 되는 단서	• 내담자가 정보를 필요로 하는지 확실히 할 것 • 공감적이고, 예의바르고, 권위적이지 않을 것을 기억하기 • 내담자의 반응 관찰하기 • 한번에 너무 많은 정보를 주지 말 것 • 중요한 정보는 메모를 해서 전달할 것 • 정보제공 후 내담자에게 다시 집중하기

정보 제공방법의 몇 가지 유형을 제시하면 다음과 같다.

• 의도와 목표 설명

(예, "이 교육과정과 관련하여 당신이 예전에 취득했던 학점들을 알아보죠, 당신이 자격증을 취득할 수 있는 방법에 대해서도 생각해 보고요. 당신이 하고 싶어 하는 것에 대해 어떤 선택을 하고 그 선택에 대해 어떻게 느끼는가에 대해서도 평가해 보도록 하지요.")

• **행동의 다양한 종류에 대해 내담자 교육하기**

(예, “당신이 이를테면, 다른 학습자들에게 말할 때, 어떻게 다르게 반응할 수 있는지 연습하는 것을 포함하는 역할극을 해 봅시다.” “요즘에는 스타벅스 매장이나 할리스 카페 같은 데에서 공부하는 것도 학습자들이 정신이 분산되지 않고 공부에 더 잘 몰두하는 데 도움이 되기도 하지요.”)

• **활동과 검사결과에 대한 정보제공**

(예, “학습스타일 검사(learning style inventory)는 당신이 선호하는 학습스타일이 무엇인지를 측정하고, 이를 통해 효과적인 학습방법에 대한 자료를 제공합니다.”)

• **내담자에게 학습활동과 심리적 원리에 대해 교육하기**

(예, “살아가면서 적절한 정도의 스트레스는 동기를 유발하는 데 기여하지만, 지나치게 많거나 너무 적은 스트레스는 비생산적이 되거나 건강을 해칠 수가 있습니다.”. “많은 성인들이 시험과정에 대하여 불안을 경험합니다. 심지어 이것에 대한 용어도 있는데, 이것을 시험불안이라고 합니다.”)

3) 학습정보 제공상의 유의점

학습정보를 제공할 때에는 다음과 같은 점에 유의할 필요가 있다.[9]

우선, 학습과 관련한 정보를 제공하기 전에 상담자는 내담자가 어떤 정보 또는 어떤 잘못된 정보를 가지고 있는지 먼저 묻는 것도 좋은 방법 중의 하나이다(예, 학점은행제에 대해 당신이 알고 있는 것은 무엇인가요?). 그를 통해 상담자는 내담자가 어떤 정보를 필요로 할 것이라고 추측하기보다 내담자가 가지고 있는 지식의 정도를 평가해볼 수 있다. 또한, 상담자는 내담자가 정보를 수집하기 위하여 이제까지 사용해 왔던 전략이 무엇인지에 대해 물어보는 것도 중요하다.

다음으로 학습내용에 따라 학습자들을 배려할 수 있어야 한다. 학습자의 입장에 서서 모든 정보를 학습자가 자주적으로 선택할 수 있도록 할 필요가 있다. 그러나 공공 차원의 정보제공의 경우, 특히 정보내용에 따른 배려가 필요한 상태이다. 예를 들면, 강사 · 지도자 등의 인재정보에 대해서는 사용방법에 따라 프라이버시를 침해할 가능성이 있다. 이것을 방지하기 위해서는 관련된 정보의 제공여부를 본인에게 확인하도록 하는 것이 바람직하다. 또한 학습자의 목적에 따라서 체계적으로 이용할 수 있도록 원조할 필요가 있다. 이러한 의미에서 인재정보에 대해서는 학습상담자가 개입해서 필요한 정보를 제공할 필요가 있다.

다음으로 민간정보 서비스업체를 통하여 정보제공의 시비 및 상담원이 개입하는 경우와 상담원이 개입하지 아니하고 학습자가 직접 기기를 이용해서 정보제공을 받는 경우에 정보내용을 구별하는 것도 필요하다. 이것에 대해서도 충분히 검토를 거쳐 판단해 둘 필요가 있다.

예를 들면, 민간이 주최하는 사업에서 영리성을 띤 정보제공은 신중히 행할 필요가 있다. 제공의 기준을 정하기 전에 수집단계에서 기준을 정할 수도 있지만, 가능하다면 상담원이 개입하여 정보를 제공함으로써 넓은 의미에서의 선택을 도와줄 수 있을 것이다. 또한 정치 및 종교에 관한 경우에도 어느 한 부분을 강하게 지지함으로써 특정 집단이라든가 개인으로부터 비난을 받을 수 있는 소지를 배제해야 할 필요도 있다. 나아가서 기업주최의 학습기회에 참가하는 것이 학습자에게 강제적인 의무사항으로 비추어지지 않도록 신중히 대처하는 것도 중요하다.

이러한 점에 유의해서 학습자들에게 적절한 학습정보를 제공하는 것이 필요하다. 다만, 학습정보의 제공에 있어서 학습자가 거주하고 있는 지역에서만이 아니라 인근지역의 학습정보에 대해서도 정보를 체계적으로 입수할 수 있도록 네트워크화가 되어 있어서 그와 관련된 정보를 제공하는 것도 중요한 과업임에 틀림없다.

2. 학습문제 해결(Learning Problem Solving)

성인학습자는 다양한 학습과정을 선택하고, 선택한 학습과정에 대한 학습활동을 전개해 나가면서 여러 가지의 문제에 당면하게 되는 것이 일반적이다. 따라서 학습활동이 원활하게 이루어질 수 있도록 학습에 어려움을 느끼는 학습자들의 학업적응을 돕는 학업상담이 이루어져야 할 필요가 있다.[10)]

여기에서 '학업상담(counseling in academic problems)'은 상담영역 가운데 학업과 관련된 문제를 중심으로 학습자들이 학업을 수행하는 과정에서 겪게 되는 어려움을 돕거나 지식을 보다 효율적으로 습득, 활용, 생산하도록 돕는 상담영역으로 예방적이고 발달적 차원에서 접근하는 경우도 있고, 문제 해결을 위한 상담도 있다.[11)]

그런데 발달 단계적으로 주로 학령기에 해당하는 전통적인 학습자(traditional students)로 구성되어 있는 정규학교 교육과정과는 달리 평생교육의 장에 있어서의 학습자들은 비전통적 학습자(nontraditional students)로서 학습과정에 있어서도 다양한 다른 문제들을 안고 있는 것으로 나타나고 있다.

이제까지 성인학습자들의 학습활동에 관하여서는 주로 중도탈락, 참여지속 등에 관한 연구가 대부분이었지만, 최근 들어서 성인학습자들의 학습문제에 대한 연구가 증가되고 있는 추세이다. 이 가운데, 조성연 · 박미진(2007)의 연구와 은혜경 · 조영미 · 진선미(2014)의 연구가 대표적이다. 특히 조성연 · 박미진은 성인학습자들이 겪게 되는 학습문제를 진단하기 위한 심리검사를 개발하였다. 이들은 성인학습자의 학습문제 진단 심리검사를 활용하여 성인학습자로 하여금 학습전략을 자가진단하고 스스로 학습할 수 있는 역량들을 알아보고 개발하도록 촉진하고 평생교육기관에서 학습활동을 전개하는 데 어려움을 겪을 수 있는 학습자를 선별하여 적극적으로 학습지도 및 상담을 제공하는 데 활용되기를 기대하였다. 조성연 · 박미진(2007)이 제시한 학습문제는 〈그림 9-3〉과 같으며, 이들 학습문제의 구체적인 내용은 〈표 9-4〉와 같다.[12]

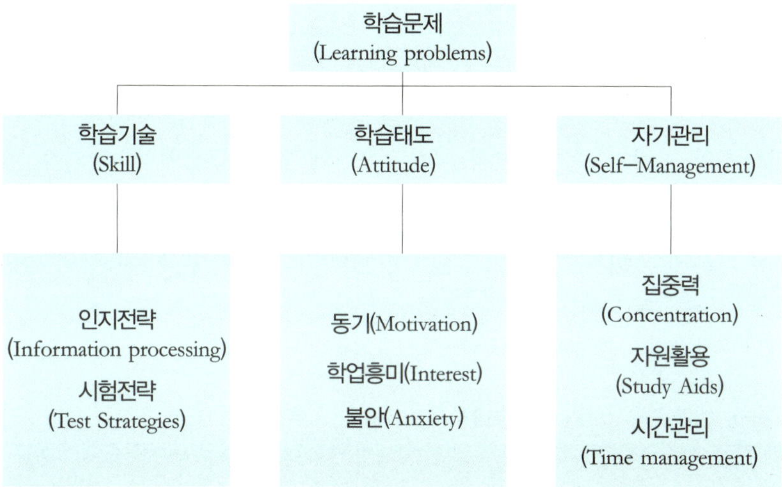

[그림 9-3] 성인 학습문제의 구성내용

〈표 9-4〉 성인학습자가 당면하는 학습문제의 내용

구 분		구체적 내용
학습기술		학습에 집중하여 학습내용에서 중요한 부분(핵심내용과 주제)을 파악하고 이해하여 요약 · 기억하는 데 효과적인 방법을 알고 실천하는 영역
학습태도	학습동기	공부를 하는 데 뚜렷한 목표의식을 가지고 있으며, 학습에 대한 흥미를 가지고 있는가에 대한 영역. 학습동기가 높은 사람들은 자신이 원하는 목표성취에 필요한 행동을 꾸준히 하고자 하는 노력을 한다.
	학습불안	공부와 시험과 같은 학업수행을 할 때 느끼는 심리적 불안정, 심리적 불안은 개인적인 문제 혹은 학업문제에 대한 근심, 초조, 스트레스 등이 반영되어 학업수행을 방해한다.

구 분		구체적 내용
자기관리	시간관리	강의참석, 과제물 작성, 공부하는 시간을 계획하고 확보하여 효율적으로 시간을 활용하는 영역. 시간관리를 잘하는 사람은 학습에 필요한 시간을 충분히 가지고 계획에 따라 시간을 잘 활용한다.
	자원활용	학업에 필요한 인적자원(동아리, 스터디그룹, 튜터, 가족의 지원 등)과 물적자원(교재, 학습자원, 인터넷사이트, 참고자료) 등을 충분히 확보하고 있으며, 이를 효율적으로 활용하는 것과 관련된 영역

한편, 최근 원격교육기관이 급증하게 증가하고 있고 원격교육기관을 통한 성인학습의 기회가 증가하면서 원격교육상에 있어서 성인학습자들의 참여 지속은 물론 학습효과를 극대화시키기 위한 다양한 연구들도 증가추세에 있다. 이 가운데 은혜경 · 조영미 · 진선미(2014)가 제시한 원격교육상의 성인학습자들이 호소하는 학습상담의 내용은 〈표 9-5〉와 같다.[13]

〈표 9-5〉 원격교육기관의 성인학습자가 호소하는 학습상담의 내용

영 역	범 주	응답 빈도
학습자가 인식하는 학업방해 요인	– 부정적 정서 조절의 어려움	전형적(77)
	· 두려움/ 불안/ 막막함	변동적(39)
	· 우울/실망감/답답함	변동적(27)
	· 압박감/부담감	변동적(13)
	· 분노/짜증	변동적(8)
	· 혼란감	변동적(6)
	– 원격대학 학습 전략 부족	전형적(55)
	· 효과적인 독학방법 부재	변동적(27)
	· 학습설계의 어려움	변동적(20)
	· 집중 · 기억 및 시간관리 전략 부족	변동적(8)

영 역	범 주	응답 빈도
학습자가 인식하는 학업방해 요인	• 기초학습능력 부족	변동적(6)
	– 다중역할 갈등	전형적(49)
	• 공부시간 확보가 어려움	변동적(26)
	• 동시다발적 수행에 대한 심리적 부담감	변동적(19)
	• 학업수행으로 인한 일상생활 제한	변동적(2)
	• 학사관리의 어려움	변동적(9)
	• 우선순위 설정의 어려움	변동적(6)
	– 낮은 성적으로 인한 어려움	변동적(39)
	• 자신감 상실	변동적(32)
	• 학업유지 곤란	변동적(19)
	– 진로설계 및 수행의 어려움	변동적(31)
	• 진로계획 및 수행의 어려움	변동적(20)
	• 진로설계의 어려움	변동적(16)
	– 입학동기 및 학습목표 좌절	변동적(30)
	• 현실문제에 따른 입학동기 좌절	변동적(19)
	• 잘못된 학과 선택으로 인한 학습목표 상실	변동적(15)
	– 학습정보 부족	변동적(16)
	• 교과목 이수 정보 부족	변동적(14)
	• 교내 서비스 이용 정보 부족	드문(3)
	– 자원체계 빈약	변동적(15)
	• 학습 조언의 부재	변동적(11)
	• 친구 및 학우와의 상호작용 부족	변동적(7)
	• 가족의 지지 부족	드문(3)

이상과 같이 성인학습 참여과정상의 참여저해요인, 성인학습상에 나타나는 문제의 상담 등을 토대로 성인학습상에 나타나는 주요한 문제를 중심으로 여기에서는 1) 효과적인 시간관리, 2) 자기주도적 학습의 강화, 3) 효과적인 동기의 유발 등과 같은 면에 대해서 구체적으로 살펴보고자 한다.

1) 효과적인 시간관리

우리는 매일 하루 24시간을 살고 있다. 하루 24시간은 86,400초이다. 즉, 우리는 '시간'이라는 통장에 날마다 86,400초의 시간이 입금된다. 만약 좋은 방향으로 시간을 활용하지 못한다면 86,400초를 영원히 잃어버리게 된다.[14)]

지나고 나면 다시 만들 수도, 되살릴 수도 없는 게 시간이다. 또한, 내일 입금될 시간을 미리 끌어당겨서 쓸 수도 없고, 오늘에는 오늘의 시간만 사용할 수 있다. 이 점에서 시간을 어떻게 쓸 것인가가 중요하게 부각된다. 특히, 성인과 같이 다양한 역할을 수행하여 시간에 쫓기는 자에게 있어서 시간은 더욱 더 중요하게 부각되기 마련이다. 성인들의 학습참여에 가장 방해가 되는 요소는 바로 시간이다. 대부분의 조사통계나 관련연구를 통해서 살펴보면, 성인의 학습활동 참여 저해요인은 시간적 요인이다. 이 점에서 성인학습자의 시간관리 문제가 중요하게 부각된다.

시간관리가 필요한 근본적인 이유는 인간의 욕구를 충족시킬 수 있는 시간이 유한하다는 사실에 있으며, 특히 시간은 인간의 모든 활동에 꼭 사용되는 자원이라는 면에서 그 중요성이 더욱 강조된다.[15)]

시간관리란 시간을 관리하는 것이 아니라 시간과 관련하여 자신을 관리하는 것이며, 실제 시간관리는 매일의 지속적인 훈련과 실천을 통해서만 가능하다. 시간관리는 좁게는 시간 갈등의 해소를 통해 적정한 휴식과 놀이시간을 확보하기 위한 전략이며, 넓게는 주어진 시간을 보람되고 가치 있는 것으로 채울 수 있도록 생활을 관리하고 운영해 나가는 전략을 실천하는 방법이다.[16]

보다 일반적으로 시간관리는 '개인의 가치에 부합하는 삶을 위해서 시간자원을 배분하고 조정하며 시간자원 속에서 삶에 긴장과 이완을 주는 행동을 의식적으로 끊임없이 하는 행위'라든가 '자신이 원하는 생활목표를 달성하기 위하여 시간자원을 합목적적으로 사용하는 방법을 개발하고 습관화하는 것'이라고 이해되고 있다.[17]

이러한 점에서 시간관리의 핵심전략은 목표, 우선순위, 그리고 계획이다. 가장 중요한 목표를 선정하는 것이 바로 우선순위를 결정하는 것이며, 그 다음 과정은 언제, 어떻게 하느냐의 행동을 정하는 것인데, 이런 과정은 계획에 해당된다. 이 점에서 시간관리의 핵심전략인 목표설정, 우선순위의 결정, 그리고 계획수립은 비단 시간관리뿐만 아니라 인생을 성공적으로 살아가기 위해서는 반드시 필요한 전략이다. 이들 시간관리와 관련한 구체적인 문항내용은 〈표 9-6〉과 같으며,[18] 이와 같은 질문항목에 대한 체크를 통하여 자신의 시간관리와 관련한 정도를 파악해 볼 수 있다.[19]

〈표 9-6〉 시간관리 자가진단표

나는 무슨 일을 할 때	전혀 아니다	약간 아니다	보통 이다	약간 그렇다	매우 그렇다
1. 분명한 목적을 가지고 한다.					
2. 중·단기 목표를 세운다.					
3. 행동적인 구체적인 목표를 세운다.					
4. 목표달성을 위한 예정일을 정한다.					
5. 해야 할 일의 우선순위를 정한다.					

나는 무슨 일을 할 때	전혀 아니다	약간 아니다	보통 이다	약간 그렇다	매우 그렇다
6. 일의 중요도에 따라 순서를 정한다.					
7. 일의 긴급도에 따라 순서를 정한다.					
8. 일의 중요도와 긴급도를 고려하여 순서를 정한다.					
9. 계획 세우는 시간을 따로 마련한다.					
10. 중 · 단기 계획을 세운다.					
11. 계획한 일과 그 일에 필요한 소요시간을 써둔다.					
12. 빽빽한 계획보다는 여유 있는 계획을 세운다.					
13. 계획에 따라 생활하는 편이다.					
14. 계획한 것을 실천하는 데 별 어려움을 겪지 않는다.					
15. 어려움이 있더라도 기꺼이 목표를 달성한다.					
16. 계획은 좋은데 실천이 따르지 않는다는 말을 주위에서 듣는다.					
17. 일의 진행과정과 성과에 대해 평가해 본다.					
18. 나에게 필요하고 가치 있는지 생각해 본다.					
19. 내가 끝내지 못한 일은 무엇이고 그 원인이 무엇인지 생각해 본다.					
20. 다음 계획에 반영시킬 것이 무엇인지 생각해 본다.					
21. 목표수행에 도움이 될만한 다양한 정보를 모은다.					
22. 정보를 이용한 후, 내용에 대한 간단한 요약과 메모를 한다.					
23. 정보에 대한 정확성과 유용성을 따져본 후 이용한다.					
24. 정보를 얻고 이용하는 데 어려움이 없다.					

• 채점: 각 영역별 해당 문항들의 점수를 더하여 그 총점을 아래표에 적고 해석한다.

영 역	문항번호	점 수	총 점	결과의 해석		
목표 세우기	1–4번			구분	영역별 점수	총점
우선순위 정하기	5–8번			부족하다	4–8점	24–48점
계획하기	9–12번			보통이다	9–12점	54–72점
시행하기	13–16번					
평가하기	17–20번			뛰어나다	13–16점	73–96점
정보활용	21–24번			매우훌륭	17–20점	102–120점

[그림 9–4]는 시간관리를 잘하기 위하여 고려해야 할 일을 중요도와 긴급도 측면으로 구분하여 설명한 것이다.[20]

그림에서도 나타나는 바와 같이 중요한 일을 우선적으로 처리하도록 해야 하며, 이 가운데에서도 무엇보다도 1사분면의 일을 가장 우선적으로 처리해야 한다. 그러나 많은 사람들은 긴급하지만 중요하지 않은 일에 휘둘려 시간을 낭비하는 경향이 있다. 이 점에서 시간관리의 중요성이 재차 부각되고 있다.

1사분면 – 마감시간이 임박한 꼭 해야 할 과업이나 과제 (ex, 내일 치를 시험, 마감이 임박한 과업, 발표수업 등)	↑ 중요도 높음	2사분면 – 미래를 위해 서서히 준비해야 할 중요한 일 (ex, 외국어공부, 인간관계구축, 자기계발, 건강관리, 자격증취득 등)
← 긴급도 높음		긴급도 낮음 →
3사분면 – 마감시간이 임박했지만 꼭 할 필요는 없는 일 (ex, 사소한 모임이나 행사 참석, 내일 마감되는 영화 보기, 전화로 요청해 오는 의견조사 등)	중요도 낮음 ↓	4사분면 – 시급하지도 중요하지도 않은 하찮은 일 (ex, 전화잡담, 인터넷서핑, 게임, TV시청 등)

[그림 9–4] 시간관리 매트릭스

이러한 의미를 지니고 있는 시간관리 행동은 체계적인 상담이나 훈련을 통하여 증진될 수 있고, 이들 시간관리 훈련이나 상담은 연구결과 다음과 같은 행동과 관련이 있는 것으로 나타나고 있다.

김은영(2015)의 연구결과에 따르면, 시간관리 훈련은 시간관리 행동, 학업적 지연행동, 의지통제, 학업성취에 긍정적인 영향을 미치는 것으로 나타났으며, 시간관리 훈련은 바람직한 학업적 효과를 도출하였고, 학습자들이 평생학습자로서 갖추어야 할 자기관리 습관을 형성하고 자기주도적인 학습을 할 수 있는 토대를 제공하는 데 기여하였다고 보고되고 있다.[21]

또한 한희원 · 이희원(2013)의 연구결과에 따르면, 시간 관리 전략 프로그램은 자아존중감을 긍정적으로 변화시키고, 자기조절효능감을 향상시켜서 학업 지연의 문제를 극복하는 데 기여한 것으로 나타났다.[22]

또한 박은정 · 김외숙(2008)은 시간관리를 잘 한다는 것은 학습자가 학교생활 속에서 스스로 시간을 계획하고 그 목표를 실행하는 과정에서 자기 강화를 도모하고, 결과를 스스로 자기기록, 점검하는 것을 의미하며 이것은 곧 학습자 스스로가 시간을 질적으로 잘 관리하는 것이라고 보았다.[23] 그리고, 김동일 등(1995)은 청소년에 대한 시간관리 프로그램의 효과를 분석한 결과, '시간관리는 학업 만족도를 높이고, 학업성적을 올릴 수 있는 기반(계획과 실천)을 제공하고, 역할혼미 지각을 줄이고 스트레스에 따른 소진을 예방하게 되고, 나아가 자기효능감과 자아개념을 높여 삶에 긍정적인 태도와 자신감을 갖게 하는 데 영향을 미치는 것'으로 나타났다.[24]

2) 자기주도적 학습력의 강화

자기주도적 학습이란 무엇이고, 그것과 관련된 이론으로서는 어떠한 것이 있는가에 대해서는 7장(성인학습 과정론)에서 부분적으로 다루었기 때문에 여기에서는 성인학습 상담의 내용인 자기주도적 학습 강화의 측면에서만 설명하고자 한다. 이를 위하여 우선 자기주도적 학습의 평가에 대해서 설명하고, 그 다음 자기주도적 학습의 강화를 위한 방안에 대해서 소개하고자 한다.

(1) 자기주도적 학습의 평가

성인학습에 있어서 자기주도적 학습은 중요한 의미를 갖는다. 그러므로 성인학습자가 자기주도적 학습에 대한 태도나 준비 등이 어떠한지를 조사하는 것은 성인학습 상담에서 큰 비중을 차지할 수 있다. 현재 자기주도적 학습 분야에서는 구글리엘미노(Guglielmino)의 자기주도학습 준비도 검사와 오디(Oddi)의 평생학습검사가 성인의 자기주도적 학습을 평가하는 데 널리 사용되고 있다. 이 중에서도 평생학습검사보다는 자기주도학습 준비도 검사가 널리 사용되고 있고, 국내에서도 자기주도학습 준비도 검사가 대부분 사용되는 실정이다. 그러나 이 두 검사는 각각 자기주도적 학습의 다른 측면을 측정하므로 자기주도적 학습을 이해하는 데 있어서 서로 보완적인 위치에 있다고 할 수 있다. 이것은 두 검사를 통하여 성인의 자기주도적 학습에 대한 이해를 높일 수 있다는 것을 의미한다. 또한 이러한 검사들을 통하여 성인학습자의 자기주도적 학습 수준을 평가할 수 있고, 이러한 자료는 성인학습 상담의 목표를 세우거나 목표달성의 여부를 확인하는 데도 이용될 수 있다.

자기주도학습 준비도 검사(SDLRS: Self-Directed Learning Readiness Scale)

자기주도학습 준비도 검사(SDLRS)는 1977년 구글리엘미노가 성인의 자기주도학습의 준비도를 검사하기 위해서 개발한 것으로 그 후 불어, 일본어, 중국어, 스페인어, 한국어 등 여러 나라 말로 번역되어 사용되어 왔고 지난 35년여 동안 수많은 연구들이 이 검사를 이용해서 실시되었다.

자기주도학습 준비도 검사는 58개 문항으로 구성되어 있으며 여러 요인이 있는 것으로 확인되었으나 8개 요인 모델이 가장 의미 있고 설득력있는 해석이 가능하기 때문에 8개 요인 모델이 채택되었다. 자기주도학습 준비도의 8개 요인은 학습기회에 대한 개방성, 효율적인 학습자라는 자아개념, 학습에의 솔선수범 및 독립심, 자신의 학습에 대한 책임감, 학습에 대한 애정과 열성, 미래지향성, 창의성, 기본 학습기술과 문제해결 기술을 사용할 수 있는 능력이다.

국내에서는 김지자와 김경성(1995)이 자기주도학습 준비도 검사를 번역한 것을 주로 사용하여 왔으나,[25] 최근 아동이나 청소년층의 자기주도학습에 대한 관심이 증가함에 따라 자기주도학습 준비도 검사를 아동 혹은 청소년에게 적합하도록 재구성하여 사용하는 경우가 늘어나고 있다.[26] 한편 김지자와 김경성에 의해 번역된 자기주도학습 준비도 검사는 독창적 접근, 탐구적 특성, 자발적인 계획, 학습의 책임성 수용, 학습에 대한 사랑, 미래지향성, 학습자적 신념의 7개 요인으로 구성되었다.

다음 〈표 9-7〉은 자기주도학습 준비도 검사의 문항들을 제시한 것이다. 이 검사를 해 봄으로써 자신의 자기주도학습 준비도의 수준을 알 수 있을 것이다.

〈표 9-7〉 Guglielmino의 자기주도학습 준비도 검사 문항

전적으로 동의하면 = 5　동의하는 편이면 = 4　그저 그렇다면 = 3
부정하는 편이면 = 2　전적으로 부정하면 = 1

1. 나는 내가 살아있는 한 배우고자 한다. [1 2 3 4 5]

2 나는 내가 무엇을 배우고자 하는지를 알고 있다. [1 2 3 4 5]

3. 나는 내가 이해하지 못하는 것에 대하여 그것을 이해하려고 노력하지 않는다. [1 2 3 4 5]

4. 내가 배우고 싶은 것은 배우려고 애쓴다. [1 2 3 4 5]

5. 나는 배우기를 좋아한다. [1 2 3 4 5]

6. 내가 새로운 일을 시작하는 데는 다소 시간이 걸린다. [1 2 3 4 5]

7. 나는 교사가 수업시간에 학생들에게 항상 정확히 어떤 행동을 취하도록 이야기 해 줄 것을 이야기한다. [1 2 3 4 5]

8. 나는 모든 사람들에게 교육의 중요성이 자기 자신이 어떤 인간이고 어떤 위치에 있고 또 어떻게 될 것인지를 생각하게 하는 것이라 생각한다. [1 2 3 4 5]

9. 나는 혼자서 일을 잘하지 못한다. [1 2 3 4 5]

10. 만약 내가 가지고 있지 못한 어떤 정보가 있어 그것을 가질 필요가 있다고 생각하면 나는 그 정보를 어디서 구할 것인지를 알고 있다. [1 2 3 4 5]

11. 나는 다른 사람들보다 내 방식대로 혼자서 일을 더 잘 배울 수 있다. [1 2 3 4 5]

12. 내가 아무리 좋은 생각을 가지고 있어도 일이 성사되도록 계획을 세우는 데 약한 것 같다. [1 2 3 4 5]

13. 나는 학습경험으로서 배우는 내용과 방법을 결정하는 데 참여하는 것을 더 좋아 한다. [1 2 3 4 5]

14. 내가 어떤 일에 흥미만 가진다면 어떤 공부라도 내게 힘들 것은 없다. [1 2 3 4 5]

15. 나 이외에는 아무도 내가 배우는 것에 대해 전혀 책임이 없다. [1 2 3 4 5]

16. 나는 내가 배우고 있는 것인지 아닌지 구별할 수 있다. [1 2 3 4 5]

17. 내가 배우고 싶은 것이 많아서 하루가 24시간보다 길었으면 좋겠다. [1 2 3 4 5]

18. 내가 배우겠다고 결심한 것이 있다면 아무리 바쁘더라도 시간을 낼 수 있다. [1 2 3 4 5]

19. 내가 적어 놓은 것을 잘 이해하지 못한다. [1 2 3 4 5]

20. 내가 배우지 못한 것은 나의 허물이 아니다. [1 2 3 4 5]

21. 나는 어떤 일에 대하여 더 배워야 하겠다는 필요가 있을 때가 언제인지 안다. [1 2 3 4 5]

22. 나는 내가 어떤 시험에서 좋은 성적을 얻을 수 있다는 자신이 있으면 더 이상 공부를 하려고 하지 않는다. [1 2 3 4 5]

23. 나는 도서관이 따분한 곳이라고 생각한다. [1 2 3 4 5]

24. 내가 가장 존경하는 사람들은 항상 새로운 것을 배우고 있다. [1 2 3 4 5]

25. 나는 새로운 것을 배워야 할 때 여러 가지 방법을 생각해 낼 수 있다. [1 2 3 4 5]

26. 나는 내가 지금 배우고 있는 것을 내 장기목표와 연관시키고자 노력한다. [1 2 3 4 5]

27. 나는 내가 꼭 배워야겠다고 생각하는 것은 무엇이든지 나 스스로 배울 수 있다. [1 2 3 4 5]

28. 나는 어떤 질문에 대한 해답을 찾아내는 일을 매우 즐긴다. [1 2 3 4 5]

29. 나는 여러 가지의 정답이 있는 문제를 푸는 것을 좋아하지 않는다. [1 2 3 4 5]

30. 나는 여러 가지 사물에 대하여 많은 호기심을 가지고 있다. [1 2 3 4 5]

31. 나는 배우는 것이 끝나면 기쁨을 느낀다. [1 2 3 4 5]

32. 나는 다른 사람들에 비하여 배우는 일에 관심을 더 많이 가지고 있지 않다. [1 2 3 4 5]

33. 나는 공부하는 기초능력면에서 별 문제가 없다. [1 2 3 4 5]

34. 나는 그 결과가 어떨지 모르지만 새로운 일을 벌이기를 좋아한다. [1 2 3 4 5]

35. 자기 일을 잘하고 있는 사람이 내가 저지른 실수를 지적하는 것이 싫다. [1 2 3 4 5]

36. 나는 어떤 일을 해내는 독특한 방법을 잘 생각해 낸다. [1 2 3 4 5]

37. 나는 장래 일에 대하여 생각하기를 좋아한다. [1 2 3 4 5]

38. 나는 내가 알고자 하는 일을 찾아내는 데 다른 누구보다도 잘한다. [1 2 3 4 5]

39. 나는 어떤 문제를 당면할 때 좌절하기보다는 도전적으로 생각한다. [1 2 3 4 5]

40. 나는 내가 꼭 해야겠다고 생각하는 것을 스스로 할 수 있다. [1 2 3 4 5]

41. 나는 문제를 내 방식대로 해결하는 것을 좋아한다. [1 2 3 4 5]

42. 나는 집단으로 배우는 상황에서 지도자 역할을 한다. [1 2 3 4 5]

43. 나는 작자의 의견에 대하여 토론하기를 좋아한다. [1 2 3 4 5]

44. 나는 내 방식대로 문제에 접근하기를 좋아한다. [1 2 3 4 5]

45. 나는 새로운 것을 배우고자 하는 강한 욕망을 갖고 있다. [1 2 3 4 5]

46. 내가 배우면 배울수록 세상을 더욱 신비롭게 생각한다. [1 2 3 4 5]

47. 배우는 일이 즐겁다. [1 2 3 4 5]

48. 우리는 항상 새로운 학습방법을 개발하기보다는 이전부터 사용한 학습방법을 쓰는 것이 좋다. [1 2 3 4 5]

49. 나는 하나의 인간으로서 계속 발전할 수 있도록 더 배우고 싶다. [1 2 3 4 5]

50. 내가 배우는 일은 내게 책임이 있는 것이지 다른 사람에게 있는 것이 아니다. [1 2 3 4 5]

51. 배우는 방법을 학습하는 것은 내게 중요하다. [1 2 3 4 5]

52. 나는 새로운 것을 배우기에 나이가 많다고 생각하지 않는다. [1 2 3 4 5]

53. 계속 배운다는 것은 따분한 일이 아니다. [1 2 3 4 5]

54. 나는 매년 몇 가지 새로운 것을 내 나름대로 배운다. [1 2 3 4 5]

55. 배우는 것은 생활의 한 방편이다. [1 2 3 4 5]

56. 배우는 것은 나의 삶에 아무런 변화도 주지 못한다. [1 2 3 4 5]

57. 나는 교실에서 공부할 때나 혼자서 공부할 때나 공부를 잘한다. [1 2 3 4 5]

58. 지도자들은 항상 배우려고 노력하는 사람이다. [1 2 3 4 5]

오디의 평생학습검사(OCLI:Oddi Continuing Learning Inventory)

평생학습검사(OCLI)는 학습에 있어서 자기주도성을 확인하기 위해서 개발되었다. 이 척도는 학습자의 자기주도적인 성격의 동기적, 정서적, 그리고 인지적 특성을 묘사하는 세 가지의 이론적 근거를 가지고 있는데 그것은 순행적 욕구(proactive drive) 대 역행적 욕구(reactive drive), 학습에 대한 헌신(commitment to learning) 대 학습에 대한 무관심/혐오(apathy/aversion to learning), 인지적 개방성(cognitive openness) 대 방어(defensiveness)이다.[27]

평생학습검사는 26개의 문항으로 구성되어 있으며 3개의 요인이 있는 것으로 알려져 있다. 첫 번째 요인은 일반적인 요인으로 15개의 문항으로 이루어져 있다. 이 요인은 순행적 욕구 대 역행적 욕구의 측면을 측정하도록 되어 있었는데 여기에 "독립적으로 공부하는 능력과 다른 사람과 같이 배우는 능력"이 포함되어 영역이 확장되었다. 두 번째 요인은 자기통제 능력인데 3개의 문항으로 구성되어 있고, 세 번째 요인은 독서에 대한 욕망인데 4개 문항으로 측정하도록 되어 있다. 헴비(Hemby)[28]는 평생학습검사를 요인분석한 결과 오디와 마찬가지로 3개의 요인이 있음을 확인하였다. 그러나 그녀는 오디와 약간 다르게 각각의 요인을 명명하였는데 첫 번째 요인은 일반적인 요인이라고 하기보다는 학습에 대한 개인의 자아개념적 특성이 강하므로 "자기확신(self-assuredness)", 두 번째 요인은 독서에 대한 욕망이라기보다 독서습관과 독서스타일과 관련이 있으므로 그냥 "독서"로, 그리고 세 번째 요인은 자기통제 능력이라기보다 확신에 대한 개인적 욕구와 관련이 있으므로 "확신에 대한 욕구"로 수정하여 제시하였다.

(2) 자기주도적 학습의 강화를 위한 방안

자기주도적 학습 프로그램의 개발 및 시행

성인학습의 장에 있어서는 무엇보다도 성인의 자기주도적 학습력이 중요한 의미를 지니고 있는 것으로 보고되고 있다. 이에 따라 다음에서는 자기주도적 학습 프로그램의 개발과 관련된 과정을 간단하게 설명하고자 한다. 이 부분은 Dejoy와 Dejoy의 글 중 일부를 요약하여 제시한 것이다.[29)]

① 계획과정

자기주도적 학습 프로그램 개발에 있어서 첫 번째 단계는 개인의 학습 목표(learning goal)와 구체적 목표(specific objectives)를 설정하는 것이다. 구체적인 목적과 목표를 묘사함으로써 학습자는 그들이 더 학습해야 할 필요가 있는 것이 무엇이고, 어떻게 자신이 학습한 것을 증명할 수 있는지를 명확히 알게 된다. 개인의 목적을 설정하는 것은 학습자가 필요로 하는 기술과 지식을 알릴 기회를 가지게 되기 때문에 학습자의 학습에 동기를 부여하는 것이다.

두 번째 단계는 계획단계이다. 성인교육자의 도움을 받아 학습자는 학습자원을 확인하고, 이러한 자원을 이용한 과업을 설명하고, 그들의 행동이 어떻게 평가될지를 결정하게 된다. 학습자원과 행동이 컨퍼런스, 정규 수업, 혹은 컨설턴트와 같은 것으로 제한될 필요가 없기 때문에 자기주도적 학습 계획은 새로운 지식에 대한 즉각적인 욕구에 매우 반응적일 수 있다. 자원을 찾고 활동적으로 지식을 추구함으로써 성인학습자는 "학습하는 방법의 학습"을 배울 수 있다. 이것은 그들이 오늘날과 같은 직업환경에서 거의 확실하게 해야만 하는 진로이동을 하는 데 도움이 된다.

세 번째 단계는 학습활동 동안 학습자를 지원할 활동에 관한 피드백의 유형을 확립하는 것이다. 만일 학습자가 학습하는 동안 피드백을 받는다면 그들은 자신의 행동을 모니터할 기회를 가지고, 목표를 달성하기 위한 학습활동을 조정할 것이다. 학습자가 그들의 행동에 대해 제대로 지적을 받는다면, 그들은 학습결과를 설명하고 전문적 발달에 개인적 기여를 하게 될 것이다.

② 시행과정

대체로 자기주도적 학습과정이 예측 가능한 반면 시행은 장소와 학습자

집단에 따라 다를 수 있다. 어떤 자기주도적 학습 프로그램을 실시하더라도 첫 번째 단계는 평가와 목표설정 단계이다. 여기에서 학습자는 주의 깊게 성인교육자와 함께 현재 지식 수준과 특정 기술을 평가한다. 이것은 학습자가 적절한 자원을 선택하는 것을 도울 것이다. 학습자의 장단점을 파악할 수 있는 다양한 지필검사와 컴퓨터 보조 학습 프로그램이 있다.

개인의 행동 평가과정으로부터 나온 학습욕구는 학습자가 학습, 행동, 향상, 그리고 전문적 발달의 관계를 보도록 하는데 도움이 될 수 있다. 특정 직업기술을 향상시키는 계획은 학습자의 투입(input)으로부터 직접적으로 나타나고, 내재적 동기를 개발하는 첫 번째 단계이다. 자기주도적 학습전략을 지원하기 위해 성인교육자는 개인의 학습스타일 평가를 포함할 수 있다.

일단 학습자가 그들의 특정 학습욕구를 확인하고 자신의 학습스타일을 알게 되면 그들은 목표를 세울 수 있다. 학습자와 성인교육자가 함께 일하면서 학습자의 학습욕구에 맞는 행동목표를 수립하는 데 있어서 평가결과를 이용할 수 있다. 학습계획을 개발하는데 같이 참여하는 것은 성공적인 학습에 필요한 성인학습자와 교육자의 관여와 동기를 제공한다.

시행의 두 번째 단계 동안 자원, 활동, 그리고 평가의 협동은 학습자와 성인교육자가 지식과 경험을 계획에 반영할 수 있게 한다. 거대하고 다양한 자원은 여러 형태로 존재할 수 있다. 자원의 선택은 조직과 지역사회에 달려있다.

시행의 마지막 단계는 피드백과 평가기제를 통해 학습계획에 상호 간 동의하는 것으로 구성된다. 학습계약(learning contract)은 평가를 통한 목표로부터 학습계획을 통합할 수 있다. 이러한 계약은 서로 동의한 목적, 목표, 학습활동, 그리고 계획된 행동결과를 분명하게 하는 것이다. 이것은 또한 향상된 행동과 피드백이 학습경험 동안 제공되는 방법에 대한 성인학습자의 책임에 대하여 명확하게 설명하고 있다. 성인학습자의 행동에 대한 피드백은 목표지향적 행동을 지원하고 그들의 행동을 자세하게 모니터하는 것을 도울 수 있다. 뚜렷하고 측정 가능한 목표가 있을 때 성인학습자는 목표에 대한 피드백을 평가함으로써 학습의 진보상태를 추적해볼 수 있다.

자기주도적 학습의 활성화를 위한 과제와 역할

성인학습자의 자기주도적 학습을 촉진하는 데 필요한 여러 방법들을 제시하면 다음과 같다.[30)]

① 성인교육자의 역할

- 자원과 성인학습자의 욕구를 적절하게 연결하도록 돕는다.
- 질문기술, 의사결정, 개인발달, 그리고 일의 자기평가를 가르친다.
- 이전에 좋았던 경험을 예로 들어준다.
- 성인학습자가 목표, 학습전략, 자원, 그리고 평가기준을 알도록 한다.
- 다양한 방법으로 목표를 달성할 수 있다고 격려하고 성공의 다양한 기준을 제시한다.
- 성인학습자가 세워야 하는 목표를 발견하기 위해서 필요한 욕구평가 기술을 획득하도록 돕는다.
- 지식제공자보다는 학습경험의 매니저가 되도록 한다.
- 성인학습자가 지식과 진리를 맥락적으로 보도록 격려하도록 한다.
- 목표, 전략, 평가기준을 위한 학습계약을 함으로써 성인학습자와 파트너십을 형성하도록 한다.
- 성인학습자에게 자원의 위치를 가르쳐준다.
- 학습에 대한 독립성에 대해 긍정적 태도와 감정을 가지도록 한다.
- 성인학습자의 성격과 학습스타일을 인지한다.
- 성인의 풍부한 경험을 이용할 수 있는 테크닉을 사용한다.
- 프로그램된 학습 키트와 같은 높은 수준의 학습지침을 개발한다.
- 세미나와 같이 협동할 수 있는 비판적인 사고기술을 격려한다.
- 더 나은 활동을 촉진하기 위해 개방성과 진실한 분위기를 조성한다.

- 성인학습자의 욕구와 일치하지 않으면 자기주도적 학습을 제안하지 않는다.

② 기관의 역할

- 교육과정과 평가기준을 제안할 수 있는 전문가들과 교육자가 정기적으로 만난다.
- 성인학습자의 흥미와 경향에 관한 연구를 실시한다.
- 성인학습자의 현재 및 기대행동을 평가하기 위한 도구를 획득한다.
- 자기주도적 학습자가 자신이 학습하는 것을 반영할 기회를 제공한다.
- 성인학습자가 학습목표를 달성하면 보상한다.
- 학습 네트워크, 스터디 그룹, 학습교환을 촉진한다.
- 자기학습에 대한 직원 훈련을 제공하고 이를 시행할 기회를 확대한다.

③ 성인학습자 자신의 역할

- 성인학습자의 잠재력 인정
- 성인학습자 자신에 대한 객관적 분석 유도
- 내적 강화 기제 개발
- 학습양식의 이해와 활용 유도
- 지원 집단 형성 유도
- 학습에 대한 책임 수용

3. 효과적인 학습동기의 유발

1) 자기 결정성의 향상

(1) 자기결정성의 이해

학습동기의 유발과 관련하여서는 자기결정성이론이 흔히 언급되고 있다. 자기결정성이론은 유능감, 관련성, 그리고 자율의 선천적 욕구를 근거로 한 사회적 맥락에서의 인간동기에 관한 거시적 이론이다. 이 이론은 지난 30여 년 동안 유기적-변증법적 메타이론과 기본욕구의 개념을 공유하는 4개의 소이론들로서 발전하여 왔다. 이들은 인지평가이론(cognitive evaluation theory, CET), 유기적 통합이론(organismic integration theory, OIT), 인과지향이론(causality orientations theory), 기본욕구이론(basic needs theory)으로 각각 다른 이슈에 초점을 맞추고 있다. 이 중에서 인지평가이론과 유기적 통합이론이 자기결정을 강조하는 동기과정에서 중요한 역할을 하고 있다.[31)]

인지평가이론은 자기결정성 이론의 하위이론으로 내재적 동기의 다양성을 설명하는 데 그 목적을 두고 있다. 내재적 동기(intrinsic motivation)는 인지 및 사회성 발달에 필수적이고 인생에서 활력과 즐김의 원천이 되는 동화, 마스터리, 끊임없는 흥미, 그리고 탐색에 대한 자연적인 경향이다. 이것은 사회적 환경이 개인의 선천적 및 심리적 욕구를 지지 혹은 방해하는 것에 의해서 촉진되거나 방해될 수 있다고 한다. 외재적 동기(extrinsic motivation)는 내재적 동기와 대조되는 것으로 어떤 결과를 얻기 위해 행동하는 것을 의미하는 것이며 자율성의 정도에 따라 매우 다양할 수 있다. [그림 9-5]는 유기적 통합이론에서 제시하는 동기의 분류표에 관한 그림을 볼드윈과 콜드웰(Baldwin과 Caldwell)이 간략하게 제시한 것이다.[32)]

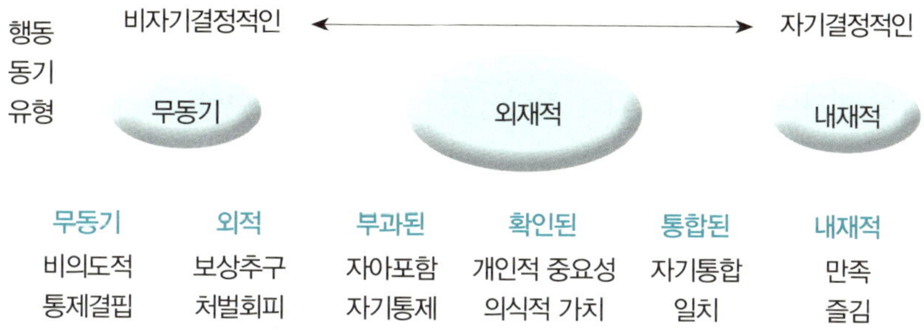

[그림 9-5] 동기의 유형

라이언과 데시(Ryan & Deci)에 의하면 동기는 크게 무동기(amotivation), 외재적 동기, 내재적 동기로 대별될 수 있으며, 외재적 동기는 다시 4개의 하위 동기로 구분될 수 있다.[33] 자기결정의 연속선상에서 무동기와 내재적 동기가 양쪽 끝에 위치해 있고, 그 가운데에 외재적 동기가 있다. 왼쪽의 무동기에서 오른쪽의 내재적 동기로 갈수록 더 자기결정적이라는 것을 의미한다. 무동기는 행동할 의도가 결여되어 있는 상태이다. 무동기화되면, 사람들은 할 일이 전혀 없거나 의도 없이 어떤 행동을 한다. 무동기는 행동에 가치를 두지 않거나, 할 수 있다는 유능감을 느끼지 못하거나, 바라던 결과를 초래할 수 없을 것이라고 예측하기 때문에 나타나는 것이다. 관심이나 흥미는 없지만 특별히 할 일이 없어서 성인학습에 참여하는 성인이 그 예라고 할 수 있다. 무동기와 반대쪽에 위치한 내재적 동기는 내면의 만족을 위하여 어떤 행동을 하는 것이다. 이것은 매우 자율적이고 자기결정의 전형적인 예를 보여주는 것이다. 무언가 새로운 것을 배우는 것이 즐거워서 또는 좋아서 성인학습에 참여하는 성인을 예로 들 수 있다.

외재적 동기는 무동기와 내재적 동기 사이에 자리 잡고 있는데 여기에는 자율성의 조절 정도에 따라 네 개의 하위유형이 있다. 외재적 동기 중에서 가장 비자율적인 동기를 외적조절(external regulation) 동기라고 한다. 이와 같은 동기는 개인이 외부의 요구를 충족시키거나 보상을 받기 위해서 행동하도록 한다. 예를 들어 직장 상사가 권하기 때문에 컴퓨터를 배우는 성인은 외적 조절동기에 의해서 행동하는 것이다. 부과된 조절(introjected regulation)이라는 명칭의 외재적 동기는 죄의식이나 불안감에서 벗어나거나 프라이드와 같은 자아의 향상을 이루기 위해 행동이 나타난다는 점에서 비교적 통제된 조절의 형태를 갖추고 있다. 영어를 배우는 이유가 해외여행 시 다른 사람에게 유식한 것처럼 보이기 위해서라면 그 성인은 부과된 조절동기에 의해서 행동하는 것이다. 확인된 조절(identified regulation)은 다소 내재적인 형태를 띤다. 이 동기를 가진 개인은 어떤 행동이 가치가 있다고 믿기 때문에 그 행동을 한다. 그러므로 확인된 조절동기에서의 참여는 비교적 자율적이라고 할 수 있다. 건강요리를 배우는 성인이 요리 배우는 것 자체를 즐길 뿐 아니라 이를 통해 가족들에게 건강에 좋은 음식을 만들어 주려고 한다면 그 성인은 확인된 조절동기에 의해서 행동하는 것이다. 통합된 조절(integrated regulation)은 개인의 신념과 행동이 일치하는 동기를 의미하는 것으로 외재적 동기 중에서 가장 자율적인 것이다.

〈표 9-8〉 동기의 유형별 문항 내용

여가동기유형	문 항
무동기 AMT	나는 내가 왜 학습활동을 하고 있는지 모르겠고 관심도 없다. 어느 학습활동도 흥미 있는 것이 없다. 학습활동에 대해 진정으로 생각해 본 적이 있다. 나의 학습활동을 거의 하지 않는다.
외적 조절동기 EXT	학습활동은 내가 해야만 하는 것이다. 우리 집에서는 학습활동하는 것을 규칙으로 하기 때문이다. 다른 사람들이 나에게 화를 내지 않도록 하기 위해서이다. 내가 학습활동을 하는 것은 부모님이 원하기 때문이다. 학습활동을 하지 않으면 곤란하기 때문이다.

여가동기유형	문 항
부과된 조절동기 IJ	내가 잘한다고 생각하기를 원한다. 내 친구들을 감동시키고 싶기 때문이다. 학습활동을 통해 사람들이 나를 좋아하기 때문이다. 보상, 메달, 트로피, 혹은 상장 같은 것을 받고 싶기 때문이다. 여가시간을 갖지 않으면 내 자신에 대해 부정적인 감정을 가질 것이기 때문이다.
확인된 조절동기 ID	학습활동이 나에게 중요하기 때문이다. 학습활동은 나중에 사용할 수 있는 기술들을 개발할 수 있게 하기 때문이다. 학습활동들은 내가 되고 싶어하는 사람이 되는 데 도움이 되기 때문이다. 어떻게 여러 가지 일들이 이루어지는지 이해하기를 원하기 때문이다.
내적인 동기 INT	재미있게 놀고 싶기 때문이다. 내가 하는 것을 즐기기 때문이다. 내가 하는 것을 좋아하기 때문이다. 나는 여가활동을 하길 바란다.

자기결정성 향상 방안

학습자들은 내재적 동기 이론가들이 주장하는 것처럼 자율성, 유능감, 관계유지와 같은 선천적인 욕구를 충족시키기 위해 학습활동에 참여한다. 여기에는 성인학습자도 포함된다. 물론 내재적 동기유발만으로 효과적인 학습이 이루어지는 것은 아니지만 특히 성인학습의 경우 내재적 동기는 중요한 의미를 가진다고 할 수 있다. 다음은 자기결정성 이론의 핵심인 학습자의 내재적 동기유발과 외적으로 동기화된 행동을 내면화시켜 통합된 조정에 이르도록 하기 위한 자율성, 유능감, 그리고 관계유지를 향상시킬 수 있는 방법을 간단하게 제시한 것이다.[34)]

① 자율성 증진 전략

- 성인학습자에게 선택권 혹은 학습에 대한 통제권을 가능한 한 많이 부여한다.

② 유능감 증진 전략

- 도전감을 줄 수 있는 과제를 제시한다.
- 긍정적인 피드백이나 정보적 피드백을 제공한다.

③ 관계유지 촉진 전략

- 성인교육자와 긍정적이고 상호 신뢰할 수 있는 분위기를 조성해 준다.
- 성인학습자 간에 상호 신뢰할 수 있는 분위기를 조성해 준다.

2) 자기 효능감의 증진

(1) 자기효능감의 의의

자기효능감은 어떤 결과를 이루기 위해 필요한 행동을 조직하고 수행할 수 있는 개인의 능력에 대한 주관적 판단이다. 이것은 개인이 주어진 상황에서 자신이 얼마나 유능한가에 대한 자신의 생각 내지는 신념이라고 할 수 있다. 그러므로 자기효능감은 개인의 실제 능력과는 차이가 있을 수 있는 것이다. 자기효능감은 개인의 성취, 노력, 과제선택 및 지속성과 관계가 있는 것으로 알려져 있다. 즉 자기효능감이 높은 개인일수록 성취도가 높고, 노력을 많이 하고, 중간 정도의 난이도를 가진 과제를 선택하고, 어려움이 있어도 과제를 지속적으로 해결하려고 할 것이다.

자기효능감은 자신감, 자기조절 효능감, 과제난이도 선호, 귀인으로 구성되어 있다. 자신감은 자신의 능력에 대한 개인의 확신 또는 신념의 정도라고

할 수 있다. 자기조절 효능감은 개인이 자기조절, 즉 자기관찰, 자기판단, 자기반응을 잘 수행할 수 있는가에 대한 효능기대이다. 자아효능감 수준은 개인의 과제 난이도 선호에 영향을 주는데, 자기효능감이 높은 개인은 도전적이고 구체적인 목표를 선택하는 반면 자기효능감이 낮은 개인은 자신의 능력을 넘어서는 과제를 피하고 자신이 조절할 수 있다고 생각하는 과제만을 선호한다. 자기효능감과 귀인은 서로 영향을 주고받는 관계에 있다. 즉 자기효능감은 어떤 결과에 대해 어떤 방식으로 귀인할지에 영향을 미치고, 어떤 결과에 대해 어떤 귀인을 하는가 하는 것은 자기효능감의 증진이나 감소, 또는 유지에 영향을 미친다.

자기효능감은 성취경험, 대리경험, 언어적 설득, 생리적 상태의 정보원을 가진다. 성취경험은 자기효능감에 가장 큰 영향을 미치는 정보원으로, 성공은 자기효능감을 증가시키고 실패는 자기효능감을 감소시킨다. 대리경험은 다른 사람이 수행하는 것을 보고 자신도 수행할 수 있다는 효능감을 갖게 된다는 것인데, 이것에 의해 형성된 자기효능감은 다른 정보원에 의해서 형성된 자기효능감보다 약하다고 할 수 있다. 언어적 설득은 쉽고 이용 가능하기 때문에 자기효능감 증진에 널리 사용되는 것이나 이에 의해 습득된 자기효능감은 약하고, 언어적 설득자의 위신, 신뢰성, 노력, 확실성 등에 따라 설득의 효과는 달라진다. 그리고 개인의 행동은 생리적인 각성 상태에 의해 전달된 정보에 따라 변화되는 인지적 상태에 의해서 영향을 받는다.

자기효능감의 측정

다음은 차정은(1997)이 개발한 일반적 자기효능감 척도이다.[35] 이 척도는 31개 문항으로 구성되어 있다. 일반적 자기효능감 척도를 이용하여 성인학습자는 자신의 자기효능감 수준을 파악할 수 있을 것이고, 자기주도적 학습 준비도와 마찬가지로 성인학습 상담의 목표 설정이나 평가 등에 적용할 수 있을 것이다.

1. 나는 계획을 잘 짤 수 있다.
2. 나는 부담스러운 상황에서는 우울함을 느낀다(R).
3. 나는 복잡한 일은 잘 파악할 수 없다(R).
4. 나는 어떤 일이 너무 어려워 보이면 시도조차 하지 않는다(R).
5. 나는 위험상황에서도 잘 대처할 수 있다.
6. 나는 어떤 일의 원인과 결과를 잘 분석해 낼 수 있다.
7. 일은 쉬운 것일수록 좋다(R).
8. 나는 일을 조직적으로 처리하는 편이다.
9. 나는 큰 문제가 생기면 불안해져서 아무것도 할 수가 없다(R).
10. 나는 위험한 상황에서 잘 대처할 수 없을 것 같아서 불안하다(R).
11. 마음만 먹으면 과제를 잘 처리할 수 있다.
12. 나는 어려운 상황을 극복할 수 있는 능력이 있다.
13. 나는 내가 할 수 있는 일과 그렇지 않은 일을 판단할 수 있다.
14. 만일 일을 선택할 수 있다면 나는 쉬운 것보다는 어려운 것을 선택할 것이다.
15. 나는 위협적인 상황에서도 스트레스를 필요 이상으로 받지 않는다.
16. 어떤 일을 시작할 때 실패할 것 같은 느낌은 들지 않는다.
17. 나는 무슨 일을 하든지 다른 사람들이 잘하는 만큼 잘할 수 있다.
18. 나는 주변 사람들보다 모든 일에서 뛰어난 것 같다고 생각한다.
19. 좀 실수를 하더라도 어려운 일을 좋아한다.
20. 어렵거나 도전적인 일에 매달리는 것은 재미있는 일이다.
21. 어떤 문제에 대한 나의 판단은 대체로 정확하다.
22. 나는 항상 목표를 세우고 그것에 비추어서 일의 진행상태를 확인한다.
23. 나는 주어진 일을 하기 위해 정보를 충분히 활용할 수 있다.
24. 나는 어려운 일이 있어도 당황스러워 하지 않는다.
25. 나는 관심 있는 일은 꼭 하는 편이다.

26. 어떤 일이 처음에 잘 안 되더라도 나는 될 때까지 해본다.
27. 나는 일이 잘못되고 있다고 생각되면 빨리 바로잡는다.
28. 나는 어려움이 있을 때도 지속적으로 노력한다.
29. 아주 쉬운 일보다는 차라리 어려운 일을 좋아한다.
30. 위험상황에 부딪혀도 별로 당황하지 않는다.
31. 나는 무슨 일이든 정확하게 처리한다.

자기효능감 향상 방안

이상에서 살펴본 바와 같은 자기효능감은 학습자의 학업성취에 긍정적인 영향을 미치는 학업성취 관련변인으로 나타나고 있다.[36)]

이에 따라서 학습자들의 자기효능감을 더욱 신장할 수 있는 효과적인 교수방법(teaching method)를 개발하여 교수–학습과정에 적용해야 할 필요가 있다. 그리고 학습자들의 자기효능감을 높일 수 있는 방안으로 상담 프로그램을 개발하여 적용하고 보급할 필요성이 있다. 자기효능감이 낮은 학습자들은 자신에게 주어진 과제를 실제보다 어렵다고 믿음으로써 문제해결의 실마리를 찾지 못하고 이로 인하여 자신감마저 상실하게 됨으로써 낮은 학업성취를 가져오게 된다. 따라서 학업성취 향상을 위한 방안으로는 학업성취에 영향을 미치는 자기효능감의 증진을 위한 프로그램의 개발과 더불어 다양한 상담 기회(정서 컨설팅, 자기주도학습 컨설팅, 체험 및 새로운 환경적응, 대인관계 등)를 제공할 필요가 있겠다.

그리고, 성인학습자들은 종종 자신들이 성인학습에 참여하지 않는 이유를 수강하는 과목이 매우 어렵다고 느낀다거나 자신이 교육을 받을 만큼 똑똑하지 않다고 여기거나 전반적으로 공부할 능력이 부족하다는 등으로 들고 있다. 이러한 성인학습 불참여 이유는 성인학습자의 낮은 자기효능감과 밀접한 관련이 있다고 본다. 즉 자신이 학습능력이 없다고 생각하기 때문에 학습에 참여하지 않는다는 것이다. 그러므로 성인학습자의 학습참여 증대를 위해서는 자기효능감의 향상이 필수적이라고 할 수 있다. 다음은 자기효능감 이론으로부터 성인학습자의 자기효능감 향상 방안을 제시한 것이다.

- 자신의 기준과 현재의 수행을 성취 면을 부각시키면서 비교한다.
- 지각된 통제성을 향상시킨다.
- 실패 시에는 노력 부족이나 과제의 난이도, 운으로 귀인하도록 한다.
- 성공 시에는 능력과 노력으로 귀인하도록 한다.
- 중간의 난이도를 가진 과제를 선택하도록 한다.
- 과제해결을 위해서 노력을 하도록 한다.
- 성취경험을 하도록 한다.

미 주

1) 권두승 외, 서울시 평생교육 참여실태조사 및 정책연구(서울시정개발원 정책연구보고서, 2008).
2) 최운실 · 권두승 · 이장익 · 전도근 · 곽현신(2005). 평생교육 기관실태분석 연구. (서울: 한국교육개발원 연구보고서)
3) 伊藤俊夫 · 山本恒夫 編著, 生涯學習の方法(東京:第一法規, 1994), p.143.
4) 山本恒夫 外, 學習情報の提供と活用(東京:實務教育出版, 1991), p.4.
5) 伊藤俊夫 · 山本恒夫 編著, 前揭書, p.150.
6) 全國の學習情報システム化に關する調査研究者會議, 生涯學習情報の分類と様式について(東京, 未刊行, 1989).
7) 山本恒夫 外, 學習情報の提供と活用(東京:實務教育出版, 1991), p.4.
8) Clara, Hill(저), 주은선 역, 상담의 기술 제3판(서울: 학지사, 2014), p.387.
9) 山本恒夫 外, 學習情報の提供と活用, 前揭書, p.32.
10) 이재규 · 김종윤 외, 한국상담학회 상담학총서 7: 학습상담(서울: 학지사, 2014).
11) 권영배 · 이종연, 학업상담 프로그램 연구동향. 학습자중심교과교육연구, 2010, 10(1), 17-40.
12) 조성연 · 박미진, 성인학습자를 위한 온라인 학습문제 진단심리검사 개발, 한국심리학회지: 상담 및 심리치료, 2007, 19(2), pp.423-446.
13) 은혜경 · 조영미 · 진선미, 대학 성인학습자들이 호소하는 학업상담 내용 분석: 게시판 상담내용을 중심으로, 상담학연구, 2014, 15(6), pp.2509-2534
14) 김영진, 효율적인 학습상담법(서울: 양서원, 2008), p.138.
15) 오현진, 초등학생의 시간관리 능력에 따른 자기효능감 연구(미간행, 부산교육대학교 대학원 석사학위논문, 2006).
16) 김동일 외, 학습상담(서울: 학지사, 2011), p.326.
17) 이경민, 고등학생의 시간관리행동에 따른 교육소비만족도 및 학교생활만족도(미간행, 건국대학교 대학원 석사학위논문, 2013).
18) 상게논문.
19) 조용개 · 손연아 · 이석열 · 이은화 · 이희원 · 장상필, 대학생활을 위한 학습전략 포트폴리오(서울: 학지사, 2010).
20) 이재규 외, 학습상담(서울: 학지사, 2014), p.250.
21) 김은영, 시간관리 훈련이 여대생의 시간관리 행동, 학업적 지연행동, 의지통제 및 학업성취에 미치는 영향, 학습자중심교과교육연구, 2015, 15(1), pp.351-371.
22) 한희원 · 이희원, 시간 관리 전략 프로그램이 대학생의 학업적 자기효능감과 자아존

중감에 미치는 영향과 지속성 분석 베스트, 한국열린교육학회, 열린교육연구, 2013, 21(3), pp.153~178.

23) 박은정 · 김외숙, 중학생의 시간관리 : 관련변수 및 학업성취도와의 관계, 한국가족자원경영학회, 한국가족자원경영학회지, 2008, 12(1), pp.41-55.

24) 김동일 · 박경애 · 김택호, 청소년 시간 관리 연구:프로그램 종합 보고서(서울: 청소년 대화의 광장, 1995).

25) 김지자 · 김경성, 자기주도학습에 관한 설문조사 보고서(미간행보고서, 1995). 김민혜, 인터넷상에서의 자기주도적 영어학습을 위한 진단평가의 필요성에 관한 연구(총신대학교 대학원 석사학위논문, 2002).

26) 이상옥, 자기주도학습 지각도 검사의 타당화 연구 및 웹기반 검사 시스템 개발(미간행, 상명대학교 연구결과보고서, 2009).

27) Oddi, Ellis, & Roberson, Constracut validation of the Oddi Continuing learning Inventory, Adult Education Quarterly, 40(3), pp.139-140.

28) Hemby, V., Self-directedness in nontraditional college students: A behavioral factor in computer anxiety?, Computers in Human Behavior, 14(2), pp.303-319.

29) 이 부분은 Dejoy, J. & Dejoy, D.(Self-directed learning: The time is now, Training and Development Journal, September, 1987).의 일부를 요약하여 제시한 것이다.

30) 배영주, 성인의 자기주도학습 과정에 대한 사례 연구(미간행, 서울대학교 대학원 박사학위논문, 2003).

신재한 · 송휘석, 창의인성 교육을 위한 자기주도적 학습 전략(파주: 교육과학사, 2013).

31) 조아미(2003). 청소년 여가동기 척도의 신뢰도와 타당도 검증. 청소년학 연구, pp.381-400.

32) Baldwin, C.K., & Caldwell, L.L.(2003). Development of the free time motivation scale for adolescents, Journal of Leisure Research, 35, pp. 129-151.

33) Ryan, R.M. & Deci, E.L. Self-determination theory and the facilitation of intrinstic motivation, social development, and well-being, American Psychologist, 2000, vol.55, 66-78.

34) 최병연(2002). 자기 결정성 학습동기 이론의 교육적 적용, 교육문제연구, 16, pp.165-184. Alan Hoffman, Sharon Field 공저; 김동일 역, 자기결정성 증진 프로그램(서울: 학지사, 2013).

35) 차정은(1997). 일반적 자기효능감 척도개발을 위한 일 연구, 이화여자대학교 석사학위논문.

36) 구병두 · 양애경 · 최종진, 자기효능감이 학업성취에 미치는 영향에 대한 메타분석-2000년 이후에 발간된 국내 논문을 중심으로, 한국상담학회, 상담학연구, 2014, 15(5), pp.1979-2000. 권영배 · 신문승, 학업상담 프로그램의 효과에 관한 메타분석. 학습자중심교과교육연구, 2012, 12(3), pp.24-41.

Chapter_ 10

성인학습 상담의 방법

1. 성인학습 상담의 유형 및 접근법

1) 성인학습 상담의 유형

전통적인 상담은 문제를 가진 내담자와 그 문제를 해결하는 데 도움을 주는 상담자가 일대일로 만나서 이루어지는 것이다. 그러나 최근에는 상담이 이보다 덜 전통적인 방식(전화, 이메일, 문서 등)으로까지 확대되는 경향이 있다. 이러한 경우에 있어서도 데이터베이스, 활자자료, 영상자료 등 다양하고도 풍부한 미디어를 정비하고 이것을 통해 질 높은 학습원조 활동이 되도록 해야 할 것이다. 여기에서는 전통적인 의미의 상담, 즉 일대일 상담, 또래상담, 소집단 상담과 요즘 부각되고 있는 사이버상담에 대해서 다루고자 한다.

① 일대일 상담

이 방법은 주로 상담자가 치료적 상담이나 문제해결기술을 훈련받은 것을 전제로 하는 전형적인 상담방법이다. 성인들의 학습을 효과적으로 상담하기 위해서는 성인의 학습 및 인지발달에 관한 전문적인 지식뿐만 아니라 질병, 장애, 영양실조, 사회적 및 정서적 스트레스, 정상적인 노화과정에서의 생리적 및 심리적 측면에 관한 지식도 가지고 있어야 한다. 즉 상담자들은 연령 증가와 관련된 특별한 것뿐만 아니라 모든 성인에게 전형적으로 나타나는 정서적, 신체적, 사회적 문제들을 인식할 수 있어야 한다는 것이다.

② 또래 상담

또래 상담은 그것의 필요성 때문에 급성장한 분야이다. 모든 요구를 충족할 수 있는 전문적으로 훈련된 상담자는 매우 부족하다. 이러한 상황에서 또래상담은 문제를 가진 개인이 같은 지역사회에 사는 평범한 사람이나 감정이입적인 태도를 가졌다고 알려진 또래로부터 도움을 받는 매우 효과적인 접근법이다.

③ 소집단 상담

집단 상담은 서로 비슷한 문제를 가진 소집단의 사람들을 대상으로 서로의 상호작용을 이끌어 내는 것이다. 예를 들면, 소집단은 사별한 사람들을 돕거나 은퇴한 사람들을 대상으로 할 수 있다. 또 비슷한 관심을 가진 사람들끼리 훈련을 받지 않았거나 비형식적으로만 훈련받은 사람들을 리더로 하는 경우도 있다.

소집단 과정은 또한 개인의 관심사가 다르더라도 동시에 여러 명의 개인을 도울 수 있는 것으로도 알려져 있다. 특별한 문제는 없지만 아노미, 고독, 소외, 혹은 일반적 충족의 결핍과 같은 문제로 고민하는 사람들을 도울 수 있다. 실제적이고 도움을 줄 수 있는 정보들이 토의를 통해서 소개되고 도움을 받을 수 있는 사람이 거기에 참가하기도 한다. 집단적 접근은 태도를 바꾸고 자긍심을 향상시켜서 자신을 보다 긍정적으로 바라보게 하는 데 도움이 된다.

소집단 기법의 목표는 다양하지만 모든 집단에 보편적으로 나타나는 기본적인 목표는 참가자들이 자신을 발견하고, 자신의 문제를 발견하는 것을 돕고, 스스로 새로운 목적을 정하고, 이러한 목적이 도달 가능하도록 계획을 하는 것이다.

소집단 상담에서 사용되는 학습기법은 말하고 듣는 기술을 향상시키고 자신의 감정을 표현하고 자신감과 성취함을 강조함으로써 자기이미지를 향상시키는 것이다.

④ 사이버 상담

사이버 상담은 사이버와 상담의 합성어로 사이버 공간에서 이루어지는 상담을 의미한다. 사실 전통적 의미의 상담과 사이버 상담이 큰 차이가 있는 것은 아니다. 사이버 상담도 결국 전통적 의미의 상담처럼 도움이 필요한 사람이 생활과정상에서 겪는 문제를 해결하고 자신의 생각, 감정, 행동 측면의 인간적 성장을 위해 노력하는 학습과정이다. 그러나 이 두 상담방법의 차이는 상담자와 내담자가 관계를 맺는 방식이 물리적인 현실 공간에서 실제적인 만남을 통해 형성되느냐 아니면 실제공간이 아닌 인간이 가상으로 만들어낸 상상의 공간에서 이루어지느냐 하는 것이다. 사이버 상담은 온라인 상담, SNS상담 등 다양한 용어로 불리고 있다. 사이버상담은 컴퓨터가 널리 보급되기 전까지는 관심을 불러일으키지 못했으나 컴퓨터의 보급률이 급증한 요즘에 와서는 컴퓨터에 익숙한 청소년들을 대상으로 널리 이용되는 상담방법이다. 물론 사이버상담은 컴퓨터와 어려서부터 친숙했던 청소년들에게 더 효과적이라는 주장이 있기는 하지만 21세기에는 컴퓨터를 사용하지 않고는 학습이나 직장에서의 직무를 제대로 수행할 수 없기 때문에 많은 성인들도 컴퓨터를 접하고 있고 그 접촉빈도가 점점 더 증대되고 있는 추세를 감안한다면, 성인을 대상으로 한 사이버상담의 경우 미래사회에서는 오히려 다른 상담방법보다 중요한 것이 될 것이고 또 효과적일 것이다.

2) 성인학습 상담의 접근법

사실 성인학습 상담이론이라는 것이 따로 있어서 기존의 상담이론과 다른 별개의 상담이론이 존재하는 것은 아니다. 단지 여기에서는 기존의 상담법 중에서 성인학습 상담에 쉽게 적용할 수 있는 상담법을 소개하고자 한다. 많은 상담이론이 여기에 부합될 것이나 여기에서는 윌리암슨(Williamson)의 지시적 상담법, 로저스(Rogers)의 비지시적 상담법만을 언급하고자 한다. 지시적 상담법은 정보를 제공하거나 충고하는 것과 같은 성인학습 상담의 성격상 적절하다고 생각되고, 비지시적 상담법은 성인학습자의 특성을 고려할 때 적절하다고 생각된다.

(1) 윌리암슨의 지시적 상담

지시적 상담의 관점에서 보면, 상담은 내담자에게 정확하고 객관적인 정보를 제공하고 합리적으로 문제를 해결할 수 있도록 가르치는 활동이라고 할 수 있다. 여기서 상담자의 역할은 내담자의 심리적 특징이 건전하게 발달하게끔 방향을 정해주고 정보를 제공하는 것이다.[1)]

이와 관련한 상담방법의 대표자는 윌리암슨(Williamson)이다. 그는 개인이 자신의 목표를 찾아 그것을 달성할 수 있는 효과적인 방법을 찾도록 도와주는 것이 상담의 기능이라고 했다. 윌리암슨이 제시한 지시적 상담은 다음과 같이 다섯 가지로 요약할 수 있다.[2)]

① 모든 사람은 각자 능력과 가능성에 있어 독특한 유형이 있고, 각자가 가진 능력과 가능성은 청소년기 이후에 상당한 항상성을 가지기 때문에 객관적 검사는 이들을 밝히기 위해 사용될 수 있다.

② 특정한 성격과 흥미는 특정한 직업 또는 일과 상관을 가진다. 결국, 어

떤 분야에 성공한 사람의 특성 확인은 개인의 진로선택을 위한 유용한 정보가 된다.

③ 개인의 능력과 흥미의 차이는 학교에서 다른 교육과정을 필요로 하고 있으며, 이러한 다른 교육과정에 의해 이들 능력과 흥미가 신장 또는 확인될 수 있다. 개인의 가능성 및 적성과 교육과정이 일치할 때 개인은 더욱 효과적으로 쉽게 배울 수 있다.

④ 내담자가 어떤 가능성을 가지고 있는가에 대한 판단은 어떤 교육과정이나 일자리에 그 내담자를 배정하느냐를 결정하기에 앞서서 이루어져야 한다.

⑤ 사람들은 자신의 능력을 인지적으로 확인할 수 있는 능력과 확인하려는 열망을 가지고 있다. 개인은 그들의 삶을 규제하고 유지하려 하며, 만족스러운 직장과 가정생활을 영위하는 데 있어 그들의 능력을 사용하려 한다.

윌리암슨이 제시하고 있는 여섯 개의 상담단계에는 분석, 종합, 진단, 예측, 상담, 추수지도가 포함된다.

분석(analysis)은 내담자에 대한 객관적 이해를 돕기 위해 시작되는 첫 번째 과업으로 내담자의 현재의 요구와 미래의 적응을 결부시켜 그들을 이해하기 위해 내담자의 모든 정보와 자료들을 수집하는 활동이다. 즉 내담자의 태도, 흥미, 가족배경, 지식, 교육정도, 적성 등에 대한 정보를 주관적 또는 객관적으로 수집하는 것이다.

종합(synthesis)은 진단을 하기 위해 분석에서 나온 자료나 결과를 중심으로 내담자의 자질과 경향성, 적응과 부적응 등이 드러난 자료를 배열하고 요약하며 조직하는 것이다.

진단(diagnosis)은 내담자의 두드러진 특징과 문제를 기술하고 내담자 개인의 모든 인적사항을 광범위하게 수집한 후에 상담자와 내담자가 이들 자료들이 가진 일관성을 찾는 것이다. 진단은 어디까지나 잠정적으로 내려야 하고 그 결과는 상담과정에서 변화될 수 있다고 생각해야 한다.

예측단계(prognosis)는 상담자가 내담자의 장래발전이나 진단의 의미를 예언하는 것이다. 진단이 과거나 현재의 상태와 관련이 있다면 예측은 미래에 대한 예언을 시도하는 것이다.

상담(counseling)은 앞에서 제시한 분석, 종합, 진단, 예후의 과정을 거쳐 상담자가 내담자의 가능한 한 최적의 적응을 위해 도와주는 학생지도의 일부이다. 상담의 기술에는 친밀한 관계형성, 자기이해의 개발, 조언이나 실행계획의 수립, 계획실천, 다른 전문가에게로의 의뢰가 있다. 조언이나 실행계획의 수립에는 동조를 요구하기, 환경을 변화시키기, 적절한 환경을 선택하기, 필요한 기술을 학습하기, 태도 바꾸기가 있다.

추수지도(follow-up)는 상담자가 내담자로 하여금 새롭게 발생하거나 재발하는 문제들을 다룰 수 있도록 도와줄 뿐만 아니라, 상담의 효과를 평가할 수 있도록 도와 준다.

이와 같은 측면에서 보면 상담은 자기이해를 돕는 것이고 자기의 최적의 적응을 돕는 재학습 혹은 재교육이며 상담자의 인격적인 조력을 통해 생활기술뿐만 아니라 세계에 대한 이해라는 것이 윌리암슨의 입장이다.

(2) 로저스의 비지시적 상담

비지시적 상담은 로저스(Rogers)에 의해서 창안된 것으로 내담자중심 상담 혹은 인간중심 상담이라고도 불린다. 로저스는 인간이 선천적으로 선하고 합리적이고 사회적이고 전진적이며 자아실현의 의지를 지닌다고 믿었다. 이를 보다 구체적으로 표현하면, 로저스의 인간관은 아래와 같은 여섯 가지로 제시될 수 있다.[3)]

① 모든 인간은 자기가 중심이 되는 끊임없이 변화하는 경험의 세계 속에

서 살아간다. 개인의 사적인 세계는 오직 자기 자신에게만 알려져 있다.

② 인간은 자기가 경험하고 지각한 대로 반응한다.

③ 인간은 현상적 장에 대하여 체제화된 전체로서 반응한다.

④ 유기체는 한 가지 기본적 경향성, 즉 경험하는 유기체를 유지하고 고양하고 실현시키려는 경향성을 갖고 있다.

⑤ 인간행동은 기본적으로 목적지향적이다.

⑥ 인간은 자기를 인도하고 조절하고 통제하는 능력이 있다.

이와 같은 인간관에 기초한 비지시적 상담은 내담자의 중요한 문제를 결정하고 그들의 문제를 해결하는 데 있어서 내담자의 능력을 강조하고 있다. 이 접근에서 가장 중요한 상담 방법은 따뜻하고 허용적이며 내담자로 하여금 그들의 유일한 경험에 관련시켜 자아구조를 탐색할 수 있도록 그 분위기를 마련해 주는 것이라고 할 수 있다.

비지시적 상담의 궁극적 목적은 건강한 인간이 되도록 내담자를 돕는 것이다. 건강한 사람은 자아실현하는 사람이라고 할 수 있는데 이것은 하나의 상태가 아닌 과정이다. 자아실현을 하고 있는 사람들은 진정한 자기 자신이 되며 자기가 아닌 어떤 것을 가장하거나 진정한 자아의 일부를 숨기지 않는다. 로저스는 이와 같은 사람을 충분히 기능하는 인간(fully functioning person)이라고 했다.[4] 충분히 기능한다는 것은 자신의 잠재력을 인식하고 능력과 자질을 발휘하여 자신에 대한 완벽한 이해와 경험을 풍부히 하는 방향으로 이동해 나가는 것을 의미한다. 충분히 기능하는 인간은 경험에의 개방성, 실존적 삶, 자기 유기체에 대한 신념, 자유감, 창조성과 같은 특징을 가지고 있다.

경험에 대한 개방성은 모든 내적 경험에 대해 자유롭다는 것을 의미한다. 현실을 있는 그대로 받아들일 수 있기 때문에 그에 대한 위협도 없고 따라서 방어기제와 같은 것을 사용해서 자아를 방어할 필요도 없다. 실존적인 삶은 충분히 기능하는 사람의 경우 자신이 존재하는 어느 순간에나 그 삶에 충실하다는 것을 의미한다. 그렇기 때문에 그에게 모든 경험은 항상 새롭고 신선하다. 그것이 반복된다 해도 어제의 경험은 오늘의 경험과 다르게 느껴진다는 것이다. 충분히 기능하는 사람은 실존적인 상황에서 그의 유기체가 가장 만족스러운 행동에 도달하는 믿을 만한 수단임을 안다. 예를 들면, 어떤 것을 결정해야 할 때 그는 기존의 사회적 규범이나 그 집단에서 해왔던 관례에 의하기보다는 자신의 유기체적 경험에 따라 자기가 해야 할 것과 하지 말아야 할 것을 결정하는 것이 옳다고 믿는다는 것이다.

충분히 기능하는 사람은 자기가 선택한 인생을 자유롭게 살아가지만 자신의 행동과 결과에 대해서는 책임을 지는 사람이다. 이러한 사람은 선택을 할 때 다른 외부의 영향에 상관없이 오직 자신의 내적 감정에만 충실하다. 충분히 기능하는 사람은 자신이 존재하는 모든 영역에서 창의적인 소산과 삶으로 스스로를 표현할 수 있다는 것이다. 또 이러한 사람의 행동은 자발적이고 자신의 주변생활에 풍부한 자극에 대응하며 발달해 간다.

상담의 궁극적 목적이 충분히 기능하는 사람이라면 상담의 과정에서는 개인으로 하여금 방어적 행동을 하게 하는 가치조건들을 해제하도록 해서 유기체적 경험에의 개방성을 증대시킬 수 있도록 도와야 한다. 그 결과 자아 혹은 자아개념과 유기체의 경험 간의 일치 정도를 높일 수 있도록 도와야 한다.

한편 로저스는 상담과정을 다음과 같은 12단계로 설명하고 있다.

① 내담자는 도움을 받고자 온 것이다.
② 상담이라는 상황을 정의한다.
③ 상담자는 내담자가 문제에 관한 감정을 자유롭게 표시하도록 격려한다.
④ 상담자는 표출되는 부정적 감정을 받아들이고, 알아주고, 정리해주어야 한다.
⑤ 부정적 감정을 완전히 표현할 수 있게 된 후에는 미약하고 잠정적이기는

하지만 성격성장에 보탬이 되는 긍정적 감정과 충동이 나타나게 된다.

⑥ 상담자는 내담자의 부정적 감정을 받아들인 것과 마찬가지로 긍정적 감정을 인정하고 받아들인다.

⑦ 부정적 감정과 긍정적 감정을 경험하면 자기이해와 자기수용, 즉 통찰이 나타난다. 내담자는 감정으로 인해 바르게 볼 수 없었던 현실 내지 진실을 볼 수 있게 된다.

⑧ 통찰과 뒤섞여서 여러 가지 의사결정을 할 수 있는 길이 선명하게 보이게 된다.

⑨ 내담자는 긍정적 행동을 취하게 된다.

⑩ 보다 깊은 통찰과 성장이 이루어지는 단계이다.

⑪ 이제 내담자는 보다 통정되고 긍정적인 행동을 점점 더 많이 하게 된다.

⑫ 이제 도움을 받을 필요를 덜 느끼게 되고 내담자는 치료관계를 종결해야겠다는 생각을 하기에 이른다.

비지시적 상담은 내담자가 자기 문제의 대부분을 말하는 데 특징이 있다. 여기에서의 기본적 상담기술은 내담자로 하여금 명확하게 자기 감정, 태도 및 반응형식을 인정, 이해하도록 도와주고 내담자가 그것들에 대해서 이야기하도록 장려해 주는 것이다.

이상에서 살펴본 바 있는 지시적 상담법과 비지시적 상담법의 특성을 비교하여 설명하면 〈표 10-1〉과 같다. 지금까지 보고되어 왔던 대부분의 상담이론들은 상담상의 접근법에 있어서 이들 지시적 상담법과 비지시적 상담법을 양극단으로 하고 상담자 중심의 통제개입으로부터 내담자 통제개입으로 이르는 연속선상에 있는 것으로 나타나고 있다.[5)]

〈표 10-1〉 지시적 상담법과 비지시적 상담법의 특성 비교

구 분	지시적 상담	비지시적 상담
기본가정	내담자는 스스로의 문제를 해결하지 못하는 나약한 존재	인간의 행동은 기본적으로 목적 지향적이며 인간은 자기를 인도하고 조절하며 통제가 가능
상담의 주요관점	문제를 가진 사람에 대한 해결	내담자의 자율적 능력고취
상담방법	객관적 자료수집, 종합, 진단, 예측, 상담, 추수지도의 과정	내담자와 상담자의 관계가 철저하게 인간적이고 주관적인 관계로 몰입, 내담자 스스로 문제점을 인지할 수 있을 때까지 상담지속, 내담자 주도적 문제해결
장점	신속하고 자극적인 상담	인간의 능력을 궁극적으로 도출 가능
단점	개인의 특성이 무시되며 상담자와 내담자의 관계가 수직적	효율적 결과도출에 많은 인력과 시간이 요구됨 현실적 결과도출이 어려움

2. 성인학습 상담의 과정

상담은 인간의 변화를 위한 하나의 활동이자, 하나의 과정이다. 모든 상담에 있어서 상담자는 바람직한 방향으로 내담자의 변화를 위한 상담목표를 달성하기 위하여 상담과정에 참여한다. 상담과정은 상담자와 내담자와의 관계상의 특징을 나타내며 상담자의 이론적 관점에 따라 그 차이를 보일 수 있다.

상담과정은 이론에 따라 차이가 있다고 볼 수 있지만, 모든 상담자와 내담자는 상담과정상에 있어서 '내담자가 당면하고 있는 문제는 무엇이고', '내담자의 문제해결을 위해 어떻게 도움을 줄 수 있는가'라는 질문에 대한 해결을

위해 상담과정에 참여하며 자신의 입장과 내담자의 특정에 따라 내담자를 조력하게 된다.

따라서, 상담과정은 내담자를 바라보는 관점에 따라 그 접근하는 전문가의 특성에 따라 다소 차이가 있을 수 있다고 본다. 여기에서는 상담과정에 대한 몇 가지 모델을 중심으로 살펴보고자 한다.

1) 코미에르와 헥니의 발달단계적 상담모델

코미에르와 헥니(Cormier & Hackney)의 모형은 상담관계가 근원적으로 발달적이라는 가정에 기초하고 있다.[6] 비록 이 모형의 다섯 단계가 분명히 구별되어 있지 않고 상담자와 내담자가 이 단계들 사이를 왔다 갔다 할 수 있기는 하지만 그 과정들은 직선형으로 묘사될 수 있다. 이 모델의 다섯 단계는 관계형성, 측정, 목표설정, 교육, 그리고 종결과 추수지도이다. 다음에서는 각각의 단계에 대해서 설명하고자 한다.

[그림 10-1] 코미에르와 헥니의 상담모델

(1) 관계형성

코미에르와 헥니 모형의 첫 단계는 종종 래포의 형성이라고 불리는 관계형성이다. 여기에서는 상담자가 감정이입, 진실성, 그리고 긍정적 관심 혹은 존경을 보여주어야 한다. 대부분의 이론가들은 비록 그들이 로저스의 내담자중심 심리치료의 찬성자가 아니라 하더라도 이것이 내담자와의 긍정적인 관계를 형성하는 데 도움이 된다고 생각한다. 이러한 전제조건이 수용되면 상담자가 내담자를 도와주려고 한다는 것을 보여주기 위해서 상담자는 어떤 기술들을 사용할 필요가 있다.

코미에르와 헥니는 내담자와 상담자가 서로 의사소통하는 데 문화적 차이가 있다는 것을 상기시켰다. 예를 들면, 눈을 마주치는 것은 어떤 사람에게는 호의의 표시이지만 어떤 사람에게는 적의의 표시이기도 하다. 이러한 차이는 초보상담자에게 부담이 된다. 그러므로 모든 상담에서는 다음과 같은 것이 고려되어야만 한다.

① 감정이입적인 태도를 보여라. 상담자는 비언어적으로나 언어적으로 내담자를 세심하게 배려하고 내담자의 메시지를 반영하고 내담자의 감정을 반영하도록 한다.

② 진실성을 나타내라. 상담자는 눈을 마주치거나 웃거나 얼굴표정에 흥미를 가지거나 앉을 때 내담자에게 기울이는 것과 같은 비언어적 행동으로 내담자를 지지하도록 한다. 상담자는 또한 일치와 개방성을 보일 수 있고, 자신을 드러낼 수도 있다.

③ 긍정적인 관심을 보여라. 상담자는 진실성을 나타내는데 사용했던 것과 비슷한 비언어적 행동들을 사용할 수 있다. 내담자의 긍정적인 태도를 칭찬해주고 격려해준다.

(2) 측정

두 번째 단계인 측정은 개방형이나 폐쇄형의 질문기법을 사용하는 것이다. 면접을 통해서 얻고자 하는 정보에는 문제의 범위, 현재의 생활상태, 가족력, 개인력(병력, 교육, 군대, 직업, 성, 결혼)에 대한 것이 포함된다. 폐쇄형 질문을 할 때에는 경찰이 심문하는 것처럼 해서는 안 된다. 측정은 문제를 해결하는 데 필요한 정보를 제공해준다. 여기에는 인지, 행동, 그리고 다른 사람과의 관계와 같은 문제의 구성요소, 영향을 주는 사건의 패턴, 문제의 심화, 그리고 내담자의 대처기술, 장점 등이 포함된다.

측정은 내담자에게 긍정적인 영향과 부정적인 영향을 모두 미칠 수 있기 때문에 상담 시 측정할 때에는 각별한 주의가 요청된다. 이것이 제대로 이루어지면 내담자는 이해받고 해방되고 희망적이고 동기유발된 느낌을 가질 것이다. 만일 제대로 되지 않으면 내담자는 불안하고 상처받고 평가받는다는 느낌을 가질 것이다. 상담자는 감정과 사고를 반영하는 상호 관계형성 기술을 사용하거나 측정 시 내담자의 반응에 민감함으로써 이런 부정적인 반응을 피할 수 있다.

(3) 목표설정

목표설정 단계는 그들이 어디로 가고 있는지를 알고자 하는 상담자와 내담자의 요구에 부응하는 것이다. 목표는 동기적이고 교육적이고 평가적인 기능을 가지고 있다. 바람직한 상담결과에 대한 동의는 상담을 옳은 방향으로 가게 한다. 상담이 어떻게 진행될 것인지에 대한 동의는 적절한 상담관계가 시작되도록 한다.

물론 과정과 결과에 대한 목표가 상담 중에 바뀔 수 있다. 상담자가 내담자와 그의 상황을 이해하게 됨에 따라 그들은 처음의 목표를 버리고 새로운 것을 세울 수도 있다. 중요한 것은 이러한 변화를 가능한 한 명백하게 만드는 것이다. 목표를 설정할 때, 상담자는 직면기술, 상상과 가시화, 그리고 역할연기와 같은 것을 사용할 수 있다. "나는 ____________ 을 원한다" 혹은 "나는 ____________ 을 원하지 않는다"와 같은 문장완성하기도 이 단계에서 유용하다.

(4) 교육

코미에르와 헥니의 네 번째 단계는 교육이다. 이것은 상담과정에서 아주 핵심이 되는 부분이다. 적절한 교육을 선택하는 것은 상담자의 이론적 성향을 반영하는 것이다. 교육을 선택하는 데 융통성을 발휘할 수 있다면 상담자 자신의 선호도뿐만 아니라 내담자의 요구를 고려할 수 있을 것이다. 또 상담자의 경험과 편안함을 느끼는 수준뿐만 아니라 문제의 특성과 내담자의 학습 스타일도 고려할 것이다. 대부분의 상담자들은 다음의 네 가지 이론적 배경 중 하나에 고착되어 있다.

① 정서적 교육은 내담자가 감정에 초점을 맞추도록 하는 것이다. 정서적인 성향을 가진 상담자에 의해서 사용되는 전략들의 일부는 감정에 귀 기울이고 그것을 반영하고 감정상태의 변화나 통합을 돕는 것이 포함된다.

② 인지적 교육은 내담자의 신념체계를 변화시키도록 하는 것이다.

③ 행동적 교육은 개인이 자신의 부적응적 행동을 좀 더 바람직한 것으로 대치하는 것을 돕는 것이다. 여기에 포함되는 전략에는 사회적 모델링, 역할연기와 연습, 자기통제, 자기보상, 자기계약과 같은 자기조절 기술이 있다.

④ 체계적 교육은 개인이 자신을 발견하는 체계를 변화시키도록 하는 것이다. 이것은 가족 등과 같은 체계에 있는 모든 요소들이 서로 관련이 있고, 개인과 같은 체계의 일부분의 변화는 전체 체계의 변화로 이끌 것이고, 체계는 불확실성이 있기 때문에 변화에 저항한다는 신념에 기초하고 있다. 이것은 개인이 속한 가족과 같은 체계 안에서의 변화가 없이는 개인이 변하기 어렵다는 결론에 이르게 한다.

(5) 종결과 추수지도

다섯 번째 단계인 종결과 추수지도는 상담자나 내담자가 상담관계가 곧 끝날 것이라는 것을 결정하면서 시작하는 단계이다. 종결을 하는 이유는 이사, 금전적 문제, 진전에 대한 불만족 혹은 상담에 만족해서 더 이상 계속할 필요가 없어지는 것 등 매우 다양하다. 왜 종결하기로 결정했는지의 여부와 상관없이 상담에서의 성과가 내담자와 상담자에 의해서 측정되어야 하고 가능하면 내담자의 생활전체에까지 미치는 영향을 살펴보아야 한다. 추수지도는 계획상에 있어야 하고 필요하다면 다른 상담자에게 의뢰하는 것도 고려해야 한다. 그리고 마지막으로 관계가 종결되어야 한다.

다른 종결전략은 정기적인 점검을 사용하는 것이다. 굿맨(Goodman)은 정기적인 점검을 하는 치과모델(dental model)이 90년대 이후에는 도움이 될 것이라고 했다.[7] 좀 더 전통적인 상담자는 의학모델보다는 교육모델을 사용함으로써 다른 정신건강관련 종사자들로부터 자신을 구별하려고 한다. 진단과 치료 대신 상담은 학생과 내담자가 만족스럽고 생산적인 삶을 영위하기 위해 필요한 기술들을 가르칠 것을 강조한다.

상담에서 치과모델에 잠재되어 있는 가정은 정기적인 점검이 서로를 가깝게 해주고 어떻게 상담에 있어서 진전이 나타나는지를 보게 해준다는 것이다. 이러한 만남에서 상담자와 내담자는 기분전환 운동이나 지지의 사용과 같은 활동이 어느 정도 효과적으로 유지되는지를 검토할 수 있다. 그들은 현재 수준에서의 기능의 효율성을 결정하고 미래에 대한 계획을 함께 수립한다. 그러므로 이 모델에서 최종적인 종결은 드문 일이다.

2) 카커프의 공감적 조력모델

카커프(Carkhuff, 1987)은 로저스(Rogers)의 인본주의적 상담법에서 강조하는 공감적 이해를 바탕으로 공감적 조력모델을 제안하였다. 그는 그의 유명한 저서인 『상담하기 Ⅳ(Helping Ⅳ)』를 통하여 상담과정의 단계에서 상담자와 내담자의 역할을 구분하여 명료하게 설명하고 있다. 그가 제시한 상담과정의 단계를 제시하면 [그림 10-2]와 같다.[8]

카커프의 상담과정

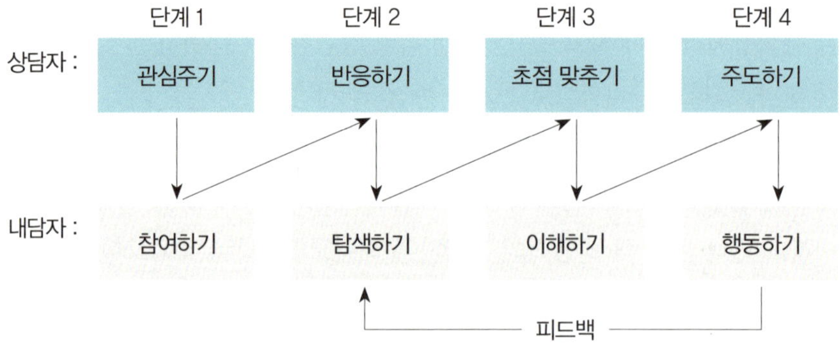

[그림 10-2] 카커프의 상담모델

제1단계: 상담자–관심주기/내담자–참여하기

첫 번째 단계에서 상담자는 내담자에게 관심을 보여준다. 상담자는 언어적, 비언어적으로 내담자를 조력하려는 강력한 의지와 관심을 보여준다. 상담자가 적극적 경청과 관찰을 바탕으로 내담자의 표현에 관심을 보이면, 내담자는 상담관계에 참여하게 된다. 이 단계에서 상담자와 내담자는 신뢰로운 상담관계를 형성하게 된다.

제2단계: 상담자–반응하기/내담자–탐색하기

이 단계에서 상담자는 내담자가 표현하는 감정, 내용, 그리고 그와 관련한 의미를 파악하고 정확하게 '바꾸어 말하기'라든가 5WH(who, why, what, how, when, where)를 통해 내용에 반응한다. 특히 이 단계에서 상담자가 내담자의 '내적인 준거틀(internal frame of reference)'에 근거한 공감적 반응을 함으로써 내담자의 탐색을 촉진하여야 한다.

제3단계: 상담자-초점 맞추기/내담자-이해하기

이 단계에서 상담자는 내담자와의 상호 교류적 관계를 토대로 의미, 문제, 목표, 감정을 내담자에게 맞추어 개인화한다. 즉, 상담자가 내담자 자신의 문제에 초점을 맞춤으로써 내담자는 자신의 문제를 파악하고 보다 잘 이해하게 된다.

제4단계: 상담자-행동 주도하기/내담자-행동 착수하기

네 번째 단계에서 상담자는 상담과정 전반에 대한 주도권을 확보하면서 목표를 규정하고, 상담프로그램을 개발하고, 계획과 강화를 설계하고, 단계를 개별화하고, 단계를 수행하기 위해 준비하고, 단계 수행과정을 주도적으로 확인한다. 이러한 상담자의 주도에 의해 내담자는 행동을 착수하게 된다. 이러한 상담과정을 통하여 내담자가 착수한 행동결과는 내담자에게 문제해결에 대한 피드백으로 작용한다. 즉, 단계4에서 행동수정이 적절하게 이루어지지 아니할 때에는 다시 단계2로 되돌아가서 문제에 대한 탐색을 하도록 하는 것이 중요하다.

3) 힐의 3단계 상담모델

클라라 힐(Clara Hill, 2012)은 인간 본성에 대한 통찰과 상담에서의 변화기제, 개인에게 잠재력과 목표를 실현할 수 있도록 도와주는 기술을 중심으로 3단계 상담모델을 제시하였다. 그는 그의 유명한 저서인 『상담의 기술: 탐색-통찰-실행의 과정(Helping Skills: Exploration, Insight, and Action, 2012)』을 통하여 인간은 자신의 생리학적 특성과 환경에 영향을 받는다고 믿고, 내담자가 탐색을 통해 문제를 이해하고, 그들의 삶에 변화를 주는 것과 같은 상담기술을 사용하기 위한 절차로서 상담의 3단계 모델을 제시하였다. 힐(Hill)이 제시한 상담과정의 단계를 제시하면 [그림 10-3]과 같다.[9)]

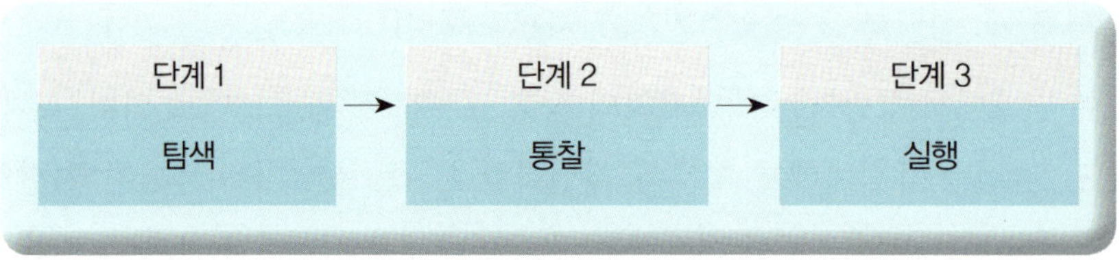

[그림 10-3] 힐의 3단계 상담모델

탐색단계

이 단계에서 상담자는 내담자와의 래포를 형성하고, 상담관계를 맺으며 내담자가 자신의 이야기를 할 수 있도록 격려하고, 그들의 생각과 감정을 탐색할 수 있도록 돕고, 내담자가 쉽게 감정을 불러일으키게 하고, 내담자에 관해 알 수 있어야 한다. 탐색은 내담자의 감정을 표현하고 복잡한 문제를 통한 그들의 생각을 표현하는 기회를 제공한다는 점에서 중요하다. 또한 이 단계에서 상담자는 내담자의 관점으로 내담자를 더 잘 알 수 있게 된다. 이 탐색단계에서 추구하고자 하는 목적을 간단하게 제시하면 다음과 같다.

첫째, 상담자는 내담자의 비언어적인 것에 주의를 기울이고, 언어적 · 비언어적으로 그들이 말하는 것을 들어야 한다. 두 번째 목적은 내담자의 사고와 저항을 면밀히 조사하여 내담자가 사고를 탐색하도록 격려하는 것이다. 세 번째 목적은 상담자가 감정, 감정의 반영, 감정의 개방을 탐구하는 것을 통한 감정의 탐색을 고무시키는 것이다.[10)]

통찰단계

통찰단계에서 상담자는 내담자가 자신의 내재된 활동에 관한 새로운 통찰이나 이해, 그리고 자신의 문제를 지속시키는 어떤 규칙을 새롭게 자각할 수 있도록 내담자와 협력관계를 이룬다. 그들은 또한 내담자가 영속적인 문제에서 그들의 역할에 새로운 자각을 할 수 있도록 돕는 작업을 한다. 이 통찰단계는 상담과정에서 특히 중요한 의미를 가진다. 그것은 상담자가 내담자의 새로운 밝은 면과 적합한 책임감과 문제를 통제할 수 있는 가능성을 파악할 수 있도록 내담자를 돕기 때문이다.

이 통찰단계에서 추구하고자 하는 목적은 첫째, 상담자가 도전을 통해 자각을 증진시키는 것이고, 둘째는 상담자가 통찰 파고들기(probe), 해석, 통찰의 개방을 통해서 통찰을 촉진하는 것이다. 마지막으로 이 단계는 상담자가 즉시성을 통해 상담관계를 돈독히 하는 작업이다.[11]

실행단계

실행단계에서 상담자는 내담자가 의사결정을 할 수 있도록 방향을 안내하고, 그들 스스로 새로운 것을 시도하여 자신의 삶에 반영하도록 변화시킨다. 그들은 내담자가 변화를 원하는지, 인생에서 변화에 대한 의미를 탐색하려 하는지 결정한다. 상담자는 가능한 변화를 브레인스토밍을 통해서 얻을 수 있고, 변화를 위해 어떤 결정을 할 것인가를 선택하도록 내담자를 도울 것이다. 또한 상담자와 내담자는 행동계획의 결과를 계속 평가하고 내담자가 원하는 결과를 얻기 위해 수정할 것이다. 이 통찰단계는 앞의 탐색, 통찰의 단계와 마찬가지로 협력적인 과정을 필요로 한다. 상담자는 내담자의 변화와 변화과정에 대한 느낌에 관해 계속적으로 질문할 수 있어야 한다. 이 점에서 상담자는 전문가라기보다는 삶을 긍정적으로 변화시키고 행동에 대한 생각과 느낌을 내담자가 탐색할 수 있도록 도와주는 안내자이다.

이 실행단계에서 추구하고자 하는 전반적인 목적은 내담자가 변화의 사고를 탐색할 수 있도록 돕고, 그 다음 내담자가 선택할 실행계획을 수행하는 것이다. 이 단계에서 상담자가 수행해야 할 주요 기술은 실행에 대한 개방형 질문, 정보제공, 직접적 지도, 그리고 전략개방 등이 있다.[12]

이상에서 살펴본 바와 같이 상담의 3단계 모델은 상담진행을 하는 데 전반적인 로드맵을 제공한다. 탐색과 통찰단계는 내담자들에게 동기부여와 더불어 변화를 위한 책임감을 갖게 하는 데 필요한 기초자료를 제공한다. 상담자와 내담자는 실행계획을 만드는 것에 앞서 내담자 문제의 조망과 역동성을 적절히 이해하는 것이 중요하다.

따라서 이 모델의 각 단계는 상담진행상 각 단계가 중요한 의미를 지니고 있다. 탐색을 통한 단계는 내담자가 통찰을 할 수 있게 하고, 깊은 통찰은 실행시에 좋은 선택을 할 수 있게 해주기 때문이다. 더욱이 변화를 만드는 것은 내담자가 다른 문제를 탐색하도록 고무하는 데 기여하기도 한다. 이 점에서 각 단계는 서로 순환적인 관계에 있다고 볼 수 있다. 그리고 상담과정에 있어서 무엇보다도 상담자는 반드시 주어진 것에 어떻게 반응해야 할지를 결정하기 전에 내담자의 개인적인 요구와 환경적인 압력에 주의를 기울일 필요가 있다.

이상과 같이 살펴본 힐의 3단계 상담모델은 각 단계마다 전반적인 전략이 있고, 이들 단계별로 상담자가 필요한 기술들을 얼마나 정확하고 상황에 맞게 활용하느냐에 따라 상담의 성패가 달려있다고 해도 과언은 아니다. 상담의 3단계 모델이 지니고 있는 각 단계별 목적, 그리고 단계별로 필요한 상담기술을 간단하게 제시하면 〈표 10-2〉와 같다.[13)]

〈표 10-2〉 힐의 3단계 상담모델의 각 단계별 목적과 필요한 기술

단 계	목 적	관련된 기술
탐 색	집중, 관찰, 경청 사고탐색 감정탐색	비언어적 행동, 최소한의 언어적 행동 재진술, 사고에 대한 개방형 질문 감정반영, 감정개방, 감정에 대한 개방형 질문
통 찰	자각 키우기 통찰 촉진 관계를 통한 통찰의 촉진	도전 통찰을 위한 개방형 질문, 해석 통찰의 즉시성, 개방의 즉시성
실 행	실행촉진	개방형 질문, 정보제공, 직접적 지도, 전략의 개방 등

3. 성인학습 상담의 대화기법

1) 주의집중, 경청, 그리고 이해

상담자가 내담자를 이해하는 데 필요한 것이 바로 내담자에 대한 관심과 경청이다. '주의집중(attending)'은 상담자가 신체적으로나 심리적으로 스스로를 내담자에게 향해야 한다는 것을 의미한다. 이와 함께 '경청한다는 것(listening)'은 내담자가 이야기를 할 때 그 메시지가 언어적 혹은 비언어적으로 전달되든, 분명하게 혹은 모호하게 전달되든, 내담자가 전달하려고 하는 메시지를 상담자가 포착하고 이해하는 능력을 가리킨다.

내담자에 대한 주의집중과 경청은 두 가지 점에서 이점이 있다.[14] 첫째, 주의집중과 경청은 상대방에 대한 존중의 표현이기 때문에 두 사람의 관계 형성에 기여한다. 둘째, 주의집중과 경청은 내담자에 대한 상담자 반응의 토대를 이룬다. 다음에서 이를 간단하게 살펴보고자 한다.

(1) 주의집중

상담자가 내담자에게 관심을 기울이고 주의집중을 하고자 할 때 사용할 수 있는 미시적 기술에 대하여 제라드 이건(Gerard Eagan)은 SOLER로 요약하여 제시하였다.[15]

① Squarely: 내담자를 정면으로(squarely) 마주 바라본다.

내담자에게 관여하고 있다는 자세를 취한다. 이러한 자세는 '나는 당신과 함께 있다. 당신에게 도움이 되고 싶다.'라는 뜻을 전달한다. 상대방에게 말하면서 고개를 다른 곳으로 돌리고 있으면 관심이 적다는 생각을 품게 할 수 있다. 둘러 앉아 있을 때라도 어떻게 해서든 말을 걸려는 사람 쪽으로 바로 향하게 하려고 하여야 한다. 여기서 '바로'라는 말은 문자 그대로 받아들여도 좋고 은유적으로 받아들여도 좋다. 중요한 것은 고개를 상대방으로 향하게 할 때, 이는 내담자에게 관심이 있다는 사실을 전달해 준다는 점이다. 여기서 중요한 것은 상담자가 나타내는 관심의 질이다.

② Open: 상대방에게 개방적인(open) 자세를 취한다.

팔짱을 끼거나 다리를 꼬고 앉아있는 것은 관심이나 도울 태세가 제대로 갖추어져 있지 않다는 생각을 하게 만들 수 있다. 개방적인 자세는 상담자와 내담자가 하는 말에 마음을 열고 있다는 증거가 될 수 있다. 여기서 중요한 것은 '내가 지금 취하고 있는 자세는 내가 개방적이고 돕고 싶은 태세가 갖추어져 있다는 사실을 내담자에게 얼마나 잘 전달하고 있는가? 하고 자문해볼 필요가 있다는 점이다.

③ Leaning: 이따금 상대방 쪽으로 몸을 기울인다(lean).

학습자와의 물리적 거리는 주의집중 기술에서 중요하다. 학습자 가까이 편안하게 앉아야 한다. 그러나 너무 가까이는 앉지 말아야 한다. 상담자와 학습자 사이의 부적절한 거리는 개인의 공간을 침범했다는 신호로 해석될 수 있다. 상담자가 학습자를 향해 앞쪽으로 자주 몸을 기울이는 것은 그만큼 상대방의 말에 관심이 깊다는 자연스러운 증거이다. 상대방을 향해 상체를 앞으로 약간 기울이는 것은 '나는 당신과 함께 있다. 당신과 당신이 하는 말에 관심이 많다'는 뜻을 상대방에게 전달하는 것과 같다. 이와는 반대로 몸을 뒤로 젖히는 자세는 '당신에게 별 흥미가 없다' 또는 '따분하다'는 의미를 전달하는 것과 같다.

④ Eye Contact: 지속적으로 적당한 눈마주치기(eye contact)를 시도한다.

효과적인 주의집중을 위해서는 무엇보다도 눈맞춤이 필요하다. 학습자의 눈을 바라보고 편안하게 있는 것도 중요하다. 눈을 피하거나 다른 곳을 보지 말아야 한다. 왜냐하면 그것은 흥미가 없다는 것을 의미하기 때문이다. 그러나 학습자를 뚫어지게 쳐다보지도 말아야 한다. 그것은 교만함이나 적대감의 표시라고 해석될 수 있다. 부드럽게 바라보고 때때로 대화를 중지시킬 때 다른 곳으로 시선을 옮기는 것이 좋다.

⑤ Relaxed: 편안하고(relaxed) 자연스러운 자세를 취한다

편안한 자세는 두 가지 사실을 뜻한다. 첫째, 조바심하거나 주의를 흩뜨리는 표정을 짓지 않는다. 그렇게 하면 내담자는 무엇이 상담자를 불편하게 하는지 의아하게 생각할 것이다. 둘째, 개인적 접촉과 표현의 도구인 몸짓을 편안하고 자연스럽게 한다. 이러한 기술을 자연스럽게 사용하면 내담자를 편안하게 만들 수 있다. 개개인의 얼굴표정을 살펴보면, 사람에 따라서는 얼굴에 충격, 놀람, 실망이 쉽게 나타나는 경우도 있다. 이러한 것은 내담자가 상담자에게 다가오는 데 방해가 되는 것일 수 있다. 이외에도 언어와 행동이 일치하도록 해야 한다.

〈표 10-3〉에서 제시한 바와 같은 주의집중을 하기 위한 질문에 대해 자문해 보도록 해야 한다.[16] 이때 중요한 것은 상담자의 비언어적 행동이 내담자와의 공동노력을 방해하기보다는 촉진시키는 것이어야 한다는 점이다.

〈표 10-3〉 주의집중 혹은 관심을 기울이기 위한 질문

1. 나는 학습자(내담자)에게 어떤 태도를 취하고 있는가?
2. 학습자(내담자)와 함께 있을 때 얼마나 진지하게 임하고 있는가?
3. 나는 비언어적 행동을 통해, 학습자(내담자)와 함께 기꺼이 상담하고 싶다는 용의를 얼마나 잘 전달하고 있는가?
4. 나는 비언어적 행동을 통해 어떤 태도를 드러내고 있는가?
5. 나는 언어적 행동을 통해 어떤 태도를 드러내고 있는가?
6. 학습자(내담자)는 나를 어느 정도 자기와 함께 하고 또 자기와 함께

일할 수 있는 사람으로 느끼고 있는가?
7. 나의 비언어적 행동은 나의 내적 태도를 강화시켜 주는가?
8. 어떤 행동이 내담자에게 관심을 제대로 나타내지 못하는가?
9. 나는 충분한 관심을 표현하는 데 방해가 되는 행동을 어떻게 다루고 있는가?
10. 어떻게 학습자(내담자)에게 더 진지하게 대할 수 있는가?

(2) 적극적 경청

상담자가 내담자에게 관심을 기울이거나 주의집중을 하게 되면 내담자가 언어적으로나 비언어적으로 전달하는 말을 주의 깊게 경청할 수 있는 입장에 놓이게 된다. 적극적 경청이란 귀로 내담자의 음성언어를 듣고, 눈으로 내담자의 신체언어를 관찰함과 동시에 한마음으로 들어준다는 것을 의미한다. 여기서 경청한다는 말의 의미를 한자의 '들을 청(聽)'자의 의미를 되새겨 보면 쉽게 알 수 있다. 여기에는 '귀(耳)'와, '한쪽으로만 보는 눈빛(目)'과, '한 마음(心)'으로 들어주면 '당신을 왕(王)'으로 모시겠다는 뜻이 포함되어 있다. 그런데 상담과정에서 상담자는 내담자의 음성언어보다 신체언어를 더 신뢰한다. 상담자가 주의산만하지 않고, 내담자에게 초점을 유지하면서 그가 표현하는 모든 감정, 행동, 생각을 이해하려는 노력이 바로 적극적 경청이다. 보다 완벽한 경청을 위해서는 다음과 같은 4가지의 자세가 요구된다.[17)]

① 내담자의 언어적 메시지를 듣고 이해해야 한다.
② 내담자가 나타내는 자세, 얼굴표정, 몸의 움직임, 목소리 등의 비언어적 행동을 관찰하고 읽을 수 있어야 한다.
③ 상황, 즉 상대방이 처해있는 사회환경이라는 상황 속에서 그를 바라볼

수 있어야 한다.

④ 내담자가 언젠가는 깨닫고 변화시켜야 할 문제까지도 들을 수 있어야 한다.

그런데 적극적 경청과 관련하여 대두되는 개념이 바로 공감적 경청이다. 공감(empathy)은 효과적인 커뮤니케이션과 다른 사람과의 관계를 맺는 데 있어서 기초가 되는 것이다. 공감이란 독일어(einflung)에서 유래한 것으로 '상대방과 함께 느낀다'라든가 '상대방의 감정에 동참한다'라는 뜻이 포함되어 있다. 브라메(Bramme)는 공감을 학습자의 입장에서 이해하고 인정해 주는 능력으로 묘사했다.[18] 공감은 다른 사람이 경험하는 것을 느낄 수 있고, 그들의 입장에서 생각할 수 있는 능력을 말한다. 다른 사람의 관점에서 사물을 볼 수 있는 능력은 도움이 필요한 개인이 이해받는 느낌이 들게 하고 자신을 더 드러내도록 한다. 공감은 학습상담자에게 매우 중요한 기술이다. 감정은 보편적인 것이기 때문에 대부분의 사람들은 학습자가 어떤 상황에서 느끼는 감정을 이해할 수 있다. 공감적 경청(empathic listening)이라는 커뮤니케이션은 학습자의 말을 주의 깊게 듣고, 학습자의 감정을 적절히 묘사하는 단어를 주의 깊게 선택함으로써 이루어진다. 예를 들면 분노, 기쁨, 슬픔을 묘사하는 데 사용되는 다양한 단어들을 생각해 보아라. 강도의 측면에서 볼 때 분노를 느끼는 데에는 차이가 있다. 행복과 기쁨을 느끼는 것, 그리고 우울함을 느끼는 것과 의기소침한 것에 있어서도 강도와 의미에는 차이가 있다. 우리가 학습상담자들이 사용하는 기술에 대해서 논할 때, 우리는 공감(학습자의 감정에 초점을 맞출 수 있는 능력)이 효과적인 경청에 있어서 결정적인 역할을 한다는 것을 알 수 있다. 공감적 관계에 있는 사람들은 행동으로 공감을 표현하기도 한다. 실패한 사람의 어깨를 감싸준다면, 이는 지지와 공감을 의미한다. 공감을 사용하기 위한 몇 가지 원칙을 제시하면 다음과 같다.[19]

공감을 사용하기 위한 원칙

1. 공감은 이상적으로 말하면, 전문적인 역할이나 커뮤니케이션 기술이기보다는 일종의 존재양식이라는 점을 명심하라.
2. 신체적으로나 심리적으로 내담자가 가진 관점에 관심을 기울이고 경청하라.
3. 자기 자신의 판단과 편견은 일단 접어두고 학습자(내담자)의 입장에서 생각해 보라.
4. 학습자(내담자)가 이야기할 때 핵심 메시지에 귀를 기울여라.
5. 언어적 및 비언어적 메시지뿐 아니라 그 상황도 고려하라.
6. 학습자(내담자)의 핵심 메시지에 자주 반응하되 간결하게 하라.
7. 학습자(내담자)가 얽매여 있다고 느끼지 않도록 어떤 가정에 묶이지 말고, 유연하게 대처하라.
8. 공감을 사용하여 학습자(내담자)로 하여금 중요한 문제에 초점을 맞추게 하라.
9. 민감한 주제나 감정에 대해서는 서서히 탐색하게 하라.
10. 공감적으로 반응한 뒤에는 당신의 반응의 정확성을 확인시켜 주거나 부정하는 단서에 주의하라.
11. 당신의 공감적인 반응이 학습자(내담자)가 자신의 중요한 문제를 찾아 명료화시키는 데 주의집중을 하게 했는지 생각해 보라.
12. 학습자(내담자)가 스트레스를 받거나 저항할 때 나타내는 단서에 주목하라. 당신의 반응이 부정확했거나 아니면 너무 정확해서 이런 반응이 나온 것은 아닌지 생각해 보라.
13. 공감의 전달기술이 아무리 중요하다고 하더라도 이는 어디까지나 학습자(내담자)로 하여금 자기 자신과 자기의 문제상황을 보다 분명하게 보고 효율적으로 대처해 나가기 위한 도구에 지나지 않는다는 사실을 명심하라.

2) 반영과 자기주장 기술

(1) 감정반영의 기술

학습상담에 있어서 교육자는 적절한 반영기술을 사용하여야 한다. 주의 깊은 경청에서는 반영되는 감정의 강도를 결정할 필요가 있다. 너무 강하거나 너무 약하면 반영을 하여도 사람이 느끼는 감정의 진짜 깊이를 반영하지 못할 수 있다. 이와 같은 경우의 예는 다음과 같다.

학습자: 내가 학점을 제대로 받을 수 있을지 잘 모르겠어요. 시험이 다음 주인데 가족들이 놀러오기로 했고 남편은 내일부터 저녁시간으로 일하는 시간을 바꿨어요… 그리고 나는 이런 변화에 하나도 적응을 하지 못했어요.

상담자: 당신은 지금 이러한 변화 때문에 불안해하고 시험에 붙을 수 있을지 자신의 능력에 대해 확신이 없군요.

이 사례의 시나리오에서 학습자는 혼돈, 불안, 두려움, 그리고 걱정의 네 가지 감정을 표현했다. 교육자는 학습자가 이해받고 있다는 것을 느끼도록 하고, 학습자가 자신의 상황을 명확하게 파악하고, 그에 대한 대안을 제시하도록 반영해 줄 수 있다. 감정반영을 사용하면서 상담자는 학습자가 감정의 확인, 문제의 명확화와 요점화, 문제를 더 논의하도록 개방, 그리고 대안이나 옵션의 검토로 이동하도록 할 수 있다. 감정반영은 커뮤니케이션을 폐쇄시키는 것이 아니라 오히려 개방시키는 역할을 한다. 폐쇄적 커뮤니케이션에 대한 반응들은 다음과 같다.

상담자: 물론 당신은 시험에서 좋은 점수를 받을 수 있어요. 당신은 열심히 시험공부를 했잖아요(안심시키기- 다른 사람의 걱정을 회피

하는 것).

상담자: 목표를 달성하는 데 다른 사람이 방해하도록 해서는 안된다(설교하기—해결책을 제시).

상담자: 당신은 당신 자신을 너무 생각하지 않는 경향이 있군요. 당신은 자아존중감이 너무 낮아요(진단하기—판단하기).

감정의 반영을 사용하는 것과는 달리 위의 반응들은 커뮤니케이션을 개방적으로 하거나 학습자가 그들의 상황을 충분히 이해하도록 하거나 학습자가 문제를 해결하는 데 전혀 도움이 되지 않는다.

최소한의 격려사(minimal encouragers)는 우리가 학습자에게 흥미 있고 학습자의 말을 더 들을 수 있으며 듣고 싶어한다는 것을 학습자에게 말하는데 사용하는 것이다. 이것은 '음…', '계속 해', '그래' 등과 같은 짧은 말들이다. 최소한의 격려사를 사용하는 목적은 듣는 사람이 그들의 이야기를 우리와 나누도록 하기 위해서이다. 고개를 끄덕이거나 더 이야기하라는 의미를 담고 있는 손의 움직임과 같은 비언어적 격려 또한 가능하다.

교육자의 질문은 학습자가 그들의 문제를 탐색하도록 돕거나 그들을 혼란스럽게 하고 주의를 분산시킬 수 있다. 예/아니오로 답할 수 있는 질문들의 사용은 탐색을 멈추게 하는 예/아니오식의 대답을 이끈다. 사지선다형 문제의 사용은 학습자를 혼란시킬 수 있고 문제의 핵심으로부터 벗어나게 할 수 있다. 문제의 핵심을 제대로 파악하기 위하여 효과적인 질문은 개방적 질문이다. 개방적 질문은 예/아니오식의 질문이 아니다. 이것은 논의방향을 제시하는 것이 아니라 학습자로 하여금 교육자가 정해 놓은 틀에 제한받지 않고 그들이 어떻게 느끼는지를 탐색할 수 있는 공간을 허락한다. 이제 학점은행제 교습과목에서 중간고사를 앞두고 있는 학습자에 관한 이야기에 대하여 언급해 보자. 그래서 질문의 유형과 그 효과가 어떻게 다른지 살펴보자.

학습자: 내가 중간고사에서 좋은 점수를 얻을 수 있을지 잘 모르겠어요. 시험이 다음 주인데 가족들이 놀러오기로 했고 남편은 내일부터 저녁시간으로 일하는 시간을 바꿨어요…. 그리고 나는 이런 변화에 하나도 적응을 하지 못했어요.

상담자: 가족이 오는 것을 알았어요?(예/아니오 질문)

상담자: 가족이 오는 줄 언제 알았어요? 그들은 당신이 시험본다는 것을 아나요? 그리고 그것이 당신에게 얼마나 중요한지 아나요? 남편이 도와 줄 수는 없나요?(사지선다형 문제)

상담자: 이러한 변화에 대해서 어떤 느낌이 드나요?(개방형 문제)

여러분이 보듯이 예/아니오 문제는 그녀가 가족이 방문할 것을 알고 있는지의 문제로 학습자를 몰고 간다. 사지선다형의 문제는 해결책을 생각해 보기도 전에 한꺼번에 많은 문제에 대해 대답하도록 해서 학습자를 압도한다. 개방형 질문은 내담자의 감정과 문제해결방법에 대해서 탐색하도록 도와준다.

이상에서 살펴본 바와 같이 감정반영은 내담자의 감정을 강조하며 진술을 반복하거나 부연설명하는 것이다. 그 감정은 내담자가 진술한 것이나(똑같거나 유사한 단어로), 상담자가 내담자의 비언어적 행동이나 메시지 내용으로 추론할 수 있다. 그 반영은 잠정적으로나 또는 더 직접적으로 표현될 수도 있으며, 그 감정에만 또는 그 감정과 그 감정에 대한 이유에 역점을 둘 수도 있다. 감정반영에 대한 설명을 간단히 제시하면 〈표 10-4〉와 같다.[20]

〈표 10-4〉 감정반영에 대한 기본적 이해

구 분	구체적 내용
정 의	감정반영은 내담자의 감정파악을 포함하여 내담자의 진술을 반복하여 말하고 재표현하는 것이다. 그 감정은 내담자가 진술한 것이나(똑같거나 유사한 단어로) 상담자가 내담자의 비언어적 행동이나 내담자 메시지 내용에서 추론하기도 한다. 반영은 가설적으로 조심히, 또는 명확한 진술로 표현할 수 있다.
예 시	"당신은 당신의 사정을 알아주지 못하고 과제물을 많이 내주는 교수님께 대해 화가 났군요." "당신은 공부하는 것을 이해해주지 못하는 식구들에 대해 화가 났군요."
전형적인 상담자 의도	감정을 파악하고 강화하기, 카타르시스 독려하기, 명확화하기, 희망 심어주기, 자기통제 촉진하기
가능한 내담자 반응	감정표현하기, 부정적 생각이나 행동 알기, 명확히 하기, 책임감 갖기, 벗어나기, 두려워하기, 더 악화되기, 오해받기
도움이 되는 단서	• 기본적인 감정을 알기 위해서 경청하기 • 내담자에게 반영하기 위해서 가장 눈에 띄는 감정 포착하기 • 잠정적으로 감정이입을 하고 판단 없이 감정을 진술하기 • 감정 강도를 부합시키려고 하기 • 반영을 간단하고 짧게 하기 • 감정단어를 다른 단어로 바꾸어 말해보기

(2) 자기주장 기술

학습상담에 있어서 또 하나의 중요한 기술은 자기주장성(assertiveness)이다. 많은 사람들은 자기주장과 공격성을 혼동한다. 수동적 행동, 자기주장적 행동, 그리고 공격적 행동의 차이를 구별하는 것은 중요하다. 성인교육자가 참여자와 생산적인 상호작용을 하기 위해서는 자기주장적 태도로 행동해야 한다. 이와 더불어 학습자들과 자기주장적으로 기능하고 그들의 권리를 유지하기 위해서 교육자는 그들에게 적절한 행동으로 모델이 되어야 한다.

자기주장은 개인과 그들의 권리를 존중하고 자기존경을 유지하도록 하는 행동을 의미한다. 이것은 경멸 혹은 위협과 같은 적대적인 것을 의미하지 않는다. 비록 당신이 개인의 행동을 인정하지 않는다 해도 당신은 여전히 개인으로서의 그를 존중한다. 당신은 다른 사람에게 자신의 신념이나 판단을 강요하지 않는다. 이것은 다른 사람의 권리를 침해하지 않고 자신의 신념을 전달하는 방법이다.

수동적인 개인은 자신의 진정한 감정을 드러내지 않고 종종 자신의 권리보다 다른 사람의 권리를 더 중요하게 생각한다. 그들은 자신의 의견이 별로 중요하지 않다고 느끼고 다른 사람의 요구에 더 크게 반응한다. 이러한 개인들은 그들의 감정을 삼켜버리고 그 결과, 이용당했다거나 씁쓸하거나 화가 나는 느낌을 가진다.

공격적인 개인은 그들의 의견을 표명하지만 그들은 자신의 의견이 단지 하나의 유일한 것인 것처럼 표현한다. 그들은 자신의 의견을 다른 사람에게 강요하고 다른 사람의 입장이나 그의 존경받을 권리에 대해서는 관심도 없다. 다음의 예는 자기주장적, 수동적, 그리고 공격적 반응의 차이를 설명한 것이다.

- 공격적 반응: 나는 책을 돌려달라고 몇 번이나 말했는데 너는 돌려주지 않았다. 나는 너를 특별히 배려해 주었는데 너는 내 책을 돌려주려고 하지 않는다.
- 수동적인 반응: 네가 바쁘다는 것도 알고 학교에서 먼 곳에 산다는 것도 알고 있다. 수고스럽지 않다면 기회가 있을 때 그 책을 돌려주었으면 좋겠다.
- 자기주장적 반응: 나는 네가 사는 곳이 교통이 불편해서 여기까지 오기가 힘들다는 것을 잘 알지만 다른 학생들도 그 책이 꼭 필요하다.

자기주장적 메시지를 보낼 때에는 일반적이고 선동적이 아닌 단어를 선택해야 한다. 예를 들면, 우리는 '책을 돌려주지 않았다' 대신에 '네가 책을 돌려주는 것을 잊었다'라고 말하고 싶은 유혹을 받는다. '잊었다'라고 행동을 묘사하는 것에 의해서 우리는 판단적인 메시지를 보내는 것이다. 이러한 반응을 들은 사람은 '잊었다'라는 말에 초점을 맞추고 기분상해하거나 방어적이 될 수 있다. 그 결과 우리는 우리가 처음에 원했던 것, 즉 책을 돌려받는 것에 대해 실패하게 된다. 감정을 묘사하는 데 사용되는 단어도 행동의 묘사와 일치하는 것이어야 한다. 우리는 책을 돌려받지 못하는 것에 대해서 실망하거나 화가 날 수 있다. 그러나 우리는 증오하거나 분노하거나 죽이고 싶은 감정이 드는 것은 아니다.

자기주장적 메시지의 세 번째 부분은 명백한 결과를 묘사하는 것이다. 이 메시지를 받는 사람은 그들의 행동의 결과에 대해 알게 된다. 감정과 행동의 묘사처럼 이것도 논리적이고 합리적인 결과이어야 한다. '나는 절대로 다른 사람에게 다시는 무엇을 빌려주지 않을 것이다, 혹은 나는 다시는 너를 신뢰하지 않을 것이다, 혹은 나는 절대로 특별히 다른 사람을 도와주지 않을 것이다'라고 하는 것과 같은 결과는 모두 위협을 하는 것이다. 다시 한번 말하면, 이 커뮤니케이션의 결과는 책을 돌려받기보다는 개인의 동기에 관한 논쟁으로 이끌 것이다.

세 부분의 자기주장적 메시지를 사용함으로 해서 우리는 다른 사람의 권리를 존중하면서 우리 자신의 욕구와 주장을 확실하게 전달할 수 있다. 자기주장적 메시지는 대개 적극적인 경청기술을 사용한 다음에 나타난다. 이러한 두 가지의 돕는 기술을 사용함으로 해서 사람들은 자신의 관심사를 표현할 수 있을 뿐 아니라 다른 사람의 관심사를 이해하기도 한다.

3) 직접적 지도(Direct Guidance)

직접적인 지도는 상담자가 제안하는 것, 지시를 주는 것, 학습자가 해야 한다고 그들이 생각하는 것에 대하여 충고를 제공하는 것으로 정의될 수 있다. 이것은 앞에서 제시한 정보제공과 차이가 있는 것으로 정보제공은 단지 사실이나 자료를 전달하는 것에 그치는 것이지만 직접적인 지도는 학습자가 취해야 할 행동을 상담자가 제시하는 것이다. 예를 들면, "국가평생교육진흥원은 양재역 2번 출구에서 100미터 지점에 있습니다."(정보제공), "당신은 국가평생교육진흥원 학점은행센터에 가서 학점등록을 해야 합니다."(직접적 지도). 이를 통해서 보았을 때, 정보제공은 내담자가 해야 하는 것에 대한 지시를 내포하지만, 내담자가 특별한 행동을 해야 하는 것을 직접적으로 언급하지는 않는다는 점에 서로 차이가 있다.

직접적 지도에는 조언, 지시, 전략개방의 세 가지 유형이 있다.

(1) 조언(advice)

성인학습자는 스스로 자신의 문제를 해결할 수 있는 잠재력을 가지고 있기 때문에 성인학습에서는 이러한 학습자의 특성을 고려해야 할 필요가 있다. 그러나 때로는 학습자도 다른 사람의 직접적인 지도가 더 도움이 될 수 있다. 예를 들면 상담에 있어서 학습자는 어떻게 하면 상담과정에 있어서 최선의 결과를 얻을 수 있을지, 어떠한 방식으로 자신의 감정을 표현해야 할지 등에 대해서 어려움을 느낄 수 있다. 상담자는 이와 같이 도움이 필요한 학습자에 조언을 해 줌으로써 그들을 도울 수 있다.

상담자의 조언은 학습자에게 도움이 되어야 한다. 이것은 학습자가 상담자의 조언을 받아들여 그대로 행동에 옮길 수 있어야 한다는 것이다. 만일 그렇지 않다면 학습자는 상담자를 신뢰하지 않는다는 것을 의미한다. 이러한 상황은 상담을 어렵게 만들 수 있다. 그러므로 상담자는 적절한 시기에 적절한 조언을 함으로써 조언이 효과를 발휘할 수 있도록 해야 한다.

그렇다면 효과적인 조언의 기술이나 절차에는 어떤 것들이 있는가? 김계현은 조언의 내용보다는 그것을 주는 방식이 조언의 효과에 더 많은 영향을 준다고 하면서 이에 대해 다음과 같은 제안을 하고 있다.[21)]

첫째, 상담자는 학습자가 가진 문제가 매우 구체적이어서 조언을 잘 해 주면 문제해결에 도움이 되겠다고 판단된다 하더라도 곧바로 조언을 하지 말고 예비절차를 거치도록 한다. 이러한 예비절차는 성인학습 상담의 효과가 반감되거나 없어지는 것을 막아주는 역할을 한다.

둘째, 학습자가 문제해결을 위해서 어떤 노력을 해왔는지에 대해 질문한다. 이러한 절차를 통하여 상담자는 어떤 조언이 학습자에게 도움이 될 수 있는지를 판단할 수 있을 것이다. 예를 들어 학습자가 이제까지 아무런 시도도 해보지 않았다고 대답하면 그러한 학습자는 문제해결을 향한 동기 수준이 낮고 해결 가능성에 대한 무력감을 나타내는 것이므로 이때는 상담자가 어떤 좋은 조언을 하더라도 효과를 보기 어려울 것이다. 반면에 여러 방면으로 노력해 본 학습자에게 이런 절차를 거치지 않고 이런저런 방법을 조언해 준다면 이미 그 방법을 써 봤으나 효과가 없었다는 대답을 얻을 수 있고, 대답은 긍정적으로 하지만 실제로 행동에 옮기지는 않을 확률이 높다.

셋째, 상담자가 조언을 하기 전에 학습자가 이를 받아들일 준비가 되어 있는지 확인할 필요가 있다. 이것은 조언이 상담자의 일방적인 전달이 아니고 학습자가 자의로 받아들이는 것이라는 것을 재확인하는 것이고, 학습자로 하여금 상담자의 조언에 따를 가능성을 높여준다.

넷째, 상담자는 학습자에게 간단하고 구체적으로 조언하도록 한다. 반드시 한 가지 아이디어만을 이야기하는 것도 좋은 방법이다.

다섯째, 상담자는 학습자에게 조언을 한 다음, 학습자가 그것을 어떻게 생각하는지에 대한 즉각적인 피드백을 받도록 한다. 이것은 학습자가 상담자의 조언을 제대로 이해했는지 확인할 수 있는 기회를 제공한다.

여섯째, 학습자가 상담자의 조언대로 실제 상황에서 그것을 실행해 보고, 그것이 효과적이었는지, 문제해결에 도움이 되었는지를 상담자에게 알리도록 한다. 이것은 학습자로 하여금 조언을 실행하도록 하는 효과가 있고, 상담자 또한 자신의 조언이 효과가 있었는지를 확인할 수 있도록 해준다.

(2) 지시(directives)

상담자는 성인학습에서 때때로 학습자에게 무엇을 하라고 지시를 할 필요가 있다는 것을 느낀다. 물론 어떤 상담자는 학습자에게 지시하는 것을 매우 꺼리는 경향이 있기도 하지만 실제 상담에서는 지시가 때로는 유용한 상담기법이 되기도 한다. 상담자는 지시를 통해서 학습자에게 과제를 줄 수 있다. 과제는 학습자가 그들이 상담에서 배운 것을 실습하고 그것을 상담 장면 외에서 사용할 수 있는지 결정하고, 그들의 생활습관과 상황에 맞도록 어떤 수정이 필요한지 이해할 기회를 준다. 과제는 특별히 학습자가 상담에서의 변화과정에 계속 합류하도록 돕는 방법으로 유용할 수 있다. 그것은 학습자가 상담에서 배운 것을 실습하고, 학습자 스스로 가능한 행동을 잘 할 수 있도록 진행을 가속화시키기 때문이다.

지시에는 직접적인 지시와 간접적인 지시의 두 가지 유형이 있다. 직접적인 지시는 상담자가 학습자들로 하여금 상담자의 지시를 수행하도록 할 권위를 지니고 있을 때 사용하는 것으로 좋은 충고나 조언처럼 상담자가 지시한 내용을 학습자가 그대로 행하도록 할 때 사용된다. 반면에 간접적인 지시는 상담자의 권위가 약해서 원하는 변화를 얻기 위해서는 좀 더 간접적으로 지시해야 할 때 사용하는 것으로 학습자가 상담자의 지시내용을 완전히 그대로 따르지는 않으려고 할 때 사용된다. 이것은 상담자가 변화억제의 기법을 사용함으로써 변화가 더 자발적으로 일어나게 하려고 할 때 주로 사용하는 것이다.

다음은 지시의 예이다.

학습자: "참여하고 싶은 프로그램이 있는데 혼자 가기는 좀 그렇고 해서 고민 중이에요."

상담자: "그럼 친구나 주위 분들에게 같이 가자고 해보세요. 사람들 중에는 ○○○씨처럼 배우고 싶은 것이 있어도 같이 갈 사람이 없어서 포기하는 사람이 있을 거예요. 전화를 하거나 만나서 알아보세요."

(3) 전략개방(strategy disclosure)

전략개방은 상담자가 어떤 통찰을 획득했던 개인적 경험에 대한 표현을 언급하는 자기개방화(self-disclosure)의 한 유형이다. 자기개방화는 탐색단계에서 상담자의 경력이나 자격에 대한 개인적 · 간접적 정보를 드러내기 위해 사용될 수 있다. 이러한 사실을 알리는 것은 학습자에게 상담자와 그의 직업적 배경, 직업적 훈련에 대한 간략한 정보를 제공하는데 적절하다. 통찰단계에서의 자기개방화의 목적은 통찰을 촉진시키고자 하는 것이다. 상담자는 학습자의 더 깊은 수준의 이해를 얻기 바라고 개인적 경험을 나타냄으로써 학습자가 자신에 대한 더 많은 자각을 얻기 바란다. 때로는 직접적으로 말하는 것보다 예를 통해 학습자가 쉽게 배우기도 한다. 또한 자기개방은 상담자가 학습자로 하여금 새로운 방향으로 생각하고, 고정관념을 타파하도록 도울 수 있도록 하기 위하여, 저항을 다루거나 내담자가 도전하도록 하기 위해서 사용되기도 한다. 마지막으로 상담자는 그 당시에는 이러한 목적을 자각하지 못하지만 때로는 자신의 불안을 덜거나 자신을 좋아하게 만들거나 내담자의 문제를 해결하고자 하는 등 자신의 욕구를 만족시키기 위하여 부적절하게 자기개방화를 사용하기도 한다.

한편 전략개방의 측면에서 보면 상담자는 자신이 과거에 시도했던 전략을 개방함으로써 학습자에게 적절한 방법을 제안할 수 있다. 사실 학습자에게 이것 저것을 지시하거나 조언하는 것보다 상담자 자신에게 효과가 있었던 것이 무엇인지를 본보기를 통하여 보여주는 것이 더 효과적일 수 있다.

다른 사람이 했던 것을 듣는 것은 새로운 행동을 위한 구체적인 생각을 제공할 수 있고, 학습자가 참신한 실행계획을 생각하도록 격려할 수도 있다. 상담자에게 효과가 있었던 것을 개방하는 것은 상담자가 대답을 가지고 있지는 않지만 자신이 겪었던 것을 기꺼이 전달하는 것이기에 학습자에게 무엇을 하라고 말하는 것보다 덜 위협적이다. 전략개방은 지시하면서 생기는 강요없이 학습자를 위해 더 많은 아이디어를 제공할 수 있다. 그러나 상담자는 학습자가 유사한 행동계획에 적응하기 위하여 상담자의 개방에 무턱대고 영향을 받을 수 있음을 알아야 한다. 따라서 상담자는 학습자에게 상담자가 경험한 것을 해야 한다고 제안하는 것이 아니라 대안으로서 제안해야 한다. 또한 상담자는 자신의 감정을 드러내는 것을 목적으로 개방하지 않도록 주의해야 하는데, 이렇게 되면 초점이 학습자에서 상담자에게로 옮겨지기 때문이다.

다음은 전략개방의 예이다.

학습자: "시험을 잘 보고 싶은데 아이들이 어려서 돌봐야 하니까 공부할 시간도 없고 공부를 안하니까 시험에 대한 불안만 자꾸 커지는 것 같아서 어떻게 해야 할지 모르겠어요."

상담자: "나도 ○○○씨처럼 늦게 공부를 시작했어요. 아이들 때문에 공부할 시간도 부족했구요. 그래서 나는 잠자는 시간을 줄였어요. 물론 처음에는 쉽지 않았지만 공부하고 싶은 욕구가 더 커서 그랬는지 조금씩 적응이 됐어요. 남편에게도 도움을 청했구요. 공부할 시간이 조금이라도 생기게 되니까 의욕도 생기고 시험이나 공부에 대한 불안도 감소되었어요."

이상을 통해서 보았을 때, 상담자가 자신이 과거에 시도했던 전략을 학습자에게 개방함으로써 학습자에게 다른 시도를 제안할 수 있다. 이것은 학습자에게 "이것을 해라, 저것을 하지 말아라." 하는 것보다는 이전에 상담자가 시도해 보아서 효과가 있었던 것이 무엇인지를 학습자에게 알려줌으로써 학습자에게 새로운 제안을 하고, 이를 통해 학습자에게 새로운 행동을 하도록 유도하는 것이 바로 전략개방이 지니고 있는 의의이자 특성이다. 전략개방의 특성을 요약하여 제시하면 〈표 10-5〉와 같다.[23)]

〈표 10-5〉 전략개방에 대한 기본적 이해

구 분	구체적 내용
정 의	상담자가 자신이 과거에 문제를 다룰 때 사용해 보았던 행동이나 사례를 설명하는 것
예 시	"대학시절에 어떤 교수님 수업과 관련하여 기말시험을 치르고 있었을 때, 나는 잠을 잘 수가 없었어요. 학점을 잘 받고 싶었지만, 무엇보다도 학점을 잘 받고 싶었지만, 어떤 교수님 수업은 도무지 학점이 잘 나오지를 않았어요. 그래서 교수님에게 찾아가서 학점이 왜 잘 안 나오는지에 대해 질문을 했지요. 그랬더니 교수님께서 시험은 잘 보았는데, 과제물이 제대로 작성이 안 되었다고 자세히 설명해 주시더라구요."
가능한 학습자 반응	교육받기, 벗어나기, 새롭게 행동하기, 희망적이 되기, 무반응 등
바람직한 학습자 행동	동의하기, 치료적 변화되기
도움이 되는 단서	• 그 문제를 철저하게 탐색했다는 것을 확실시하기 • 학습자에게 이익이 되는 전략 생각하기 • 학습자의 수준에 알맞고, 실행하기가 어렵지 않고, 학습자의 강점을 기초로 하는 전략을 선택하기 • 당신의 문제가 무엇인지에 대해 자세히 들어가지 않게 간단하게 개방하기 • 개방에 대한 학습자의 반응 상태에 대해 관찰하기 • 개방후 학습자에게 로 초점을 다시 옮기기

미 주

1) 김남순, 상담심리학의 이해(서울: 교육과학사, 2010), p.95.
2) 상게서, pp.96-97.
3) 노안영, 상담심리학의 이론과 실제(서울: 학지사. 2010), pp.212-217.
4) 주은선 옮김, 클라라 힐 · 카렌 오브리언 공저, 상담의 기술 3판(서울: 학지사, 2014), p.106.
5) 문선모, 학생상담: 이론과 실제(서울: 양서원, 2000), pp.40-41.
6) L. S. Cormier & H. Hackney, *The professional counselor: A process guide to helping*(2nd ed.) (Boston: Allyn and Bacon, 1993).
7) J. Goodman, "The dental model for counseling", *American Counselor*, 1992, 1(3), pp.27-29.
8) 노안영, 삶의 지혜를 위한 상담심리(서울: 학지사, 2011), pp.110-111.
9) 주은선 옮김, 클라라 힐 · 카렌 오브리언 공저, 상담의 기술 3판(서울: 학지사, 2014).
10) 주은선 옮김, 클라라 힐 · 카렌 오브리언 공저, 상담의 기술 3판(서울: 학지사, 2014), p.60.
11) 상게서, p.62.
12) 상게서, p.62.
13) 상게서, p.62.
14) 상게서, p.128.
15) Gerard Eagan 저, 제석봉 역, 상담모델과 상담기술(서울: 센게이지, 2009).
16) 상게서, p.104.
17) 노안영, 상담심리학의 이론과 실제(서울: 학지사, 2010), p.96.
18) L. M. Brammer, *The helping relationship-process and sikills*(Englewood Cliffs, NJ: Prentice Hall, 1981).
19) Gerard Eagan 저, 제석봉 · 유계식 · 박은영 역, 유능한 상담자(서울: 학지사, 2000), p.151.
20) 주은선 옮김, 클라라 힐 · 카렌 오브리언 공저, 상담의 기술 3판(서울: 학지사, 2014), p.183.
21) 김계현, 카운슬링의 실제(서울: 학지사, 1998), pp. 163-168.
22) 주은선 옮김, 클라라 힐 · 카렌 오브리언 공저, 상담의 기술 3판(서울: 학지사, 2014), p.394.
23) 상게서, p.470

Chapter_ 11

성인학습 상담 방법으로서의 멘토링

멘토링은 상호변혁형 학습의 대표적인 예이다. 상호변혁형 학습이란, 학습장면에서의 개인의 성장에 그치지 않고 사회적 존재로서 자기결정성을 기르는 동시에, 학습자와 교육자의 상호관계를 재편성하면서, 자신과 타인의 인간적 해방과 공생을 위해, 함께 새로운 가치와 의미를 만들어 가려고 하는 학습을 의미한다. 자기주도형 학습이 다분히 노울즈(Knowles, 1980)의 이론적 · 실천적 기반을 배경으로 하고 있는 것으로 반해, 상호변혁형 학습은 프레이리(Freire, 1972),[1)] 겔피(Gelpi, 1980),[2)] 자비스(Jarvis, 1997)[3)] 등의 비판이론과 사회변혁적인 관점도 포함하는 성인 교육이론을 배경으로 한다.

1. 멘토와 멘토링

멘토란 그리스 신화의 어원을 가진 '충실한 친구이며 조언자'라는 의미를 가진 말로, 미국의 성인교육학자인 갈브레이드(Galbraith, 1998)도 지적한 바와 같이 최근 성인교육연구 중에서 점점 그 가치가 인식되어 성인교육의 한 방법으로서 중요성을 지니고 있다고 널리 회자되고 있다.[4)] 멘토의 역할이란, '교육자와 학습자'라고 하는 개별의 관계부터 출발하여 개별의 학습자와의 관계 속에서 가르치거나, 현재화한 학습요구에 부응할 뿐만 아니라, 교육자 · 학습자 쌍방이 선택한 방향으로 향할 수 있도록 학습자와 함께 학습에 대처하는 것으로 볼 수 있다. 그중에서 교육자는 학습자가 독자적으로 소유한 전문 지식과 그 성장으로부터도 무언가를 배우기도 하고, 더 나아가 양자의 관계성이 발전되는 과정에 있어 '교육자와 학습자'의 역할이 종결한다고 하는 것이다. 이 역할은 공식적 교육이 아닌, 지속적인 상호관계가 보장되는 학습기회, 비공식적인 학습장면 등에서 특히 발달한 것이기도 하지만, 최근에는 기업체나 대학교육에서 이 멘토십 제도를 도입하여 학습효과를 제고하기 위한 경향이 증대되고 있다.

멘토의 기원은 그리스 신화로 거슬러 올라간다.[5] 고대 그리스에서는 젊은이들에게 그들보다 나이가 많은 성인 남자들과 짝을 지워서 젊은이들로 하여금 그들의 멘토로부터 가치를 배우도록 했다. 이때 멘토들은 대부분 아버지의 친구이거나 친척이었다. 이것은 멘토가 요즘에 등장한 새로운 아이디어가 아니라 이미 오래 전부터 우리에게 존재해 왔다는 것을 의미한다.

멘토의 역사는 멘토에 대한 다양한 정의를 제공해 주고 있다. 그중 일반적인 정의 몇 가지를 제시하면 다음과 같다.

- 멘토는 대개 멘티보다 나이가 많고 세상에 대한 경험이나 전문영역에 있어서 기술을 더 많이 가진 사람이다.[6]
- 멘토는 성실, 높은 기대감, 유머를 가진 멘티의 삶에 있어서 촉매의 역할을 할 수 있는 사람이다.[7]
- 멘토는 개인의 기술을 향상시키는 과정에서 지식, 기술, 비전, 그리고 역동과 헌신을 다하는 사람이다.[8]

위에서 제시된 멘토의 정의를 종합해보면, 멘토는 대부분 멘티보다 나이가 많고 세상에 대한 경험이 많으며 멘티가 자신의 잠재력을 충분히 개발할 수 있도록 도와줄 수 있는 사람이라고 할 수 있다.

영과 라이트(Young & Wright)에 의하면 멘토는 다른 사람을 성공으로 이끄는 사람이라고 할 수 있다.[9] 이것은 그냥 멘토가 되는 것은 충분한 것이 아니고 좋은 멘토가 된다는 것, 그리고 멘토링으로 인하여 바람직한 결과를 가져올 수 있는 역할모델이 된다는 것이 중요하다는 것을 의미한다. 그렇다면 좋은 멘토란 어떤 특성을 가진 사람들인가? 즉 무엇이 좋은 멘토의 특성인가? 로울리(Rowley)는 좋은 멘토의 특성으로 다음과 같은 요소들을 지적하고 있다.[10]

① 멘토로서의 역할에 충실할 것
② 멘티를 수용할 것
③ 지원을 제공할 것
④ 인간관계가 효과적일 것
⑤ 희망과 낙천성을 얘기할 것
⑥ 계속 학습의 모델이 될 것

영(Young)은 멘토가 자신의 역할을 이해하고 멘티의 요구를 충족시킬 수 있어야 한다고 했다.[11] 또한 다양한 분야에 대해 지식을 가지고 있어야 하고 멘티의 이야기를 경청하고 문제해결사로서 역할을 다해야 한다고 했다. 멘토의 다른 특성은 멘티의 욕구를 이해하고 이에 민감하고, 책임감 있고 우수한 대인관계 기술을 가지고 사고과정에 있어서 객관적이고 명확해야 한다는 것이다.[12] 멘토의 특성을 아는 것은 멘토링 관계가 성공적일지를 평가하도록 해준다. 만일 멘토가 되기를 원하는 사람이 자신이 이러한 특성을 가지고 있는지를 평가를 통해서 확인할 수 있다면, 그 멘토링은 성공에 대한 거대한 잠재력을 가질 것이다.

사람들이 생각하는 이상적인 멘토는 어떤 특성을 가졌을까? 이에 대한 연구가 활발한 것을 보면 이런 궁금증을 가진 사람들이 많은 것 같다. 로즈

(Rose)에 의하면 대학원생이 원하는 이상적인 교수 멘토는 성실(integrity), 지도(guidance), 그리고 관계(relationship)의 특성을 가진 사람이다.[13] 윌슨(Wilson)도 성실(integrity), 용기(courage), 배려(care)를 이상적인 멘토의 특성으로 제시했다.[14]

앨런과 포티트(Allen & Poteet)는 이상적인 멘토에 대한 인터뷰를 통해서 20가지 차원을 발견했다. 물론 그중에는 많은 사람들이 지적한 것도 있었고 그렇지 않은 것도 있는데, 일부를 소개하면 다음과 같다. 경청과 의사소통 기술, 인내, 조직과 기업에 대한 지식, 다른 사람을 이해할 수 있는 능력, 정직과 신뢰감, 진정한 흥미와 자기동기, 인간지향적, 비전, 개방적 의사소통 시스템을 상호적 피드백과 함께 확립, 기준/목표/기대 정하기 등이 사람들이 생각하는 이상적인 멘토와 관련 있는 것이었다.[15]

한편 멘티는 멘토가 그 영향을 미치는 대상이 되는 사람을 말하며, 멘토리(mentoree) 혹은 프로테제(protege) 등으로 불리기도 하는데, 여기에서는 멘티로 통칭하고자 한다. 멘티는 멘토의 지도를 필요로 하고 멘토링 관계에서 책임을 공유하고 있다. 이것은 멘토링에서 모든 책임이 멘토에게만 있는 것이 아니라는 것을 의미한다. 멘토와의 효과적인 관계를 수립하기 위해서 멘티들은 멘토를 존경하고 신뢰하는 등의 노력을 해야 한다.

한편 멘토링은 단순하게 말하자면 젊고 경험이 부족한 사람이 경험과 나이가 많은 사람에 의해서 훈련되고 개발되는 관계라고 할 수 있다. 이런 맥락에서 보면, 멘토는 교사이고 충고자이고 모델이고 가이드이고 심지어는 멘티를 보호해주는 사람이기도 하다. 멘토와 마찬가지로 멘토링에 대해서도 다양한 정의가 존재한다. 그중에서 멘토링을 보다 구체적으로 정의한 것을 제시하면 다음과 같다.

- 멘토링은 나이가 많은 사람이 어린 사람의 경력개발(career development)을 촉진하기 위해 지지해주고 가르쳐주고 지도해주고 촉진해주는 것이다.[16]
- 멘토링은 나이가 많고 좀 더 경험 많은 사람이 젊고 경험이 부족한 사람을 가이드, 옹호자, 교사로서 도와주는 것이다.[17]
- 멘토링은 대개 좀 더 경험과 나이가 많은 사람이 젊고 경험이 부족한 멘티의 가이드, 역할모델, 교사, 그리고 스폰서로서 행동하는 것이다.[18]
- 멘토링은 학습자의 교육적 성장을 지도해주고 촉진시키는 종합적인 과정이다.[19]

멘토링에 있어서 주목할 것은 멘토링 과정이 중요하다는 것이다. 아담스(Adams)에 의하면, 멘토링은 개인의 경력 · 개인적 · 전문적 성장과 발달을 향상시키기 위한 관계를 형성하는 데 초점을 두고 충고하고, 코치하고, 배려해주는 통합과정이라고 한다.[20] 그러므로 멘토링을 과정 혹은 행동에 초점을 두고 생각할 수 있고, 멘토링의 성공이 행동 혹은 과정 중 어느 것에 기초했다 하더라도 멘토링은 잠재적으로 그들이 특정 분야에서 전문적인 성장을 할 수 있도록 도와주는 것이다.

클라크(Clark)는 멘토링의 핵심이 우정, 상담, 교정과 지적 양육의 과정에 있다고 했다.[21] 그렇기 때문에 학문적 환경에서 이것은 체계적으로 동료와 학생의 발달, 전문적 성장, 사회성을 지원해주고 안내하는 수단으로 사용될 수 있다.

이상적인 멘토링 관계의 예로는 소크라테스와 플라톤, 아리스토텔레스와 알렉산더 대왕, 설리반 선생과 헬렌 켈러, 프로이트와 융을 들 수 있다. 우리나라의 경우 소설 〈동의보감〉에 나오는 유의태와 허준의 관계가 그 대표적인 것이라고 할 수 있다.

멘토링의 정의에서도 나타나듯이 멘토의 기능과 역할은 매우 다양하다. 레빈슨(Levinson) 등은 멘토의 역할을 교사, 스폰서, 충고자, 주인, 상담자, 그리고 지지자라고 주장하고 있다.[22] 존스(Jones)는 멘토의 역할을 충고자, 훈육자, 파트너, 친구, 그리고 평가자라고 논한 바 있다.[23] 클라크(Clark)는 여러 학자의 주장으로부터 멘토링 관계에서 멘토는 다음과 같은 역할을 한다고 했다.[24]

① 정보 공유
② 역할모델
③ 팀 형성
④ 피드백, 지원과 격려 주기
⑤ 네트워크를 형성하도록 도와주기
⑥ 도전하고 책임감을 주기
⑦ 특정기술을 가르치기

달로즈(Daloz)[25]와 자카리(Jachary)[26]는 멘토가 후원, 도전, 그리고 비전의 제시와 같은 3가지 과업을 수행한다고 한다. 여기에서 언급하고 있는 멘토의 주요 과업에 따른 구체적 기능은 다음의 〈표 11-1〉과 같다.

〈표 11-1〉 멘토의 기능과 구체적 내용

멘토의 기능	구체적 내용
후원(support)	• 멘티의 내적 목소리 경청 • 적절한 구조의 제공 • 적극적인 기대감의 표현 • 옹호자로서의 역할수행 • 우리 의식의 공유 • 특별한 관계의 정립 및 유지

도전의식 부여(challenge)	• 과업의 설정 • 다양한 대안의 제시 • 다양한 토론활동에의 참여 강조 • 이분법적 사고 타파 및 상대적 사고 형성 • 높은 수준의 표준 설정
비전의 제시(vision)	• 모델링의 제공 • 장기비전의 제시 • 새로운 언어의 제시 • 멘티의 자기인식 기회 확대

크람(Kram)[27]은 기존의 학자들이 멘토링의 기능 및 역할에 대해서 일차원적으로 제시한 것을 경력기능과 심리사회적 기능의 두 차원으로 나누어 설명하였다. 크람(Kram)[28]은 멘토가 전문적으로는 스폰서, 코치, 보호자로서 행동하는 반면 사회심리적으로는 상담, 수용, 우정 등을 제공한다고 했다. 이를 보다 구체적이고 체계적으로 정리해서 제시하면 〈표 11-2〉와 같다. 여기에서 경력기능은 멘티가 자신의 역할을 적절히 그리고 훌륭하게 수행하는 데 필요한 요령을 습득하게 해주고, 조직 내의 승진, 또는 경력개발을 위해 준비하도록 도와주는 기능을 말한다. 그리고 심리사회적 기능은 개인적인 수준에서 자신감과 자아에 대한 명확성을 고양시켜 줌으로써 친밀감과 신뢰감이 형성되어 보다 인간적 관계가 맺어질 때 가능하다. 심리사회적 기능은 조직 내에서의 발전뿐 아니라 멘티의 인생 전반에 영향을 미친다.

〈표 11-2〉 멘토링의 기능

경력 관련 기능	심리사회적 기능
후원 노출 및 소개 지도 보호 도전적인 업무 부여	역할모형 수용 및 지원 상담 우정

2. 멘토링의 단계와 효과

멘토링은 멘토와 멘티의 양자 간 상호작용을 전제로 그 정도와 질적 측면에서 시간이 경과함에 따라 변화하는 역동적 과정이다.[29] 따라서 상호작용이라는 측면에서 일정한 발전단계를 통해 구축된다. 멘토링의 발전단계에 대해서는 크람(Kram)의 시작, 발전, 분리, 재정립의 네 단계가 널리 알려져 있다.[30]

〈표 11-3〉 Kram의 멘토링 발전단계

단계	정의	내용
시작 (initiation)	6개월-1년 두 사람에 있어서 관계 중요성의 인식이 시작	환상이 구체적 기대가 됨. 멘토는 지도, 도전적 과제 부여, 후원기능, 멘티는 기술적인 도움, 존경, 지도받고자 열망함.
발전 (cultivation)	2-5년 멘토링 기능 확대	멘토링 관계로부터 이익을 얻기 시작. 의미 있는 상호작용 증가. 정서적 결합이 강해지고 친근감 증가.
분리 (separation)	멘토링 역할 및 관계에 중요한 변화, 또는 감정적 경험 이후 6개월 내지 2년간	멘티는 자율적으로 배우거나 일하고자 하는 기회를 열망함. 멘토기능을 제대로 할 수 없게 됨. 지속적 상호작용의 기회가 제한됨. 제한된 기회로 상호관계를 저해하는 분노 및 적대감이 유발되기도 함.
재정립 (redefinition)	이전과 다른 멘토링 특성을 갖거나, 우호적 동료관계가 시작	분리로 인한 스트레스가 감소하고, 새로운 멘토링 관계가 형성됨. 분노와 화가 누그러지고, 고마움이 증가.

한편 자카리(Zachary)[31]는 멘토링의 단계를 준비(preparing), 타협(negotiating), 실제(enabling), 종결(coming to closure)로 나누어 제시하고 있다. 준비단

계의 멘토링은 좋은 교사를 만나는 것 이상을 의미한다. 교사는 좋은 학생을 만나야 한다. 이들의 만남이 적합한지 결정하기 위해서 멘토링 관계와 자기에 대한 준비가 필요하다.

타협단계는 멘토링 파트너 간에 학습목표에 대해 동의하고 관계의 내용과 과정을 규정하는 단계라고 할 수 있다. 실제단계는 멘토링 당사자들 간에 학습이 가장 많이 일어나는 단계이므로 오래 걸리는 것이 특징이다. 비록 이 단계에서 학습과 발달을 위한 기회가 제공되기는 하지만 관계를 이탈하도록 하는 장애물에 가장 취약한 시기이기도 하다.

종결단계는 멘토링 파트너들이 종결과정을 확립할 때 실제로는 타협과정이 시작되는 진화적인 과정이다. 실제단계 동안 서로가 잘 알게 되면서 그들은 다른 사람의 흥미와 욕구를 더 인식하게 되고 그들은 협심해서 종결계획을 할 수 있는 가장 좋은 위치에 있다.

한편 오닐(O'Neil)[32]은 도입(entry), 상호신뢰 형성(mutual building of trust), 위험감수(risk taking), 기술 가르치기(teaching of skills), 전문가적 기준(professional standards), 해결(dissolution)의 6단계로 멘토링의 단계를 구분하기도 한다.

멘토링은 멘티에게 매우 긍정적인 영향을 미친다.[33] 노벨상을 받은 사람들 중에서 41%가 전에 노벨상을 받았던 사람과 일한 경험이 있다고 한다. 이것은 멘토링이 멘티에게 얼마나 효과적인지를 입증해 주는 한 예이다. 그러나 멘토링은 멘티뿐만 아니라 멘토와 조직에도 긍정적인 영향을 미치므로 상생전략(win-win strategy)이다. 결국 멘토링은 기술습득 이상의 것이라고 할 수 있다. 이것은 지혜를 습득하는 것에 관한 것이다.

멘토링 효과는 멘티 및 멘토와 교육조직의 입장에서 다음의 〈표 11-4〉와 같다.[34] 멘티는 기술을 학습하고 조직생활 요령을 획득하고 자신감을 회복하며 효과적인 행동원칙을 학습한다. 멘토 자신도 삶의 재활력을 느끼게 된다. 또한 멘토링은 조직에 있어서도 조직문화를 효율적으로 전달하는 중요한 역할을 수행한다.[35]

〈표 11-4〉 멘토링이 멘토, 멘티, 조직에 미치는 효과

멘토	멘티	조직
• 경력 향상 • 지적능력과 정보획득 • 신뢰받는 충고자의 역할 • 심리적 보상	• 이미지 향상 • 경력(진로) 개발 • 경력개발 관련 지식증대 • 경력계획 • 과업만족	• 개인의 통합 • 탈락률 감소 • 의사소통 증대 • 성과 향상

클라크(Clark)는 멘토링의 효과 및 가치를 (교육)조직, 멘티, 멘토의 입장에서 기술하였다.[36)]

조직의 입장에서 멘토링은

- 멘토와 멘티의 사기를 진작시킨다.
- 생산성과 효과성을 증진시킨다.
- 스태프와 행정가의 이직을 감소시킨다.
- 시스템에서의 계속성을 촉진한다.
- 공유된 리더십의 기회를 제공한다.
- 조직 내에서 전반적인 리더십의 질을 향상시킨다.
- 교수와 연구를 위한 보다 나은 작업환경을 만든다.
- 학생들을 위한 학습 환경을 향상시킨다.

멘티의 입장에서 멘토링은

- 지속적인 지원과 격려를 해준다.
- 분명한 기대와 건설적인 피드백을 준다.
- 증가된 자신감과 경력에 대한 야망을 심어준다.
- 내부 정보에 대한 접근을 가능하게 한다.
- 성공적인 역할모델과 함께할 수 있다.

- 전문적인 네트워크 형성에 도움이 된다.
- 효과적인 경력에 관한 충고와 방향을 제시해 준다.
- 대학(조직) 관점의 발달을 촉진시켜 준다.

멘토의 입장에서 멘토링은
- 교수와 경험공유에 대한 개인적 만족을 준다.
- 기술과 실제를 반영할 기회를 제공한다.
- 새로운 아이디어를 노출하게 한다.
- 자신의 분야에서 지금까지 지내온 것에 대한 유인가를 제공한다.
- 스태프의 행정적 자질에 대한 인식을 제고하게 한다.

이제까지 멘토링 효과를 검증한 연구를 살펴보면 대체적으로 교육분야보다는 경영이라든가 인사관리 분야에서 많이 수행된 것으로 나타나고 있다. 경영조직의 경우, 멘토가 있는 경영자들이 멘토가 없는 경영자에 비해 더 많은 봉급과 보너스를 받았고, 직무만족 수준도 높은 것으로 나타났다.[37] 그리고 멘토링과 승진, 높은 급료, 급료에 대한 만족감 사이에 정적 상관이 존재하고,[38] 멘토관계가 관리자와 전문직 종사자의 초기 경력발전에 긍정적 영향을 미치며,[39] 멘토링 유무는 경력성공 및 경력달성과 정적 상관이 있는 것으로 나타났다.[40]

멘토가 있는 신입사원이 직무만족, 조직몰입 수준이 높고 이직의도가 낮으며,[41] 경력개발 기능이 내적인 직무만족과 조직사회화에 영향을 주며, 봉급 및 외적 직무만족에 대해서도 다소 영향을 주며, 심리사회적 기능의 영향력은 거의 없는 것으로 조사되었다.[42] 그런데 어떤 과업에서든 성공한 최고경영자의 배후에는 항상 멘토가 있다는 주장 또한 있다.[43]

교육분야에서의 멘토링은 학생들이 진로관련 선택을 할 때 긍정적인 영향을 미치고, 그들이 교육목표를 지속적으로 추구하게 하고, 고등교육에서 성

공 가능성을 제고도록 한다.[44)]

한편 슐츠(Schulz)는 멘토링의 효과를 멘토, 멘티, 조직, 그리고 사회의 측면에서 제시하였다.[45)] 특히 멘토와 멘티에 대해서는 학습, 성장, 발달의 관점에서 멘토링이 어떤 효과가 있는지를 설명하고 있다.

이런 맥락에서 보면 멘토링이 성인학습에 있어서 중요한 하나의 접근방법이 될 수 있다는 것을 알 수 있다. 코헨과 갈브레이드(Cohen & Galbraith)는 일대일 상호작용의 멘토링 모델이 평생학습에 있어서 중요한 접근방법이고 빠르게 변하는 개인적, 사회적, 직장 환경에 적응하는 데 도움이 되는 실제적인 방법이라고 했다.[46)] 그들은 멘토링이 성인학습자에게 중요한 개인적, 학문적, 진로발달을 위한 기회를 제공한다고 했다. 멘토-멘티 관계는 멘티가 멘토의 역할을 하도록 선택된 전문가와 함께 그들의 재능을 탐색하고 확장하기 때문에 독특한 학습경험을 제공한다. 멘토링은 멘티가 오늘날 복잡하고 빠르게 변화하는 사회적 및 경제적 이행을 성공적으로 탐색하는 데 도움이 되는 실제적 접근방법이다.

권두승[47)]도 성인교육에 있어서는 형식적, 비형식적 방법에 의한 학습활동 지원도 중요하지만, 무형식적 방법에 의한 학습지도 활동도 중요한데, 형식적, 비형식적, 그리고 무형식적 방법을 막론하고 성인학습 활동을 지원하고, 촉진하며, 안내하며, 상담하는 역할수행과 관련된 개념이 바로 멘토링이라고 했다.

발달적 측면에서 보면, 성인에게 있어서 멘토링의 중요성을 잘 알 수 있다. 레빈슨(Levinson)은 멘토 관계가 개인이 성인초기에 가질 수 있는 가장 발달적으로 중요한 관계 중 하나라고 했다. 그는 멘토의 기능을 다음과 같이 기술하고 있다.[48)]

> "멘토는 젊은이의 지적 발달과 기술을 향상시키는 교사로서 행동할 수 있다. 스폰서로서의 역할은 멘토가 젊은이의 시작과 향상을 촉진시킬 수 있도록 영향력을 사용한다는 것이다. 그는 호스트와 가이드로서 새 직업적/사회적 세계에 들어온 것을 환영하고 그것의 가치, 관습, 자원, 특성에 익숙해지도록 한다. 그의 성취, 인생관, 가치관을 통해서 멘토는 멘티가 존경하고 모방하려는 모델이 된다. 그는 멘티가 스트레스를 받을 때 상담을 해주고 도덕적 지원을 제공해준다."

에릭슨(Erikson)의 생산성 대 침체기의 개념은 멘토링에 대한 중요한 시사점을 제공해 주고 있다. 멘토는 성인을 돌보고 그들의 성장과 발달을 촉진하고자 함으로써 책임감을 가진다. 그리고 이러한 책임감은 성인들로 하여금 침체가 아닌 생산적이라는 느낌을 가지게 해주고 이것은 다시 다음 단계인 통합과 절망의 단계에서 성공적인 해결에 영향을 준다. 사회는 점점 더 고령화되고 노인세대의 성취와 만족이 중요한 관심사가 된다. 멘토링은 성인이 자신의 삶의 중요성과 전문적 공헌을 깨닫게 해주는 방법일 수 있다.

노울즈(Knowles)와 성인발달 단계이론에서 주장하는 것을 종합해 보면, 멘토링은 성인이 학습하는 하나의 방법이라는 것을 알 수 있다. 레스터와 존슨(Lester & Johnson)은 멘토링은 전체적인 접근이면서도 개인적으로 학습에 접근하기 때문에 인간발달을 위한 교육의 기본적 형태라고 지적하고 있다.[49)] 멘토와 같이 일하는 성인들은 그들이 가진 목표, 자율감, 개인의 통합감뿐만 아니라 지적 유능감까지도 향상된다. 멘토링은 또한 경험학습의 좋은 예가 된다. 그것은 학습이 경험으로부터 혹은 이와 관련되어서 나타난다는 것이다.

멘토링은 결과중심 모델에서 과정중심 모델로 패러다임이 옮겨가고 있다. 학습은 멘토링의 기본적인 과정, 목표, 그리고 산물이다. 멘토링은 멘티가 상호 간 규정한 학습목표를 달성하도록 하는 데에 있어서 상호 책임감을 공유하는 둘 이상의 사람들 사이의 상호협동적인 학습관계로서 가장 잘 설명된다.

한편 권두승[50)]은 성인교육자의 멘토링 수준을 연구한 결과, 멘토링의 하위 영역 중에서 우리나라 성인교육자는 촉진중심형과 멘토모형에 있어서는 효과적이지만 정보지향성, 도전지향성, 비전제시형의 경우는 덜 효과적이고 관계지향성은 비효과적인 것으로 나타났고, 멘토링 전개상 성인교육자가 지향해야 할 방향을 제시한 바 있다.

3. 효과적인 멘토의 특성 및 기술

효과적인 멘토링 관계를 형성하고 유지하기 위해 멘토에게는 특정 기술과 특성이 요구된다. 다음에서는 이러한 특성과 기술에 대해서 살펴보기로 한다. 캐루터(Carruthers)는 멘토링 관계가 목표를 달성하기 위해서는 이상적으로 말해 멘토가 다음과 같은 특성을 가져야 한다고 했다.[51)]

- 타인의 요구에 민감
- 효과적인 경청자
- 멘토 훈련 받기
- 최근의 교육적 이슈와 실제에 대한 지식
- 특정 조직에 대한 지식
- 멘토링 과정에 충실
- 새로운 아이디어에 개방적
- 멘토링 과정에 충분한 시간 할애 및 접근가능성 용이
- 조직의 정치적 및 조직적 역동을 이해
- 일대일 관계에서 지원하고 격려하는 것을 즐기기
- 자신감
- 윤리적 책임을 이해하기

가비와 알프레드(Garvey & Alred)는 멘토링 관계가 전문적, 학문적, 그리고 개인의 발달과 학습에 멘티가 전과 현재의 경험을 지지적이고 도전적인 대화를 통해 통합함으로써 지대한 공헌을 할 수 있다고 하면서 이러한 멘토링 관계를 시작하고 유지하기 위해서 멘토는 다음과 같은 개인적 특성과 기술을 가질 필요가 있다고 했다.[52]

- 관련 지식과 경험
- 잘 발달된 인간관계 기술
- 다른 사람의 자기개발을 도우려는 마음
- 다른 사람의 필요에 대한 지각, 개방성, 융통성 있는 태도
- 관계 발달을 위한 시간과 용의
- 경청, 도전, 지원 능력
- 신뢰 형성과 유지 능력

그리고 만일 멘토링 관계가 진정한 파트너십이라면 멘티로부터도 다음과 같은 특성과 기술을 요구한다고 했다.

- 자신의 학습에 대한 헌신
- 자신의 학습에 대한 융통성 있는 접근
- 자신의 행동에 대한 정직성과 개방성
- 관계발전에 대한 시간과 용이
- 회상과 반영 능력
- 신뢰 형성과 유지 능력

클라크(Clark)는 캔버라(Canberra) 대학에서의 경험과 연구결과를 토대로 다음과 같이 교육현장에서 효과적으로 사용될 수 있는 지침을 제안하였다.[53]

① 교육리더들은 멘토링이 학습자의 임파워먼트를 위해 학습조직에서 사용할 수 있는 여러 전략 중에서 하나라는 것을 깨달아야만 한다.

② 멘토링 프로그램은 전반적인 조직의 전략계획, 교육과정 개발, 그리고 특정 과목이나 학과의 교수전략의 일부가 되고 또 그것들과 일치해야만 한다.

③ 멘토링은 구성원의 임파워먼트를 추구하는 조직체에서 가장 효과적이다. 이것은 특히 덜 위계적인 조직구조에서 더 적절하다.

④ 멘토링은 스태프평가와 혼동되지 말아야 한다. 멘토는 그들이 최선을 다하고 잠재력을 최대한 개발할 수 있도록 돕고 격려하는 코치가 될 수 있어야 한다. 멘토는 이와 동시에 조직의 위계에서 평가자로서 행동하는 경찰의 역할을 해서는 안 된다.

⑤ 멘토링 관계는 촉진되어야 한다. 멘토와 멘티는 멘토링에 참가하도록 격려되어야 한다. 멘토링 관계는 원하지 않는 참여자들이 강제적으로 참여하게 되면 성공할 수 없는 것이다.

⑥ 멘토는 훈련을 필요로 한다. 비체계적인 멘토링 프로그램을 제공하고 멘토링을 단지 경비를 절약하는 수단으로 인식한다면 멘토링은 실패할 것이다. 멘토가 받는 훈련의 일부는 윤리적 행동의 중요성과 비밀보장의 필요를 강조하는 것이다.

⑦ 성공적인 멘토링을 위한 길은 하나가 아니다. 코치를 해주는 상황처럼 많은 다른 스타일이 똑같이 효과적일 수 있다. 그래서 멘토 훈련 스킴은 융통성이 필요하고 특별한 요구와 특정 조직의 문화뿐 아니라 여기에 포함된 사람들의 성격까지도 고려해야 한다.

⑧ 성인을 포함하는 맥락에서 멘토링은 성인학습에 가장 적절한 학습방법과 특별한 요구를 반영하는 페다고지 철학에 기초하고 있어야 한다.

⑨ 멘토링이 궤도에 오르기 위해서는 멘토링과 멘토-멘티 관계의 평가가 중요하다. 이와 같은 평가는 조직과 개인 차원에서 일어나야만 한다.

⑩ 멘토링은 특히 평등에 대한 정책 목표와 소수 집단에 대한 접근을 돕는데 있어서 효과적이다. 예를 들어 여성을 위한 멘토링 관계가 효과적이라는 연구가 활발하게 진행되고 있다.

미 주

1) P. Freire, Pedagogy of the oppressed(San Francisco:Jossey-Bass, 1976),
2) E. Gelpi, 권두승 · 정우현 역, 평생교육의 미래(서울: 교육과학사, 1989).
3) P. Jarvis, *The Practitioner-Researcher : Developing Theory from Practic* (San Francisco: Jossey Bass Higher and Adult Education Series, 1999).
4) M. W. Galbraith, *Adult learning method:A Guide for effective instruction*(2nd ed.). (Malabar, FL:Krieger, 1998).
5) 멘토라는 단어는 호머(Hormer)가 쓴 오디세이에서 출발한다. 기원전 1,200년전경 오디세우스가 트로이와의 10년 전쟁을 치르기 위해 떠나면서 그의 아들 델리마커스를 도와 그의 왕국을 잘 보호해 줄 것을 부탁한 친구의 이름이 바로 멘토였다. 멘토는 왕자를 도와 델리마커스의 친구로, 아버지로, 스승으로서 왕국을 잘 통치하도록 필요한 지식과 충고를 해 주었다. 이후로 멘토라는 그의 이름은 지혜와 신뢰로 한 사람의 인생을 이끌어 주는 지도자의 동의어로 사용되었다. 류재석, 멘토링 실전전략(서울: 도서출판 이담, 2010).
6) Levinson, D.J., Darrow, G.M., Klein, E.B., Levinson, M.H., & McKee, B.(1978). *The Seasons of a Man's Life*, New York: Ballantine Books.
7) Hardcastle, B.(1988). *Spiritual connections: Proteges' reflections on significant mentorships: Theory into Practice*, 27(3), 201-208.
8) Young, C. & Wright, J.(2001). Mentoring: The components for success, *Journal of Instructional Psychology*, 28(3), 202-207.
9) 상게서.
10) Rowley, J.B.(1999). *The good mentor, Educational Leadership*, 56(8). 20-22.
11) Young, C.Y.(1994). *The efficacy of a retention program for culturally diverse pre-service teachers*, Unpublished doctoral dissertation, Illinois State University.
12) Wittenberg, P.M.(1998). *Successful mentoring in a correctional environment*, Federal Probation, 62(2), 75-81.
13) Rose, G.L.(2003). Enhancement of mentor selection using the ideal mentor scale, *Research in Higher Education*, 44(4), 473-494.
14) Wilson, P.F.(2001). Core virtues for the practice of mentoring, *Journal of Psychology & Theology*, 29(2), 121-131.
15) Allen, T.D. & Poteet, M.L.(1999). Developing effective mentoring relationships: Strategies from the mentor's viewpoint, *Career Development Quarterly*, 48, 59-71.
16) Hill, s., Bahniuk, M. & Dabos, J.(1989). The impact of mentoring and collegial sup-

port on faculty success: An analysis of support behavior, information adequacy, and communicatin apprehension, Communication Education, 38, 15-33.

17) Casey, K.M.(2000). Mentors' contributions to gifted adolescents' affective, social, and vocational development, *Roeper Review*, 22(4), 227-231.

18) Clark, R.A., Harden, S.L., & Johnson, W.B.(2000). Mentor relationships in clinical psychology doctoral training: Results of a national survey, *Teaching of Psychology*, 27, 262-268.

19) Martinez, W.M. & Wolf, S.E.(2003). Infusing mentoring and technology within graduate courses: Reflections in practice, *Mentoring & Tutoring*, 11(1), 95-104.

20) Adams, H.G.(1998). The mentorship briefing guide: *Handbook for establishing and implementing a mentoring program*, Notre Dame, In: GEM consortium.

21) Clark, E.(1995). Mentoring: A case example & guidelines for its effective use, *Youth Studies Australia*, 14(2), 37-43.

22) Levinson(1978). 전게서.

23) Jones, M.(2001). Mentors' perceptions of their roles in school-based teacher training in England and Germany, *Journal of Education for Teaching*, 27(1), 75-95.

24) Clark(1995). 전게서.

25) Daloz, L.A.(1999). *Mentor*, San Francisco: Jossey-Bass Publishers.

26) Zachary, L.J.(2000). *The mentor's guide: Facilitating effective learning relationships*, San Francisco: Jossey-Bass.

27) Kram, K.(1983). Phases of the mentor relationship, *Academy of Management Jouranl*, 26(4), 608-625.

28) 상게서

29) 권두승(2003). 성인교육자의 멘토링 척도개발과 교육적 시사점. 한국평생교육학회. 평생교육학연구, 10(2), 45-57.

30) Kram, K.(1983). 전게서.

31) Zachary, L.J.(2000). 전게서.

32) O'Neil, J.M.(1981). Toward a theory and practice of mentoring in psychology, In J.M. O'Neil & Z.L.S. Wrightsman, *Mentoring: Psychologica, personal, and career development implications*, Symposium presented at the annual meeting of the American Psychological Association, Los Angeles.

33) Zukerman, H.(1977). *Scientific elite: Nobel laureates in the United States*, New York: Free Press.

34) Zey, M.G.(1984). *The Mentor Connection*, Homewood, IL: Irwin.

35) Wilson, J.A. & Elman, N.S.(1990). Organizational benefits of mentoring, *Academy of Management Executive*, 4, 88-94.

36) 상게서.

37) Roche, G.R.(1990). Much do about mentors, *Harvard Business Review*, 57, 373-378.

38) Dreher, G.F. & Ash, R.A.(1990). A comparative study of mentoring among men and

women in managerial, professional, and technical positions, *Journal of Applied Psychology*, 75, 539-546.

39) Whitely, W., Dougherty, T.W., & Dreher, G.F.(1992). Correlates of career-oriented mentoring for career managers and professionals, *Journal of Organizational Behavior*, 13, 141-154.

40) Turban, D.B. & Dourgherty(1994). Role of pretege personality in receipt of mentoring and career success, *Academy of Management Journal*, 37, 688-702.

41) 김한얼(1993). 조직사회화 과정에서 멘토의 역할, 경영학연구, 22(2).

42) Chao, G.T., Walz, P.M., Gardiner, P.d., Lyons, W., Scroggins, D., & Rule, P.P.(1992). Formal and informal mentorships: A comparison on mentoring functions and contrast with non-mentored counterparts, *Personnel Psychology*, 45(3), 619-636.

43) Collin, E..G. & Scott, P.(1983). Everyone who makes it has a mentor, In *Executive Success: Making it in management*, NY: John Wiley & Sons.

44) Blake-Beard, s.d.(1999). The costs of living as an outsider within: An analysis of the mentoring relationships and career success of Black & White women in the corporate sector, *Journal of Career Development*, 26(1), 21-36.

45) Schulz, S.F.(1995). The benefits of mentoring, *New Directions ofr Adult and Continuing Education*, 66, 57-68.

46) Cohen, N.H. & Galbraith, M.W.(1995). Mentoring in the learning society, New Directions of *Adult and Continuing Education*, 66, 5-14.

47) 권두승(2003). 전게논문.

48) Levinson(1978). 상게서.

49) Lester, V. & Johnson, C.(1981). The learning dialogue: Mentoring, *New Directions for Student Services*, 19, 5-17.

50) 권두승(2003). 전게논문.

51) Carruthers, J.(1993). The principles and practices of mentoring, In B. Caldwell & E. Carter(eds.), *The Return of the Mentor*, Sussex: Falmer Press.

52) Garvey, B. & Alred, G.(2003). An introduction to the symposium on mentoring: Issues and prospects, *British Journal of Guidance & Counselling*, 31(1).

53) Clark, E.(1995). 전게논문.

Chapter_ 12

유능한 성인학습 상담자

1. 학습상담자로서의 역할수행상에 나타나는 문제

성인교육이 이루어지는 교실은 학습참가자에게 참으로 편안하고 안전하게 인식되는 곳이어야 한다. 성인교육의 장에 있어서 성인교육자나 다른 수업참가자들 모두는 가족과 같고, 그들의 의견, 감정, 그리고 상호작용은 참가자들에게 강력한 영향을 미치고 있다. 성인교육을 실제로 담당하거나 이와 관련된 부문에 조금이라도 관심이 있는 자라면, 성인교육에서의 교육자의 행동, 참가자에 대한 그의 흥미나 흥미의 부족, 그리고 그가 학습자에 대한 관심과 배려를 표현하는 정도 모두가 프로그램에서의 학습참가자들의 참여유지나 중도탈락에 영향을 미친다는 것을 잘 알고 있을 것이다.

학습자와 교육자 사이에 존재하는 강한 유대감의 결과로 인하여, 학습자는 자신이 경험하는 다양한 문제와 위기에 관해 성인교육자의 의견을 묻곤 한다. 성인교육자 자신이 효과적으로 대처하지 못하는 문제를 학습자가 보다 쉽게 해결할 수도 있다. 성인교육자는 교실 내에서 어떠한 일이 발생하였을 때 어떻게 대처해야 좋을지 제대로 모르고 동시에 학습자를 어떻게 다루는 것이 가장 좋은 방법인지 그리고 학습자가 가지고 있는 문제를 어떻게 해야 하는지에 대해 혼란을 느낄 수도 있다.

그런데 학습자가 교실로 가져오는 많은 문제들에 대한 적절한 대처방법은 훈련된 전문가에 의해서 가장 잘 해결될 수 있다. 이 장은 성인교육자들에게 어떻게 하면 비효과적인 커뮤니케이션을 제고하고, 어떻게 효과적으로 경청하고 커뮤니케이션의 채널을 열 수 있는가, 그리고 어떻게 다른 사람에게 의뢰를 하는가에 대해서 알려줄 것이다. 말하자면, 이 장은 성인교육자가 학급을 원만하게 운영할 수 있도록 교실 내에서의 효과적인 전략을 제공하는 데 기여할 수 있다. 그러나 이것은 또한 학습자가 자신의 문제를 올바르게 해결하는 것을 돕는 데도 보탬이 될 수 있다.

우리는 살아가면서 사람들과 다양한 관계를 맺고 있다. 성인교육자는 학습자들과 직업적 관계를 가지고 있고, 밖에서는 친구들과 우정을 나누고 있다. 어떤 사람들은 친구들에게 충고를 해주거나 대처기술을 가르쳐주는 것을 학습자들과의 관계에서도 그대로 적용할 수 있다는 잘못된 생각을 하고 있다. 이것은 옳지 않은 일이다. 우정과 직업적 관계 사이에는 수없이 많은 차이들이 있다.

우정은 상호성을 바탕으로 하고 있다. 우정에 있어서 두 사람은 지위나 힘에 있어서 동등하다. 만일 내가 당신의 아이들 문제에 대해 듣는다면, 나는 당신이 직장에서의 나의 어려움에 대해서 들을 것이라고 예측할 수 있다. 성인교육자로서의 직업적 관계에서 교육자의 지위는 어떤 면에서는 학습자들보다 높다. 교육자는 학습자들을 목표를 향해 나아갈 수 있도록 이끌고, 가르치고, 훈련시켜야 한다. 이것은 동등한 관계가 아니다. 학습자들이 교육자에게 와서 문제를 의논하는 동안, 교육자가 그 학습자에게 자기 자신의 어려움에 대해서 이야기하는 것은 비전문적이고 비윤리적인 것이다. 우정에 있어서는 시간의 한계가 없다. 우정은 시작과 끝을 정해놓지 않는다. 그러나 한 교실 내에서의 학습자들과의 직업적 관계에는 목적이 있고 시간이 정해져 있다. 직업적 관계와 우정의 차이가 있기 때문에 문제를 가진 학생들을 돕는 방법은 전문적이어야 한다. 우리들은 전문적인 상담자가 아니더라도 성인교육 분야에서 사람들이 효과적으로 학습하는 것을 돕는 데 필요한 기초적인 기술이나 대처전략을 배울 수 있다. 교실에서의 위기들을 다루는 것에 대해서 이야기할 때 어떤 경우에는 학습자를 상담훈련을 받은 전문가에게 의뢰하는 것도 중요하다. 어떤 교육자는 학습자의 문제를 경청하고 이를 도와주는 것을 즐기지만, 그들은 자신의 능력을 벗어나는 사례 때문에 골치가 아플 수도 있고 도와주기보다는 해를 끼칠 수도 있다는 것을 알아야 한다. 어떤 사람을 도왔다는 것을 아는 것은 만족스러운 느낌을 준다. 상담은 전문적인 것이다. 이 말은 상담은 상담전문가가 행해야 한다는 것이 아니라 전문적으로 접근해야 한다는 것을 의미한다. 따라서 성인학습과 관련된 자들은 학습상담에 관한 전문적인 지식과 기술을 갖추고 있어야 할 필요가 있으며, 학습상담에 있어서 직업상 지켜야 할 윤리적 규범을 지킬 수 있어야 한다.[1)]

고든(Gordon)은 상담과정에 있어서 커뮤니케이션의 장애와 관련된 요인에 대하여 언급한 바 있다.[2)] 개인들이 이러한 반응유형들을 보이면 커뮤니케이션이 단절될 확률이 높다. 이러한 반응들은 개인이 자신을 드러내는데 부정적인 결과를 초래한다. 이것은 또한 자아존중감을 감소시키고, 효과적인 커뮤니케이션을 망치고, 말하는 사람의 진정한 감정을 부인하도록 한다.

많은 사람들은 이러한 커뮤니케이션 장애들이 가진 바람직하지 않은 효과를 인식하지 못한 채 이것을 상대방에게 보낸다. 성인교육자는 자신의 이러한 행동을 깨닫지도 못한 채, 교실에서 학습자들과 커뮤니케이션을 차단할 수 있다. 성인교육자는 이러한 보편적인 장애물에 대해서 인식할 수 있도록 학습하고, 생활 속에서 이러한 장애를 극복하는 방법을 깨닫고, 새롭고 더 생산적인 대안에 대해 배움으로써 교실에서 커뮤니케이션 채널을 열어 놓을 수 있다.

고든은 상담과정에 있어서 흔히 나타나기 쉬운 장애요인을 판단하기(judging), 자신의 해결책 제시하기(sending solutions), 그리고 다른 사람의 걱정을 무시하기(avoiding the concerns of others)의 세 가지 영역으로 구분하고, 이들에게서 나타나는 12개의 장애요인을 제시했다. 이들을 보다 구체적으로 설명하면 다음과 같다.[3)]

첫째, 판단하기와 관련된 요인

- 비판하기(criticizing): 경멸적인 톤으로 하는 반응. '공부를 열심히 한다면 4년제 대학에 편입하는 것은 걱정할 필요도 없을 거야.'
- 욕하기/낙인찍기(name calling/labeling): 개인을 분류함으로써 그 사람의 개성을 무시하는 반응. '그런 일을 하는 것을 보면 너는 날라리가 틀림없어.'
- 진단하기(diagnosing): 이런 유형의 반응에는 개인의 감춰진 동기와 심리적 의미가 내포되어 있다. '너는 꼭 네 엄마처럼 행동하는구나.'
- 평가적으로 칭찬하기(praising evaluatively): 칭찬은 어떤 때는 좋은 뜻으로 사용되지만 어떤 때는 사람들을 조정하려고 사용되기도 한다. '당신은 언제 보아도 상냥하고 친절하군요.'

위와 같은 것들은 판단과 관련된 요인으로 커뮤니케이션에 있어서 여러 장애요인으로 작용한다. 이러한 장애 중 어느 것을 사용하더라도 이것을 보내는 사람은 그것을 받는 사람의 동기, 행동에 관해 판단을 하고 있는 것이다. 판단과 관련된 장애를 사용한 결과는 그것을 받는 사람으로 하여금 방어적이 되게 하고 공격받았다는 느낌을 주는 것이다. 이것을 보내는 사람은 개인의 행동에 대한 원인이나 진정한 감정을 탐색할 시간을 갖지 않고 개인을 미리 판단해 버리는 것이다.

둘째, 해결책 제시하기와 관련된 요인

- 명령하기(ordering): 이러한 반응들은 강제적으로 지시하는 것이다. '지

금 당장 그것을 가져와.'

- 위협하기(threatening): 명령하기와 비슷한 것으로 위협은 만일 그가 제대로 일을 하지 못하면 벌을 받을 것이라는 의미가 내포되어 있다. '만일 여기서 공부하기 싫으면, 집으로 가.'
- 설교하기(moralizing): 올바른 일을 하라고 하는 커뮤니케이션 방법이다. '만일 네가 남을 속이는 거짓말을 했다는 것을 다른 사람들이 안다면 너를 어떻게 생각하겠니?'
- 쓸데없이 많은/부적절한 질문하기(excessive/inappropriate questioning): 너무 많은 질문을 하는 것은 공격이나 복병을 숨겨둔 것과 같은 효과가 있다. 너무 많은 질문을 하는 사람들은 첫 번째 질문에 대한 대답을 기다리지 않고 다음 질문을 계속한다. '어디 갔었니?', '누구와 갔었니?', '무엇을 했니?'
- 충고하기(advising): 다른 사람이 무엇을 해야 하는지를 말하는 것이다. 사람들은 종종 그 문제를 잘 알지도 못하면서 충고를 한다. '나는 네가 그 사람을 떠나야 한다고 생각해.'

위와 같은 것들은 해결책을 제시하는 것과 관련된 요인으로 커뮤니케이션에 있어서 여러 장애요인으로 작용한다. 그 문제를 총체적으로 보지 못한 채 그에 대한 해결책을 보냄으로 해서 커뮤니케이션은 깨져 버린다. 이런 유형의 장애를 경험한 개인은 '이봐, 이것이 해답이야. 그러니 이제 가봐.'라는 느낌을 가진다.

셋째, 다른 사람의 걱정을 무시하는 것과 관련된 요인

- 전환하기(diverting): 다른 것으로 주의를 바꿈으로써 개인의 관심을 편중시키는 것이다. '당신은 오늘이 당신에게 재수없는 날이라고 생각하지만 내 얘기를 들어봐요.'

- 논리적 논쟁(logical arguments): 이것은 사실에 초점을 맞추고 문제 뒤에 있는 감정이나 느낌에 대해서는 언급하지 않는 것이다. '당신은 그 사람과 행복하지 않으며 그 사람은 변할 것 같지 않다고 말했습니다. 그렇다면 당신은 그 사람을 떠나는 것 말고는 다른 방법이 없습니다.'
- 안심시키기(reassuring): 이것은 다른 여러 선택조건을 탐색하는 데 에너지와 시간을 낭비하는 대신 다른 사람을 편안하게 하는 것이다. '물론 이것이 더 낫다.' '당신은 극복할 수 있다.'

우리는 어떤 상황에서는 이상에서 살펴본 바와 같은 장애요인들을 모두 사용한다. 어떤 개인은 이러한 전략이 도움이 되기보다는 해로울 수 있다는 것을 깨닫지 못한다. 당신 자신이 이러한 장애를 많이 경험한다면 당신은 이것이 상호작용하는 적절한 방법이라고 믿을 수 있다. 어떤 사람에게는 다른 사람의 이야기를 경청하는 것이 너무 힘들어서 이와 같은 장애를 사용하는 것이 쉽게 반응하는 방법이 될 수 있다. 궁극적으로 이러한 장애는 커뮤니케이션을 막아버리고, 개인이 서로 의견을 주고받으면서 일할 수 있는 환경을 제공하지 않는다. 장애는 단지 표면만을 덮어버리는 빠른 해결책이기 때문에 개인이 경험하고 있는 것의 진정한 핵심에 도달하지 못한다. 지금 우리는 비효과적인 커뮤니케이션을 다루고 있다. 그렇다면 효과적인 형태의 커뮤니케이션은 어떤 것인지 살펴보자. 상담자나 다른 사람들을 돕는 분야에서 일하는 사람들은 효과적으로 커뮤니케이션하는 방법을 훈련받아야 한다. 다음에서는 효과적인 커뮤니케이션을 하는 사람들의 특성을 살펴보고, 그들이 사용하는 기술에 대해서도 살펴보도록 하겠다.

2. 유능한 상담자의 특성과 기술

어떤 사람이 효과적인 상담자인가에 관한 연구들은 주로 이러한 개인들이 가진 특성에 초점을 맞추고 있다. 상담자와 상담관계에 대한 연구조사 결과에 의하면, 효과적인 상담에는 상담자의 개인적인 특성이 그가 사용하는 방법 못지 않게 중요하다는 것을 보여주고 있다.[4] 여러 조사결과에 의하면 효과적인 상담자들이 성공하는 이유는 그들의 이론적 배경이나 요령(기술) 때문이라기보다는 개인적인 특성으로부터 기인한다는 것이 밝혀지고 있다. 이러한 특성들은 다른 사람이 그들의 감정을 표현할 수 있게 하는 환경을 만들고, 판단으로부터 자유로운 수용감을 경험하게 한다. 다른 사람과의 좋은 관계에 공헌하는 학습상담자의 특성 이외에 효과적인 학습상담자들은 다른 사람을 돕는 기본적 기술을 지니고 있다. 이러한 기술들은 경청하는 능력과 효과적으로 커뮤니케이션하는 능력을 포함하고 있다.

유능한 상담자가 지녀야 할 특성과 관련하여 지금까지 많은 연구들이 수행되어 왔지만, 일반적으로 지지되어온 하나의 발견은 상담관계의 질이 상담결과에 중요한 영향을 미치는 것으로 나타나고 있다. 유능한 상담자가 지녀야 할 기본적인 자질을 살펴보면 다음과 같다.[5]

① 타인에 대한 개인적인 의미가 외적이고 행동적인 자료보다 더 중요하다고 생각한다.
② 인간에 대한 긍정적 신념을 보유하고 있다.
③ 자기 자신에 대한 긍정적 신념을 소유하고 있다.
④ 목적과 우선사항에 대한 강한 신념을 소유하고 있다.
⑤ 상담조력을 위한 적절한 방식에 대한 신념을 소유하고 있다.

상담자로서의 경험과 연구결과를 바탕으로 웰펠과 패터슨(Welfel & Patterson, 2005)이 제시한, 효과적인 상담기법으로서는 다음과 같은 것들이 있다.[6)]

① 사회적 및 문화적 맥락에서의 인간행동을 이해하기

② 성공적인 상담의 목표로서 내담자가 원하는 성숙

③ 내담자 변화의 근간으로서 상담자와 내담자의 긍정적 관계

④ 강렬한 경험으로서의 상담: 정서적으로 강렬한 영향 주기

⑤ 상담과정에서 적극적 파트너로서 내담자

⑥ 기본적인 전문적 책임감으로 윤리적 행위

3. 교실에서의 학습상담 촉진전략

1) 교실에서의 위기 시 대처방안

학습상담자의 특성과 그들이 사용하는 기술에 관해서 학습함으로써 우리는 교실에서 일어날 수 있는 위기상황을 파악할 수 있게 되고, 그 결과 교실에서 위기가 발생했을 때 사용할 수 있는 대처방안을 알아두는 것이 필요하다고 할 수 있다.

학습자가 교실에 가져올 수 있는 특정 위기에 대해 살펴보기 전에 위기가 무엇을 의미하는지 정의해 보는 것은 중요한 일이다. 위기는 종종 맥락과 상관없이 사용되어 왔다. 우리는 때때로 이것을 우리의 인생에서 일어나는 어떤 일을 말할 때 사용했다. 또 이 둘이 매우 다름에도 불구하고 위기를 스트레스를 경험하는 것과 혼동하기도 한다.

위기의 한자어는 危機인데 이것은 위험과 기회가 동시에 일어나는 것을 의미하는 두 개의 한자로 이루어져 있다. 그리스어로 위기를 의미하는 Krinein은 결정이라는 뜻이다. 결과적으로 위기라는 용어는 의사결정, 판단

을 하는 시간과 긍정적 혹은 부정적 결과를 낳을 수 있는 기회이다. 위기를 촉진시키는 사건은 개인의 삶을 침해하고 흐트러지게 하고 혼란스러운 상태로 이끈다. 위기에 있는 사람은 불균형을 경험하고 과거에 성공적이었던 대처행동을 함으로써 균형을 획득하려고 한다. 만일 이러한 대처행동이 성공적이면 위기는 사라진다. 그러나 만일 성공하지 못하면 개인은 압도당하는 느낌을 가질 것이고 위기 속에 빠질 것이다.

헬펀(Halpern)은 위기에 있는 사람들이 경험하는 증후를 다음과 같이 제시하였다.[7)]

- 피로감
- 무기력감
- 부적절감
- 혼란스러움
- 신체적 증상
- 불안감
- 직장관계에서 기능의 해체
- 가족관계에서 기능의 해체

위기가 시작될 때는 그 증상이 가시적이다. 그리고 한 개인을 위기로 이끄는 것은 다른 개인을 위기로 이끄는 요소와 관련이 없을 수도 있다. 개인이 사건을 어떻게 해석하는지, 그들의 대처행동이 얼마나 탄력적인지, 그리고 그들이 어디에 있는지가 모두 어떤 문제상황이 위기가 되느냐 아니냐에 영향을 미친다. 위기에는 상황적인 것과 우연적 혹은 예기치 않았던 것(예를 들면, 비행기 추락, 강도, 홍수)과 발달적인 것(예, 고등학교 졸업, 결혼, 은퇴)의 두 종류가 있다. 발달적 위기는 개인의 전 생애에서 발달단계가 바뀔 때마다 나타나므로 예측이 가능하다. 상황적 위기는 예상하지 못한 것이기 때문에 사람들은 이에 대해 무방비 상태가 된다.

위기대처이론을 연구한 학자들은 위기를 시간제한이 있는 사건으로 보고 있다. 원래 위기는 6주에서 8주 정도의 기간을 가진다. 대부분의 경우 위기를 6주 안에 해결하지 못하면 종종 그것을 해결하는 데 몇 달이 걸린다. 개인이 그들의 삶에서 균형감을 얻는 데 필요한 시간과 위기를 해결하는데 필요한 시간 사이에는 차이가 있다. 위기의 해결은 몇 달이 걸릴 수 있고 어떤 경우에는 몇 년이 걸릴 수도 있다. 위기는 갑자기 시작되어서 제한된 시간 동안 지속된다는 점에서 스트레스와 다르다. 스트레스는 전보다 비효과적으로 매일의 일상적인 생활기능을 하도록 하는 계속적인 경험이다. 그러나 정상적으로 기능하는 것은 여전히 가능하다. 위기에 있는 사람은 종종 너무나 압도당하고 산산이 흩어진 느낌이라서 그들의 일상적인 삶이 고통을 받는다. 스트레스를 받는 동안 우리는 성공적이었던 대처행동을 한다. 그리고 우리는 이러한 대처행동을 기계적으로 사용한다. 한편 어떤 위기에서는 전에 사용했던 대처행동이 효과가 없다. 그럴 때에는 효과 있는 방법을 찾아야 한다.

위기를 경험한 사람들은 현저한 변화를 가져오는 신체적, 정신적, 사회적의 세 행동요소를 가지고 있다. 위기에서 나타나는 이러한 변화들은 스트레스의 증상에서 나타나는 변화와 다르다. 위기에서 나타나는 신체적 변화는 식욕부진, 불면증, 두통, 메스꺼움, 피부발진 등이다. 정신적 변화는 건망증과 집중력 저하이다. 성인교육 교실에서 이러한 정신적 변화는 학습자가 전에 경험해보지 못한 문제에 직면했을 때와 마찬가지로 교과목에서 어려움을 느끼기 시작할 때 나타난다. 순서화하고 우선순위를 매기는 능력이 감소한다. 사회적으로 위기에 있는 사람은 그냥 그저 그렇게 지내고 친구들과 이야기하거나 그들에게 다가갈 에너지도 없고 그것을 희망하지도 않는다. 위기에 있는 사람들은 다른 사람을 찾기보다 혼자 고립되려고 한다.

카프란(Caplan)은 위기이론에 대해 연구한 결과, 효과적인 대처행동의 일곱 가지 특성을 제시했다. 효과적인 대처행동의 특성은 다음과 같다.[8)]

- 적극적으로 다른 사람의 도움을 청하기
- 긍정적/부정적 감정을 표현하기
- 욕구좌절에 대한 인내를 학습하기
- 하나의 문제를 몇 개의 작은 과정으로 나누어서 한번에 하나씩 해결하기
- 피곤과 혼란스러움이 일어날 것을 지각하고 각 분야에 대한 통제력을 가지기
- 기꺼이 변화를 받아들이기
- 자신을 믿고 결과에 대해 낙관적인 태도를 가지기

카프란(Caplan)이 효과적인 대처행동에서 주장하는 것처럼 성인교육자는 위기에 있는 개인을 도와주고 그들을 강화하는 데 있어서 중요한 역할을 담당할 수 있다. 적극적인 경청을 사용함으로써 교육자는 학습자가 긍정적 · 부정적인 감정을 확인하는 데 도움을 줄 수 있고 학습자가 필요할 때마다 그의 말을 경청해 줄 수도 있다. 성인교육 프로그램의 구조는 학습자가 계속 공부하도록 하고 자신의 삶 속에서 통제력을 연습하도록 한다. 성인교육 프로그램에 참가하는 학습자들이 때로는 욕구좌절을 겪을 수도 있지만, 교육자는 그들이 겪게 되는 문제들이라든가 직면하게 되는 상황을 몇 개의 작은 과정으로 나누어 이들과 관련된 문제의 해결을 도울 수 있고 긍정적인 결과를 가져올 수 있는 작은 단계가 성공적이 되도록 할 수 있다. 이러한 효과적인 문제해결의 특성은 우리가 학습자들에게 성취 가능한 목표의 설정을 가르치는 것과 비슷하다.

학습자들이 지니고 있는 위기의 유형이 각각의 학습자 수만큼 다르기는 하지만 그중에서도 학습자들에게 주로 일어나는 다섯 가지의 위기유형이 있다. 이것은 자살, 가정폭력, 비효과적인 자녀양육 기술, 학습자 사이의 갈등, 그리고 학습자의 공격적인 언어사용이다. 성인교육자는 학습자들에게 위기가 무엇인지를 이해시키기 위해 다음과 같은 교실활동을 할 수 있다.[9)]

- 학습자들에게 그들이 가진 긍정적 · 부정적 대처행동(예, 돈을 흥청망청 쓰거나 과식하는 것은 부정적 대처행동이라고 할 수 있고, 운동을 하거나 친구와 대화를 하는 것은 긍정적인 대처행동이라고 할 수 있다)에 관해서 토론을 하게 하거나 글을 쓰도록 한다.
- 과거에 학습자들이 경험했던 위기에 대해 토론하도록 한다. 그때 위기가 잘 해결되었는가? 아니면 위기를 극복하는 데 실패했는가? 그 경험으로부터 무엇을 배웠는가?
- 학습자가 인생에서 위기라고 보는 사건에 대해서 토론하도록 한다. 그것은 학습자들이 경험하는 스트레스와 어떻게 다른가?

2) 학습자들과의 래포형성을 위한 전략

래포(rapport:상호신뢰감)는 종종 인기도로 오해되기도 하지만 효과적인 학습활동, 특히 동기유발에 있어서 매우 중요한 역할을 한다. 긍정적인 래포를 형성했다고 하여도 교수자가 항상 유쾌하고 사교적인 것을 의미하는 것은 아니다. 그 대신에 래포가 높다는 것은 대개 교수자가 학습자의 학습에 관심이 있고 학습자들을 각각의 개성을 가진 존재로 인식하고 있다는 것을 학습자가 지각하는 것을 반영한다. 교수자가 학습자들을 수업에 열심히 참여하려는 개인으로 인식한다는 느낌은 학습자들로 하여금 두려움 없이 배우고자 하는 동기가 생기도록 할 것이다. 그렇게 인식한 학습자는 또한 다른 학습자들을 이와 비슷하게 존경심을 가지고 대할 것이고 참여의식을 높일 것이다.

학습자와의 래포형성을 위한 구체적인 전략을 제시하면 다음과 같다.[10)]

① 수업 첫째 날에 개방적인 수업분위기를 조성하여야 한다.

학습자들을 알고 싶고 학습자들이 서로 알기를 원하면 가능한 한 첫째 날부터 그런 기회를 가지도록 하는 것이 좋다. 교수자는 나름대로 좋아하는 방식이 있을 것이다. 예를 들면 학습자와 학습자 간의 상호개방성을 촉진시킬 수 있는 방법을 전개해 본다든가, 교수자와 학습자 간의 개방성을 촉진시키기 위한 자기소개를 간단하게 할 수 있도록 하는 것도 있다.

② 교수자가 앉거나 서 있는 위치에 대해서 생각해 보아야 한다.

교수자의 위치는 학습자들에게 교수자가 얼마나 그들과 같이 어울리길 원하는지를 알리는 메시지가 될 수 있다. 교탁 뒤에서 수업시간 내내 서 있는다면 교수자와 학습자 사이에 벽을 만들 수도 있다. 교실을 돌아다니고 학습자들 사이에 때때로 앉거나 가까이 서 있는 것은 그들과 상호작용하는 것에 관심이 있다는 메시지를 보내는 것이다. 대단위 수업에서는 무선 마이크가 교탁 뒤에 서 있는 것을 막아줄 것이다.

③ 가급적이면 학습자들의 이름을 부르도록 한다.

학습자의 이름을 부르는 것은 학습자들로 하여금 그들이 학습공동체의 일원으로 인정받았다는 느낌을 주는 데 효과적이다. 대단위 수업에서 학습자들의 이름을 익힐 수 있는 전략 몇 가지를 소개하면 다음과 같다.

- 학기 초에 좌석표를 만들어 늘 사용한다.
- 이름을 마음속에 새기면서 과제물과 쪽지 시험지를 개개인에게 돌려준다.
- 이름표를 달게 하든지 두꺼운 종이에 이름을 써서 접은 후 자기 앞에 놓도록 한다. 초등학교 식이라고 생각할지 모르지만, 학습자들도 이유를 들으면 잘 따르게 될 것이다.
- 사진을 이용한다. 몇 명씩 집단으로 사진을 찍고 거기에 이름을 표시한다. 아니면 처음 숙제로 학습자들에게 사진에 이름과 교수자가 요구하는 사항들을 적은 쪽지를 첨부하여 제출하도록 요구할 수 있을 것이다.
- 이름을 말하도록 한다. 대형 강의실에서 학습자들에게 질문을 하거나

의견을 말하기 전에 자기 이름을 말하도록 한다. 대답할 때는 그들의 이름을 불러주고(정배씨, 그것은 참 좋은 질문입니다), 가능하면 나중에도 언급하도록 한다(이것은 아까 정배씨가 질문했던 것과 관계가 있는 겁니다). 학습자들의 이름을 모두 알고 사용하지는 못해도 단지 몇 사람의 이름만이라도 사용하면 모두에게 보다 친근한 분위기를 만들 수 있다.

④ 학습자들로 하여금 그들의 노력이 존중되고 있음을 느끼게 하여야 한다.

학습자들이 좋은 질문을 하고 관심을 표현하고 사례를 제시하는 것 등에 대해서 그들을 인정하도록 한다. 교수자가 학습자들의 반응을 주의 깊게 듣고 있다는 것을 보여주기 위한 방법으로서는 다음과 같은 것들이 있다. 이를테면 학습자들이 학습활동에 기여한 것에 대해 후속 언급을 하거나 그들의 의견을 재해석해서 말해준다든지(민정씨는 ~을 의미한다고 생각되는데) 후속 질문을 하거나 나중에 그들의 논평을 다시 언급한다(이것은 아까 미라씨가 제기한 것과 관계가 있습니다). 전 시간에 제기된 질문들을 언급하면서 학습자들의 질문에 적극적으로 반응한다는 것을 보여주면 더 많은 질문을 하도록 동기유발을 시킬 수 있다.

⑤ 정답과 오답을 분명히 하도록 한다(부분적으로 맞고 부분적으로 틀린 것에 대해서도).

학습자가 맞거나 틀린 답을 말할 때 맞는 답에 초점을 맞추되, 틀린 것은 분명히 지적해 주도록 한다. 이와 관련된 예를 제시하면 다음과 같다.

정답: '맞는다'라는 반응을 직접하고 학습자가 바람직한 대답을 했다는 것에 대해 한 점의 의심도 하지 않도록 한다.

부분적으로 맞는 답: '맞아요. 그런데 이것에 대해서 좀 더 이야기해 봅시다'라거나 '효진씨가 ~라고 한 것은 맞는 말이에요. 그런데 ~에 관해서는 좀 더 이야기해 봅시다'라고 응답함으로써 대답의 일부가 맞았다는 것은 인정하

면서 틀린 부분에 대해서는 좀 더 다루겠다는 의지를 표현한다.

오답: '아니 나는 희수씨가 A와 B를 혼동하는 것 같은데' 혹은 'A의 정의로 되돌아가서 생각해 봅시다'라고 응답함으로써 개인이 아닌 질문 자체에 초점을 맞추도록 한다.

⑥ 틀리거나 불완전한 대답에 대해 격려를 하도록 한다.

학습자가 아니라 학습자의 대답을 교정함으로써 객관성을 유지한다. 만일 학습자가 교수자의 반응("그 문제에 대해 방금 이야기했는데요. 못 들었나요?")으로 망신을 당하면, 그 학습자는 감히 다른 질문을 하지 않으려 할 것이고, 다른 이들도 마찬가지일 것이다. 틀린 대답은 종종 어떤 가정과 그릇된 개념들을 조사하는 데 가치 있는 기회를 제공해 주기도 한다. 만일 교수자가 틀린 대답을 학습을 위한 잠재적인 기회로 간주한다는 것을 학습자들이 알게 하면, 학습자들도 그것의 가치를 알게 될 것이다.

⑦ 학습자가 질문을 옳게 해석하고 있는가를 확인한다.

학습자들이 질문을 할 때, 교수자가 묻는 바를 바르게 이해하고 있는지를 하도록 한다. 학습자의 질문을 재차 진술하는 것은 나머지 학습자들도 그것을 들을 기회를 주는 것이다.

⑧ 교수자 자신의 역할을 어떻게 생각하고 있는지 숙고할 수 있는 기회를 가진다.

교수자 자신을 전문가로 자처하는가? 아니면 인도자? 심판관? 안내자? 왜 그렇게 생각하는가? 역할에 대한 교수자의 선택이 학습자들과의 관계에 어떤 영향을 미쳤는가?

⑨ 첫 수업 때 학습자들에 관한 정보를 수집한다.

"왜 이 수업을 듣는가?", "이 수업에서 무엇을 배우기를 기대, 또는 원하는가?", "취미는?", "어떤 직업 경험이 있는가?", "사회에서 어떤 활동에 참여하는가?" 이러한 질문이나 정보는 학습활동을 전개하는 동안에 다양하게 사용될 수 있다. 수업에 대한 교수자의 목적과 기대들을 학습자들의 수업에 대한 기대와 관련지을 수 있다. 학습자들의 관심과 직업 경험은 수업에서 사용할 실례를 이끌어 내는 데 도움을 줄 수 있다. 이런 조사결과를 정리하여 알려주게 되면, 공동체 의식을 창출하는 데 도움이 된다. 예를 들면 '우리 반에는 기업체 대표가 5명, 학원 원장님이 4명. ....등이 있습니다.' 등과 같은 것들이 있다. 학습자에 관한 정보는 또한 토의전략을 개별화하는 데 사용될 수도 있다.

⑩ 교수자에 관한 정보를 학습자들과 공유하도록 한다.

교수자 자신의 외부적 관심과 경험의 증거를 교실에 끌어들이게 되면 교수자의 역할에 대한 폭과 실감을 더하게 된다. 교수자의 관심과 연구, 직업 경험의 여러 측면들은 또한 수업을 위한 실례를 도출하는 데 사용될 수도 있다.

⑪ 교수자 자신은 학습자들에게 언제든지 학습자들을 도울 준비가 되어 있다는 것을 어떤 방법으로든지 알려야 한다.

교수자는 이를 위해 자신이 연구실에 있는 시간을 공지할 뿐 아니라, 학습자들에게 e-mail 주소와 연구실이라든가 연락 가능한 전화번호를 줄 수 있을 것이다. 학습자들과 만날 약속을 할 수 있는 선택권을 주는 것도 좋은 방법이다. 학습자들과 친해지기 위해 연구실을 방문해 주도록 제안하는 것도 좋다. 대단위 학급일 경우 집단별(3 내지 5명)로 10분 내지 15분 동안 얘기할 수도 있다. 만일 어떤 이유로 예정된 근무시간을 지킬 수 없다면, 되도록 미리 학습자들에게 알려 주고 출입문에 쪽지를 남기거나 다른 사람이 대신하도록 한다. 만일 일정하게 수업에 일찍 오고 수업 후에 남아서 질문과 비공식적인 대화를 장려하게 되면, 학습자들은 이러한 추가적인 배려를 고맙게 생각할 것이다.

⑫ 학습자들의 학습에 대해 적극적인 관심을 보여 준다.

수업 전후에 학습자들에게 숙제는 어떻게 하고 있으며 수업내용에서 문제가 있는 부분은 없는지 등을 물어 보도록 한다. 수업 중에 교수자와 학습자들이 그들의 학습을 평가할 수 있도록 도와주는 질문을 하고 과제를 제공하는 것도 학습자들에게 관심을 표명하기 위한 하나의 방법이다.

⑬ 말과 행동에 일관성을 유지하도록 한다.

능동적인 학습에 대한 믿음을 피력하고 나서 수업 내내 강의로 일관한다면 학습자의 신뢰감을 무너뜨리게 될 것이다. 이것은 협동작업에의 참여를 중시한다고 하고선 개별적인 작업만 테스트하고 평가하는 것과 마찬가지다.

⑭ 특정 학습자를 편애하거나 편들지 않고, 모든 학습자들을 균등하게 배려해 줄 수 있는 전략을 개발하도록 한다.

예컨대 실습실에서 개별적이거나 집단적으로 학습자들을 돕기 위해 돌아다닌다면, 어떤 날에는 오른편에서 시작하고 어떤 날에는 왼편이나 중앙에서 시작할 수 있을 것이다. 학습자들에게 질문할 때, 마음속으로 교실을 나눌 수 있을 것이다. 먼저 남쪽에서 시작하고 다음엔 북동쪽 등의 순으로 하거나, 남녀를 번갈아 가며 질문할 수 있을 것이다. 학습자들과 상호작용하는 패턴을 결정하는 한 가지 방법은 동료에게 자신의 수업을 관찰하고 상호작용들을 기록해 달라고 하는 것이다. 모든 학습자들에게 기회를 주고 주의를 기울이려고 온갖 노력을 다하고 있음을 확인하기 위해 자신의 교수양식을 점검해 보는 것도 중요하다.

⑮ 학습자들에게 자신감을 주도록 한다.

학습자들의 노력을 인정하고 장점들을 칭찬하고 다양한 수준에서 성공할 수 있는 과업들을 계획함으로써 배우려는 그들의 시도를 격려하도록 한다. 끊임없이 지나치게 몰아붙이게 되면 절망과 불평을 초래할 수 있다.

⑯ 학습자들에게 학습과 관련하여 그들이 현재 어디에 서 있는지 알려 준다.

수업에서 그들의 위치에 대하여 불안한 학습자들은 그들 자신의 두려움에 직면하기보다는 교수자와 학급 전체에 대하여 부정적으로 되기가 쉽다. 교수자의 기대를 분명히 하고 학습자들에게 그들의 학습성취결과와 노력에 대하여 정규적인 피드백을 제공함으로써 이런 일의 발생을 방지할 수 있다.

⑰ 학습자들의 배경 지식을 미리 평가해 둔다.

학기나 단원, 수업을 시작할 때 간단한 설문지를 배포함으로써 학습자들의 선행지식이나 용어의 이해에 대한 정보를 얻어내도록 하여야 한다. 이러한 설문들은 어떤 주제를 마감할 때 자료를 얼마나 많이, 그리고 얼마나 잘 배웠는가를 파악하기 위하여 사용될 수도 있다. 어떤 문제나 용어에 대한 친숙도를 평가하는 보다 더 비공식적인 방법으로는 수업에서 옆 사람과 함께 하는 브레인 스토밍이나 단순하게 "이 용어에 대하여 알고 있는 것은 뭐죠?"라고 질문하는 것 등이 있을 수 있다.

⑱ 학습자들의 사전 지식과 경험을 인정하고 존중하여야 한다.

많은 과정에서, 성인 학습자들은 수업의 토론이나 과제에서 활용할 수 있는 실제적인 경험들을 이미 했을 가능성이 높다. 학습자들에게 이러한 경험들에 대해 질문함으로써 학습자들의 사전 지식과 경험을 존중한다는 뜻이 강하게 전달될 수 있다. 예컨대 약리학 수업의 경우 동물병원에서 일한 적이 있는 학습자가 있다면 아마 어떤 약품이 동물들에게 미치는 영향을 본 적이 있을 것이다. 이러한 학습자들에게 수업에서 다룬 약품에 대한 동물들의 반응을 기술해 보도록 한다면, 모든 학습자들의 학습을 풍부하게 하는 데 도움이 될 것이다.

⑲ 만일 대단위 수업을 한다면, 소집단으로 나누어 실습을 하거나 토론할 수 있는 기회를 가지도록 한다.

이렇게 하면 소규모로 나누어진 상태이므로 학습자의 참여를 보다 잘 관찰할 수 있고 동시에 학습자들의 진도에 대한 정보를 얻게 될 것이다. 그것은 또한 학습자들과 그 토론을 부분적으로 진행하는 자에 대한 교수자의 관심을 보여주게 될 것이다.

미 주

1) E. Canaff & G. Hutto, *Teacher as counselor: Crisis Intervention skills for the ABE instructor*(ERIC Reproduction Service ED 394 111, 1995).
2) T. Gordon, *Parent effectiveness training: The no-lose program for raising responsible children* (New York: Wyden, 1970).
3) T. Gordon, *Op. Cit.*
4) 콜린스 저, 정동섭 역. 훌륭한 상담자(서울: 생명의 말씀사, 1996), p.42.
5) 고영남 · 박선영, 상담심리의 이론과 적용(서울: 양서원, 2013).
6) 노안영, 상담심리의 이론과 실제(서울: 학지사, 2010).
7) H. A. Halpern, Crisis theory: A definitional study. *Community Mental Health Journal*, 9, 1973, pp.342–349.
8) G. Caplan, *Principles of preventive psychiatry*(New York: Basic Books, 1964).
9) E. Canaff & G. Hutto, *Op. Cit.*
10) P. Flash, C. Tzenis, and A. Waller, *Using student evaluations to increase classroom effectiveness*(Minneapolis:University of Minnesota, 1995), pp.19–24.

Chapter_ 13

성인학습 및 상담 촉진 전략

효율적인 성인교육자가 되는 것은 교수, 사고, 학습자, 교육목표, 그리고 자신에 대해 끊임없이 새로운 가정을 한다는 것을 의미한다.

여기에서는 훌륭한 성인교육자의 특성과 원칙들을 살펴보고, 성인교육자가 갖추어야 할 전문지식, 태도, 그리고 방법에 대하여 논의하고자 한다. 이를 통해서 자신이 어떤 성인교육자이고 어떤 성인교육자가 되기를 원하는지 확인하는 데 도움이 될 것이다. 훌륭한 성인교육자가 되기 위해서는 우리가 성인을 가르치고, 지도하는 기술에 대해서 공유하고 이야기하고 생각할 필요가 있다는 것을 깨달아야 한다. 말하자면 끊임없는 실천과 그에 대한 반성적 성찰을 통해 전문가로서의 성인교육자가 그 역사적 소임을 다할 수 있게 된다는 것이다.

1. 성인학습 촉진자의 자질과 태도

흔히 교육의 질은 교사의 질을 능가할 수 없다고 한다. 이 말은 교육현장에서 교육을 담당하는 자의 자질 여하에 따라서 교육의 질이 좌우된다는 것을 의미한다. 이것은 성인학습에 있어서도 마찬가지이다. 성인학습자의 학습활동을 촉진시키기 위해서는 무엇보다도 성인교육자들의 자질이 뛰어나야 하고, 그를 통해 효과적인 학습지도 활동을 전개해야 한다.

이제까지 나타난 성인교육 관련 문헌들을 살펴보면, 여러 차원에서 성인교육자가 효율적으로 학습활동을 지도하기 위해서는 다음의 [그림 13-1]에서와 같이 교육자로서의 적절한 태도, 전문적인 지식, 그리고 기술이 있어야 하는 것으로 언급되고 있다.[1] 이들 세 가지 요인은 성인교육뿐만 아니라 학교교육에 있어서도 교수자로서 학습활동을 지도하는 데 없어서는 안 될 중요한 요소로 인식되고 있다. 다음에서는 이들 세 가지 요인 가운데 성인교육자가 지녀야 할 태도와 지식을 중심으로 언급하고자 한다.

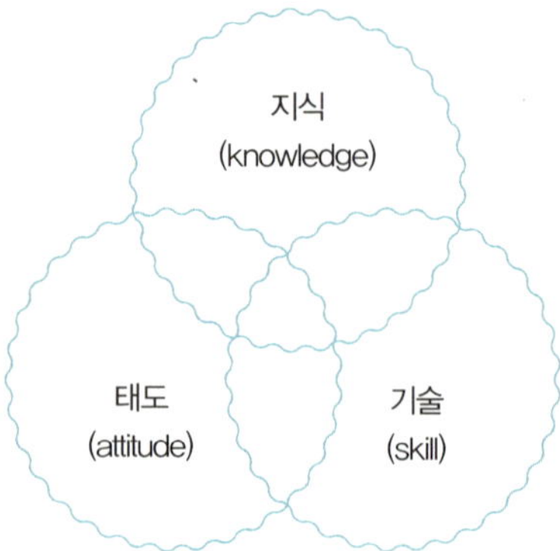

[그림 13-1] 바람직한 성인교육 전문가의 자질

흔히 바람직한 성인교육자의 특성으로는 자신감, 비형식성, 열성, 책임감, 그리고 창의성 등이 지적되고 있다. 앱스(Apps)는 성인교육자가 지녀야 할 자질로서 좋은 성격, 주제에 관한 흥미, 주제를 흥미롭게 만드는 능력, 주제를 다루거나 학생을 대할 때 객관성을 유지하는 것을 들었다.[2] 어떤 사람은 훌륭하고 효율적인 성인교육자의 일반적인 특성에 대해서 이와 비슷한 의견을 내놓았지만 여기에 사물이나 사건보다 학습자에게 더 관심을 가지는 것, 주제를 알기 쉽게 하는 것, 이론을 실제에 관련시키는 것, 다양한 교수법에 개방적인 태도를 보이는 것, 협동심, 인내심, 낙천성, 재치, 성실성, 정직함, 신용, 진실성과 같은 특성을 소유하는 것, 높은 기준과 이상을 격려하는 것,

그리고 학습자에게 긍정적이고 도움이 되는 환경을 마련해 주는 것과 같은 것들을 포함시키기도 한다.[3] 이러한 다양한 특성들의 획득과 수용은 교수와 학습에서 효율적인 교수자가 역할모델, 멘토, 상담자, 학습가이드, 교수개발자, 그리고 자료제공자를 포함한 많은 역할을 한다는 것을 말해주고 있다. 이러한 특성, 태도, 그리고 기술은 성인교육자가 특정한 내용을 가르치는 것 이상의 것을 해야 한다는 것을 반영해 주고 있다. 이것은 또한 성인학습자가 성인교육자의 훌륭한 자질과 행동을 수업이나 다른 관련활동 등 다양한 방식을 통해서 인식한다는 것을 의미하기도 한다.

평생학습을 돕는 4가지 습관

평생학습을 하는 사람은 성공한다. 그런데 그 평생학습을 돕는 정신적인 습관에는 네 가지가 있다.

첫째는 안일함을 자진해서 반납하는 태도이다.

둘째, 항상 자신을 낮추고 자기 잘못을 반성하는 태도이다.

셋째, 열린 마음으로 인생을 보고자 하는 의지다.

넷째, 항상 다른 사람의 이야기를 끝까지 경청하는 태도가 바로 그것이다.

존 코터(2007). 기업이 원하는 변화의 리더(서울: 김영사) 중에서

2. 성인학습 촉진자로서 갖추어야 할 전문지식

성인교육자가 학습활동을 지도 · 촉진 · 교수함에 있어서 갖추어야 할 전

문지식으로는 교수원칙, 자기 자신, 학습자, 내용, 그리고 교수방법에 대한 지식을 지적할 수 있다. 이를 구체적으로 살펴보면 다음과 같다.

1) 교수원칙에 대한 지식

성인교육자는 자신이 수업을 이끄는 원칙들을 인식하고 있어야 한다. 교수-학습 시 중요한 일이 일어났다는 생각이 들 때, 그때는 수업을 중단하고 어떤 원칙이 이러한 결과를 이끌어냈는지 숙고해 볼 필요가 있다.

노울즈(Knowles)는 성인학습을 돕기 위해서는 반드시 다음과 같은 7가지 원칙들을 준수하여야 한다고 강조한 바 있다.[4]

① 학습을 도울 수 있는 물리적 및 심리적 분위기를 제공한다.
② 교육과정의 방향과 방법을 계획하는 데 학습자를 참여시킨다.
③ 학습자의 학습요구를 진단하는 데 학습자를 참여시킨다.
④ 학습자가 자신의 학습목표를 세우도록 격려한다.
⑤ 학습자가 자원들을 확인하고 그와 같은 자원을 자신의 목표를 달성하는 데 필요한 전략을 개발하도록 격려한다.
⑥ 학습자가 자신의 계획을 수행하도록 돕는다.
⑦ 학습자가 자신의 학습을 평가하는 데 참여시킨다.

위와 같은 노울즈의 접근방법은 성인교육자가 학습을 효과적으로 촉진하기 위해서는 학습지도와 관련된 기법과 함께 인간관계에 관한 기술(skill)을 가져야 한다는 것을 의미한다.

한편, 브룩필드(Brookfield)는 성인교육자가 효율적으로 기능하는 데 필요한 6가지의 실천원칙을 제시하였다.[5] 이를 언급하면 다음과 같다.

① 성인은 자신의 자유의지에 따라 학습에 참가한다.
② 학습 참여자들 간에 서로 자기가치감(self-worth)을 지닐 수 있는 학습 활동을 전개하도록 한다.
③ 협력적인 관계를 유지한다.
④ 학습활동을 효과적으로 촉진시키기 위해서는 무엇보다도 프락시스(praxis)에 의거해야 한다. 여기서 프락시스란 어떤 행동을 하기 전에 반성적 성찰(reflection)을 하고, 특정 행동 뒤에 다시 반성적 성찰을 하는 것을 말한다.
⑤ 학습지도의 궁극적인 목적은 비판적인 반성적 사고를 기르는 데 있다.
⑥ 학습활동을 통해 성인은 자기 주도적이고(self-directed), 권한을 가진(empowered) 존재가 되어야 한다.

갈브레이드(Galbraith)는 효과적인 교수를 위한 10가지 원칙을 제시했다. 그는 의미 있는 교수와 학습이 일어나도록 하기 위해서 다음과 같은 원칙이 지켜져야 한다고 했다.[6)]

① 일정한 비전과 철학에 입각한 교육을 통하여 학습자와 교수자 간의 교육적 만남을 이끌어야 한다.
② 성인학습자의 다양성과 변화가능성이 효율적인 교수에 있어서 중요한 것이다.
③ 학습에 도움이 되는 심리사회적 분위기가 형성되어야 한다.
④ 교수자는 학습자들이 학습에 대한 저항감을 가질 수 있는 신체적, 사회적, 심리적 행동을 가급적이면 삼가해야 한다.
⑤ 교수와 학습의 상호작용이 촉진될 수 있어야 한다. 그를 통해 학습자에게 비판하고 의문을 던지고 사고와 행동의 다른 대안적인 방법을 개발하는 기회를 제공해야 한다.

⑥ 비판적 사고와 반성적 사고를 촉진시키는 연습을 해야 한다.
⑦ 교육과정을 수행하는 이론적 근거와 비전이 분명해야 한다.
⑧ 교육적인 만남에 있어서는 진실성과 믿음이 필수적으로 동반되어야 한다.
⑨ 학습자가 어떻게 학습을 경험하는지에 주의를 기울이는 것이 중요하다.
⑩ 학습자의 자율성, 임파워먼트, 그리고 자기주도성을 촉진시킬 수 있도록 독립성을 배양해야 한다.

이러한 효과적인 교수원칙에 내재해있는 것은 성인교육자가 어떻게 성인학습을 도울 수 있는가 하는 측면에서 본 일반적 특성에 관한 것이다. 이러한 원칙들은 성인교육자가 자신과 성인학습자들을 이해해야만 한다는 것을 말해주고 있다.

2) 자기 자신에 대한 지식

자신을 아는 것은 학습활동을 지도하고, 새로운 교수양식(teaching style)을 개발하는 데 매우 중요한 요소이다. 교수자로서의 자신이 누구인가를 성인교육자가 이해하는 것은 교수와 학습과정에서 어떤 신념, 가치, 그리고 태도를 가지고 있는지를 깨닫는 데 필수적인 것이기 때문이다. 교수에 대한 철학이나 개인의 비전에 있어서 기초를 이루는 것은 이러한 신념, 가치, 그리고 태도의 조화이다.

앱스(Apps)는 신념을 우리가 참이라고 믿고 수용하는 것이라고 했다.[7] 대부분의 경우 우리의 신념은 외부적이고 문화적인 힘에 의해서 영향을 받는다. 하임리히와 노랜드(Heimlich & Norland)는 신념이 항상 사실적 정보에 근거한 것은 아니기 때문에 때로는 부정확하거나 부적절할 수 있다고 주장했다.[8] 그들은 개인에게 가장 큰 외부의 힘 중 하나가 개인이 성장하고 학습을 경험하고 생활하는 문화라고 보았다. 그러므로 우리가 우리의 교수에 관한 신념 중에서 진실이라고 믿는 것은 전적으로 사실에 근거한 것이 아닐 수 있다. 어떻게 우리의 교수양식에 영향을 주는 우리의 신념을 결정하고 탐색할 수 있을까? 이와 관련된 것의 대표적인 것으로서는 틸버그와 하임리히(Tilburg & Heimlich)의 교수신념척도(Teaching Belief Scale)를 지적할 수 있다.[9] 이것은 민감성(sensitivity)과 포괄성(inclusion)의 두 측면을 측정하는 22개의 문항으로 구성된 질문지이다. 민감성은 학습공동체와 상호작용하기 위해서 학습자에 관해 아는 것이 중요하다는 신념이고, 포괄성은 학습경험의 모든 과정에서 학습공동체를 포함시키는 것이 중요하다는 믿음이다. 이들은 자신이 각각의 문항에 대해 완전히 동의하는 것에만 체크하라고 한다. 각각의 문항은 수적인 가치를 가지고 있다. 어떤 문항은 단지 포괄성과만 관련이 있고 어떤 것은 민감성에만 연관이 있다. 이 척도는 응답자의 민감성과 포괄성과 관련하여 응답자의 교수유형(촉진자, 조성자, 전문가, 제공자)을 알려줄 것이다. 척도를 이용하는 것은 교수자가 자신에 관한 다른 신념을 탐색하는데 자극을 준다.

가치를 이해하는 것은 자신의 구성요소에 대한 지식에 있어서 필수적인 것이다. 가치는 우리가 무엇이 중요한 것인지를 결정하도록 도와주고 우리에게 윤리적/도덕적 기초를 제공해 주어서 우리를 이끌어주고 우리에게 방향을 알려준다. 가치는 내재되어 있을 수도 있고 매우 분명하게 드러날 수도 있다. 그것은 인간행동의 정의적 측면이다.

가치를 확인하고 명료화하는 데는 수없이 많은 방법들이 있다. 매우 유용하지만 좀 형식적인 방법은 하임리히와 노랜드의 교수가치척도(Teaching Values Scale)를 이용하는 것이다.[10] 이 척도는 자신이 스스로 채점까지 해보는 것으로 교수자가 교수와 학습과 관련된 내용/교육과정, 물리적 환경/자원, 교사/방법, 학습자공동체, 개인학습자의 5개의 요인에 대하여 어느 정도 가치를 두느냐를 알아보는 것이다. 우리가 가지고 있는 가치는 성인교육자로서 우리의 행동과 분명히 연관되어 있다. 앱스(Apps)는 우리의 신념과 가치가 우리가 무엇을 하고 그것을 어떻게 하고, 심지어는 우리가 무엇을 보고 그것을 어떻게 보는지까지에도 영향을 미친다고 했다.[11] 다시 말하면 우리의 신념과 가치는 우리가 교수자로서 어떤 사람인가, 그리고 우리가 어떻게 가르치는가에 커다란 영향을 준다는 것이다.

태도는 사람이나 사물에 대하여 우리가 가지는 좋아하거나 싫어하고, 긍정적이거나 부정적이고, 그리고 찬성하거나 반대하는 감정과 관련된 정서적인 요소이다. 우리의 태도는 일련의 신념에 근거한 가치에 의해서 이끌어진다. 예를 들면 교수자는 학습자가 더 나은 학습을 촉진할 수 있는 다양하고도 개인적인 전문경험을 교육적 만남의 현장에 가져온다고 믿게 되면, 그러한 경험을 공유하는 학습자에 대해서 긍정적인 태도를 가지게 된다는 것이다. 성인교육자와 관련된 이러한 태도를 인식하는 것은 자신을 좀 더 아는데 필요한 요소이다. 자신이 가진 태도는 어떤 것이고 이것이 교수와 학습과정에 어떻게 영향을 미치는가?

신념, 가치, 그리고 태도의 상호관련성은 교수에 대한 철학이나 비전의 기초가 된다. 교수에 대한 개인의 철학이나 비전은 등불이 될 것이고 좋을 때나 나쁠 때나 방향을 제공해 줄 것이다.

갈브레이드(Galbraith)는 개인의 철학을 발전시키는 것이 훌륭한 교수를 이해하는 데 중요하고, 교수와 학습과정에서 일어나는 모든 것은 철학에서 나오는 것이라고 했다.[12]

개인의 교수철학을 개발하는 몇 가지 방법이 있다. 첫 번째 방법은 진(Zinn)이 개발한 '성인교육철학척도(PAEI: Philosophy of Adult Education Inventory)'를 이용하는 것이다. 이 도구는 스스로 답하고 채점하고 해석까지 하도록 되어있는데, 이것으로 교수자를 자유적, 행동주의적, 진보적, 인본주의적, 급진적의 다섯 가지 철학적 오리엔테이션 중 하나로 분류할 수 있다. 이 척도의 끝에는 교육목적, 학습자, 교수자, 키워드, 방법, 그리고 사람들과 실제교수를 포함한 자신의 점수를 해석하는 데 사용할 수 있는 정보가 있다.

다른 방법은 자신의 신념, 가치, 그리고 태도를 교수와 학습과 관련시키면서 숙고하는 것이다. 이러한 귀납적인 방법은 철학을 형성하는 데 이용할 수 있고 현재 자신의 철학과 비교할 수도 있다. 하임스트라(Hiemstra)는 개인의 철학적 뿌리가 되는 기본적 신념을 탐색하고 그것을 실제와 관련시키는 개인의 철학에 관한 질문지를 개발했다.[13)]

세 번째 방법은 이미 확인된 철학을 선택해서 그것을 자신의 것으로 채택하고(혹은 이미 가지고 있는 것을 깨닫는다) 또 그것을 자신만의 신조를 형성하는 데 틀로서 선택하는 것이다.[14)]

엘리아스와 메리엄(Elias & Merriam)은 다양한 철학을 이해하는 데 좋은 출발점을 제공해준다. 그들은 우리에게 개인의 철학을 채택하는 것이 전문가를 준전문가로부터 구별하는 데 중요한 요소라는 것을 상기시킨다.[15)]

의미 있는 교수양식을 개발하고, 효율적으로 학습활동을 지도하기 위해서는 자기자신에 대한 지식영역을 확장하는 것이 필요하다. 이것은 자신의 신념, 가치, 태도, 그리고 교수에 대한 개인의 철학이나 비전을 이해함으로써 가능한 것이다.

3) 학습자에 대한 지식

학습자로서 성인을 이해한다면 교육현장에서 효율적인 성인교육자로서 무엇을 해야 할지를 알 수 있을 것이다. 학습자를 이해하는 출발점은 아마도 학습자로서 자신을 그려보는 것이 우선일 것이다. 갈브레이드(Galbraith)는 이것이 교육현장을 풍요롭게 하고 이에 도전하도록 하는 성인학습자의 생리적, 심리적, 사회적, 그리고 발전적 측면이 어우러진 것이라고 했다. 학습자로서 성인의 면모를 간단히 살펴보자.[16)]

우선 성인학습자는 교육현장에 다양한 선행경험을 가져오고 그것이 학습자에게 의미하는 것에 관한 아이디어를 미리 고정시킨다. 이러한 경험들은 지각에 영향을 미친다. 즉 무엇이 학습자에게 새로운 정보이고 학습자는 새로운 정보를 어떻게 할 것인가, 그들은 어떻게 그 정보를 조직하는가, 어떤 정보는 저장하고 어떤 것은 버리는가, 그리고 새로운 정보는 이전의 정보와 어떤 관련이 있는가.[17)]

이전의 경험은 우리의 교수양식뿐만 아니라 학습자를 이끄는 신념과 행동의 기초를 형성한다. 만일 우리가 이러한 경험과 앞으로의 학습을 위한 과정을 통합시키려고 한다면 동기와 참여유형을 이해하는 것도 중요하다. 학습자는 인지적 흥미를 향상시키려는 욕구, 사회적 자극과 접촉, 외부적/내부적 기대감, 전문성의 발전, 그리고 직업적 흥미와 같은 다양한 이유로 교육활동에 참여한다. 학습자의 동기와 참여유형을 고려해보는 것은 성인교육자로 하여금 학습자들이 학습에 전적으로 참여하고 의미 있는 행동을 하도록 격려하는 적절한 환경을 개발하도록 하는 데 영향을 미친다.

성인학습자를 이해하는 데 중요한 다른 분야는 성인발달의 다양한 측면이다. 갈브레이드는 학습자가 신체적, 사회적, 심리적, 자아, 도덕성, 그리고 학습발달의 방향에 있어서 다양하고, 교육에 임하는 각각의 학습자는 다양한 사건, 전환, 역할, 그리고 위기를 경험했다는 점을 지적하고 있다.[18)] 학습자의 이러한 다양한 단계와 사회적 환경이라는 측면은 교수자에게 새로운 아이디어와 행동의 탐색과 재평가를 격려하는 유용한 기회를 제공해준다.

학습스타일의 다양성 또한 성인학습자를 이해하는 데 고려해야 하는 점이다. 학습스타일은 학습자가 그들이 배우려고 하는 것을 어떤 상태에서 가장 효과적이고 효율적으로 지각하고 처리하고 저장하고 회상하는가와 그 방식을 의미한다. 학습자들은 그들이 선호하는 학습접근법이 있다. 이것은 학습자들이 다른 방식으로 학습할 때 매우 분명하게 나타난다. 어떤 사람들은 촉각적, 시각적, 청각적, 혹은 프린트된 것을 좋아할 수 있고 어떤 사람들은 또 다른 것을 선호할 수도 있다. 개인의 학습스타일을 좀 더 잘 이해하는 데 학습자와 교수자를 돕는 테스트들이 있다. 선행연구나 많은 교수자들이 수용하고 있는 것은 가장 현저한 스타일은 없다는 것이다. 특히 성인학습자의 다양한 특성이 고려될 때, 교수자들은 성인학습자와 그들의 스타일의 다양성을 깨달을 필요가 있고 많은 학습스타일을 감안한다면 다양한 학습방법을 사용할 필요가 있다는 것을 알 수 있다.

성인학습자에 관한 다른 더 많은 요인들이 있을 수 있지만 검토해야 할 마지막은 정서와 자기존중감에 관한 것이다. 학습은 매우 정서적인 면에 영향을 받을 수 있다. 학습자는 교수자와 다른 학습자를 마주할 때 때로는 자기 의심에 사로잡히기도 한다. 브룩필드(Brookfield)는 이것을 '사기꾼 신드롬(imposter syndrome)'이라고 한다.[19] 그는 학습과 교수가 정열적이고 정서적인 행동이라고 주장한다. 그에 따르면 이러한 정서적 불편함의 일부는 심각한 변화가 일어나거나 확실성을 잃은 슬픔을 깨닫거나 기대치 않았던 것을 깨닫게 하는 도전적이고 반성적인 에피소드들이 만들어질 때, 학습자들이 정서적으로 더 친숙한 것으로 되돌아가려는 것에 대한 정서적인 불확실성을 느끼는 것이다. 이러한 모든 정서적 긴장과 함께 학습자의 자기존중감(자신에 대한 자신감과 만족)이 성인교육자가 학습과 교수과정에서 이해하고 다루어야 하는 중요한 요소라는 것은 놀라운 것이 아니다.

학습자에 대한 지식은 성인교육자에게는 복잡하고 부담이 되는 과정임에 틀림없다. 학습자로서 성인을 이해하고 우리의 경험으로부터 그들에 관한 직관을 찾아내는 것은 의미 있는 교육적 만남을 증진시키는 데 도움을 줄 것이다.

4) 내용에 관한 지식

내용에 대한 전문성은 자문가로부터 도움을 얻거나 사람들을 관찰하거나 문헌이나 자료를 검토하는 것을 통해서뿐만 아니라 형식적 교육, 직업활동,

그리고 현장경험을 통해서 획득될 수 있다. 그러면 내용이란 무엇인가? 하임리히와 노랜드(Heimlich & Norland)에 의하면 내용은 교수와 학습이 일어나는 과정에서 언급되는 지식, 기술, 능력, 과정, 그리고 정서의 특정 영역이다.[20] 이것은 종종 매우 특별한 것에 초점을 맞춘 교육과정, 과목, 혹은 프로그램이라고 일컬어지기도 한다. 내용은 또한 좀 더 일반적이고 인지적이고 정서적이고 운동기능적인 과정을 포함하기도 한다. 많은 사람들에게 내용은 단지 우리가 가르치는 것이기도 하다.

내용에 관한 지식은 교수양식의 일부를 정의하거나 개발하는 데 일정한 기제로 작용한다. 내용은 학습지도 활동의 기초가 되고 다른 요소들로 구성된다. 내용은 어떤 결과를 가져오는 지식, 기술, 혹은 태도를 학습자에게 인식시킨다. 내용은 적절한 교수전략을 알려주고 숙련정도에 대한 기준을 제공하고 대화를 촉진하고 융통성을 제공하고 변화에 대한 암시적인 의도를 촉진하고 집단 자체의 행정, 조직, 그리고 기능을 포함한다.[21]

내용과 교수양식의 일치도를 높이기 위해서 성인교육자는 자신의 교육적 비전과 교육목적을 확고히 해야 한다. 그들은 어떻게 내용이 사용되는지 확인할 필요가 있고, 학습자를 위해 내용의 가치를 인정하고, 물리적 · 심리사회적 환경의 영향을 이해하고, 적절한 교수/학습전략을 선택하고, 의미 있는 학습이 일어나는 조건들을 인식해야 한다. 내용에 대한 지식은 성인교육자가 무엇을 가르칠 것인가뿐만 아니라 누구에게 가르칠 것인가에도 관심을 가질 것을 요구하고 있다.

5) 방법에 대한 지식

방법은 교수와 학습을 향상시키는 과정에서 사용되는 도구들이다. 방법에 대한 지식은 이것이 교수(teaching), 자기 자신, 학습자, 그리고 내용의 다른 영역과 통합되고 교수과정에 이성적이고 체계적인 관점을 주기 때문에 교수양식 개발에 중요하다. 하임리히와 노랜드(Heimlich & Norland)는 방법에 대한 지식이 교육자로 하여금 개인의 신념, 가치, 그리고 교수와 학습에 대한 철학을 방법에 적용하도록 한다고 보고 있다.[22] 즉 무엇이 아니라 왜 그렇게 하느냐 하는 것이다. 방법에 관한 지식에 능통한 것은 성인교육자가 목적과 교육적 만남의 이유를 확인하는 데 도움이 될 수 있다.

이러한 지식분야에서 중요한 다른 요인은 확립된 교수/학습목적을 위하여 어떻게 적절한 방법을 선택하는가 하는 것이다. 앱스(Apps)는 학급이나 워크숍의 목표, 학습자의 특성, 과목, 특별한 방법이나 전략의 특성, 물리적 환경, 그리고 교수자의 선호도를 고려해야 한다고 했다.[23] 그는 또한 도구선택에 있어서 예술적인 측면도 있다고 했다. 숙련된 교수자는 집단, 과목, 그것을 둘러싼 환경에 대한 느낌을 가지고 있다고 했다. 그리고 이유를 설명할 수는 없지만 그것이 목표를 달성하는 데 가장 좋은 방법이기 때문에 특정한 도구를 선택하기도 한다. 그리고 그것은 대부분 옳다. 이 시나리오는 이성적이고 체계적인 선택과정이 중요하지만 선택방법의 직관적인 측면도 무시할 수 없다는 것을 말해주고 있다.

방법에 대한 지식과 관련된 장점을 이해하는 것은 또한 교수양식에 영향을 준다. 대부분의 교육자들은 친숙함이나 편안함의 관점에서 방법을 선택한다. 성공적으로 방법을 선택하고, 그것을 시행하는 것은 교육자들에게 확신감과 자신감을 준다. 그러나 효율적인 교사는 끊임없이 자신의 한계를 넘도록 압력을 가하고 새로운 아이디어나 방법을 가르치는 데 사용하려고 한다. 앱스(Apps)는 '새로운 것을 시도하기 위해서는 실패를 기꺼이 받아들일 수 있어야 한다'고 보았다.[24] 지금 자신이 있는 곳에서 다른 곳으로 이동하려고 하면 실패를 수용하고 그것으로부터 배우고 앞으로 나아갈 필요가 있다. 새로운 방법을 시도함으로써 학습자가 학습하고 성장한다는 만족감을 얻을 수 있다. 교수자가 변화하고 위험을 무릅쓰고 새로운 것에 도전하면 할수록, 학습자도 기꺼이 그러한 방향으로 나아가기를 원할 것이다. 우리는 방법, 기법, 혹은 전략을 다양하게 하거나 많이 사용함으로써 학습지도의 본질을 향상시킬 수 있다.

6) 학습상담의 내용 및 방법에 대한 지식

토마스 쿤(T. Kuhn)이 주장하듯이 패러다임의 전환은 현실의 본질에 관한 시각에 대한 도약적인 변화를 통해서 일어난다. 과학과 정보통신 기술의 급격한 발전에 의하여 전 세계는 일찌기 어느 사회에서도 겪어보지 못하였던 극적인 사회적 변동을 맞이하고 있다. 이에 따라 특히 지식기반사회로 대변되는 현대사회에서는 성인교육도 새로운 변화의 물결을 맞이하고 있다. 특히 조직의 생산성 · 유효성 확대와 관련하여 성인학습에 대한 관심이 증대되고 있는가 하면, 성인학습자들의 지식수준과 요구정도가 증대됨에 따라 성인교육 종사자들도 이들 변화의 흐름에 발맞추어 나가야 할 필요성이 증대되었다. 무엇보다 조직도 결국 사람에 의하여 운영되는 것이기 때문에 현대사회에서 조직이 강조되면 강조될수록 조직의 구성원인 개개인에게도 관심의 초점이 모아지고 있다. 모라브스키(Morawski)는 '거대한 조직체와 관료적인 기관들이 점차 양적으로 성장함에 따라 이차적 유대관계가 사람들 간의 주요한 상호작용의 형태로 되었다. 그러나 인간에게는 여전히 보다 온정적이고 총체적인 상호작용이 필요하다'는 것을 강조한 바 있다.[25] 말하자면, 타인의 감정을 적극적으로 수용하고 그에 적절하게 반응하는 것이 조직생활에서나 개인생활에서도 필요하다는 것이다. 피터슨(Peterson)은 인간의 평균수명이 계속 증가함에 따라 인간의 전 생애에 걸쳐 교육의 분배, 일, 여가와 관련하여 종래와는 다른 근본적인 변화가 일어나고 있다고 보았다.[26] 이와 같은 경향에 따라 로빈(Robbin)은 성인들이 그들의 교육활동이라든가 직업선택의 방향을 선택하는 데 도움이 되는 더 많은 정보와 상담이 필요하다고 주장하고 있다.[27]

오늘날 상담서비스의 패러다임에서는 최소한의 교육, 진로, 개인상담이라는 세 개의 전문적인 구성요소를 강조하고 있다.[28] 이에 따라 일반적인 기관이나 전문적 조직체들이 개인상담과 관련하여 체계적인 수준에서 관료적인 가이드라인을 유지하려고 노력하고 있기도 하다. 그러나 실제에서는 성인교육과 관련하여 보다 편리한 방법을 따르려는 경향이 나타나고 있다. 성인학습 상담과 관련하여서는 교수자, 상담전문가, 그리고 때때로 상담실이 성인학습이라든가 진로상담에 있어서 책임이 지대한 것은 사실이지만, 그중에서 교수자의 역할이 가장 크다고 볼 수 있다.

특히 교육과 상담의 구분이 점점 희미해져 가고 있음에 따라 성인학습 상담에 대한 새로운 패러다임의 전환은 성인교육자에게 여러 면에 있어서 시사점을 제공해 주고 있다.[29]

교실에서 전체 학생을 대상으로 하든 일대일의 수업을 하든 간에 성인교육자들은 개인과 상황이 다양한 맥락에서 상담을 해주고 학습을 촉진시키고 조언을 해준다. 코레이(Corey)는 내담자가 자신의 사고, 감정, 활동을 검토할 수 있고 궁극적으로는 그들에게 최선의 해결책에 도달할 수 있는 분위기를 만들어 주는 것이 상담자의 역할이라고 했다.[30] 헤퍼만(Hefferman)은 상담이란 '내담자가 교육과 인생 혹은 직업계획에 관한 결정을 내릴 수 있도록 도와주는 개인적 혹은 집단과정'을 묘사할 때 사용하는 일반적인 용어라고 했다. 활동적인 성인교육자는 자신을 발견하는 과정을 통해서 성인학습자를 특별한 주제로 끌어들이기 위하여 노력할 뿐만 아니라 전 생애에 걸친 학습을 격려하려고 노력한다. 학습자에 의한 정서적 피드백은 학습자들의 감정, 질문, 학급에서의 이벤트에 대한 반응 혹은 개인적 삶에 대한 공유를 포함한다.[31]

개인상담을 하게 되었을 때 교육자는 자신에 대한 태도와 지각을 나타내는 성향적 저해요인(dispositional barriers)를 포함하는 매우 광범위한 문제를 학습자들과 중점적으로 다룰 수도 있다. 이것은 문제확인과 관련된 많은 상담의 특성들이 학습과정에서 사용되어야만 한다는 것을 의미한다. 문제나 상황을 분명히 한 다음 교육자가 할 수 있는 상담활동은 격려해주거나 잘못된 신념을 바로잡아 주거나 그와 같은 문제가 학생들에게 중요하다는 것을 인정하는 것 등이다.

상담에 있어서 로저스(Rogers)의 철학은 '사람은 건설적으로 자신을 변화시킬 수 있고 스스로 방향을 찾을 수 있다'는 신념을 핵심으로 하고 있다. 상담 혹은 심리치료 기법에서는 상담관계가 잠재적으로 교육자와 학습자 사이에 존재한다고 한다. 이에 따라 성인교육자들은 교육과 코스에 대한 조언자라는 역할에만 한정되지 아니하고 보다 광범위하고 총체적인 상담자로서의 역할을 수행해야 한다는 것을 인식해야 할 필요가 있다.

3. 성인학습 촉진자로서의 지도전략

1) 학습촉진자로서의 역할 의의

최근에는 평생학습 분야의 문헌이나 성인교육 현장에서 촉진자(facilitator)라는 말이 널리 쓰이고 있다. 성인교육의 장에 있어서 과거의 교수자 주도적인 교육방법과는 다른 차원에서 학습활동을 지원해야 한다는 점에서 이러한 개념이 널리 나타나고 있는 것으로 보인다. 그렇다면, 촉진자란 무엇을 의미하는가? 크랜톤(Cranton, 1992)에 의하면 많은 성인교육자는 자기 자신을 종종 촉진자라고 부르지만, 그것은 '교육자에 의한 관리를 의미하는 교수자와 교사라는 언어를 피하기 위하여'라고 한다. 그는 '촉진자'라는 말을 둘러싸고 혼란이 일어나고 있다고 하며 '촉진자'를 재규정하여 '학습을 하기 편하게 하는 자'라는 의미로 사용하고 있다.[32] 촉진자라는 의미를 보다 구체적으로 살펴보면 다음과 같다.

촉진자로서의 역할은 학습자가 표명하는 요구에 응하고 학습자의 성장과 변화를 격려하고 지탱시켜 주는 것이다. 촉진자로서의 역할을 지니는 교육자는 지시하거나, 관리하거나, 학습자가 무엇을 어떻게 배우게 되는가에 관한 생각을 억지로 강요하거나 하지 않고, 학습자가 하고 싶은 것에 도움을 준다. 촉진자의 역할과 관련이 깊은 행위로는 예를 들면 다음과 같은 것이 있다. 학습자와 대화를 주고받는 효과적인 그룹 과정을 분명하게 지지한다, 정보를 제공한다, 학습자를 격려한다, 학습자와의 신뢰관계를 쌓는다, 판단을 내리지 않는다, 질문을 한다, 학습자 간의 대화를 요약한다, 학습자를 있는 그대로 받아들여 존중한다 등이다. 그렇다 하더라도 이것은 어디까지나 '학습자가 표명하는 요구'에 대응하여 행해지는 행위라는 점에 주의할 필요가 있다. 우리들은 종종 요구와 관련하여 '현재화된 학습요구'와 '잠재적인 학습요구'를 언급하곤 한다. 그런데 이와 같은 의미의 요구들은 종종 이중 구조를 나타내는 경우가 많다. 말하자면 겉으로 드러내고 '현재화된 요구'와 겉으로는 드러내지 않고는 있지만 '실제적인 요구'가 있을 수 있다는 것이다. 예를 들면 어느 특정 프로그램에 참석한 점포주인은 '바빠서 가봐야 하겠다'는 것은 표명된 요구이지만, 실제적으로는 '지금 하고 있는 공부가 재미없어 바로 일하러 돌아가고 싶다'는 식이다. 또한 남편으로부터 학대받는 여성은 표명적으로는 '피해망상증후군'에 대해서 배우고 싶어 하지만, 실제적으로는 '남편에게 맞지 않는 방법을 배우고 싶다'는 것이 참된 요구일 수 있다는 것이며, '학습자를 다루는 방법을 배울 필요가 있다'고 말하는 대학의 신임교수의 현재화된 요구는 '학생을 효율적으로 통제하고 싶은 것'이 실제적인 요구일 수 있다.

학습자는 모두가 자기 자신의 배경과 경험과 가치관의 범위에서 학습에 대처하고 있고, 현재화된 학습요구는 그 범위 안에서만 생겨나는 것이다. 현재화된 요구에만 주목하면, 학습자의 자기결정성을 향한 가능성을 좁히고 인식변용의 과정을 저해할 수도 있다. 이와 관련하여 크랜톤(Cranton, 1992)은 '모든 교육자는, 자기 자신을 전제로 하여 비판적으로 묻고, 학습자의 참된 요구에 대한 인식을 신중히 검토한다는 전문직으로서의 책임이 있다'라고 진술하고 있다.[33] 촉진자로서 성인교육자는 학습자의 실태와 학습자 자신이 안고 있는 과제적 상황을 냉정하면서도 정확하게 파악하여, 그 잠재적인 학습요구의 발굴에 노력할 필요가 있다. 그렇다고는 하더라도 우리들 교육자 자신도 또한 스스로의 배경과 경험이 가치관에 의해 제약받는다는 것을 곧잘 잊어버리곤 한다. 그러므로 학습자가 표명한 학습요구(현재화된 요구)를 부적당하다고 처음부터 일방적으로 단정하거나 교육자인 자신은 참된 요구(잠재적 학습요구)를 '언제나 바르게 인식할 수 있다'라고 생각하는 것도 위험한 생각이다. 또한 촉진자로서의 역할은 다면적인 성인교육자의 역할 가운데 하나이므로, 절대로 어떤 경우에도 '만능'이 아니라는 점에도 주목할 필요가 있다. 즉 촉진자로서의 역할은 자기주도적 학습자라든가 자기결정적인 학습자 혹은 일정한 배경과 학습경험을 가진 학습자와 관계하는 경우에 보다 유효한 것일 수도 있으나, 특정기능을 획득한다거나 기초적인 사실이나 정보를 이해하도록 도와주는 경우에는 그다지 적절한 역할이라고 볼 수 없다는 것이다.

노울즈(Knowles)가 제시한 학습촉진자로서의 역할을 토대로 하여 성인의 학습활동 촉진과 관련된 절차를 간단하게 제시하면 다음과 같다.[34]

① 학습자가 학습활동에 관하여 자기분석(self-analysis)과 자기주도성(self-direction)을 촉진할 수 있는 환경을 조성한다.
② 학습자가 지니고 있는 이상적인 자기상에 비추어 개인면접 및 집단면접 혹은 능력 · 적성검사를 통해서 학습요구 및 관심을 파악한다.
③ 학습자가 단계적인 학습목표를 설정할 수 있도록 도와 준다.
④ 학습자가 이용 가능한 교육자원을 인식하고, 연속성 있는 학습활동을 계획할 수 있도록 도와준다.
⑤ 학습활동이 일정 시점에 완료되면 그 활동을 통하여 학습목표가 어느 정도 달성되었는가를 학습자 스스로 평가할 수 있도록 원조한다.

이상과 같은 것을 토대로 학습촉진의 방법 및 절차를 간단하게 나타내면 다음의 〈표 13-1〉과 같다.

〈표 13-1〉 성인의 학습활동 촉진의 과정

구분	목표	원조활동
수용	학습자의 수용 학습자의 파악 오리엔테이션	면접 • 불안의 경감 • 학습요구진단 • 학습의욕환기 • 학습자 진단 ↓ 오리엔테이션 ↓
조정	학습계획의 작성 배치	예비적인 학습계획의 작성 • 학습요구의 사정 • 학습 저해요인 파악 • 학습스타일의 검토 ↓ 학습 프로그램의 작성
		↓ 교실 및 교사의 선정 ↓
교육적 관여	학습활동의 전개 학습활동의 진단 학습프로젝트의 개선 및 수정	개별학습 ↓

구분	목표	원조활동
		학습활동의 진단 • 학습상황의 관찰 • 학습자와의 면접 • 정보교환 ↓　　　학습계획의 수정 →
사후 원조	학습활동의 총괄 학습계획의 조성	학습활동의 평가 ↓ 학습계획의 수립

2) 효과적인 학습촉진 전략

학습활동을 촉진하기 위해서는 달성하고자 하는 학습목표에 따라 전달하고자 하는 과제를 명확하게 하고, 학습자의 학습요구 및 학습스타일에 따라 체계적으로 촉진함과 동시에 학습자들과 학습촉진자 사이에 적절한 신뢰감이 형성되어야 한다. 다음에서는 이들에 대하여 구체적으로 살펴보고자 한다.

(1) 과제의 명확성, 구체성 유지를 위한 지도전략

실제적으로 학습활동을 전개함에 있어서 학습과제를 명확하게 하고 구체적으로 전달하는 데 필요한 과업을 제시하면 다음과 같다.[35)]

① 학습자들에게 수업의 방향을 제시해 준다.

학습자들이 아무 의미 없다고 생각되는 일에 시간을 낭비하는 것을 원하는 교수자는 없을 것이다. 그러므로 수업을 시작할 때, 칠판에 간단히 개요를 적어주고 학습자들이 이해하기 쉽게 유인물을 배포하는 것이 좋다. 화제를 바꾸거나 요점 간의 관계를 설명할 때 유인물을 인용하면서 학습자들의 주의를 집중시키도록 하는 것이 좋다. 수업 중에 한 질문의 목록을 학습자들에게 나누어 줄 수도 있다. 유인물에는 새로운 용어, 복잡한 방정식, 공식, 그리고 수업시간에 보여준 OHP나 빔 프로젝터(Beam Projector)자료의 상세한 내용을 담을 수 있다.

② 학습자들이 아무 것도 모르고 있다거나 혹은 많은 것을 알고 있다고 가정하지 않도록 한다.

학습자들이 주제에 대해서 전혀 모르고 있다고 가정하는 것은 수업계획을 쉽도록 하지만 학습자들의 동기를 저하시키거나 학습자들로부터 얻을 수 있는 정보를 희생시킬 수도 있다. 반대로 학습자들이 수업할 주제에 대해서 많이 알고 있다고 가정하면 그렇지 않은 학습자들을 좌절하게 만들 수도 있다. 수업을 시작할 때 간단한 질문지를 통해서 학습자들이 특정 학습내용에 관한 배경, 선입관, 용어에 대해 어느 정도 이해를 하고 있는지를 파악해야 한다. 같은 질문지가 수업이 끝날 때 사용되면 학습자들이 수업을 통해 얼마나 배웠는지를 알게 된다.

③ 학습자들이 주제에 대한 방향을 설정하도록 도와준다.

수업을 시작할 때, 몇몇 학습자들에게 지난 시간의 강의나 숙제에 대해서 간단히 의역하도록 하고 이번 수업에서 묻고 싶은 질문들에 대해서 알아보고 학습자들이 주제나 용어에 대해서 아는 모든 것을 브레인 스토밍하여 목록을 만들도록 한다. 질문하고 목록을 만드는 것은 학습자 개개인에게 참고가 될 것이다.

④ 논지에서 벗어난 질문과 논평을 따로 적을 곳을 두어야 한다.

학습자들이 주제에서 벗어나는 질문을 하거나 설명을 할 때 그것을 보조 칠판이나 큰 종이에 적어 두면 그것으로 수업이 정상적인 궤도에서 벗어나지 않도록 도울 수도 있고 그와 동시에 학습자들의 공헌을 가치 있게 여긴다는 것을 보여줄 수 있다. 수업이 끝날 때나 따로 시간을 내서 이러한 질문에 대한 답을 해 주는 것이 좋다. 예를 들면, '오늘 수업 중에는 이것을 다룰 시간이 없지만 수업이 끝난 후에 남아서 이 문제에 관심 있는 사람과 이야기하겠습니다' 혹은 '내 의견을 과사무실 게시판에 붙여 놓을 테니 여러분도 그렇게 했으면 좋겠습니다' 등과 같은 것들을 들 수 있다.

⑤ 다음에 일어날 일에 대해서 언어로써 단서를 제공한다.

먼저, 주제를 소개하고 이것을 전체적인 맥락과 연결시키도록 한다. 예를 들면, '오늘 제가 시범 보이는 것을 여러분들이 실제로 얼마나 이해하는지 확인해 줄 수 있는 3가지 전략에 대해서 논의하려고 합니다. 이 전략들은 학습자들의 학습을 평가하는 것에 관해서 논의할 것 중의 일부입니다.' 등과 같은 것들이 있다.

둘째, 아이디어의 순서를 정하도록 한다. 예를 들면, '여러분들이 수업할 때 제기할 수 있는 질문형태는 무엇입니까?', '학습자의 학습정도를 평가하는 것에 관해 이야기할 때 우리가 무엇을 발견하기 원합니까?', '우리는 어떤 것을 배웠습니까?' 등과 같은 것들을 언급하는 것은 좋은 예가 될 것이다. 그리고 필요하다면 수업한 내용을 요약해 주거나 중요한 것은 수업 중에 강조하는 것이 좋다.

셋째, 앞 뒤 수업내용 간의 관계에 대한 언급을 확실히 하도록 해야 한다. 예를 들면, 교재의 어느 부분에서 이 주제가 논의되는가? 교재의 관점에 대해서 좀 더 자세히 설명하거나 다른 관점을 제시하거나 이에 도전해 보았나? 등과 같은 것들이 있다.

넷째, 이해할 내용과 습득할 기술을 구별해라. 예를 들면, 문헌의 비교에 있어서 비평분석의 기술과 작가의 비평분석 내용 사이에는 차이가 있다. 모델이 될만한 기술이나 내용에 관한 사고방식에 학습자들의 주의를 집중시키도록 한다.

다섯째, 강의의 구성, 역할, 예시의 제시시기에 관해서 분명히 밝혀서 학습자들이 수업을 들으면서 자신의 생각을 조직할 수 있도록 해야 한다.

⑥ 학습자들에게 설명하기보다는 가능한 한 시범을 보이게 하거나 직접 시범을 보이도록 한다.

예를 들면, 학습자들에게 논리적 논쟁을 어떻게 전개하는가를 말로써 가르치려 하지 말고 직접 논리적 논쟁의 시범을 보여서 학습자들이 그것을 분석하는 것을 돕도록 한다. 문제해결 방법을 설명하지 말고 칠판에다 직접 문제를 풀고 각 단계를 표시해 주는 것이 좋다.

⑦ 기억에 남을 만한 예들을 제시한다.

학습자들은 단어보다는 이미지를 기억하는 경향이 있다. 그러므로 은유나 일화를 사용하는 데 개방적으로 하고 예를 사용할 때는 이미지를 선명하게 한다. 아이디어와 이미지를 연결하는 예들을 찾는 데 시간을 투자할 필요가 있다. 이와 관련된 예로서는 다음과 같은 것들을 제시할 수 있다.

- 학습자들의 경험을 이끌어 낸다. 예를 들면, 감가상각을 설명하기 위해서 새 책과 헌 책을 사용할 수 있다.
- 하나의 현상을 다양한 방법으로 설명한다. 예를 들면, 공기역학의 진동을 설명하기 위해서 달리는 차의 창문으로 내민 스카프, 에어컨 가까이에 놓인 종이 한 장, 그리고 강한 바람에 흔들리는 다리 등을 인용한다.
- 개념을 극화한다. 예를 들면, 특정 신체기관을 설명할 때 호두나 사과

와 같이 익숙한 사물의 크기나 조직을 비교하여 설명하는 것이 좋다.

- 감정이입에 빠지게 한다. 예를 들면 "여러분이 햄릿이라고 상상해보십시오. 독약을 마시는 것이 어떤 느낌일 것이라고 생각이 되는지요? 그것은 또 말하는 데 어떤 영향을 준다고 생각합니까?"

⑧ 수업 중에 학습자들의 이해도를 체크한다.

수업 중에 교수자는 학습자들의 수업내용에 대한 이해 정도를 파악하고 있는 것이 중요하다. 이와 관련된 질문을 하고자 할 때에는 학습자들이 알 것이라고 생각한다는 것을 전달하는 식으로 질문하는 것이 좋다. '질문 있어요?'라고 하는 대신 '어떤 질문이 있나요?'나 '무엇에 대해 좀 더 설명할까요?'라고 묻는 것이 좋다.

또한 간단하게 복습할 기회를 제공할 필요가 있다. 학습자들에게 종이를 나누어주거나 가져오도록 해서 몇 분 동안 질문에 답을 하게 하고, 제시된 자료를 요약하고 서로 연관된 개념의 지도를 그리도록 한다. 익명으로 하면 이러한 활동은 교수자에게 수업의 방향을 결정하는 데 귀중한 자료가 될 것이다.

⑨ 학습자들의 질문에 정확하게 답해야 한다.

만일 질문이 어려워서 정확한 답을 잘 모르면 생각할 시간이 필요하다거나 자료를 찾아봐야 한다고 말하고, 다음 시간에 그것에 대해서 답을 해 주도록 한다. 혹은 다른 학습자가 답을 할 수 있다면 그렇게 하거나 학습자들에게 어디서 그리고 어떻게 하면 그들 스스로 답을 찾을 수 있는지를 말해 준다.

⑩ 수업 중에 학습자들에게 이해에 도움이 되는 과제를 제공한다.

두 명의 학습자를 한 조로 해서 논의를 하도록 하는 것도 학습에 도움이 된다. 이를 위해 2-3분 동안 학습자들을 둘씩 한 조로 하여 질문한 것에 대해 논의를 하거나 질문을 하게 하거나 노트를 요약하고 서로 비교하도록 한다. 학습자들은 때때로 자신이 어리석게 보일까 봐 질문을 하지 않는다. 그러나 두 사람이 같은 질문을 하게 되면 자신의 질문의 타당성에 대해 자신을 가질 것이다. 이 방법은 학습자들이 수업자료를 제대로 이해했는가를 명확히 해주고, 이해를 더 확장해 주기도 하며, 교수자가 학습자들의 이해도를 평가하는 데에도 도움을 준다는 점에서 서로에게 이익이 된다.

⑪ 수업 중에 과제를 제시해 줄 때에는 가급적이면 정확하고도 분명하게 말할 수 있도록 특별히 주의를 기울여야 한다.

만일 여러 단계를 거쳐서 과제를 해결해야 한다면 정답의 예뿐만 아니라 판서와 구두로 방법을 지시한다. 수업시간 이후에 학습자들이 하기를 원하는 과제에 대해서 교수자는 학습자들이 파트너와 함께 과제를 완성하는 데 필요한 절차를 제대로 이해했는지 알아봐야 한다.

(2) 학습스타일과 특수한 요구에 따른 체계적 학습지도 전략

효과적으로 학습지도를 하기 위해서는 학습자들의 학습스타일(learning style)과 특정 학습집단의 특수한 요구에 적절하게 부응할 수 있어야 한다. 학습스타일은 개인의 성격특성과 정보의 지각, 수집, 해석, 조직하고 생각하는 데에 있어서 선호하는 방법을 말하는 것이다. 즉 무엇을 배우는가 또는 얼마나 잘 배웠는가가 아닌 어떻게 배우는가에 관한 것이다. 학습스타일과 관련하여 좀 더 살펴보면 다음과 같다. 즉 ① 모든 사람은 자신만의 학습스타일과 자신만의 장점을 가지고 있으며, ② 학습스타일은 마치 개개인의 지문이나 사인처럼 독특하고, ③ 학습스타일에는 좋고 나쁨이 없고, ④ 문화 · 교육수준 · 성별에 관계없이 모든 유형의 학습스타일이 존재하고, ⑤ 각각의 문화적 · 사회경제적 계층 사이에는 학습스타일에 있어서 차이가 있다.[36]

특수한 요구란 신체적 장애, 학습장애, 시간 강박 등을 가진 학습자들의 요구를 의미하는 것이다. 이들 두 가지 사항에 따른 적절한 전략을 제시하면 다음과 같다.[37)]

① 학습자들은 다양한 학습스타일을 선호한다는 것을 인식해야 한다.

학습스타일을 이해하는 것은 세 가지 이유를 들어볼 때 유용한 일이다. 첫째, 학습스타일을 알고 있으면 학습자들 간의 차이점을 이해하고 설명할 수 있다. 둘째, 한 교실에 있는 서로 다른 능력의 학습자들을 위해 폭넓은 교수 전략을 세울 수 있다. 셋째, 학습자들의 차이를 아는 것은 학습자들의 학습 전략을 증진시키는 데 유용하다. 어느 하나의 스타일이 다른 스타일보다 확실히 효과적이지는 않다는 것을 인식하는 것도 중요하다. 또한 학습자들의 성, 도덕성, 문화, 사회적 계층 등에 기초하여 그들의 학습스타일에 대해 선입견을 갖는 것을 억제해야 한다. 학습스타일은 여러 가지로 분류할 수 있다. 그중 하나로서 콜브(Kolb)가 구분한 유형을 제시하면 다음과 같다.

- 수렴적 사고형은 추상적 개념화와 실제적 실험에 의존한다. 그들은 확실한 답을 얻기 좋아하며 문제의 해답을 얻기 위해 빠르게 움직인다. 그들은 문제를 정의하고 결론을 내리는 데 익숙하다.
- 확산적 사고형은 무수한 아이디어를 도출해내는 데 구체적 경험과 반성적 관찰을 사용한다. 그들은 브레인 스토밍과 대안을 생각해내는 것에 뛰어나다.
- 동화형은 추상적 개념화와 반성적 관찰에 의존한다. 그들은 광범위한 정보를 이해하고 그것을 간결한 이론적 형태로 바꾸는 것을 좋아한다. 그들은 계획하고 이론을 발전시키고 모델을 만들어내는 데 능숙하다.
- 조절형은 구체적 경험과 실제적 실험에 가장 뛰어난 사람들이다. 그들은 문제해결을 위해 자주 시행착오나 직관적인 방법을 사용한다. 그들

은 위험을 무릅쓰거나 문제 속으로 뛰어든다.

② 학습자들이 선호하는 학습스타일의 순서를 숙고한다.

학습자들은 새로운 코스에 진입하거나 새 단원을 시작하면서 주제에 대해 아는 바가 거의 없을 때에는 보다 더 지시적인 구조와 외부의 강화를 선호한다. 그들이 자료에 대해 자신감이 생길수록 지시는 덜 필요하게 되고 더 많은 상호작용과 연습과 적용이 필요하다.

③ 학습자들이 선호하는 학습방법이 다양하다는 것을 예상해 두어야 한다.

정보를 전달하는 방법의 선호도에 있어서 학습자들마다 차이가 있음을 이해하는 것이 중요하다. 개인의 학습방법 선호도는 과제에 따라 가지각색일 것이나 어떤 학생들에게는 듣기가 학습의 가장 좋은 수단이고, 이들은 강의와 발표를 선호할 것이다. 어떤 학생들은 정보를 읽을 기회를 갖게 하는 것이 배우는 데 더 효과적이다. 일부 학생들은 차트나 도표, 지도 등에 있는 정보를 보면서 더 잘 반응한다. 또 다른 학습자들은 실행하면서, 그리고 실제로 그룹활동과 적용을 통해서 더 많이 배운다. 가능하다면 학습자들을 여러 방법으로 정보에 노출시키는 것도 좋다.

④ 학습자들의 학습스타일에 따라 다르게 접근해야 한다.

여러 학습스타일 가운데 하나를 선택해서 학습활동을 전개할 수 있다. 예를 들어 분석적인 유형의 교사는 직관적이고 귀납적인 학생에게 명확한 설명을 하기 위해 노력할 것이다. 직관적인 성향이 강한 교수자들은 정의와 구조에 대해 요구하는 분석적 학습자들에게 필요한 수업자료를 개발하고 싶어 할 수도 있다.

⑤ 교수전략, 과제, 학습활동 등과 관련하여 어느 한 가지 방법에만 집착하지 말고 변화를 주도록 한다.

수업을 계획할 때에는 다음과 같은 몇 가지 기본적인 질문들을 스스로에게 해보아야 한다.

- 어떤 학습결과를 가장 기대하고 있는가? 달리 말하자면 당신은 학생들이 구체적인 사실을 알도록 도와주는 것에 주된 관심이 있는가 아니면 실제활동에 적응하는 것을 도와주는 것에 관심이 있는가?
- 어떤 연구 과제가 그룹, 짝, 팀으로 연구하는 데 효과적일 것인가? 개인으로 하는 것이 효과적인가?
- 어떤 연구 과제가 교실 내에서 하는 것이 효과적이며 어떤 것이 외부에서 하는 것이 효과적일 것인가?

⑥ 다양한 학습스타일을 존중해 줌으로써 학생들을 격려해야 한다.

학습자들은 자신과 비슷한 학습스타일을 가진 학생들과 공부하고 싶어 할지 모른다. 그러나 이것은 학습하는 데 효과적인 방법이 아니다. 그것은 서로의 약점을 오히려 강화해주기 때문이다. 다른 유형의 학습스타일 선호자들과 함께 공부하며 새로운 능력의 개발을 권유해 보는 것도 좋은 방법 중의 하나이다. 이를 위해 소집단 활동을 할 때, 학습자들을 무작위로 추출하여 집단을 편성하는 방법도 있다. 서로 다른 유형이라고 생각하는 학습자들끼리 집단을 편성할 수도 있다. 다양한 학습스타일이 장애물이기보다 이익이 되는 과제를 제공해 주는 것이 좋다. 예컨대 문제에 대한 다양한 접근방식을 찾아오기를 요구하는 것처럼 다양한 사고가 필요한 과업(과제물)은 학습자들이 다른 학습스타일의 가치를 발견하는 데 도움이 된다. 반대로 하나의 정답이 있는 과제물은 다른 학습스타일을 가치 있게 평가하는 데 부정적 영향을 미칠 것이다.

⑦ 학습자들이 학습스타일을 증대시키도록 도와주어야 한다.

학습자들이 선호하는 학습스타일에 의한 학습은 학습자들이 교육과정을 성공적으로 마치는 데 도움이 된다는 증거가 있다. 또한 그렇지 않더라도 다른 학습스타일을 학습하도록 지도하는 것이 학습자들이 미래의 수업이나 이후의 전문적 경험을 할 때 도움이 된다는 증거도 있다. 문제는 어떻게 하여 균형을 유지하느냐 하는 것이다. 다음의 예들은 학습자들이 그들의 특별한 학습 선호에 맞는 방법으로 배우지 않은 과목이나 활동에서 성공할 수 있도록 도와줄 것이다.

- 수업을 시작할 때, 분명한 목표를 정하고 학습자들에게 정확하게 이를 제시해 주어야 한다. 또한 과제에 대한 목적과 절차를 명확히 설명하도록 한다.
- 주요 요점의 개요를 알려주고, 일기, 강의, 실험, 토의에 관련해서 중심 되는 질문을 던짐으로써 학습자들에게 학습의 길잡이를 제공한다.
- 이따금 비정기적이고, 비형식적인 평가를 실시한다. 학습자들에게 요점을 물어보고 노트를 비교해 보고 문제를 만들어 보게 함으로써 학습자들이 무엇을 얼마나 잘 배우고 있는지를 알아보는 것이 중요하다.

⑧ 학습자들로 하여금 스스로 자신의 학습스타일과 선호경향을 관찰하도록 한다.

학습자들이 무언가 새로운 것을 배우려고 시도할 때(예를 들어 새로운 컴퓨터 소프트웨어), 새로운 정보와 기술을 획득하기 위해서 그들이 어떤 행동을 취하는지 주목하도록 한다. 어떤 행동이 가장 편리하고 생산적인 활동이었는지 생각하도록 격려해 준다. 학기 초에 학습자들의 학습경험 중에서 가장 인상 깊었던 학습경험에 대하여 짧은 에세이를 쓰도록 해보는 것도 좋은 방법 중의 하나이다.

⑨ 학습자들이 생산적이라고 생각하는 학습시간을 기록하도록 한다.

이 기록에 학생들은 무엇을 어디에서, 언제, 누구와 공부했는지를 포함하여 자신들의 학습 활동을 기록한다. 학생들에게 그 공부시간이 얼마나 생산적이었는지 측정하도록 권유한다. 1주 정도 기록하도록 한 후, 자신에게 가장 생산적이라고 증명된 학습여건을 요약하도록 한다.

⑩ 학습자들에게 서로의 학습기술을 공유하도록 권장한다.

학습자들로 하여금 소집단을 형성해서 공부하는 방법, 읽기 숙제를 하고 주제를 조직하고 주제들을 연결하는 방법을 공유하도록 한다.

⑪ 다양한 사고 기술을 요구하는 시험을 치르게 한다.

시험은 학습자들이 학습한 정도를 측정하는 한 방법이다. 학습자들이 사고의 기술에 있어서 저마다 다른 능력과 선호경향을 갖고 있기 때문에 그들에게 자신들이 최선을 다한 것과 얼마나 향상되었는가를 보여줄 기회를 주는 것은 매우 중요하다. 특정한 정보를 대답하게 하거나 보기에서 옳은 답을 선택하게 하는 문제는 수렴적 사고를 요구한다. 개방형 에세이 문제는 문제에 대한 해결책을 찾고 확산적인 방식으로 사고하도록 한다. 비교하고 반대가 되는 것을 찾게 하는 문제는 동화적인 사고를 요구한다. 이론적 원칙을 실제에 적용하는 것을 요구하는 문제는 조절적 사고를 요구한다.

⑫ 학습자들이 제출한 시험, 쪽지시험, 과제물에 대해 구체적인 피드백을 제공한다.

학습자들이 무엇을 잘했고 무엇을 제대로 하였는지 지적해 주고 학생들을 향상시킬 수 있는 방안을 제안해 주도록 한다. 만약 어떤 학습자가 시험이나 과제에서 형편없는 평가를 받았다면 개인적으로 면담할 것을 제의하도록 한다.

⑬ 모든 학습자들과 개인적인 만남을 갖도록 노력해야 한다.

학습자들에게 그들이 학업을 위해 어떻게 공부하며 학습과제에 어떻게 접근하는지, 또 그것을 해냄에 있어서 특별히 어렵거나 쉬운 것은 무엇인지 물어 보고, 어떤 종류의 학습과제를 학습자들이 가장 좋아하고 그 이유는 무엇인지를 알아본다. 학급의 학습자들을 더 효과적으로 가르칠 수 있는 방법으로는 어떤 것이 있는지를 알아보고, 매우 큰 규모의 학급을 지도하고 있다면 그룹별로 면담시간에 모여 그런 기회를 가질 수 있을 것이고 또는 개인적인 면담을 하도록 할 수도 있다.

⑭ 과제물을 돌려줄 때 간단한 피드백 쪽지를 첨부한다.

"~목표를 성취하는 데 이 과제는 어떤 면에서 도움이 되었습니까?", "어떤 면에서 그렇지 않았습니까?", "과제를 하면서 하고 싶은 말은?" 등의 질문을 해보도록 한다.

미 주

1) J. W. Apps, *Mastering the teaching of adults*(Malabar, FL:Krieger, 1991).

2) M. W. Galbraith, *Adult learning method*(2nd ed.)(Malabar, FL:Krieger, 1998).

3) R. Hiemstra, "Translating personal values and philosophy into practical action", In R. Brockett(ed.), *Ethical issues in adult education*(NY:Teachers Collge Press, 1988).

4) J. Heimlich and E. Norland, *Developing teaching style in adult education*(San Francisco: Jossey-Bass, 1994), p.39.

5) J. Elias and S. Merriam, *Philosophical foundations of adult education(2nd ed.)*(Malabar, FL: Krieger, 1995).

6) M. W. Galbraith, *Op. Cit.*

7) J. W. Apps, *Mastering the teaching of adults*(Malabar, FL:Krieger, 1991).

8) M. W. Galbraith, *Op. Cit.*

9) R. Hiemstra, "Translating personal values and philosophy into practical action", In R. Brockett(ed.), *Ethical issues in adult education*(NY:Teachers Collge Press, 1988).

10) J. Heimlich and E. Norland, *Developing teaching style in adult education*(San Francisco: Jossey-Bass, 1994), p.39.

11) J. W. Apps, *Mastering the teaching of adults*(Malabar, FL:Krieger, 1991).

12) M. W. Galbraith, *Op. Cit.*

13) R. Hiemstra, "Translating personal values and philosophy into practical action", In R. Brockett(ed.), *Ethical issues in adult education*(NY:Teachers Collge Press, 1988).

14) J. Elias and S. Merriam, *Philosophical foundations of adult education(2nd ed.)*(Malabar, FL: Krieger, 1995).

15) M. W. Galbraith, *Op. Cit.*

16) J. W. Apps, *Mastering the teaching of adults*(Malabar, FL:Krieger, 1991).

17) M. W. Galbraith, *Op. Cit.*

18) D. Flannery(ed.), *Applying cognitive learning theory to adult learning*(San Francisco: Jossey-Bass, 1993).

19) S. D. Brookfield, *The skillful teacher*(San Francisco:Jossey-Bass, 1990).

20) J. Heimlich and E. Norland, *Op. Cit.*

21) *Ibid.*

22) *Ibid.*

23) J. W. Apps, *Op. Cit.*

24) *Ibid.*

25) W. Morawski, Communes flower again. *The St. Louis Post Dispatch*, Vol. 118(276), 1996.
26) D.A. Peterson, *Facilitating education for older workers*(San Francisco: Jossey-Bass, 1983).
27) P.L. Robbin, *Successful midlife career change: Self-understanding and strategies for action*(NY: AMACUM, 1978).
28) J.R. Paolucci, *The importance of councelling support for business managers in crisis situation*(ERIC Document Reproduction Service ED 378 464, 1983).
29) B. Paydon, *Op. Cit.*
30) G. Corey, *Theory and practice of counselling and psychotherapy*(Pacific Grove, CA: Brooks Cole, 1996).
31) J. M. Hefferman, *Educational and career services for adults*(Lexington: Mass: Heath, 1981).
32) P. Cranton, *Working with Adult Learners*. Toronto(Ontario : Wall & Emerson, 2002).
33) 渡邊洋子, 生涯學習時代の 成人教育學(東京: 明石書店. 2010).
34) M. Knowles, *Modern practice of adult education:From pedagogy to andragogy*(New York: Association Press, 1980).
35) R. J. Wlodkowski, *Enhancing adult motivation to learn*(San Francisco:Jossey-Bass, 1985), pp.254-2
36) 고든 드라이든, 재닛 보스, 김재영 역, 학습혁명(서울: 해냄, 1999), p.260
37) P. Flash, C. Tzenis, and A. Waller, *Using student evaluations to increase classroom effectiveness*(Minneapolis:University of Minnesota, 1995), pp.6-7.

참고문헌

권두승(1992). 청소년과 여가. 한국평생교육기구(편). 평생교육과 청소년. 서울:정민사.
____(1992). 한국 사회교육의 변천에 관한 사회학적 분석. 고려대학교 대학원 박사학위논문.
____(1997). 프로그램의 실행. 한국청소년개발원(편). 프로그램의 개발과 운영. 서울:인간과 복지.
____(1997). Peter Jarvis의 성인학습론. 서울대학교 교육연구소. 평생교육연구, 3(1), 1-17.
____(1999). 사회교육담당자 효능감 척도개발과 그 시사점. 사회교육학연구, 5(1), 57-76.
____(2010). 성인교육자론. 서울: 교육과학사.
권두승 편저(1996). 평생교육론. 서울:교육과학사.
권두승 · 이경아(1999). 평생교육기관 실태조사분석을 통한 성인교육 참여율 제고방안. 교육부 정책연구보고서.
권영배 · 이종연(2010). 학업상담 프로그램 연구동향. 학습자중심교과교육연구, 10(1), 17-40.
김경희(1998). 전환학습과 성인교육. 사회교육학연구, 4(1), 217-242.
김계현(2010). 상담심리학 연구: 주제론과 방법론. 서울: 학지사.
김계현 외(2000). 학교상담과 생활지도. 서울: 학지사.
김동일 외(2011). 학습상담. 서울: 학지사.
김동일 · 박경애 · 김택호(1995). 청소년 시간 관리 연구:프로그램 종합 보고서. 서울: 청소년 대화의 광장
김민정(1999). 평생교육에 있어 판례를 중심으로 본 학습권 보장의 현실과 해결방안 연구. 이화여자대학교. 이대학보. 1999. 3. 8.(제1129호).

김민혜(2002). 인터넷상에서의 자기주도적 영어학습을 위한 진단평가의 필요성에 관한 연구. 총신대학교 대학원 석사학위논문.

김순택 외(1983). 현대수업의 원리. 서울:정민사.

김신일(1995). 학습권의 개념내용과 교육학의 새연구 과제. 서울대학교 교육연구소. 평생교육연구, 1(1), 19-32.

김신일(1999). 학습권론의 형성과 전개. 서울대학교 교육연구소. 평생교육연구, 5(1), 1-16.

김신일 · 박부권 편저(2005). 학습사회의 교육학. 서울: 교육과학사.

김애련(2004). 대학 평생교육원 성인학습자의 학습성과 인식연구. 단국대학교 대학원 박사학위논문.

김영석(2012). 성인학습자의 교육참여 및 학습동기 연구동향분석: 2000년부터 2011년까지 등재지 학술논문을 중심으로. Andragogy Today, 15(1), 31-62.

김은영(2015). 시간관리 훈련이 여대생의 시간관리 행동, 학업적 지연행동, 의지통제 및 학업성취에 미치는 영향, 학습자중심교과교육연구, 15(1), 351-371.

김영진(2008). 효율적인 학습상담법. 서울: 양서원.

김영철 외(1999). 지식기반경제 사회가 요구하는 인재양성 방안. 서울: 한국교육개발원.

김용현(1990). 사회교육개론. 서울:문우사.

_____ (1998). 사회교육과 열린 평생학습. 서울:독자와 함께.

김지자 · 정지웅(1994). 사회교육에 있어서 자기주도 학습이론의 발전과 실제적 적용. 사회교육연구, 19, 25-46.

김지자 · 김경성(1995). 자기주도학습에 관한 설문조사 보고서. 미간행보고서.

김지자 외(1996). 초등 교사를 위한 자기주도학습 준비도 측정도구의 개발과 활용방안. 사회교육학연구, 2(1), 1-25.

나일주 편저(1999). 웹기반 교육. 서울:교육과학사.

남세진 · 조흥식(1996). 집단지도방법론. 서울:서울대학교 출판부.

노안영(2011). 삶의 지혜를 위한 상담심리. 서울: 학지사.

노안영(2002). 101가지 주제로 알아보는 상담심리. 서울: 학지사.

노안영(2010). 상담심리학의 이론과 실제. 서울: 학지사.

김남순(2001). 상담심리학의 이해. 서울: 교육과학사.

고영남(2014). 생활지도와 상담. 서울: 교육과학사.

동미정 · 배을규(2009). 평생교육사 경험에 기반한 실천적 역량연구, 교육문화연구, 15(2), pp. 159~182

매일경제 지식프로젝트팀 편(1999). 두뇌강국 보고서. 서울:매일경제신문사.

맥스웰 저, 박찬호 역(2014). 어떻게 배울 것인가. 서울: 비즈니스 북스.

문선모(2000). 학생상담: 이론과 실제. 서울: 양서원.

박광량(1997). 학습조직의 측정과 구축에 관한 연구. 홍익대학교 경영연구소. 경영연구, 18, 63-89.

박명호 외(1997). 고객가치 창조를 위한 마케팅. 서울:경문사.

박성수(2010). 생활지도. 서울: 정민사.

박성익(1997). 학습의 의미와 현상에 대한 소고. 교육심리연구, 4(2), 149-164.

_____ (1998). 교수 · 학습방법의 이론과 실제(Ⅰ). 서울:교육과학사.

_____ (1998). 교수 · 학습 방법의 이론과 실제(Ⅱ). 서울:교육과학사.

박연호(1996). 현대인간관계론. 서울:박영사.

박영태(1993). 사랑의 학습지도법. 서울:학지사.

박은정 · 김외숙(2008). 중학생의 시간관리 : 관련변수 및 학업성취도와의 관계, 한국가족자원경영학회, 한국가족자원경영학회지, 12(1), 41-55.

박응희(2011). 평생교육 상담의 노인교육 접근가능성에 대한 이론적 탐색-독일의 담론을 중심으로, 교육문화연구. 17(1), 110-111.

배성의(1996). 사회교육 참여수준의 결정요인의 분석. 사회교육학연구, 2(1), 85-108.

배영주(1994). 사회교육방법으로서의 자기주도학습론에 대한 비판적 고찰. 서울대학교 대학원 석사학위논문.

배호순(1997). 프로그램 평가의 이해. 한국청소년개발원(편). 프로그램의 개발과 운영. 서울: 인간과 복지.

변종임(1999). 정보사회에서의 성인 의사소통 학습과 그 가능성 탐색. 중앙대학교 대학원 박사학위논문.

변종임(2004). 평생교육사의 역할 분석과 위상 제고 방안, 평생교육학연구, 9(2), 195-193.

변종임 외(2011). 휴먼 뉴딜을 위한 대학평생학습 실태분석 및 개선방안 연구. 서울:

한국교육개발원 연구보고서.
서울대학교 교육연구소 편(1994). 교육학용어사전. 서울:도서출판 하우.
서울특별시 교육위원회(1979). 전인교육의 이론과 실제. 서울:서울특별시교육위원회.
송명자(1995). 발달심리학. 서울:학지사.
신나민(1994). 비판적 성인교육론의 학습자관에 관한 연구. 서울대학교 대학원 석사학위논문.
신통철 외(1998). 교사를 위한 교육공학. 서울:교육과학사.
신덕상(2014). 성인의 학습 참여 동기 유형과 학습 메타포의 관계. 국가평생교육진흥원, 한국평생교육연구, 2(1), 101-119.
신종호 외 공저(2015). 교육심리학. 서울: 교육과학사.
안윤혜(2012). 평생교육사를 위한 면담능력 향상 교육프로그램 개발과 효과. 동의대학교 대학원 석사학위 논문.
여태철(1999). 성인학습의 전생애발달 이론적 정당화. 서울대학교 박사학위논문.
오현진(2006). 초등학생의 시간관리 능력에 따른 자기효능감 연구. 부산교육대학교 대학원 석사학위논문.
유귀옥 · 정지웅(1998). 성인학습자의 자기주도성과 관련된 인구학적 및 사회 심리학적 변인. 사회교육학연구, 4(1), 119-149.
은혜경 · 조영미 · 진선미(2014). 원격대학 성인학습자들이 호소하는 학업상담 내용 분석-게시판 상담내용을 중심으로, 상 담 학 연 구, 15(6), 2509-2534.
이경민(2013). 고등학생의 시간관리행동에 따른 교육소비만족도 및 학교생활만족도. 건국대학교 대학원 석사학위논문.
이아람(2014). 성인학습자의 학교평생교육 프로그램 참여지속성에 영향을미치는 요인에 관한 연구. 이와여자대학교 대학원 석사학위논문.
이상옥(2009). 자기주도학습 지각도 검사의 타당화 연구 및 웹기반 검사 시스템 개발. 상명대학교 연구결과보고서.
이성호 외(1983). 산업체의 인력자원개발 효율화를 위한 교육전략. 연세교육과학, 24, 60-61.
이성호(1989). 교육과정과 평가. 서울:양서원.
이숙원(2002). 대학부설 평생교육기관 성인학습자의 참여지속 결정요인 분석. 박사학위논문. 이화여자대학교 대학원.

이영덕 외(1978). 교육과정 개발의 원리. 서울:한국교육개발원.

이옥분(1997). 집단 및 집단활동의 이해. 한국청소년개발원(편). 집단지도론. 서울:인간과 복지.

이옥형(1999). 유동적 지능결정적 지능과 학업성취에 관한 연구. 교육학연구, 37(2), 181- 208.

이은숙(2014). 성인의 신체활동, 비타민D 수준과 대사증후군과의 관련성. 중앙대학교 대학원 박사학위논문.

이장호(2014). 상담심리학 제5판. 서울: 박영스토리.

이재규 · 김종윤외(2014). 한국상담학회 상담학총서 7: 학습상담. 서울: 학지사.

이정의(1997). 대학사회교육 참여동기에 관한 연구. 고려대학교 대학원 석사학위논문.

이정표 외(1998). 주요국의 직업교육훈련과 자격제도의 연계 방안 연구. 서울:한국직업능력개발원.

이지혜(1999). 성인학습에 대한 성인발달론적 접근의 비판적 고찰:생애사건 접근을 중심으로. 서울대학교 교육연구소. 평생교육연구, 5(1), 17-36.

이해명 역(1985). 전인교육을 위한 학습지도방법. 서울:교육과학사.

이홍우 외(1995). 교육학개론. 서울:교육과학사.

이화여자대학교 교육공학과(1999). 교육방법 및 교육공학. 서울:교육과학사.

이화정(1998). 인식전환 학습이론에 근거한 은빛노인대학의 사례연구. 중앙대학교 박사학위논문.

이희수 · 김영경 · 이소연 · 박지영 · 조윤정(2013). 해방 후 평생학습의 전개과정 분석: 신사회운동 관점에서. 국가평생교육진흥원, 한국평생교육, 1(1), 1-44.

임은미 외 (2014). 생활지도와 상담. 서울: 교육과학사.

장휘숙(2013). 성인심리학: 성인발달, 노화, 죽음.서울: 박영사.

전신영 · 유기웅(2011). 성인학습자의 선행경험으로 인한 학습방해 과정에 관한 연구. 교육문제연구, 41, 93-119.

전주성(2010). 사이버대학의 잠재적 중도탈락자예측에 관한 연구. Andragogy Today : InternationalJournal of Adult & Continuing Education. 13(1), 121-139.

전주성 · 최은혜(2010). 두려움과 좌절을 넘어서: 사이버대학 학습자들의 정서적 경험 이해하기. 평생교육학연구. 16(2), 93-11.

정민승(1997). 학습공동체 개념 구안을 위한 시론. 서울대학교 교육연구소. 평생교육 연구, 3(1), 75-90.

정민승(2010). 성인학습의 이해. 서울: 에페스테메.

정민승 외(2010), 평생교육사 영역별 직무역량 개발 연구. 미간행보고서, 국가평생교육진흥원.

정옥분(2014). 발달심리학: 전생애 인간발달. 서울: 학지사.

전주성(1996). 성인교육프로그램 참여자의 중도탈락 요인 분석: 대학부설평생교육원을 중심으로. 석사학위논문. 서울대학교 대학원.

조용개 · 손연아 · 이석열 · 이은화 · 이희원 · 장상필(2010). 대학생활을 위한 학습전략 포트폴리오. 서울: 학지사.

조성연 · 박미진(2007). 성인학습자를 위한 온라인 학습문제 진단심리검사 개발, 한국심리학회지: 상담 및 심리치료, 19(2), 423-446.

조외현(2013). 평생교육사의 평생학습상담 역량모델 개발연구. 동의대학교 박사학위논문.

정우현(1992). 사회교육론. 서울:교육과학사.

정지웅 · 김지자(1990). 사회교육학개론. 서울:서울대학교 출판부.

조벽(1999). 새시대 교수법. 서울:한단북스.

진위교 외(1986). 현대수업의 원리. 서울:정민사.

차갑부(1998). 페다고지와 앤드라고지의 세가지 관계. 사회교육학연구, 4(2), 237-256.

채서일(1992). 체계적 분석의 틀에 의한 라이프 스타일 연구. 소비자학연구, 3(1), 18-32.

최돈민 외(1998). 평생학습 실현을 위한 열린교육체제 연구. 한국교육개발원 연구보고서(미간행).

최병연(1999). 교사주도적 전략 교수법 및 상호작용적 전략 교수법이 학습장애 학생의 독해력, 초인지, 자기효능감에 미치는 효과. 고려대학교 교육문제연구소. 교육문제연구, 12, 51-73.

최영렬 외(2014). 국가직무능력표준(NCS)에 의한 자격제도 개편방안. 서울:한국직업능력개발원.

최운실(1987). 성인교육기관 유형별 성인교육 참여자의 특성분석. 이화여자대학교 대학원 박사학위논문.

최운실, 이장익, 권두승, 전도근, 곽현신(2005). 평생교육 기관실태분석 연구. 한국교육개발원.

한국교육개발원(2014). 국가평생교육통계자료 보도자료.

한숭희(1997). 전환기에 선 한국 성인교육. 서울대학교 교육연구소. 평생교육연구, 3(1), 101- 127.

_____ (1999). 학습생태학적 입장에서 바라본 성인학습. 사회교육학연구, 5(1), 235-236.

한준상(1987). 성인교육론. 서울:청아출판사.

_____ (1999). 호모에루디티오. 서울:학지사.

한희원 · 이희원(2013). 시간 관리 전략 프로그램이 대학생의 학업적 자기효능감과 자아존중감에 미치는 영향과 지속성 분석 베스트, 한국열린교육학회, 열린교육연구, 21(3), 153~178.

홍성태 역(1997). 위험사회: 새로운 근대(성)을 향하여. 서울: 새물결,

홍종관(2012). 상담자의 공감적 이해에 관한 고찰, 대구교육대학교 논문집. 제37집.

황승배 · 김동주(2014). 중년위기 지각이 조직몰입과 이직의도에 미치는 영향: 자기효능감과 사회적 지원의 조절효과. 조직과 인사관리 연구. 한국인사관리학회,36(4), 59-98.

황정규(1997). 명강의란 무엇인가. 한국고등교육연수원 대학 초임교수과정 워크숍 자료.

岡本包治 外(1992). 生涯學習プログラム開發. 東京:ぎょうせい.

岡本包治 外(1992). 學習プログラム技法. 東京:實務敎育出版.

近功 外(1987). 學習要求の理解. 東京:實務敎育出版.

梅島みよ(1993). 社員敎育 · 研修のノウハウ. 東京:日本實務出版社.

渡邊洋子(2010). 生涯學習時代の 成人敎育學. 東京: 明石書店.

山本恒夫 外(1991). 學習情報の提供と活用. 東京:實務敎育出版.

山本恒夫(1991). 學習成果の評價と活用. 山本恒夫 外 編著. 槪說生涯學習. 東京:第一法規.

三浦清一郎(1982). 成人の發達と生涯學習. 東京:ぎょうせい.

伊藤俊夫 外(1982). 新社會敎育事典. 東京:第一法規.

伊藤俊夫・山本恒夫 編著(1994). 生涯學習の方法. 東京:第一法規.

日本生涯教育學會 編(1990). 生涯學習事典. 東京:東京書籍.

全國の學習情報システム化に關する調査研究者會議(1989). 生涯學習情報の分類と様式について. (東京:未刊行).

池田秀男 外(1989). 成人教育の理解. 東京:實務教育出版.

創內史郎(1982). 社會教育の理論. 東京:第一法規.

坪田護 外(1995). 生涯學習と社會教育. 東京:成文堂.

Adams, D. et al.(1986). *Developmental theories and education 1950-1986*. I. D. E. P.

Angelo, T. and Cross, K. P.(1993). *Classroom assessment techniques*. San Francisco:-Jossey-Bass.

Apps, J. W.(1973). *Towards a working adult education philosophy*. Syracuse, NY:Syracuse University Publications in Continuing Education.

Apps, J. W.(1981). *The adult learner on campus:A guide for intstructors and administrators*. Chicago: Follet.

Apps, J. W.(1989). Providers of adult and continuing education:A framework. In S. B. Merriam and P. M. Cunningham(ed.). *Handbook of adult and continuing education*. San Francisco: Jossey-Bass.

Apps, J. W.(1994). *Teaching from the heart*. Malabar, FL:Krieger.

Axelrod, J.(1970). Teaching styles in the humanities. In W. H. Morris(ed.). *Effective college teaching*. Washington, DC:American Council on Education.

Baum, J.(1980). Testing the theory of margin using a population of widows. *Proceedings of the adult education research conference 21*. Vancouver:University of British Columbia.

Bock, J. C.(1976). The institutionalization of nonformal education:A response to conflicting need. *Comparative Education Review*, 20(3), 351-352.

Boone, E. J.(1985). *Developing programs in adult education*. New Jersey:Prentice-Hall, Inc.

Boshier, R.(1977). Motivational orientation re-visited:Life-space motives and the education participation scale. *Adult Education*, 27(2), 89-115.

Brockett, R. G. and Hiemstra, R.(1991). *Self-direction in adult learning:Perspectives on theory, research and practice*. New York:Routledge and Kegan Paul.

Brookfield, S. D.(1986). *Understanding and facilitating adult learning:A comprehensive analysis of principles and effective practices*. San Francisco:Jossey–Bass.

Brookfield, S. D.(1987). *Developing critical thinkers*. San Francisco:Jossey–Bass.

Brookfield, S. D.(1990). *The skillful teacher*. San Francisco:Jossey–Bass.

Brookfield, S. D.(1995). Adult learning:Overview. In T. Husen (ed.). *International encyclopedia of education*, Vol 1.

Brookfield, S. D.(1995). *Becoming a critically reflective teacher*. San Francisco:–Jossey–Bass.

Brookfield, S. D.(1999). Discussion. In M. W. Galbraith (ed.). *Adult learning method*. Malabar, FL: Krieger.

Burell, G. and Morgan, G.(1986). *Sociological paradigms and organizational analysis*. London:Heineman.

Caffarella, R. S. and O'Donnell, J. M.(1991). Judging quality of work–related self–directed learning. *Adult Education Quarterly*, 42, 17–29.

Caffarella, R. S.(1993). Self–directed learning. In S. B. Merriam. *An update on adult learning theory*. San Francisco:Jossey–Bass Publishers.

Candy, P. C.(1991). *Self-direction for lifelong learning*. San Francisco:Jossey–Bass.

Carlson, R. A.(1980). The time of andragogy. *Adult Education*, 30(1), 53–56.

Carnoy, M. 김쾌상 역(1980). 교육과 문화적 식민주의. 서울:한길사.

Catell, R. B.(1971). *Abilities:Their structure, growth and action*. Boston:Houghton Mifflin.

Chene, A.(1983). The concept of autonomy:A philosophical discussion. *Adult Education Quarterly*, 34, 38–47.

Chickering, A. W.(ed.)(1981). *The modern American college*. San Francisco:–Jossey–Bass.

Collins, G. 정동섭 역(1996). 훌륭한 상담자. 서울:생명의 말씀사.

Conti, G. J. and Welborn, R. B.(1986). The influence of learning style and teaching style on achievement among nontraditional health professional Students. *Enhancing at the crossroads... research and practice. Program and Proceedings for the 27th Annual Adult Education Research Conference*. (ERIC Document Reproduction Service No. ED 269 571).

Conti, G. J.(1983). *Analysis of scores on principles of adult learning scale for part time faculty and recommendations for staff development activities*. College Station:Texas A&M University. (ERIC Document Reproduction Service No. ED 235 351).

Conti, G. J.(1985). The relationship between teaching style and adult student learning. *Adult Education Quarterly*. 35(4), 220–228.

Conti, G. J.(1989). Assessing teaching style in continuing education. In E. Hayes(ed.). *Effective teaching style*. San Francisco:Jossey–Bass.

Corey, G.(1996). *Theory and practice of counseling and psychotherapy*. Pacific Grove, CA: Brooks Cole.

Courtney, B. and Stevenson, R.(1983). Avoiding the treat of gogymania. *Lifelong Learning*, 6(7), 5–8.

Courtney, S.(1992). *Why adults learn:Towards a theory of participation in adult education*. London: Routledge.

Cranton, P. (2002). *Working with Adult Learners*. Toronto. Ontario : Wall & Emerson.

Cross, K. P.(1981). *Adult as learners:Increasing participation and facilitating learning*. San Francisco: Jossey–Bass.

Daloz, L. A.(1986). *Effective teaching and mentoring*. San Francisco:Jossey–Bass.

Darkenwald, G. G. and Merriam, S. B. 백종억 역(1986). 성인교육의 이론과 실제. 서울:덕성여자대학교 출판부.

Davis, B. G.(1993). *Tools for teaching*. San Francisco:Jossey–Bass.

Dean, G. J.(1994). *Designing instruction for adult learners*. Malabar, FL:Krieger.

Delahaye, B. L., Limerick, D. C. and Hern, G.(1994). The relationship between andragogical and pedagogical orientations and the implications for *adult learning*. *Adult Education Quarterly*, 44(4), 187–200.

Dinkmeyer, G. D. and G. D. Dinkmeyer, Jr. 임승렬 편역(1998). 당신도 유능한 교사가 될 수 있다. 서울:원미사.

Draves, W. A. 김도수 역(1993). 사회교육지도교본. 서울:교육과학사.

Dressel, P. L. and Marcus, D.(1982). On teaching and learning in college. San Francisco:Jossey-Bass.

Drydon, G. and Jeannette, V. 김재영 외 역(1999). 학습혁명. 서울:해냄.

Dumazier, J.(1967). *Towards sociology of leisure*. NY:The Free Press.

Eagan, G. 배석봉 외(역)(1999). 유능한 상담자. 서울: 학지사.

Eble, K. E.(1978). *The craft of teaching*. San Francisco:Jossey-Bass.

Edwards, R.(1993). Mistakes and other teaching methods. *Journal on Excellence in College Teaching*, 4, 24-34.

Elias, J. L. and Merriam, S. B. 기영화 역(1997). 성인교육의 철학적 기초. 서울:학지사.

Elias, J. L. and Merriam, S. B.(1995). *Philosophical foundations of adult education(2nd ed.)*. Malabar, FL:Krieger.

Elias, J. L.(1979). Andragogy revisited. *Adult Education*, 29(4), 252-256.

Elsey, B.(1986). *Social theory perspectives on adult education*. Nottingham:University of Nottingham.

Farrah, S. J.(1999). Lecture. In M. W. Galbraith(ed). *Adult learning method* (2nd ed.). Malabar, FL: Krieger.

Fischer, B. and Fischer, L.(1979). Style in teaching and learning. *Educational leadership*, 36, 250-256.

Flash, P., Tzenis, C. and Waller, A.(1995). *Using student evaluations to increase classroom effectiveness*. Minneapolis:University of Minnesota.

Forsyth, D. R. 서울대학교 사회심리학연구실 편역(1999). 집단심리학. 서울:학지사.

Gagne R. M. et al. 홍성윤 외 역(1993). 효과적인 교수-학습의 기본. 서울:교육과학사.

Galbraith, M. W.(1992). Nine principles of good facilitation. *Adult Learning*, 3(6), 10-11, & 20.

Galbraith, M. W.(1998). *Adult learning method:A Guide for effective instruction*(2nd ed.).

Malabar, FL:Krieger.

Galbraith, M. W., Sisco, B. R., & Guglimino, L. M.(1999). *Administering successful programs for adults*. Malabar, FL:Krieger.

Garrrison, D. R.(1997). Self-directed learning:Toward a comprehensive model. *Adult Education Quarterly*, 48(1), 18-33.

Gent, B. V.(1996). Andragogy. In A. C. Tuijnman (ed.). *International encyclopedia of adult education and training*. Paris:Pergamon Press.

Grow, G. O.(1991). Teaching learners to be self-directed:A stage approach. *Adult Education Quarterly*, 41, 125-149.

Gullette, M. M. 진위교 · 조영남 역(1989). 교수학습의 기예. 서울:성원사.

Hammond, M. and Collins, R.(1991). *Self-directed learning*. London:Kogan Page.

Havighurst, R. J.(1972). *Developmental tasks and education*. NY:David McKay Co.

Hefferman, J. M. (1981). *Educational and career services for adults*. Lexington, Mass.: Heath.

Heysa, E.(ed.). *Effective teaching styles*. New Directions for Continuing Education, No.43. San Francisco:Jossey-Bass.

Heimlich J. E. and Norland, E.(1994). *Developing teaching style in adult Education*. San Francisco: Jossey-Bass.

Heimlich J. E. and Tilberg, V. E.(1988). *Subcultures and learning*. Columbus:Ohio Association for Adult and Continuing Education.

Hiemstra, R. and Sisco, B.(1990). *Individualizing instruction*. San Francisco:-Jossey-Bass.

Hiemstra, R.(1993). Three underdeveloped models for adult learning. In S. B. Merriam(ed.). *An update on adult learning theory*. San Francisco:Jossey-Bass.

Hill. Clara E.(2014). 주은선 역, 상담의 기술: 탐색-통찰-실행의 과정. 서울: 학지사.

Horn, J. L.(1970). Organization of data of life-span development of human abilities. In L. R. Govlet and P. B. Baltes(ed.). *Life-span development psychology*. NY:Academic press.

Houle, C. O.(1961). *Inquiring mind*. Madison:University of Wisconsin Press.

Houle, C. O.(1996). *The design of education*(2nd ed.). San Francisco:Jossey–Bass.

Jarvis, P.(1985). *The sociology of adult and continuing education*. London:Croom Helm.

Jarvis, P.(1986). *Sociological perspectives on lifelong education and lifelong learning*. Athens, GA: University of Georgia.

Jarvis, P.(1987). *Adult learning in the social context*. London:Croom Helm.

Jarvis, P.(1993). *Adult and continuing education*. London:Croom Helm.

Jarvis, P.(2007). Globalisation lifelong learning and the learning society: Sociological perspective. New York: Routledge.

Kidd, J. R.(1973). *How adults learn(2nd ed)*. New York:Association Press.

Kneller, G. F. 안인희 역(1987). 현대교육사상. 서울:서광사.

Knowles, M. and Associates(1984). *Andragogy in action*. San Francisco:Jossey–Bass.

Knowles, M.(1975). *Self-directed learning*. New York:Association Press.

Knowles, M.(1980). *The modern practice of adult education*. Chicago:Association Press.

Knowles, M.(1983). *Adult learner:An neglected species*. Houston:Gulf Publishing Company.

Knowles, M., Elwood F. Holton Ⅲ, Richard A. Swanson. *The adult learner*(NY:Elsvier, 2005). 최은수 역. 성인학습자. 서울: 아카데미 프레스.

Knowles, M.(1996). Andragogy:An emerging technology for adult education. In R. Edwards(ed.). *Boundaries of adult learning*. London:The Open University.

Knowles, M.(1999). *Definite classics on adult education*. New York:Association Press.

Knox, A. B.(1980). Proficiency theory of adult learning. *Contemporary Educational Psychology*, 5, 378–404.

Knox, A. B.(1985). Adult learning and proficiency. In D. Kleiber and M. Maehr(ed.). *Advances in motivation and achievement*(Vol. 4). Greenwichm Conn.:JAI Press.

Knox, A. B.(1986). *Helping adults learn:A guide planning, implementing and conducting program*. San Francisco:Jossey–Bass.

Knudson, R. S.(1979). Humanagogy anyone. *Adult Education*, 29, 261–164.

Kolb, D. A.(1984). *Experiential learning*. New Jersey:Prentice Hall.

Krajnc, A.(1985). Andragogy. In T. Husen et al.(ed.). *The International encyclopedia of education*. Paris:Pergamon Press.

Kroehnert, G.(1999). 이강봉 외 역. 교육연수실무 핸드북. 서울:한국능률협회.

LaBelle, T. J.(1995). 평생학습에 대한 전체적인 전망. 권두승 편. 평생교육론. 서울: 교육과학사.

Lebel, J.(1978). Beyond andragogy to geragogy. *Lifelong Learning*, 1(9), 16-18.

Lengrand, P.(1970). *Introduction to lifelong education*. London:Croom Helm.

Lenz, E.(1982). *The arts of teaching adults*. New York:Holt, Rinehart.

London, J.(1973). Adult education for the 1970's. *Adult Education*, 24(1), 60-70.

Maine. B.(1999). National training laboratories. In R. Park, *Strategies for teaching adults*. University of Minnesota course material.

Mayer, R.(1982). Learning. In H. Mitzel(ed.). *Encyclopedia of educational research*. New York:John Wiley and Sons.

McClusky, H. Y.(1970). An approach to a differential psychology of the adult potential. In S. M. Grabowski(ed.). *Adult learning and Instruction*. Syracuse, NY.

Mckenzie, L. 한국대학교육협의회 역(1989). 신임교수방법론. 서울:한국대학교육협의회.

McKenzie, L.(1977). The issue of andragogy. *Adult Education*, 27(4), 225-229.

Merriam, S. B. and Brockett, R. G.(1998). *The profession and practice of adult education.* San Francisco: Jossey-Bass.

Merriam, S. B. and Cafarella, R. S.(2007). *Learning in adulthood:A comprehensive guide 3rd*. San Francisco:Jossey-Bass. 기영화 외역, 성인학습론. 서울: 아카데미프레스.

Merriam, S. B.(1984). *Adult development:Implications for adult education*. Washington, DC:National Institution of Education.

Meyer, S. L.(1977). Andragogy and the aging adult leaner. *Educational Gerontology: An International Quarterly*, 2, 115-122.

Mezirow, J.(1978). *Education for perspective transformation:Women's re-entry programs in community college*. NY:Teachers College, Columbia University.

Mezirow, J.(1982). Critical theory of adult learning and education. In M. Tight.

Adult learning and education. London:Croom Helm.

Mezirow, J.(1995). Transformation theory of adult learning. In M. R. Welton(ed.). *In defense of the lifeworld*. NY:SUNNY

Mezirow, J.(1996). Contemporary paradigms of learning. *Adult Education Quarterly*, 46(3), 158–172.

Middlemist, R. D. and Hitt, M. A.(1981). *Organizational behavior:Applied concepts*. Chicago:Science Research Associates.

Miller, H. L.(1967). *Participation of adults on adults education*. Boston:Boston University.

Miller, W. and Miller, M.(1998). *Instructors and their jobs*. Homewood, IL.

Morawski, W.(1996). Communes flower again. *The St. Louis Post Dispatch*, Vol 118(276).

Morstein, B. R. and Smart, J. C.(1976). Factor analysis at large:A critical review of the motivational orientation literature. *Adult Education*, 27(1), 83–98.

Nadler, L.(1970). *Developing human resources*. Houton:Gulf Publishers.

Nadler, L.(1983). *Designing training program*. London:Addison–Wesley Publishing Company.

Nottingham Andragogy Group(1983). *Towards a developmental theory of andragogy*. Nottingham, England:University of Nottingham Department of Adult Education.

Nuthall, G. and Snook, L.(1973). Contemporary models of teaching. In R. M. W. Travers(ed.). *Second handbook of research on teaching*. Chicago:Rand McNally.

Paolucci, J.R.(1983). *The importance of counselling support for business managers in crisis situation*.(ERIC Document Reproduction Service No. ED 378 464).

Pasulston, R. G.(1976). *Conflicting theories of social and educational change:A typological review*. Pittsburgh:University Center for International Studies.

Paydon, B.(1996). Education for the future: New counseling paradigms for adult education.(ERIC Document Reproduction Service No. ED 403 456).

Peterson, D.A.(1983). Eucation for older workers. San Francisco: Jossey–Bass.

Pratt, D. and Associates(1998). *Five perspectives on teaching in adult and higher education*.

Malabar, FL: Krieger.

Pratt, D. D.(1983). Andragogy as a relational construct. *Adult Education Quarterly*, 38, 160–181.

Robbin, P.L.(1978). *Successful midlife career change: Self-understanding and strategies for action*. NY: AMACUM.

Roberts, H. W.(1976). Goals, objectives and functions in adult education in *adult education*. Adult Education, 26(2), 125–139.

Robinson, K. R. 이준학 역(1994). 산업교육관리론. 서울:도서출판 글나무.

Robinson, R. D.(1979). *Helping adults learn and change*. Milwaukee:Omnibook.

Rogers, E. M.(1962). *Diffusion of innovation*. New York:The Free Press.

Rosenshine, B. and Meister, C.(1992). The use of scaffolds for teaching higher–level cognitive strategies. *Educational Leadership*, 49, 26–33.

Seaman D. F. and Fellenz, R. A.(1989). *Effective strategies for teaching adults*. NY:Macmillan Publishing Compaany.

Seats, P. H.(1960). Present trends and future strategies in adult education. In M. Knowles(ed.). *Handbook of adult education in the United States*. Chicago:A. E. A. of U. S. A.

Seevers, B. S. and Clark, R. W.(1993). *Factors related to teaching atyle preference of Ohio cooperative extension service faculty and program staff*. Summary of Research 68. (ERIC Document Reproduction Service No. ED 356 403).

Senge, P. et al. 박광량 · 손태원 역(1996). 학습조직의 5가지 수련. 서울: 21세기 북스.

Senge, P. M.(1990). *The fifth discipline:The art and practice off building learning organization*. NY: Doubleday.

Simpson, E. L.(1980). *Adult learning theory:A state of the art*. Washington, DC:U. S. Department of Education.

Sisco, B. R.(1999). Forum, panel and symposium. In M. W. Galbraith(ed.). *Adult learning method*. Malabar, FL: Krieger.

Stevenson, J. J.(1980). Load, power and margin in older adults. *Geriatric Nursing*, 1(2), 50–55.

Taylor, E. W.(1997). Building upon the theoretical debate:A critical review of the empirical studies of Mezirow's transformative learning, *Adult Education Quarterly*, 48(1), 34–59.

Teeters, J.(1997). *Teach with style:An instructor's guide to better adult teaching*. Kent:ATA.

Tight, M.(1996). *Key concepts in adult education and training*. London:Routledge.

Tough, A.(1989). Self–directed learning:Concepts and practice. In C. J. Titmus(ed.). *Lifelong education for adults:An international handbook*. Paris:Pergamon Press.

Tuijnman, A. C.(1996). *International encyclopedia of adult and training*. Paris:Pergamon Press.

Tyler, R. W.(1950). *Basic principles of curriculum and instruction*. Chicago:University of Chicago Press.

UNESCO(1985). *Fourth international conference on adult education documents- The developments of adult education:Aspects and trends*. UNESCO:Paris.

Waldron, M. W. and Moore, G. A.(1991). *Helping adults learn*. Toronto:TEP.

Whitehead, A. N.(1998). Introduction. In W. B. Donham. *Business adrift*. New York: McGraw– Hill Book Co.

Wilkinson, B.(1992). *The 7 laws of the learner:How to teach almost anything to practically anyone*. Sisters, Oregon:Multnomah Press.

Wlodkowski, R. J.(1985). *Enhancing adult motivation to learn*. San Francisco:–Jossey–Bass.

Wlodkowski, R. J.(1999). *Enhancing adult motivation to learn(2nd ed.)*. San Francisco:–Jossey–Bass.

Youngman, F.(1986). *Adult education and socialist pedagogy*. London:Croom Helm.

Zinn, L. M.(1998). Identifying your philosophical orientation. In M. W. Galbraith(ed.) *Adult learning methods*. Malabar, FL:Krieger.

찾아보기

[인명]

[주제]

ㄱ

ㄴ

ㄷ

ㅎ

기타

| 공저자 소개 |

권 두 승(權斗承)

[약 력]

고려대학교 사범대학 교육학과 졸업(BA), 동대학교 대학원 수료(MA, Ph.D)
미국 미네소타대학교 대학원 수학, 일본 동경대학 객원연구원
한국평생교육학회장, 교육부 정책자문위원 역임
(현) 명지전문대학교 총장

[주요 저서]

평생교육론(1995), 평생교육의 이론과 실제(공저, 1994), 청소년세계의 이해(공저, 1998), 사회교육법규론(1998), 성인교육론(2006), 평생교육경영론(2014) 외 다수

조 아 미(趙雅美)

[약 력]

이화여자대학교 사범대학 졸업(BA), 미국 Wisconsin대학교 대학원 수료
미국 University of Southern California 대학원 수료(MA, Ph.D)
이화여자대학교, 고려대학교, 덕성여자대학교 강사 역임
(현) 한국상담학회 이사, 청소년복지학회 이사
명지대학교 교수

[주요 저서]

청소년세계의 이해(공저), 청소년심리학(공저) 외 다수

〈제3판〉 평생학습사회 실현을 위한 성인학습 및 상담

2001년 5월 15일 초판 1쇄 발행
2003년 2월 25일 초판 3쇄 발행
2004년 2월 25일 2판 1쇄 발행
2015년 1월 15일 2판 13쇄 발행
2016년 4월 30일 3판 1쇄 발행
2023년 1월 15일 3판 8쇄 발행

저자와의 협의하에 인지생략

공저자 : 권 두 승 · 조 아 미
발행인 : 한 정 주
발행처 : 교육과학사
경기도 파주시 광인사길 71
전화 : (031) 955-6956~8 팩스 : (031) 955-6037
Home-page : www.kyoyookbook.co.kr
E-mail: kyoyookbook@daum.net / kyoyook@chol.com

등록 : 1970년 5월 18일 제2-73호

값 18,000원

ISBN 978-89-254-0978-8

Printed in Korea.